科学出版社"十四五"普通高等教育本科规划教材

大学生性健康教育

（第四版）

江剑平　编著

科 学 出 版 社
北 京

内容简介

本书以性生物学、性心理学、性社会学等研究性科学发展规律的学科为理论基础，从人类性的生物属性、心理属性和社会属性三个角度，联系我国国情及生活实际，进行科学、系统、全面的中国式性教育。内容包括性器官的结构与功能、性发育、性行为与性反应、性生活的保健与禁忌、性心理、性别多元与性少数、性欲倒错障碍、性功能障碍、人口与生育调节、性传播疾病、性道德与性法律、性美学等。本书通过性教育，让大家走进性科学，揭开性的神秘面纱，使大家初步掌握性的基本知识，消除性愚昧和性无知，预防性传播疾病，促进性生理和性心理正常发育，促进健康人格的形成；指导人们树立健康的性观念和性形象，规范人们的性行为，建立和谐的人际关系，并为恋爱、择偶、婚姻家庭生活做好准备，为性的同伴教育、家庭教育、学校教育和社会教育打下坚实基础，促进个人素质和社会文明进步。本书的宗旨是普及性科学、促进性健康、构建性和谐、提升性文明。国家级线上一流课程“走进性科学”、国家级线上线下混合式一流课程“性健康教育学”和国家级课程思政示范课程“人口与青春健康教育”都是以本书为蓝本设计的。

本书适合作为高等院校素质教育中的性健康教育教材或教学参考资料，同时也是社会青年、家长及夫妻提高自身素质的有益读本。

图书在版编目（CIP）数据

大学生性健康教育 / 江剑平编著 . — 4 版 . — 北京：科学出版社，2023.8

ISBN 978-7-03-075525-4

Ⅰ. ①大… Ⅱ. ①江… Ⅲ. ①大学生 - 性教育 Ⅳ. ① G479

中国国家版本馆 CIP 数据核字（2023）第 083413 号

责任编辑：朱 灵 / 责任校对：谭宏宇
责任印制：黄晓鸣 / 封面设计：殷 靓

科学出版社 出版

北京东黄城根北街 16 号
邮政编码：100717
http://www.sciencep.com
南京文脉图文设计制作有限公司排版
广东虎彩云印刷有限公司印刷
科学出版社发行 各地新华书店经销

*

2006 年 6 月第 一 版 开本：787 × 1092 1/16
2023 年 8 月第 四 版 印张：18 1/2
2024 年10月第二十二次印刷 字数：425 000

定价：45.00 元

（如有印装质量问题，我社负责调换）

第四版前言

性是人人都不能回避的问题，男女老少概莫能外。英国著名哲学家、诺贝尔文学奖获得者罗素说过："一切无知都是令人遗憾的，但是对性这样的事无知则是严重的危险。"说明性对于人的一生，乃至整个社会都是非常重要的。弗洛伊德也说过："(性)本能是匹野马，理智比作缰绳，没有缰绳的未经驯服的野马是毫无用处的，只有缰绳控制的马，才是一匹有用的马。"这句话十分精辟地告诉人们：性需要用理智去管理。而人的理智不是与生俱来的，它需要教育，需要引导。周恩来同志曾多次指示："一定要把青春期的卫生知识教给男女青年，让他们用科学的知识来保护自己的健康，促进正常发育。"他还强调："性神秘是封建意识，性问题应该提到议事日程上来了。"

由于长期受到封建传统观念影响，周恩来同志的话未能落实。借改革开放的东风，我国性科学的研究和普及终于迎来了缕缕阳光。1983年，吴阶平院士主持编译的《性医学》出版，标志着我国性科学禁区已经被打破。1988年，国家计划生育委员会和国家教育委员会(简称国家教委)联合下达《关于在中学中开展青春期教育的通知》，我国各地的学校相继不同程度地开展了青春期教育。1990年，国家教委与卫生部颁布的《学校卫生工作条例》明文规定："普通高校要开展健康教育选修课或者讲座。"1993年，国家教委和卫生部发布了《大学生健康教育课程的基本要求》，其中性健康教育是青春期教育和健康教育的重要内容。1996年，国家教委和卫生部又发出《关于在普通中学进一步开展人口与青春期教育的通知》。2017年，教育部在《普通高等学校健康教育指导纲要》(简称纲要)中指出要"加大学校健康教育力度，将健康教育纳入国民教育体系，把健康教育作为所有教育阶段素质教育的重要内容"。纲要内容包括健康生活方式、疾病预防、心理健康、性与生殖健康、安全应急与避险。特别是近年来，许多政策、法规明确规定需要开展性健康教育。例如，《中华人民共和国人口与计划生育法》规定："学校应当在学生中，以符合受教育者特征的适当方式，有计划地开展生理卫生教育、青春期教育或者性健康教育。"《中华人民共和国未成年人保护法》规定："学校、幼儿园应当对未成年人开展适合其年龄的性教育，提高未成年人防范性侵害、性骚扰的自我保护意识和能力。对遭受性侵害、性骚扰的未成年人，学校、幼儿园应当及时采取相关的保护措施。"《未成年人学校保护规定》也指出："要有针对性地开展青春期教育、性教育，使学生了解生理健康知识，提高防范性侵害、性骚扰的自我保护意识和能力。"国内一些较发达地区(如北京、上海、广州、福州、成都和武汉等城市)的高校相继开设了与性教育相关的课程。特别是近年来慕课课程的兴起，性教育得到较大的普及与发展。

在我国，性健康教育依然是一个新兴学科，它涉及性解剖生理、性医学、性心理、性社会、性法律道德和教育学等多个领域，而且并无现成的经验可资借鉴。我们参考联合国教科文组织2018年发布的《国际性教育技术指导纲要》，结合我国的基本国情，既继承我国的优秀传统文化，又合理地吸收国外的优秀文化；既传授性的自然科学知识，又注重性伦理道德教育和价值引领与人格塑造，努力探索走出一条适合我国国情的、具有中国特色的中国式性健康教育的新路子。

本书为国家级线上一流课程“走进性科学”、国家级线上线下混合式一流课程“性健康教育学”和国家级课程思政示范课程“人口与青春健康教育”指定使用教材，并获得教育部产学合作协同育人项目（202101099013、201802136084）、全国教育信息技术研究课题（176130050）、福建省本科高校教育教学改革研究项目（FBJG20170028）、福建师范大学课程思政示范课程项目（K202001004）、福建师范大学本科教改项目（I202201068，I202002017）、福建师范大学首批虚拟教研室建设试点项目、福建师范大学数字课程立项项目等的资助，是在20多年“性健康教育学”公选课、多年国家级线上一流课程“走进性科学”、国家级课程思政示范课程“人口与青春健康教育”和国家级线上线下混合式一流课程“性健康教育学”的基础上，结合国内外性科学和性教育学领域学者多年研究成果，参考了中外百余本（篇）性学著作（论文）和相关法律法规编写再版的。

第三版出版后的五年间，本书重印了多次，得到许多教育工作者的肯定和广大学生的好评，被许多高校列为性健康教育教材或参考资料，经历五年的教学实践以及教师的教学反馈，结合当前我国政策法规的变化、性科学的发展和性教育的现状，我们决定对本书内容进行适当修改后再版，以适应社会发展的需要。

本书编写及修订过程中，得到兄弟院校及关心性教育的专家、教师的大力支持，以及我校各级领导的关怀和帮助。谨表衷心感谢。

由于性科学和性健康教育理论体系浩瀚，加之我们涉足不够深入、学识有限，不当之处在所难免，恳请同人和读者提出宝贵意见或建议，以便今后进一步修改。

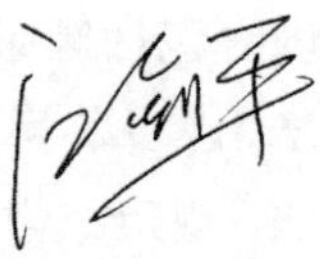

2022年12月于福建师范大学

目　录

绪论

上篇　性生物学教育

第一章　性器官的结构与功能

第二章　性发育

第三章 性行为与性反应

第四章 性生活的保健与禁忌

中篇 性心理学教育

第五章 性心理

绪　论

在我国，性一直是一个敏感话题。由于长期以来受到性封闭、性愚昧的影响，社会上"性只可意会，不可言传""性盲多于文盲""谈性色变"等现象仍然存在。许多人对性存有矛盾心理。一方面，很想获得这方面的知识；但另一方面，又怕别人知道自己在了解这一方面的内容。就性科学而言，由于缺乏系统的、科学的性健康教育，错误地对性产生不洁感、神秘感、罪恶感或压抑感，导致性无知。20世纪80～90年代发生过农村夫妇把避孕套拿去熬汤喝，认为这样可以避孕，结果可想而知；有大学生咨询"男女同泳会怀孕吗？"的尴尬问题；甚至有报道一对研究生夫妇结婚三年仍没有生育，到医院检查发现，女方处女膜仍完整。然而，近30年来，由于国际交流的不断深入，西方一些性观念不断渗入，"性自由"等西方性观念的影响相当严重，导致有些人走向另一极端——性泛滥。他们往往不加分析，不分善恶美丑，全盘吸收，盲目效仿，导致性混乱甚至性犯罪。据最高人民检察院发布《未成年人检察工作白皮书（2021）》披露，2021年检察机关起诉强奸未成年人犯罪17 917人，同比上升16.61%，增幅为近四年来最低。同期，起诉猥亵儿童犯罪7 767人，同比上升32.09%，起诉强制猥亵、侮辱未成年人犯罪2 167人。大学生的艾滋病感染率呈明显上升趋势。我们调查显示，86.2%的大学生对婚前性行为和同居持宽容态度，有过婚前性行为的占21.5%，有过性行为的女生中有25%的人有过意外妊娠，甚至有6.2%的大学生有过一夜情。特别是近年来，一些人为了私利丧失最起码的道德底线，把许多非法色情信息通过网络、手机等途径进行传播，侵袭人们的心灵。裸聊、未婚先孕、"艳照门"、"约炮"等给社会带来极大的负面影响。当然，更多人还是处于"十字路口"，性观念处于混乱状态，无所适从，感到无限的困惑。如何对待性问题，就成为一个十分迫切需要解决的社会问题。我国性教育先驱者之一张竞生博士早在20世纪30年代提及性教育时就说过："说及性教育问题，关乎人生比什么科学与艺术更大……现在许多政治家专心去研究经济，而世界上的教育家竟忘却了这个比经济更重大的性欲问题。"加强性健康教育是当今社会面临的一个重要课题。

习近平总书记在全国卫生与健康大会上指出，"没有全民健康，就没有全面小康。要把人民健康放在优先发展的战略地位"。中国共产党第二十次全国代表大会报告也强调，"人民健康是民族昌盛和国家强盛的重要标志。把保障人民健康放在优先发展的战略位置，完善人民健康促进政策"。我国历来重视性健康教育。特别是近年来，国家出台了许多政策和法规，强调性健康教育的重要性。《"健康中国2030"规划纲要》提出了全民健康战略，其中两性健康是基础，也是重点。教育部发布的《普通高等学校健康教育指导纲要》指出："加大学校健康教育力度，将健康教育纳入国民教育体系，把健康教育作为所有教育阶段素质教育的重要内容。"其中，健康教育内容包括健康生活方式、疾病预防、心理健康、性与生殖健康、安全应急与避险。《中华人民共和国人口与计划生育法》规定："学校应当在学生中，以符合受教育者特征的适当方式，有计划地开展生理卫生教育、青春期教育或者性健康教育。”《中华人民共和国未成年人保护法》规定：“学校、幼儿园应当对未成年人开展适合其年龄的性教育，提高未成年人防范性侵害、性骚扰的自我保护意识和能力。对遭受性侵害、性骚扰的未成年人，学校、幼儿园应当及时采取相关的保护措施。”《未成年人学校保护规定》也指出：“要有针对性地开展青春期教育、性教育，使学生了解生理健康知识，提高防范性侵害、性骚扰的自我保护意识和能力。”这些政策不仅为开展中国式性健康教育提供政策保障与支持，也是践行社会主义核心价值观、加强思想道德建设、提升社会文明程度、提高人民生活品质的坚实基础。可以预见，性健康教育在中国将迎来新的机遇与曙光。

一、人类的性存在

（一）人类的性进化

1. 生物界的性存在

大约40亿年前，没有生命的物质在一定的自然环境条件下形成了生命物质。原始的生命虽然简单，但一旦形成，就具有一代一代延续下去的能力。在漫长的进化过程中，生命渐渐从没有细胞结构发展到有细胞结构，从单细胞生物发展到多细胞生物，由简单到复杂、由低级到高级、由水生到陆生，不断进化。

低等生物，像病毒、细菌，没有性别。病毒通过复制，细菌通过分裂来繁殖后代。这种不经过雌雄两性交配而产生后代的传代方式称为无性繁殖。

随着进化，生物出现了性别差异。植物的花分化出了雄蕊和雌蕊，植物本身也有雌雄同株或雌雄异株之分，可以进行有性繁殖了。当然，植物还可以通过扦插、嫁接、压条等方式进行无性繁殖。动物也出现了雌雄分化，雄性个体产生精子，雌性个体产生卵子。精子和卵子结合后就形成了新的生命。新个体中由于含有双亲的遗传基因，就具有了父母双亲的遗传特性。这种传代方式称为有性繁殖。有性繁殖可以产生许多变异的后代，既有集中了双亲遗传优势的个体，也有不良性状的个体，这就为自然选择提供了丰富的资源。在生存竞争中，适者生存，不适者就被淘汰。这样，就促使生物不断进化，使生命向更高的阶段发展。地球上的生命经过亿万年的进化，才最后进化到今天的人类。

可见，性在生物界中普遍存在，同时也是生物适应环境和进化的重要因素。

2. 人类的性存在

人类是自然进化的产物。生物界中性是普遍存在的，那么人类的性也是客观存在的，是抹杀不了的。性是人类社会中无时不在的客观现象：一旦卵子与精子结合，你的性别就已决定；当你呱呱坠地来到这个世界时，人们首先关心的是“男孩还是女孩”；当你填写各种表格时，总有一栏要你填上“男”或是“女”；即便是你想“方便”时，也得寻找适合你的场所——“男厕”还是“女厕”。因此，不管你意识到与否，性就在你身边。性问题是人人都不能回避的问题，男女老幼概莫能外。从人类的自然发展和社会发展史来看，性的存在包含着三个方面的内容，即生物学存在、心理学存在和社会学存在，故男女性别差异应由三个方面组成。在性科学上使用生理性别、心理性别和社会性别这三个术语加以标示。

（1）生理性别（biological sex）：即通常所说的性（sex），是指决定人类男女两性性象谱的生物特征的总和，简单说就是男女两性在生物学上的差异，是生物进化的结果，又称为生物性别。决定性差别的是性染色体和由性染色体差异所导致的性器官，以及由此而引发的附属于生殖系统的其他一些解剖及生理方面的差别。它包括性染色体性别、基因性别、性腺性别、生殖器性别和第二性征等方面。现实生活中的“性别”一般指的就是生理性别。

（2）心理性别（psychological gender）：即性别（gender），是指男女两性在心理学上的差异，即指个性特征中所带有的阳刚特质或阴柔特质。例如，在性格、气质、感觉、感情和智力等方面的差异。美国学者埃莉诺·埃蒙斯·麦科比（Eleanor Emmons Maccoby）和卡罗尔·纳吉·杰克林（Carol Nagy Jaclin）根据大量的研究，在他们的《性别差异心理学》（1974年）专著中总结出男女的四项心理差异：女子的语言表达能力较好；男子的视觉、平衡能力较强；男子的数学能力较强；男子更为好斗。目前的一些资料认为，男女两性的心理差异主要表现在情感上。男性粗犷猛烈；女性多愁善感、性情温和。在性爱上，男性一般较为主动、外露，表现为去爱别人；女性则较为被动、含蓄，往往表现为被人爱。在性行为的心理反应上，男性的激情是迅猛而短暂的；女性的激情是持久而回味无穷的。

（3）社会性别（social gender）：是指两性在社会文化建构下形成的性别特征和差异，即社会文化形成的对男女差异的理解，以及在社会文化中形成的属于男性和女性的群体特征和行为方式。

社会性别包括性别身份和性别角色，简单说就是指男女两性社会学上的差别，是从主体与客体两个角度表述的性的社会属性。性别身份（gender identity）简称性身份，是个体性的社会属性的自我心理状态，即自己认为要在社会中充当何种角色。性身份形成的因素有生物和社会教养两方面，社会教养更为重要。性身份一般在3岁时就已经确立，且一旦形成就难以更改。

性别角色（gender role）简称性角色，是指社会约定俗成的表现男女差异的社会行为模式或规定，即个体在社会生活中其性身份被人认知、描述和确证，是个体性的社会属性的外显状态，是社会文化建构下形成的性别特征和差异。

性身份与性角色体现在社会生活和家庭生活的各个方面，在家庭分工以至于在娱乐、打扮、爱好及其行为举止等诸方面，都能体现出来。在社会生活中，男女两性各自展现出不同的形象和表现出有差异的角色。男女性角色随着社会的进步会更合理地发展和完善，传统观念中的男性角色与女性角色必定会随着时代的进步发生根本的变化。

一般情况下，90%以上的人生物学上的性与心理学上的性别和社会学上的性角色是相协调的或一致的。个体体验或表达的性别与出生时的生理性别之间出现明显而持续的不一致称为性别不一致（gender incongruence）。

（二）人类的性功能

动物进化到人类，性的含义已不仅仅局限在生殖上，它的功能已经大大扩展了。除了生殖外，性至少还具备愉悦、健康、认同和社会等功能。

生殖是性的最基本的功能，繁殖后代是最低层次的生存需要。人类对性还不甚了解时，生殖功能就已经存在了。人类的性活动除了生殖繁衍的需要外，更多的是心理上的需求，促进人类快乐、健康。随着社会的发展，性的生育功能明显减弱（有生殖价值的性生活在人的一生中仅少数几次，有的人甚至选择不生育），但性的愉悦功能和健康功能则越来越明显，越来越得到人类的推崇。性活动是男女双方情感交流的一种手段，适当和谐的夫妻性生活会使男女双方身心愉悦，不仅能享受性的乐趣，还能促进双方的身心健康。我国古代所著的有关“房中术”和“房事养生”等方面的著作就是对性的这两方面功能的探索和总结。当然，“纵欲催人老”，过于频繁的性生活使体力精力得不到及时恢复也不利于身心健康。认同是指性角色的认定、接纳和和谐，男女双方融为一体，达到性爱的最高境界。

除此之外，性还具备社会功能，健康的性会促进家庭和睦团结，推进思想道德和法制教育，弘扬社会正能量，自觉抵御不良性诱惑，提升社会性文明程度，促进人际关系健康发展，增进民生福祉，提高人民生活品质。

（三）人类的性本性

人类的性本性是社会环境和自然环境两种因素互相结合的产物，它有以下几个特点。

1. 高度性感，但可以接受的适当的性规范

人是最为性感的动物。动物学家指出，猴类与猿类就是高度性感的动物。然而人类在性感的程度上要超过猿猴和其他一切高等动物。主要表现在以下几方面。

第一，从性发育上看，人类的性感程度远远超过动物。首先，女性的乳房从青春期就开始发育，而且即使到生命的终止也不会回缩，仅仅是乳房萎缩而已。其他雌性哺乳动物的乳房却只在哺乳期内才发育，哺乳结束，乳房就回缩。同时，人类的乳头和乳房是重要的性敏感区之一，而其他雌性动物的乳头和乳房却没有接受性刺激的功能。在人类，乳房不仅具有接受性刺激的功能，还能输出性信号。例如，男性看到女性丰满的乳房，会激发性冲动。其次，女性的阴蒂比其他动物更加发达，为最重要的性敏感部位，仅仅刺激阴蒂就可以使女性达到性高潮。

第二，从性生理上看，动物有发情期或繁殖期，仅在这个时期内才与异性交配。而人类已没有明显的发情周期，不管春夏秋冬，白天黑夜，只要有适当的性刺激，都可以进入性兴奋状态，进行性活动（人类女性或多或少保留着一些发情周期的遗迹，如女性排卵期的性欲更强烈一些，但性欲更大程度上受到大脑的控制）。因此，人类性活动的总量远远超过任何一种动物。

第三，从性刺激上看，动物的外部刺激主要是异性的直接刺激，如第一信号系统的声、光、电、气味等，而人类除此之外，还可接受第二信号系统（如语言、文字、图像等）的刺激。人类即使在没有任何信号刺激的情况下，单凭大脑对性的想象也能引起性兴奋。

第四，从性行为过程上看，面对面的性交方式也是人类性活动与其他动物的一个本质区别。高等哺乳动物是背入式的性交。面对面性交，双方才有可能充分发挥视觉和听觉的作用，运用表情、神态、举止及语言来进行情感交流，更深切地感受到对方与众不同之处，对对方产生强烈的爱慕和依恋之情；面对面性交，可以解放出自己的双手，双方才有可能运用双手和口、舌等，从以嗅觉为主转为以触觉为主的爱抚方式，促使人类性敏感区更加发达、更加广泛、更加敏锐。此外，在人类，女性性功能进化的最主要特征是出现性高潮。女性具有连续多次获得性高潮的能力。

第五，从性行为的目的上看，随着社会的发展，人类的非生殖性行为比生殖性行为占有更为重要的地位。不以生殖为目的的性行为称为非生殖性行为。人类的性行为，从调情、亲吻、搂抱、抚摸，一直到性交，更多是为了获得性快感和性高潮。性快感和性高潮是人类性行为的原动力，受孕则成为性交的结果和副产品。人类性的愉悦、健康等功能越来越明显，而生育已不再是性的主要功能。也只有这样，人类才产生了独有的情爱和性爱，才可能出现一对一的爱情和婚姻。

这是人类性感或本能的情形，但我们不能片面强调性的这种本能。人类又是理智的动物，人的神经系统已经发展到能够了解事物之间的因果关系和可以预见未来。这时，为了人类自身的生存和发展，逐渐形成了性文化中约定俗成的性规范，这种规范发展到后来就形成了一整套的性道德、性法律、婚姻制度、宗教禁忌等，乃至于建立一夫一妻制度。人类社会的性规范，有时会苛刻严厉到极端的地步，如欧洲中世纪教会的禁欲主义和中国古代宋明以后的性禁锢。

适当的性规范是人类能够接受的。性心理学家研究表明，人的性爱本能不能过分地压抑，只能给予合理的引导，否则将使人的身心遭受伤害或遇到反抗。

2. 求新冲动与结偶习性的矛盾统一

人的求爱过程往往延续几周、几个月甚至长达几年，要形成一个坠入情网的过程，钟情于一个人，然后才有性行为。这种现象来源于人的结偶习性，而男女一旦结合，这种结偶关系就更加牢固。所谓“在天愿作比翼鸟，在地愿为连理枝”“一日夫妻百日恩”就是这种本能习性的表现。有些人为了得到对方，迫不及待地与对方发生性行为，试图想借此来稳定两人的关系，这种心理就可归结为人的结偶习性。

人类虽有结偶的习性，但也有喜新厌旧的习性。恩格斯指出：“个人性爱的持久性在各个不同的人中间，尤其在男子中间是很不相同的。”（《马克思恩格斯选集》第4卷，第79页）。有的人在个人生活不定时易于攀附他人，维持原偶，在条件得到改善时，往往又会去追求婚外的新感情。人们对人的这种喜新厌旧的倾向，在不同时代，不同文化背景下的容忍程度是不同的。

3. 防护性刺激与追求性刺激矛盾统一

在原始社会，人类保留着动物的许多本能，性崇拜和生殖器崇拜成为时尚，如古代把性器官放在显著位置。后来，人类意识到，为了保障正常的社会秩序，必须限制自己的性行为。而为了限制自己的性行为，首先必须减少性刺激。为此，人类最初用树叶或兽皮遮住了性器官，即遮住了第一性征。之后，随着人类文明进步，人们觉得只遮住第一性征还不够，第二性征如丰腴的乳房、圆硕的臀部也能引起联想，引起刺激，所以也要遮住。于是，穿上了衣服，系上了裙子。然而，皮肤的裸露也能传递信息起到刺激作用，于是，便用布料将全身裹起来。有的民族还用头巾或纱巾将妇女的嘴和脸遮起来。不仅如此，由于第二信号系统的存在，有些书刊、影视等均被列为禁止之列，这些是人类对防护性刺激迄今所做的努力。

但是，人作为一个高度性感的动物，他的生物本性使他不能忍受这样苛刻的束缚。人的本能趋向是：即便不能有性行为的自由，他们也要求有性信息的刺激来作为精神补偿，即性补偿,如性小说、春宫画、歌赋、诗词、戏曲、装束打扮等,不一而足。于是出现了自相矛盾的现象:一方面以各种方式限制人们的性行为,而另一方面却通过各种渠道寻找性刺激,以达到某种程度的满足。例如,女子一方面掩怀遮乳,另一方面却用胸罩来衬托自己的线条,并以此模仿性兴奋状态中乳房肿胀的模样;为了扩大臀部的影响,一方面使用裙撑,另一方面穿高跟鞋走路时挺胸收腹增加臀部摇动;为了增强性刺激,广泛使用唇膏、胭脂、香水来加强唇部性信号、面颊红晕性信号和体味性信号。

这就是人类在防护性刺激与追求性刺激面前遇到的深刻矛盾,其根源就是人类的性爱本性是掩盖不了的事实。因此,人类一直在两者之间寻找一个适当的平衡点,这就是人类的性补偿系统。例如,在艺术上,以男欢女爱为内容的通俗歌曲、绘画、爱情小说、人体摄影、性爱影视等就充当了人们心理补偿物的重要角色,也是人们寻找这种平衡点的具体表现。但是,性补偿系统存在着一个分寸与度的问题。具体说,在现实生活中,存在着如何划分"黄色"与"艺术"的界限问题。这是一个非常复杂的问题,但至少应该从以下六个方面进行判断:一是要看目的动机。若以营利为目的、非正规渠道的性传播,或以寻求性刺激、追求性淫乐为目的的性传播都是应禁止的。二是看内容。若以性诱惑为焦点,片面夸大性刺激,以淫秽、低级、下流内容来博取关注则是"黄色"的。三是看效果。若教唆他人犯罪、使人堕落、破坏家庭和睦、扰乱社会秩序等,则应禁止。四是因景而异,一切皆因时间、地点、对象等条件而转移。即使是相同的性内容,在不同的时间、不同的地点,对于不同的对象,都可能产生截然不同的效果。五是要遵守当时、当地约定俗成的通则。也就是说,不同地区、不同时代的性观念可能存在着差异,对性的看法可能也就会不同。例如,在中国,卖淫与嫖娼是被禁止的;但在荷兰等一些国家,卖淫则是合法的。六是因人而异。就个人而言,如何看待"黄色"与"艺术"还与个人的素质密切相关。对于思想高尚的人,即使看到"黄色"的东西,仍能从中汲取有益营养,"艺术家不以好色的眼光看待裸体或美女"就是这个道理;而对于淫乐者,即使是著名的《米罗岛的维纳斯》或《大卫》,也可能使其浮想联翩。

(四)人类性的三种属性

人类中存在生物学、心理学和社会学上的三种性,因此,它就相应具有三种性属性,即生物属性、心理属性和社会属性。

1. 性的生物属性

性的生物属性是人类性活动的基础。从生物学角度上说,性是人类繁衍的基础,这是性的自然属性。和其他哺乳动物一样,人类从生物学上可分为雌雄两性,不同性别的个体具有不同的性细胞。性成熟后,在性激素的作用下,两性个体具有相互吸引和相互交接的愿望,正是由于人类具有了这种性的生物属性,才有了男女的结合,人类才得以繁衍和进化。

但是,性行为作为人类的一种本能,又不是孤立存在的,它又受到心理因素和社会因素的影响和制约,甚至有时还起到决定性的作用。

2. 性的心理属性

性的心理属性是人类性活动的重要特性。人类的性活动是个体的动机、态度、情绪、人格及行为的综合体现,是一种心理现象。

人类的性心理属性与其他动物随着性发育成熟产生性欲而冲动行事是完全不同的。在动物界，动物的性活动是为了满足性欲，体验由此带来的强烈快感。对于它们来说，到了发情期，交配行为是一种本能。它们在任何情况下都可以堂而皇之地公开进行性交。但对于人类来说，性活动是有意识的，受心理活动的支配和调节。性欲虽然是一种生理冲动，是性进入成熟期后必然会产生的一种自然现象。但人类不会一旦有了性冲动就要通过性行为来得以发泄和满足。性欲会促使男女交流，但异性间的交往和追求不仅仅是为了发泄性欲，更多的是为了心理的体验和感情的沟通。人类的性活动也有别于其他哺乳动物，人类的性活动首先产生于心理体验，而如何去活动，则又受到大脑的支配。人类的性爱是在爱情的基础上产生的，性爱是性与爱的结合，爱中生性，性中有爱，没有爱的性无异于动物的本能行为。人类的性行为除了发泄性欲，繁衍后代，更多的是为了获得愉悦的性体验和性享受，从而全面调节人类的快乐、生育和健康等。因此，人类性活动时，必须顾及时间、地点等因素的影响。

如果性心理偏离了正常的范围，则可能产生心理压力，甚至导致性心理异常或性功能障碍。

3. 性的社会属性

性的社会属性是指在一定历史条件和社会关系中，人类性活动所表现出来的性角色形成、性的社会化、性观念、性习俗和性文化等，是人类性的本质属性。

人类的一切性活动与他所处的社会有密切关系。即使是男女两性间直接的性交活动，虽然表现出来的是个人的活动，其活动的结果不管他是否意识到，总是离不开社会的。因此，人类的性活动具有社会属性，必须受到社会的制约。我们不能离开人的社会属性去单纯地理解人类性活动的生物属性。正如马克思所说："吃、喝、性行为等，固然也是真正的人的机能，但是如果使这些机能脱离了人的其他活动，并使他们成为最后的唯一的终极目的，那么，在这种抽象中它们就是动物的机能。"(《马克思恩格斯全集》第42卷，第94页)。也就是说，性的生物属性为人类的性活动提供了生理功能和物质基础，但它不是人类性的内在本质属性。

人类的性受到社会文明程度、社会生产力发展水平以及性观念的制约和影响。因此，它不是静止不动的，人类性的社会属性会随着社会的发展而被赋予不同内容。例如，在西方国家传统性观念中，追求的是"性与爱的统一"，即重视的是性的生物属性与心理属性的结合，而忽略了性的社会属性，从而导致严重的社会问题。但在我国社会主义制度下，追求的则是"性、爱与婚姻的统一"，即既强调性必须以爱情为基础，又强调性爱必须在合法的婚姻范围之内。

总之，人类的性是生理-心理-社会因素共同形成的一个有机整体，三者相互联系、相互作用、相互影响，又相互制约。在这个整体的内部，生物属性是性活动的物质基础，是人性活动的前提，没有生物属性，心理属性和社会属性就无从谈起；心理属性一方面使人与动物区别开来，影响生物属性的表达，另一方面又促进社会属性的变化；社会属性制约着心理的发展，又控制着人类的本能行为。

二、大学生性健康教育的内容和目的

健康是一种生理、心理、社会适应和道德臻于完满的状态，而不仅仅是没有疾病和不虚弱的状态。性健康同样包括生理、心理、社会适应和道德方面的健康。世界卫生组织1975年提出的性健康（sexual health）概念指“性的身体层面、性感层面、理智层面和社会层面的完整结合，从而积极地丰富人格，促进沟通和增进爱”。具体说，性健康是指在身心和谐、人性丰满的基础上，通过密切人际交往和建设爱情的方式，达到性行为在肉体、感情、理智和社会生活诸多方面的协调和圆满。

性健康教育是一种爱的教育、生命的教育。它不只是讲性（sex），而是讲全面的性（sexuality），包括性生物、性心理和性社会等层面，使受教育者具备足够能力去面对自己的性权利以及对自己行为负责任。性健康教育的具体内容和目的主要包括以下几方面。

（一）性生物学教育

性生物学教育是性健康教育的基础。没有性生物学的性教育是无源之水、无根之木，性教育就无从谈起。性生物学是研究与性活动有关的复杂的身体状态和现象的科学。性生物学内容包括性解剖、性生理、性发育、性卫生保健、性活动规律及性发育异常等。通过性生物学知识的系统教育，使学生初步掌握性基本知识，有利于消除性愚昧和性无知，促进正常性生理发育，促进身体健康。

（二）性心理学教育

性心理学教育是性健康教育的关键。性心理学是研究人的性心理活动及其规律的科学。其主要内容包括性心理发展过程、不同发育阶段的性心理与性意识、性心理活动过程、与人格特质相关的性心理（如个体对性的态度、评价以及性取向等）和性欲倒错障碍与性功能障碍。通过性心理教育，使个体能够正确认识自我，并愉快地接纳自己的性别；有利于青少年社会化，促进其健康人格的形成和性心理的健康、全面发展；有利于建立良好和谐的人际关系，并可为恋爱、择偶、婚姻家庭做好准备。

（三）性社会学教育

性社会学教育是性健康教育的重点。性社会学是以社会学的理论和方法，研究人类与性有关的各种现象。其研究内容广泛而丰富，总体概括起来主要有以下几方面：①人口与生育调节，主要介绍我国计划生育政策、避孕节育方法与优生优育等内容，促进人口素质的提高；②性传播疾病，主要介绍常见的性传播疾病，特别是艾滋病，有利于调动全社会的力量预防控制性传播疾病；③性道德与性法律，主要介绍社会主义制度下的性道德规范和性法律，以指导、调整和规范人们的性观念和性行为，预防受到性侵害，防止性犯罪等行为的发生；④性美学，主要介绍性审美规律，树立人们健康的性形象，使人们从审美角度看待异性和同性、自己和别人，使两性间的审美达到真正的和谐，并促进个人素质提高和社会文明进步。

三、正确评价性健康教育的作用

长期以来，人们戴着有色眼镜看待性，认为性是肮脏的、不道德的和羞耻的。一般人认为，性只可意会，不可言传。性行为只能偷偷地进行，不能大声地说，更谈不上正规教育了。他们认为，性教育就等于教唆人们学坏。然而，近年来，对性教育宣传力度的不断扩大，人们逐渐意识到性教育的重要性。但有一些人似乎又走向了另一个极端，认为性教育非常重要，只要进行了性教育，与性有关的一切问题就必然能得到解决。以上这两种忽略性教育作用和片面夸大性教育作用的观点在现实生活中都是有害的。忽视性教育作用会阻碍性教育的健康、顺利开展，使人们失去接受性教育的机会而导致性无知；片面夸大性教育作用则会导致人们“一叶遮目，不见森林”，认为只要进行了性教育，其他一切问题都会迎刃而解，指望性教育能彻底根除性罪错、防止性犯罪、杜绝性心理障碍、根除性传播疾病等不良社会现象。事实并非如此，性教育在这方面的确能起到一定的良好作用，但起不到根本性或决定性的作用。人类的性问题受到诸多社会因素的影响，因此不可能单纯靠性教育来解决一切。正如彭晓晖教授在《性科学概论》中所说的那样：“只有性教育的成果达到了全社会的性知识、性行为、性伦理道德观念等方面的全面更新或进步，再配合社会的其他有利于促进这一进程的各种手段，上述的社会弊端和性传播疾病才能被有效地遏制，但还是很难根除……性教育并不是能够解决社会性活动领域中一切问题的万应灵药。”

总之，不能指望通过性健康教育的学习，就能马上达到真正意义上的性健康。性健康教育是让人们了解性基本知识的同时，树立正确的性态度和性观念，并以此来为自己和他人服务。正如朱坚教授所说的：“它的目的不单纯是掌握促进各方面健康的性生理学、性心理学、性社会学和性道德性法律等综合知识，更重要的是帮助人们把学习到的知识转变为坚定的信念和自觉的行为，建立促进身心健康的、符合社会道德规范的人生观、价值观和生活方式，以增进婚姻家庭幸福，维护社会安定团结，为促进社会主义精神文明建设做出贡献。”当出现性问题时，应能冷静看待，通过有效途径寻求解决办法。叶恭绍教授曾说：“性教育是在很大程度上涉及促进个人的身心健康和性品质的培养及提高人们生活质量的问题，它是提高整个民族素质的途径之一。这也是性健康教育的根本意义之所在。”

四、性健康教育的基本原则

（一）科学、全面的性教育原则

学校性健康教育应坚持科学、全面的性教育理念。实践证明，禁欲型性教育（性纯洁教育）和安全套性教育并不能使学生获得全面的性知识，不利于他们全面成长。联合国教科文组织在广泛调研和实践的基础上提出了“全面性教育”概念，并经多国实践证明其是行之有效的性教育模式。全面性教育是一个基于课程、探讨性的认知、情感、身体和社会层面意义的教学过程，是一门自然科学与社会人文科学融合的综合性学科。在我国开展性教育时，不能生搬硬套全面的性教育原则，要结合我国实际情况，建设一套符合中国国情的、具有中国特色的中国式性教育体系。应遵循一定的教学大纲，提供在科学意义上准确无误的、全面的、系统的性科学知识，使知识传授与观念形成、行为养成和技能提升形成统一整体，从而确保其健康、福祉和有尊严。帮助人们学会考虑自己的选择，并为自己的选择负责，懂得维护自身的权益和健康。性健康教育不能片面，更不能断章取义，否则起不到教育效果，甚至可能导致很大的负面影响。

（二）适时、适度和适当原则

针对不同年龄阶段学生的生理、心理发展特点和承受能力，不失时机地进行必要的性教育。适时，就是要依年龄不同，长幼有别地进行教育；适度，就是依对象的不同理解水平，掌握一定的教育深度；适当，就是要根据对象的不同特点，使用适当的方式方法进行教育。性教育既不能“超前”，又要掌握分寸，防止过度教育。对儿童主要进行生命教育、性别教育、性安全教育；针对性发育成熟提早趋势，在小学高年级进行性生理和性卫生保健教育，使他们在性发育时不至于产生困惑，措手不及；对初中生则应侧重进行性心理教育，使他们不至于对一些生理现象感到烦恼或焦虑；高中阶段，则应加强性道德教育，树立正确的人生观、幸福观和恋爱观，增强自我保护意识和安全意识，以及处理问题的能力；大学阶段侧重进行恋爱观、性伦理道德、性法制教育，巩固社会主义性观念，增强对恋爱婚姻的责任感，使自己的行为严格控制在法律允许的范围之内。这样，就能及时解决他们生活中遇到的麻烦，帮助他们完善健全的人格，将来更好地适应社会的需要。

（三）同步性原则

性健康教育是复杂的系统工程，需要个人、家庭、同伴、学校和社会教育“五位一体”同步进行，互相补充，互相促进，相得益彰。学生个人的观念、态度和行为对性教育的效果起着至关重要的作用。在学生的成长过程中，家庭是学生的第一环境，父母亲是学生的第一任启蒙教师。健康文明的家庭环境对学生的成长会起到积极的潜移默化的作用。很难想象在一个低级趣味环境中成长的子女会受到多大的影响。同时，父母的参与，有助于建立学校与家庭的互相信赖与密切联系，使观点保持一致，否则会导致学生对父母或学校产生不信任感，造成教育挫折。学校是进行性健康教育的主战场，针对不同年龄特点进行系统的科学的性知识教育是性健康教育最有效、最主要的途径。它可与多学科交叉，形成一个系统的课程体系，使学生全面掌握性角色、性生理、性伦理、性法律、性审美等方面的知识，既能使他们打破性愚昧和性神秘观念的束缚，又能自觉抵御西方的“性自由”“性解放”等思潮的侵袭，树立积极健康向上的人格，有利于学生全面素质的提高。同时，应大力“扫黄打非”，对传播媒体中的“黄色文化”坚决予以打击。通过传播媒体进行健康的、科学的性科学教育，形成一个健康向上的社会文化氛围。如果学校的教育与社会环境相矛盾，很难让学生相信他们正朝着社会所需要的方向发展，就很难取得教育效果。此外，随着社会发展，同龄人之间的互相影响不容忽视，在开展性教育时，要充分发挥同伴教育的作用。

（四）严肃性、灵活性和保密性原则

性健康教育绝不等同于通过传媒以娱乐为目的而获得的性信息，更不同于“黄色文化”，它必须坚持严肃的态度。灵活性体现在教育方法和手段上，如根据内容需要，可灵活采用幻灯、挂图、模型、录像和多媒体等多种教学手段。同时可以采用课堂教学、网络平台教学、线上线下混合式教学、讨论、分享、咨询等方式组织教学，增强学生学习的积极性和兴趣，提高教学

实效。对咨询的学生应采取保密的态度。若要用于教学，则应首先征求对方的同意，且绝对不能透露个人信息等详细情况。

（五）群体普及教育与个别咨询指导相结合原则

群体普及教育是通过教学或各种传播媒体的作用，普遍提高大众的性健康知识水平和性素质，帮助他们解决普遍存在的困扰。个别咨询是针对不同个体进行个别指导，排除困惑，帮助他们树立正确的性观念，完善健全的人格，避免因身心问题而导致不幸事件的发生。

五、性健康教育中的错误观念

（一）封闭保险论

持此观点的人认为，把异性间的接触限制到最低限度，就保险了。其实，这只是主观愿望，生理上的需求和心理上的变化都是客观存在的，封闭是封不了的。如果采取封闭、压抑的态度，只能是适得其反。正如英国哲学家罗素所说的，“对性这样一种绝对自然的事情，人们要求的强烈程度往往同禁令的严厉程度成正比”，越是压抑就越想尝试，这就是所谓的“强化刺激”或“逆反心理”。正确的办法只能是主动积极疏导，从性生理、性心理和性道德等方面去引导青少年，使他们学会把握自己，对自己的行为负责、对他人负责，并增强这种负责任的能力。

当然，也有一些人知道封闭是封闭不了的，但却错误地认为，封闭总比不封闭好，封闭一点是一点。他们完全不懂得教育、引导的结果。甚至有些人把正面教育看作是诱发一些不良行为的祸首，混淆了教育与诱发的界限，这就更加错误了。性本身并没有道德与不道德之分，出现各种问题是缺乏教育，没有真正引导的结果。

（二）无师自通论

有人就认为，性是人的天性，像小孩一生出来就会吮吸乳头一样，性也不需要教育，孩子长大后自然就会知道。这种观点是十分有害的。一方面，你嫌性教育太早，坏人可不嫌你的孩子太小。性教育是终身教育，而且越早越好。另一方面，没有正规教育而失去理智和道德控制的“自通”或“自学成材”会使青少年陷入危险的境地，甚至会“走火入魔”。如果不给予积极的教育，孩子就会自己去“拜师访友”，在信息技术高度发达的时代里，孩子就有可能被引到歧途上去。性道德和性法律更需要教育，如果不用科学的性知识和性道德观念去占领他，那么非科学的、淫秽的、低级下流的东西就会去支配他。

现实生活实践也证明了无师是不能自通的。曾经有一位中学生，由于遗精而卧轨自杀，他在遗书中说：“我得了不治之症，只有一死了之。”有些人碰到一些正常的性问题也惊慌失措，产生很大的心理压力或导致心理障碍。例如，有的人认为手淫是罪恶的，其因手淫陷入深深的自责与痛苦之中而不能自拔。

（三）放任自流论

持此观点的人认为，对性问题无所谓，没什么可怕。他们不认为性教育一定能防止青少年不良性行为的发生，也许还有副作用。与其这样，倒不如任其自流。这是一种极不负责任的态度。弗洛伊德曾说："(性)本能是匹野马，理智比作缰绳，没有缰绳的未经驯服的野马是毫无用处的，只有缰绳控制的马，才是一匹有用的马。"这句话十分精辟地告诉人们：性需要用理智去管理。而人的理智不是与生俱来的，它需要教育，需要引导。任何任其发展而不加教育引导的观点都是相当有害的。正如我们的法律不一定能阻止所有的人犯罪，但不能因此说法律是无用的，仍应进行法制教育。没有规矩就不成方圆，性教育也应当加以积极的引导和规范，切不可任其发展。

（四）救急论

这是目前较为普遍的观点。持此观点的人总存在着侥幸心理，认为青少年性罪错的只是少数，自己的孩子、自己的学生不会出问题的，认为出了问题再去解决也不迟。但他们往往缺乏思想准备，若真的出现了问题，则往往采取粗暴的方法解决，当然达不到良好的效果。例如，发现自己的孩子或学生与异性交往时，认为这是天大的错事，往往采取批评指责，甚至是阻拦的态度加以干涉。本来是正常的两性交往，错误地被"急救"起来，导致逆反心理，反而会产生不良后果。

上述这些错误的观点，在现实生活中均有不同程度存在。实际上这些观点都是性禁锢与性神秘的产物。在进行性健康教育时，首先必须摒弃这些错误的观念，坚持进行科学、全面、系统的性教育才有可能比较客观地去对待性科学与性教育。

思考题

1. 什么是性健康？开展性健康教育有什么意义？
2. 我国进行性健康教育必须坚持怎样的导向？教育中应避免哪些错误的观念？
3. 在开展性健康教育时，应该坚持哪些基本原则？
4. 应该如何客观评价性健康教育的作用？
5. 人类性的三种属性是什么？在现实生活中有何指导意义？
6. 如何区分"黄色"与"艺术"？

上　篇

性生物学教育

第一章

性器官的结构与功能

凡是与性活动有关的所有器官组成的一个有机整体称为性系统（sex system）。1971年，性治疗专家里夫（Harold I. Lief）在医学教科书《西氏内科学》里提出了“性系统”概念，并从系统论角度表述了有关“性”的各种成分和层次。同年，精神病学家和性学家格拉伯尔（B. Graber）在第5届世界性学大会上报告了他的“性系统”概念，认为性系统就像人体中其他系统一样是一个独立的系统。性系统由大脑皮质的性整合中枢、各级反射中枢、周围神经及其所支配的生殖器官、特殊感觉器官（如眼、耳等）、皮肤和黏膜的感受器等组成。也就是说，生殖系统的器官只是性系统中的一类器官，除此之外，还包括从人体解剖学角度划分出来的属于其他系统的一些器官（如皮肤、嗅觉器官、眼、耳等）。因此，性系统不仅是一个生物学上的概念，也是一个心理学、社会学上的概念。传统意义上的生殖器官在大多数时间里并不是用来生殖的，更多的时候是一种发挥性愉悦功能的器官，所以现在逐渐被性器官所取代。本章所介绍的性器官就是传统意义上所指的生殖器官。

性器官按解剖位置可分为内部性器官和外部性器官。内部性器官是产生并排出生殖细胞的器官（女性内部性器官尚有孕育胚胎的作用），包括产生生殖细胞及分泌性激素的生殖腺、输送生殖细胞的管道及其附属腺；外部性器官是完成性感受和体内受精的器官。按功能，性器官可分为主性器官和副性器官。男性和女性的主性器官分别为睾丸和卵巢。

第一节　男性性器官的结构与功能

男性性器官（male sex organ）由外部性器官和内部性器官组成。男性外部性器官（male external sex organ）包括阴阜、阴茎和阴囊，是性感受和性交接的器官。男性内部性器官（male internal sex organ）包括睾丸、输精管道和附属腺。睾丸是产生精子和分泌雄激素的器官；输精管道包括附睾、输精管、射精管和尿道，是暂时储存和排出精子的器官；附属腺有精囊、前列腺和尿道球腺，它们的分泌物参与组成精液，供给精子营养，并有利于精子活动。睾丸产生的精子，先储存于附睾内，并在此继续发育成熟。当射精时，经输精管、射精管，并汇集精浆，最后经尿道排出体外。

一、男性外部性器官

（一）阴阜

耻骨联合前面上方有一浅横沟，称为耻骨沟，借此沟与腹部分界。此沟以下与两腹股沟围成的三角形区域称为阴阜（mons pubis）。阴阜由皮肤及丰富的皮下脂肪组织组成，有皮脂腺和汗腺分布。从青春期开始长有硬而弯曲的阴毛，这是男性第二性征的标志之一。雄激素缺乏可表现为阴毛稀少或不发育。

（二）阴囊

阴囊（scrotum）是包在睾丸、附睾和精索游离段外面的多层囊袋状结构，自外向内分别为皮肤、肉膜、包被睾丸和精索的被膜。该被膜从外向内又依次分为精索外筋膜、提睾肌、精索内筋膜、睾丸鞘膜壁层和脏层。阴囊的皮肤薄而柔软，有明显的色素沉着，并长有稀疏的阴毛。阴囊内有阴囊膈，阴囊膈将阴囊分为左右两腔，各容纳一个睾丸和附睾。阴囊富有韧性和弹性，在受到冲击时，具有缓冲作用，以降低睾丸受损的概率（图1-1，图1-2）。皮下组织有平滑肌构成的阴囊肉膜，它的舒张与收缩能调节阴囊内的温度，以保证产生精子的适宜温度条件。人类睾丸产生精子所需要温度为35 ～ 36 ℃。当阴囊内温度较高时，阴囊舒张，一方面使阴囊远离身体，另一方面使阴囊血循环加速从而散热加强，达到降低阴囊内温度的作用。当遇到寒冷刺激时，阴囊收缩形成许多皱褶，使阴囊散热减少，同时睾丸接近躯体，起到保温作用。因此，阴囊除了保护作用外，还是一个天然的“恒温器”，使阴囊维持在一定的温度范围内，有利于睾丸的生精作用。

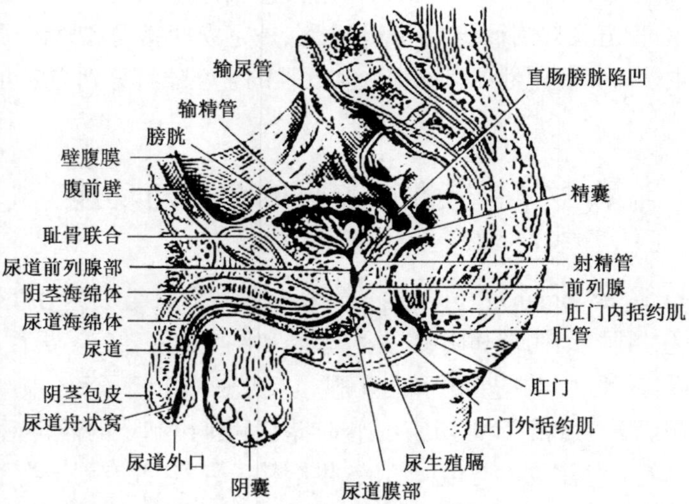

图1-1　男性骨盆正中矢状切面

胚胎发育早期，睾丸位于腹腔后壁腰部的腹膜外，随着胚胎的发育而逐渐下移，到出生前不久，经腹股沟管下降到阴囊内。胎儿出生后，如果睾丸仍滞留在腹腔内，而未降入阴囊，称隐睾症。隐睾症患者由于腹腔温度过高，生精细胞变性，不适于精子发育而导致失去生精作用，从而引起不育。此外，还可能发生恶性病变。因此，隐睾症患者宜尽早施行手术，将睾丸拉入阴囊。2 ～ 4岁是进行手术的最佳时机，一般不超过7岁，最晚不能超过11岁。

阴囊皮肤无皮下脂肪，却有许多皱襞、汗腺和皮脂腺，兼之阴囊位置邻近肛门，故阴囊皮肤的表面常有较多的细菌隐藏。必须注意阴囊部位卫生。

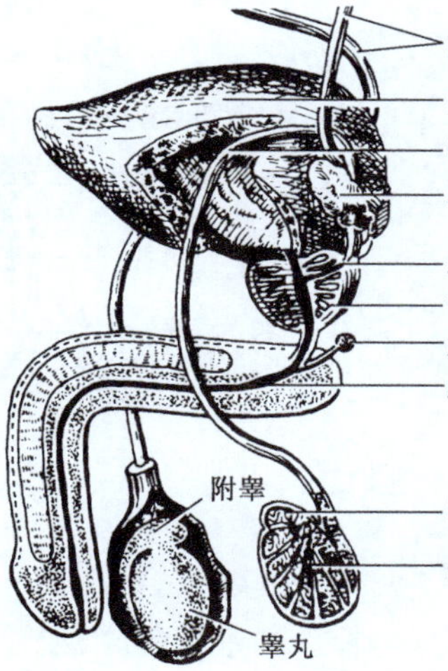

图1-2　男性性器官示意图

（三）阴茎

阴茎（penis）为男性的排尿、性交和射精的器官，是男性外生殖器最显著的部分。 成年男性阴茎大小不一，松弛时长6 ～ 10 cm，勃起时长度可加倍。阴茎可分为三个部分：后端为阴茎根，附着于耻骨和尿生殖膈上；中部为阴茎体，呈圆柱状，悬于耻骨联合的下方；前端为阴茎头，又称龟头，尖端有矢状位的尿道外口，是排泄尿液和释放精液到体外的开口。阴茎头与阴茎体交接处有一环状沟，称为阴茎颈，临床上称为冠状沟（图1-3）。

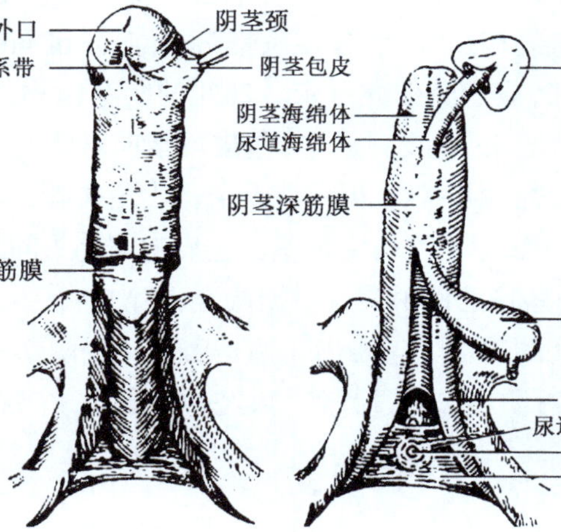

图1-3　阴茎的外形和结构

阴茎实质主要由勃起组织，即两条阴茎海绵体和一条尿道海绵体组成（图1-3，图1-4）。阴茎海绵体（cavernous body of penis）比较粗大，位于阴茎背侧，左右各一，有坚厚的白膜包绕，白膜在中线处形成梳状的中隔，可沟通左右海绵体。两条阴茎海绵体并列构成阴茎的主体。在阴茎根部左右，阴茎海绵体分别形成海绵体脚附着于耻骨之上。两阴茎海绵体内各由一条阴茎深动脉和丰富的毛细血管交织成网的窦状隙所组成，并与静脉直接相通，是阴茎勃起的功能组织。当性兴奋时，海绵体内血管充满大量血液，使阴茎勃起，变得粗大而坚硬。性交后，海绵体内的血液大量回流，阴茎随之疲软。尿道海绵体（cavernous body of urethra）呈细长圆柱形，位于阴茎海绵体的腹侧，前端显著扩大形成阴茎头，后端稍扩大形成尿道球。尿

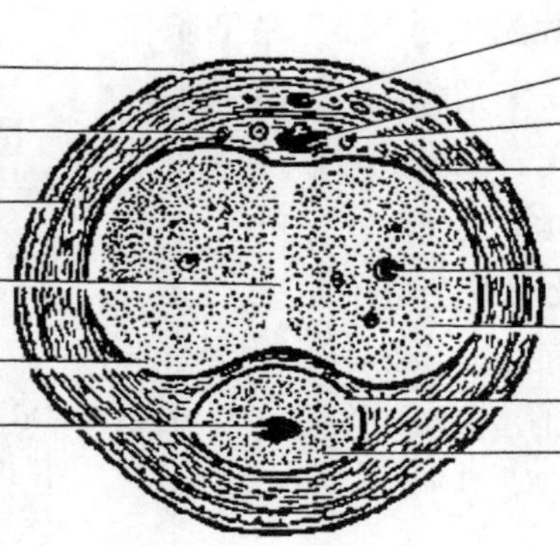

图1-4 阴茎横切面

道贯穿其全长。阴茎勃起时,尿道海绵体也会充血,但远不如阴茎海绵体显著。

阴茎勃起主要是由机械性刺激或膀胱充胀引起的脊髓反射(婴幼儿时就可以发生),还可由各种感官刺激(如视觉、听觉等)和神经心理因素所引起。射精是通过生殖管道的一系列协调运动,由阴茎射出精液的过程。引起射精的刺激主要来自龟头,当龟头受到摩擦刺激时,通过腰骶部脊髓的反射活动引起阴茎勃起,达到性高潮时射出精液。

阴茎外被皮肤,呈棕褐色,薄而柔软,富有伸展性。阴茎头包有皮肤皱襞,称为阴茎包皮(prepuce of penis)。它由内外两层皮肤构成。包皮的游离缘围成包皮口。在阴茎头腹侧中线上,包皮与尿道外口的皮肤皱襞相连,称为包皮系带(frenulum of prepuce),包皮系带是男性性敏感部位之一。包皮环切时应避免伤此系带。幼儿的阴茎包皮往往较长,包住整个阴茎头,包皮口较小。随着年龄的增长,包皮口扩大,包皮逐渐向冠状沟退缩,因而阴茎头露出于外。青春期后,若包皮不能退缩到阴茎颈,但仍能上翻露出龟头者,称包皮过长。而当包皮口很小,包皮完全包拥阴茎头不能外露者,称为包茎。包皮与阴茎头间易储存污物,污物的长期刺激可引起阴茎炎,这也是阴茎癌的诱因之一。据调查,在阴茎癌中,有92%的人有过包茎或包皮过长史。此外,婚后妇女的阴道炎有相当比例是由于丈夫阴茎不卫生造成的。因此,从小就应养成经常清洁阴茎的习惯。包皮过长者,可经常外翻包皮进行清洗,包茎者可以通过外科手术将过长的包皮切除。

二、男性内部性器官

(一) 睾丸

1. 睾丸的形态结构

睾丸(testis)位于阴囊内,左右各一,是左右稍扁的卵圆形器官。性成熟前发育缓慢,性成熟期发育迅速,老年人随身体机能的衰退而逐渐萎缩变小。在性成熟时,每个睾丸重20 ～ 30 g。它是男性的主性器官,又称性腺,是产生精子和分泌雄激素的场所。

2. 睾丸的组织结构

睾丸实质表面有三层膜,由外向内分别为睾丸固有鞘膜、白膜和血管膜。睾丸固有鞘膜是胎儿时期随睾丸下降到阴囊的腹膜鞘突的一部分。睾丸白膜是鞘膜下面的一层坚韧的白色致密结缔组织膜，在睾丸后缘处增厚，称睾丸纵隔。睾丸纵隔的结缔组织伸入睾丸实质，形成睾丸小隔，把睾丸分隔成100～200个锥体形的睾丸小叶。每个小叶含有1～4条生精小管。生精小管逐渐向小叶尖部集中并互相汇合成20～30条精直小管，然后进入纵隔内，汇合成网状的睾丸网。从睾丸网发出12～15条睾丸输出小管，穿出睾丸后缘上部，进入附睾头部（图1-5）。

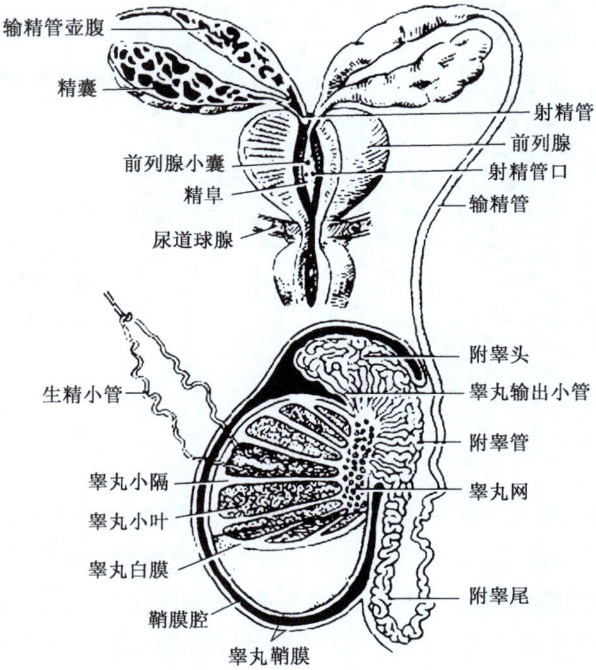

图1-5 男性内部性器官结构与排精通路

睾丸实质由生精小管和睾丸间质组成。生精小管是精子发生的地方。睾丸间质内有成群的上皮样间质细胞，这些间质细胞能分泌雄激素和少量雌激素。

（1）生精小管（seminiferous tubule）：是精子的发源地。它的直径只有180～250 μm，长短不一，最长可达150 cm。每个睾丸有400～600条生精小管，总长超过250 m。生精小管管壁是一种特殊的复层上皮，由生精细胞和支持细胞组成。生精细胞按发育成熟的程度，从幼稚到成熟依次为精原细胞（spermatogonium）、初级精母细胞（primary spermatocyte）、次级精母细胞（secondary spermatocyte）、精子细胞（spermatid）和精子（sperm）。它们从管壁的基膜向管腔依次排列。支持细胞分布在各期生精细胞之间，呈锥体形，底部紧贴在基膜上，顶端伸向管腔，侧面和表面有各级生精细胞嵌入。支持细胞对各级生精细胞具有支持和营养作用，吞噬精子形成过程中的遗弃物，协助精子释放与运送，还能分泌一种与雄激素结合的蛋白质和少量雌激素，以维持生精小管雄激素水平等。此外，相邻支持细胞侧面在近基底部的细胞膜处形成的紧密连接，是构成血-生精小管屏障的主要结构，可阻止某些物质进出生精上皮，形成并维持有利于精子产生的微环境，还能防止精子抗原物质进入生精小管外而发生自体免疫反应。生精小管上皮的外面有一薄层基膜，基膜外围是胶原纤维和具有平滑肌细胞特征的数层扁平细胞，称类肌细胞，它具有收缩功能，利于管内精子和液体的排出（图1-6）。

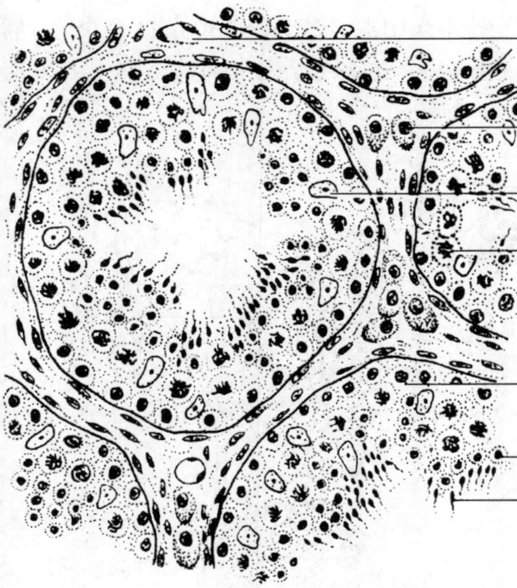

图1-6　生精小管及睾丸间质显微结构示意图

（2）睾丸间质（interstitial tissue of testis）：是位于生精小管间的疏松结缔组织，含有丰富的血管和淋巴管。间质内除了结缔组织外，还有一种间质细胞（interstitial cell）三五成群地分布，能分泌雄激素和少量雌激素，成人每天约产生7 mg的睾酮。雄激素具有促进精子发生，控制男性生殖管道及附属腺的发育，激发男性第二性征，维持性功能等作用。

（3）直精小管（straight seminiferous tubule）：是睾丸小叶内的生精小管末端变直的一段。管壁由单层柱状上皮或立方上皮组成，上皮外有基膜。直精小管伸入睾丸纵隔连于睾丸网。

（4）睾丸网（rete testis）：位于睾丸纵隔内，管腔大而不规则，相互连接成网状。管壁由单层立方上皮组成，外面是基膜和结缔组织。管腔的液体中含有大量的游离葡萄糖及少量乳酸，供精子代谢需要。

（二）输精管道

1. 附睾

附睾（epididymis）呈新月形，位于睾丸的上端和后缘，略偏外侧，是一对粗细不等的扁圆形器官，由附睾头、附睾体和附睾尾组成。附睾尾折转上行，移行为输精管（图1-5）。

附睾内有输出小管和附睾管。输出小管（efferent duct）主要位于附睾头，由与睾丸网连接的12～15条弯曲小管构成，其末端汇合成一条附睾管。管壁由高柱状纤毛细胞群和低柱状纤毛细胞群相间排列构成。两种上皮细胞均可通过吞饮功能改变管腔内液体成分。通过纤毛细胞纤毛的摆动，从睾丸网至附睾可形成液体流，从而将精子输送到附睾管。附睾管（epididymal duct）为一条长4～6 m的盘曲管道，管壁由假复层纤毛柱状上皮构成，腔内充满精子和分泌物。

附睾是暂时储存精子和精子成熟的主要场所。它分泌的液体参与精液的组成，其中含有大量的营养物质、甘油磷酸胆碱、肉毒碱和唾液酸等，除供给精子营养外，还具有促进精子成熟的作用。精子离开生精小管时是不活动或活动力很弱的，亦无受精能力，只有在附睾内停留8～17天，并经过一系列的成熟变化，才能获得运动能力，达到生理功能上的成熟。附睾为男性生殖器结核的好发部位，在病变部位往往出现硬结。

2. 输精管

输精管（ductus deferens）与附睾管直接延续，全长约为50 cm。最后与精囊的排泄管汇合成射精管。

输精管管壁厚，肌层发达，而管腔细小，在活体上，呈圆索状，触摸时有一定的坚实感。从腹股沟管腹环到睾丸的上端，有一对柔软的圆索状结构，称精索。精索内有输精管、睾丸动脉、蔓状静脉丛、淋巴管和神经等结构。输精管位于精索内其他结构的后内侧，位置比较表浅，易于经皮肤以手触摸，常为男性输精管结扎的部位。输精管结扎后，精子排出的通道被阻断，但睾丸分泌性激素的功能和附属腺分泌物的排出不受影响，因此男性的性欲和第二性征的维持不受影响。性兴奋时，阴茎仍能正常勃起，性高潮时也仍有射精现象，但精液中不含有精子，这样就可以达到避孕的目的（图1−5）。

3. 射精管

射精管（ejaculatory duct）为输精管道最短的一段，由输精管壶腹下端与精囊排泄管汇合而成，包在前列腺内，长约2 cm，穿过前列腺底，开口于尿道前列腺部。借尿道与外界相通（图1−5）。

4. 尿道

阴茎内有尿道。男性尿道（male urethra）是生殖系统和泌尿系统共用的排出通道，兼有排尿和排精两种功能。尿道内口开口于膀胱底部，尿道外口开口于阴茎头。成人尿道全长为16～22 cm，管径为5～7 mm，有一定的扩展性。

男性尿道管径全长粗细不一，呈“乙”字形弯曲，分为尿道前列腺部、尿道膜部和尿道海绵体部等三段。临床上把尿道前列腺部和尿道膜部合称为后尿道，尿道海绵体部称为前尿道。① 尿道前列腺部（prostatic urethra）：由膀胱尿道内口移行而成，为尿道穿过前列腺的部分，长3～4 cm，管腔最宽。其后壁正中隆起称精阜，中央有左、右射精管开口。精阜两旁则有多个前列腺管开口，性高潮时由于射精中枢兴奋，精子及精液泄入后尿道，同时关闭尿道内口，进而触发尿道周围及会阴部肌群节律性的强烈收缩，将精液从尿道口射出体外。② 尿道膜部（membranous urethra）：是尿道从骨盆腔底穿出尿生殖膈的一段，仅长1 cm左右，管腔狭窄。③ 尿道海绵体部（penile urethra）：又称尿道阴茎部，为尿道穿过海绵体的部分，成人长约15 cm，全长为尿道海绵体所包绕，其海绵体组织和白膜均较阴茎海绵体薄。尿道球内的尿道宽阔，称尿道球部，有尿道球腺的开口。阴茎头内的尿道扩大形成尿道舟状窝（图1−1，图1−2）。

（三）附属腺体

1. 精囊

精囊（seminal vesicle）为一对弯曲的盲管，为长椭圆形的囊状器官，位于膀胱底的后方。

精囊的大小因年龄而异，新生儿较小，呈短棒状；至性成熟期迅速增大，呈囊状；到老年时则萎缩。精囊的排泄管与输精管末端合成射精管。精囊分泌一种淡黄色黏稠液体，是组成精液的重要成分，约占精浆的60%。其中含有丰富的果糖，为精子运动提供所需能量；含有的凝固酶能使精液射出后形成凝胶状，保护精子免受外界环境干扰（图1-7）。

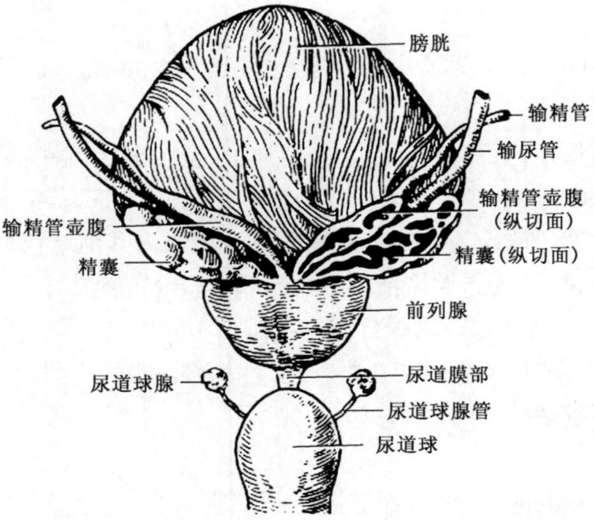

图1-7 精囊、前列腺和尿道球腺（后面观）

2. 前列腺

前列腺（prostate）位于膀胱的下方，其大小和形态与栗子相似，上端宽大，下端尖细，为不成对的实质性器官。尿道从其底面的中央穿入，由尖端穿出（图1-5，图1-7）。前列腺由腺组织、平滑肌和结缔组织构成，表面包有筋膜鞘。小儿前列腺甚小，腺组织不发育。性成熟期迅速增长，老年时又逐渐萎缩。老年人若前列腺内的结缔组织增生，则可形成前列腺肥大，肥大的前列腺可压迫尿道，严重时导致排尿困难和疼痛。

前列腺具有外分泌和内分泌功能。其中分泌物为前列腺液，内含前列腺素，是精液的主要组成成分，约占精浆的20%，前列腺液为淡乳白色，有蛋白光泽，分泌量为每天0.5 ～ 2 mL，pH为6 ～ 7。前列腺液中含有多种酶，对精子的正常功能和生育具有重要作用。例如，其中的蛋白分解酶和纤维蛋白分解酶，可帮助精子穿过子宫颈内的黏液屏障和卵细胞的透明带，使得精子和卵细胞能够顺利结合；前列腺液中的胰凝乳蛋白酶可促进精液液化。此外，前列腺液中还含有锌、酸性磷酸酶和柠檬酸盐等成分。前列腺液浓缩凝固后可形成圆形或卵圆形小体，若发生钙化，则称为前列腺结石。一些久坐或缺乏运动者，如司机、办公室人员等，容易发生前列腺结石。前列腺还能产生丰富的5α-还原酶，其可将睾酮转化为更有生理活性的双氢睾酮。双氢睾酮在良性前列腺增生的发病过程中起重要作用。阻断5α-还原酶可减少双氢睾酮的产生，从而使增生的前列腺组织萎缩。

3. 尿道球腺

尿道球腺（bulbourethral gland）是一对豌豆大小的球形小体，位于尿道膜部两侧，分泌无色透明黏液性物质，是精液的组成成分之一。其排泄管开口于尿道球部（图1–7）。在射精前排出，起到润滑尿道和龟头以及中和尿道酸性环境的作用，有利于精液的排出。

三、精子与精液

（一）精子的形成

从青春期开始，生精细胞不断发育形成精子，睾丸每天可产生上亿个精子。睾丸内支持细胞之间通过“紧密连接”结合在一起，形成血睾屏障，使生精小管形成两种腔室，即基底室和近腔室。在基底室仅有精原细胞，它们进行有丝分裂，一部分作为精原干细胞，继续形成新的精原细胞，以维持自身数量的稳定；另一部分体积增大形成初级精母细胞，向近管腔的近腔室移动，进入减数分裂过程。初级精母细胞经DNA复制后（4*n*DNA），迅速进入第一次成熟分裂（减数分裂），形成两个体积较小的次级精母细胞，次级精母细胞的染色体数目减少一半。这样每个次级精母细胞中只含有一套染色体，即23条染色体，其中只有一条X染色体或Y染色体，两个次级精母细胞的核型分别为23，X和23，Y（2*n*DNA）。每条染色体由着丝粒相连的2条染色单体组成。次级精母细胞移近管腔，体积较小，核呈圆形。它经历一个短暂的分裂间期后便进行第二次成熟分裂（无DNA复制，为有丝分裂），结果每个次级精母细胞形成两个精子细胞，精子细胞的染色体数目仍是初级精母细胞的一半，染色体核型为23，X或23，Y（*n*DNA）。精子细胞分布在管腔内侧，经过变态形成精子（图1–8）。其主要过程如下：细胞核移向细胞的一侧，浓缩变长，形成精子的头；精子细胞的高尔基体形成顶体（acrosome），覆盖在细胞核的前端；中心粒移到顶体相对侧的核的另一端，发出轴丝形成鞭毛；线粒体集中到鞭毛轴丝近端，围绕鞭毛形成线粒体鞘；多余的细胞质脱落，精子细胞最终形成精子（图1–9）。

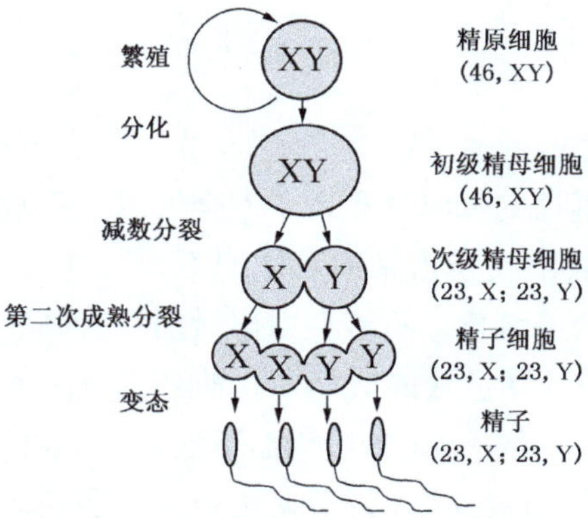

图1–8　精子形成模式图

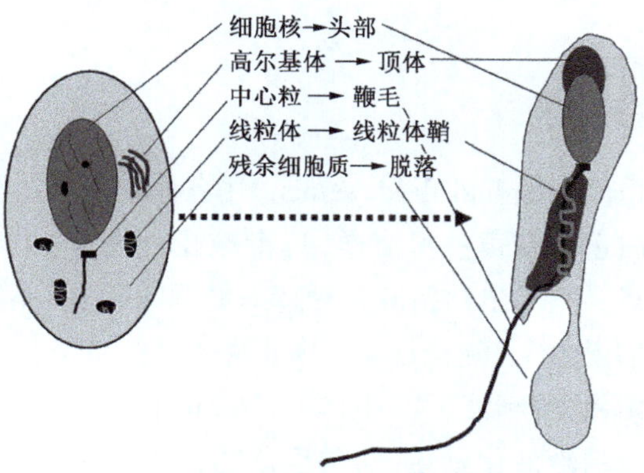

图1–9　精子细胞变态过程

这样，每个初级精母细胞经过两次成熟分裂，最后形成4个精子，由原来的二倍体变为单倍体。一半的精子中含有X染色体，另一半的精子中含有Y染色体。

从精原细胞发育到精子，约需要64天。一个精原细胞增殖分化产生的各级生精细胞，细胞质并未完全分开，细胞间始终有细胞质桥相连，形成一个同步发育的细胞群。在生精小管的不同节段，精子的发生是不同步的，故生精小管可以一批接一批地持续不断地产生精子。精子离开生精小管时不活动或活动力很弱，亦无受精能力，只有通过附睾才能获得生理上的成熟。

（二）精子的结构

精子是一个形态特殊的细胞，形似蝌蚪，长约60 μm，可粗略地分为头、尾两部。头呈梨形，主要是一个染色质高度浓缩的细胞核，细胞核的前2/3有顶体覆盖。顶体内有多种水解酶，在受精时，精子释放顶体酶，分解卵子外周的放射冠和透明带，以便和卵子结合。尾是精子的运动装置，可分为颈段、中段、主段和末段四部分。颈段是中心粒所在部位，由此发出鞭毛的轴丝；中段外有螺旋状排列的线粒体鞘，是鞭毛活动的供能部分；主段为精子尾的主要部分，轴丝外围有纤维鞘；末段仅有轴丝结构（图1-10）。

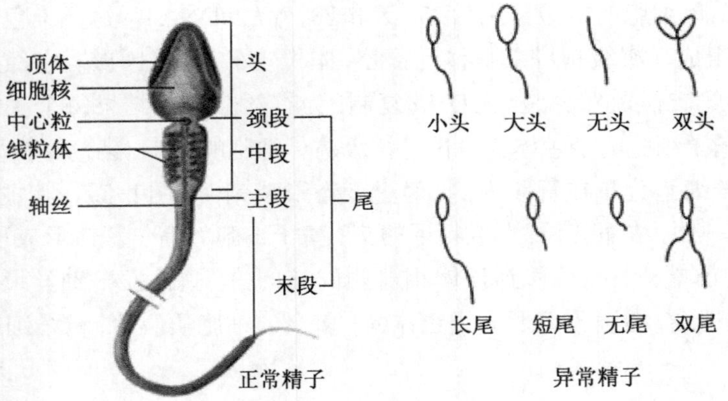

图1-10　精子的形态

（三）精液

精液（seminal fluid, semen）由各附属腺及生殖管道的分泌物和精子混合形成。正常精液呈灰白色或淡黄色蛋清样，略带碱性，pH为7.2 ～ 8.0。精子占精液总体积不到10%，其余均为精浆。刚排出的精液有种特殊的腥味，具有高度的黏稠性。精液在射出后很快凝固成凝胶状，使精液不易流出阴道，并可暂时保护精子免受酸性阴道液的破坏。在前列腺分泌的液化酶的作用下，精液可以在15 ～ 30 min内液化。如果超过60 min精液仍然不液化，称为精液不化症或精液液化延迟，容易引起男性不育。在凝胶状的精液中，精子无法充分显示其运动能力，而在液化的精液中，精子则十分活跃。

根据世界卫生组织的标准，正常男子每次射精精液量应大于等于1.5 mL，精子浓度大于等于1.5×10^7个/mL，一次射精的精子总数大于等于3.9×10^7个，向前运动精子的比例大于等于32%或总活力比例大于等于40%，正常形态精子比例大于等于4%，精子存活率大于等于58%，一次射精的精浆果糖含量大于等于13 μmol。精子浓度小于1.5×10^7个/mL称为少精子症，前向运动精子比例小于32%或总活力比例小于40%称为弱精子症，正常形态精子比例小于4%称为畸精子症，这些均可导致男性不育。

（四）影响精液质量的主要因素

精液质量会受到诸多因素影响。睾丸损伤、变性、发育不良、营养不良等会造成生精能力降低，导致精子数目减少、活力下降、畸形率增加（图1-10）；精液中果糖含量下降或酸碱度改变，会影响精子的活力和存活力；过频射精或烟酒过度也会导致精子含量或质量下降。

近年来，不良环境的影响已经成为导致精液质量下降的首要因素，也越来越引起人们的关注。主要有以下几个方面。

1. 化学污染物

德国一份新闻公报说，过去几十年间，全球男性精子数量的减少可能与一种化学物质——邻苯二甲酸酯有关。邻苯二甲酸酯是一类能起到软化作用的化学品。它被普遍应用于玩具、食品包装、乙烯地板、壁纸、清洁剂、润滑油、指甲油、头发喷雾剂、香皂和洗发液等数百种产品中，其在指甲油中含量最高。邻苯二甲酸酯会通过塑料容器包装的食品和水进入人体，也会通过呼吸系统和皮肤进入体内。有研究表明，邻苯二甲酸酯可干扰内分泌，使男性精子数量减少、运动能力低下、形态异常，严重的还会导致睾丸癌，是造成男性生殖问题的"罪魁祸首"。此外，居室装修造成的污染也越来越引起人们的重视。甲醛是一种挥发性的有机物，各类装饰材料都不同程度地含有甲醛。它对细胞内的遗传物质有很强的损伤作用。苯（常含于油漆、涂料、胶黏剂）也是装修中的重要污染源。注意不要购买含苯的涂料或胶黏剂。房屋装修后，最好打开门窗过一个夏季再入住。

2. 汽车尾气

汽车尾气中含有大量有害物质，如二氧化硫、一氧化碳和重金属等。人体长时间接触这些物质，会发生积累性的损害，不但影响生殖健康，而且可能增加肿瘤等疾病的发生率。最严重的是，汽车尾气中含有的二噁英是极强的环境内分泌干扰物质，可以使男性的睾丸形态发生改变、精子数量减少、生精能力降低。

3. 烟酒

吸烟一直以来都是影响身体健康的大敌，对精液的影响同样明显。烟草中含有许多有害化学物质，如尼古丁和多环芳香烃类化合物。很早就有国外研究表明，吸烟者与非吸烟者相比，精液质量的各主要指标都显著降低，精子的畸形率升高，精液中白细胞数量增加。烟草中产生的尼古丁和多环芳香烃类化合物会引起睾丸萎缩和精子形态改变。酒精对人体肝脏和男性睾丸都有直接的影响。有研究发现，慢性酒精中毒的患者会出现睾丸萎缩，导致精液质量下降。因此，男性应该拒绝烟草，限制饮酒。

4. 温度

男性睾丸制造精子的最佳温度在35～36℃，如果超过这个温度，精母细胞的生成就会受到抑制，同时，精子的活力也会明显下降。高温对睾丸会产生损害，但是究竟多高的温度和在这种温度下暴露的时间多长，才会对睾丸产生影响，目前在学术界仍有争论。在现实生活中，男性应尽量避免在高温环境中停留过长时间，如蒸桑拿和用热水长时间泡澡等。

5. 药物

化疗药、抗高血压、镇静剂和麻醉剂等药物会损害男性性腺功能，造成精子数量和质量下降，或通过影响性腺的内分泌功能，导致性功能障碍。药物对男性生育能力的损害受到药物的种类、剂量、疗程、患者的年龄等因素影响。一般使用药物的剂量越大、疗程越长、患者的年龄越小，对生育功能的损害越严重，恢复生育功能所需要的时间也越长。绝大多数的化疗药(如环磷酰胺)有导致男性不育的副作用，该类药可破坏睾丸的生精细胞，使睾丸生精功能下降，青春期前或青春期用药可致睾丸萎缩。抗高血压药(如甲基多巴、胍乙啶)的主要副作用是降低患者性欲，可导致射精困难甚至不射精。使用镇静剂(如巴比妥类药物)后可出现性欲下降、勃起功能障碍等症状。麻醉剂(如鸦片或海洛因等)可明显抑制性功能，抑制精子的生成，还可出现射精延迟或不射精。

6. 雌激素

雌激素会对男性生殖系统产生明显影响，包括影响雄激素的水平，引发睾丸组织结构变化，引起睾丸癌，降低精液中的精子数量，造成男性乳房发育，导致内分泌紊乱等。男性短期服用含有雌激素的药物并不会对生殖系统造成明显影响，但长期接触生活中含有雌激素的物品，则会对生殖健康造成较大危害。目前，社会上性保健品泛滥，有些含有性激素或类似成分，可能会影响睾丸的正常生精功能，未婚未育者在选择时应格外小心。另外，部分男性护肤时随意使用女性化妆品，这些专门为女性研制的化妆品中，有些含有一定量的雌激素，长期使用会对男性生殖健康产生损害，造成性腺功能低下。

7. 辐射与噪声

辐射对人体的健康已确定有明确的影响。大剂量的辐射可引起睾丸组织结构的改变，增加精子的畸形率，降低精子数量、精子密度等重要指标。但是，小剂量的辐射是否会引起不育，目前还没有确切的研究成果。我们日常使用的电子设备，如手机、电脑等是否会引起不育，医学界存在很大的争议。因此，男性平时应尽量减少与辐射源的接触，但也不必过度紧张。另外，随着现代化的发展，城市噪声对健康的影响更加突出。近年来，一些专家提出了"环境激素"理论，指出环境中存在着能够像激素一样影响人体内分泌功能的物质，噪声就是其中一种。它会使人体内分泌紊乱，导致精液和精子异常，长时间的噪声污染可以引起男性不育。对女性而言，则会导致流产和胎儿畸形。

总之，在生精细胞分裂旺盛时期，睾丸对多种理化因素，如射线、微波、高温、药物、毒素、性激素等很敏感。如果这些条件发生改变，那么可能会影响到精子的正常形成、精子的密度和精子的活力。常见的异常精子有小头、大头、无头和双头，长尾、短尾、无尾和双尾等(图1-10)。

第二节　女性性器官的结构与功能

女性性器官(female sex organ)包括外部性器官和内部性器官。女性外部性器官(female external sex organ)是指女性性器官外露的部分，又称为外阴(vulva)，包括阴阜、大阴唇、小阴唇、阴蒂、阴道前庭、前庭大腺、前庭球、尿道口、阴道口和处女膜等结构，主要起到性感受和完成性交接作用（图1-11）。女性内部性器官（female internal sex organ）包括卵巢、输卵管、子宫和阴道（图1-12）。卵巢可产生卵子和分泌雌激素。输卵管是输送卵子和受精的管道。子宫可孕育胎儿和定期产生月经。阴道是导入精子、排出月经和娩出胎儿的器官。

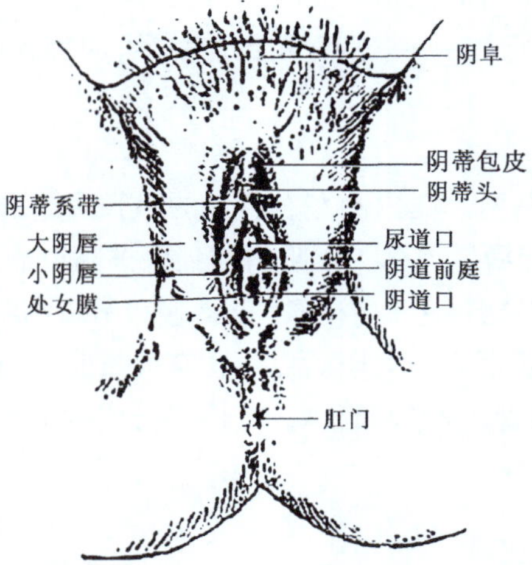

图1-11　女性外部性器官

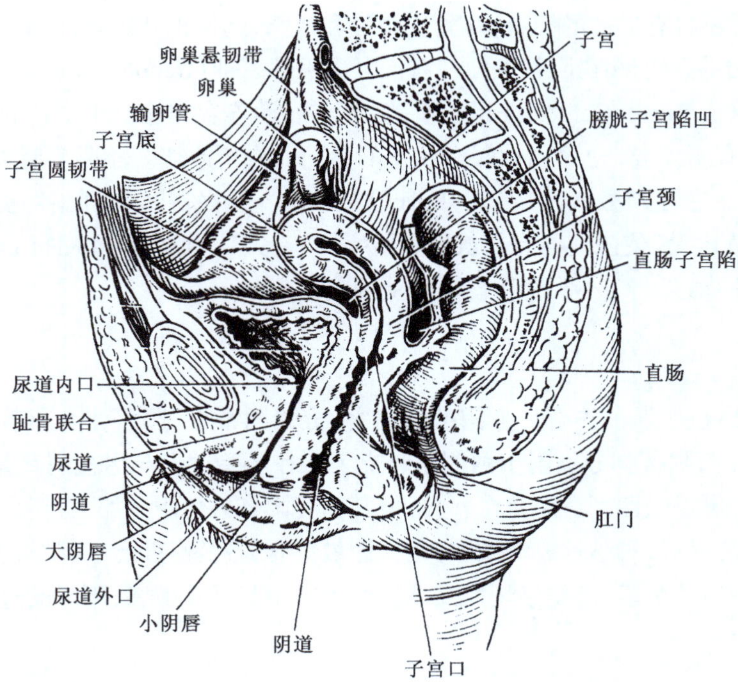

图1-12　女性盆腔正中矢状切面

一、女性外部性器官

（一）阴阜

阴阜（monsveneris）为耻骨联合前方较丰满的皮肤隆起。其内富有皮脂腺、汗腺和皮下脂肪，起到减少摩擦和缓冲压力的作用。性成熟后长有阴毛，其分布基本上呈尖端朝下的倒三角形。女性阴毛为第二性征之一，其疏密、粗细、色泽可因种族或个体而异。

（二）大阴唇

大阴唇（labium majus）是两大腿内侧左右各一的纵长隆起的皮肤皱襞，其前端和后端左右互相连合，形成唇前连合和唇后连合。大阴唇起到保护阴道清洁和避免阴蒂受到刺激的作用。外侧皮肤有色素沉着，呈暗褐色，有汗腺、皮脂腺和稀疏的阴毛；内侧细薄而平滑，呈淡蔷薇色，似黏膜，含皮脂腺，无阴毛。大阴唇皮下含有大量脂肪组织，并含有弹性纤维和少量平滑肌纤维，以及血管、淋巴管、神经和腺体。在性兴奋或两腿张开时，大阴唇从中线向外张开，暴露小阴唇和阴道口。

（三）小阴唇

小阴唇（labium minus）是位于大阴唇内侧的一对纵行皮肤皱襞，内外两侧皮肤薄而柔嫩，表面柔软、光滑湿润、无毛。内侧面缺乏皮下脂肪组织，但含有大量弹性纤维和静脉丛及少量平滑肌，同时还含有丰富的神经末梢、皮脂腺和汗腺，起保护和感觉作用。其结构和颜色类似于大阴唇。小阴唇前端在阴蒂下面左右汇合成阴蒂系带（frenulum of clitoris），并与包绕阴蒂的阴蒂包皮（prepuce of clitoris）相延续；后端与唇后连合相连。小阴唇的形状和颜色可因个体和种族而有所差异，也可因性兴奋状态的不同而有所改变。小阴唇感觉很敏锐，是女性的性高敏感区。在性刺激和性唤起中具有重要作用。性兴奋时，小阴唇充血，增大2～3倍；性交时可继续增大，使阴道的有效长度有所增加，有人认为至少可增加1 cm。并且，性交时阴茎在阴道内抽动会牵动小阴唇而使阴蒂受到刺激。

（四）阴蒂

阴蒂（clitoris）位于唇前连合后方阴蒂包皮内，分为阴蒂头、阴蒂体和阴蒂脚三部分。阴蒂头暴露于外阴，两阴蒂脚分别附于两侧耻骨支上。在胚胎学上与男性阴茎是同源器官，有丰富的血管分布，可以随性兴奋而充血勃起，但其勃起没有男性阴茎那么显著。此外，阴蒂内神经末梢分布极其丰富，对触觉极端敏感，是女性最重要的性敏感区。刺激易引起勃起，诱发性欲、性冲动而产生性快感，甚至出现性高潮。而正由于其极其敏感，不当的过强的刺激反而会引起不适。

（五）阴道前庭和处女膜

阴道前庭（vaginal vestibule）是位于两侧小阴唇之间的空隙，尿道和阴道开口于此。尿道位于上半部，开口较小；阴道位于下半部，开口较大。阴道前庭后部两侧还有前庭大腺导管的开口。

处女膜（hymen）是位于阴道口的薄膜，又称阴道口黏膜皱襞。中间有孔与阴道相通，经血从此流出。其形状、大小、厚薄因人而异，可因剧烈运动（如骑车、打球、骑马等）而破裂，故不能单凭处女膜来鉴别女性是否有过性行为。

（六）前庭大腺

前庭大腺（greater vestibular gland）位于阴道口两侧阴道括约肌深处，其导管向内侧开口于阴道前庭。兴奋时，前庭大腺可分泌少量淡黄色碱性液体，以润滑阴道口。但起润滑阴道作用的主要是阴道的渗出液和子宫分泌物。

（七）前庭球

前庭球（bulb of vestibule）相当于男性的尿道海绵体，呈马蹄铁形，大部分位于大阴唇的皮下。其中位于阴道两侧的部分，称为前庭球外侧部，长约3 cm，宽约1 cm。其后端钝圆，与前庭大腺相接；前端尖锐，与对侧连合，连合部称为前庭球中间部，在阴蒂和尿道之间，借助两条细弱的勃起组织束与阴蒂头紧密连接。前庭球主要由静脉丛构成。静脉极度迂曲，互相吻合成海绵体样结构，具有一定的勃起性。前庭球静脉与阴蒂静脉吻合，前庭球深部与尿道生殖膈下筋膜相接。

二、女性内部性器官

（一）卵巢

1. 卵巢的位置和形态

卵巢（ovary）是位于盆腔内、子宫两侧的一对扁圆形实质性器官，位于髂内和髂外动脉所夹的卵巢窝内。成年女性的卵巢长2 ～ 3.5 cm，宽1 ～ 1.9 cm，厚0.5 ～ 1 cm，重3 ～ 6 g，是产卵和分泌雌激素的场所。卵巢大小和形态随年龄而变化。性成熟前，卵巢表面光滑。性成熟期，卵巢体积最大。此后，由于多次排卵，表面出现瘢痕，显得凹凸不平。35 ～ 40岁卵巢开始缩小，40 ～ 50岁以后随月经停止而逐渐萎缩，可缩小到原来体积的一半（图1-13，图1-14）。

2. 卵巢的组织结构

卵巢表面覆盖有单层立方或单层扁平上皮，为生殖上皮。上皮下方为薄层致密结缔组织构成的白膜。卵巢的外周大部分为皮质，中央为髓质。皮质内有不同发育阶段的卵泡、黄体和退化的闭锁卵泡等，卵泡间的结缔组织富有网状纤维和梭形细胞。髓质由疏松结缔组织构成，含有血管、淋巴管和神经等（图1-14）。

卵泡由卵母细胞和卵泡细胞组成。卵泡的数量在一生中变化很大。婴儿出生时，两侧卵巢有70万～ 200万个原始卵泡，青春期时约有4万个，至40 ～ 50岁时仅有几百个。自青春期开始，每个月经周期有若干个卵泡（一般有15 ～ 20个）开始生长发育，但通常只有一个卵泡成熟并排出。在女子一生中，有30 ～ 40年生育史，两侧卵巢仅有约400个卵泡发育成熟，其

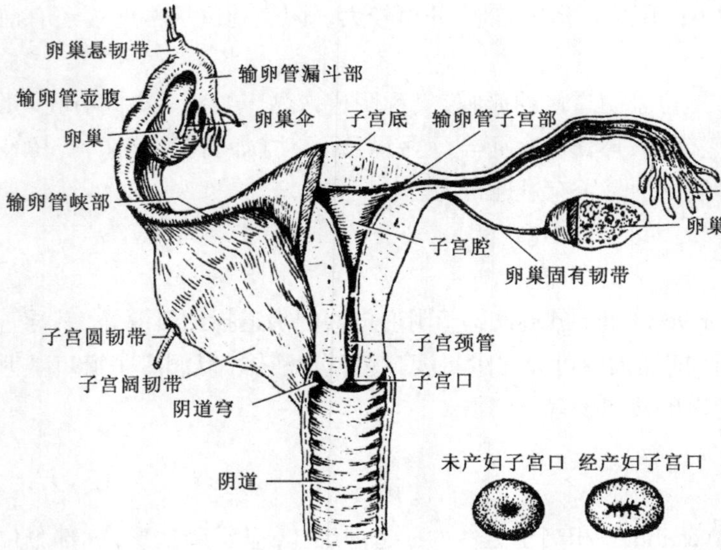

图1-13　女性内部性器官

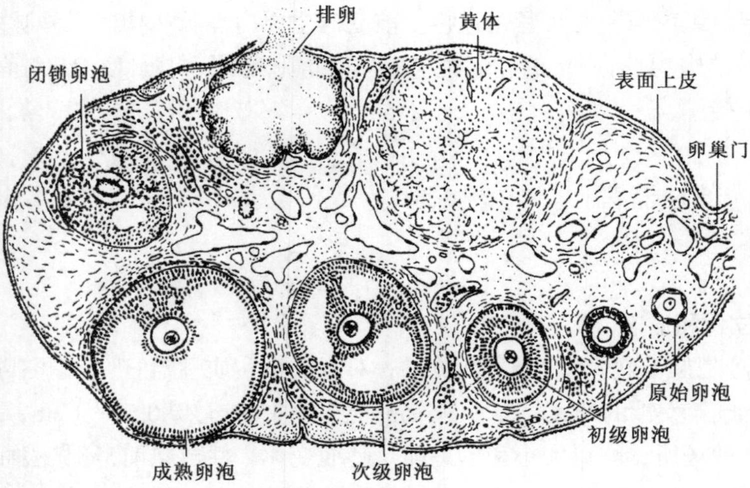

图1-14　卵巢结构

余卵泡均于不同年龄先后退化为闭锁卵泡。卵巢分泌的激素主要是雌激素、孕激素和少量雄激素。

（1）卵泡及其发育过程：卵泡的发育是一连续的生长过程，根据其发育程度不同，可分为原始卵泡、初级卵泡、次级卵泡和成熟卵泡四个阶段。

1）原始卵泡（primordial follicle）：位于皮质浅层，体积小，数量多。卵泡中央有一个初级卵母细胞（primary oocyte），周围为单层扁平的卵泡细胞。初级卵母细胞是在胚胎时期由卵原细胞分裂分化而成，随即进入第一次成熟分裂，但停滞于分裂前期，可长达12 ～ 50年。青春期后，在排卵前的36 ～ 48 h，才完成第一次减数分裂。卵泡细胞体积较小，扁平状，围绕着初级卵母细胞，与外周结缔组织间有薄层基膜。卵泡细胞对卵母细胞具有支持和营养作用。

2）初级卵泡（primary follicle）：由原始卵泡发育而来。卵巢皮质内含有大量的初级卵泡。在腺垂体分泌的卵泡刺激素（follicle stimulating hormone，FSH）的作用下，卵泡细胞开始增生，由单层变为复层（可增至5～6层细胞），形状也由扁平变成立方形。初级卵泡早期，在卵母细胞与卵泡细胞之间出现一层富有糖蛋白的嗜酸性膜，称为透明带（zona pellucida），其在以后的受精过程中，对卵细胞与精子的相互识别和特异性结合具有重要意义。

3）次级卵泡（secondary follicle）：体积比初级卵泡大，卵泡细胞增加至6～12层，卵泡细胞间出现一些含有液体的腔隙，并逐渐扩大融合成一个较大的腔，称卵泡腔，腔内充满卵泡液。卵母细胞及其周围的卵泡细胞被卵泡液推到一侧，突入卵泡腔中，形成卵丘（cumulus oophorus）。透明带外面紧贴着一层柱状卵泡细胞，呈辐射状排列，称放射冠（corona radiata）。放射冠的卵泡细胞有突起穿过透明带与卵母细胞表面伸出的微绒毛相接触，这样，卵泡细胞可借其突起将营养物质输送给卵母细胞。分布于卵泡腔周边的卵泡细胞构成卵泡壁，称颗粒层（stratum granulosum）。当卵泡继续生长时，周围的结缔组织形成卵泡膜，包围卵泡。卵泡膜分内外两层：内层含膜细胞和丰富的毛细血管；外层含有较多的纤维和少量平滑肌细胞，但血管较少。颗粒层细胞和膜细胞具有协同合成并分泌雌激素的功能。

初级卵泡和次级卵泡合称为生长卵泡（growing follicle）。

4）成熟卵泡（mature follicle）：是卵泡发育的最后阶段。在腺垂体分泌的黄体生成素（luteinizing hormone，LH）的作用下，人类的生长卵泡一般要经过12～14天才能发育为成熟卵泡。当卵泡发育成熟时，卵泡体积明显增大，直径可达2 cm左右，并突出于卵巢表面（图1-15）。在排卵前36～48 h，初级卵母细胞才完成第一次成熟分裂（减数分裂），形成一个较大的次级卵母细胞（secondary oocyte）和一个很小的第一极体（first polar body），它们的染色体数目均减半。次级卵母细胞随即进行第二次成熟分裂，但并没有完成，而是停止在第二次成熟分裂的中期。

（2）排卵：在排卵前，垂体释放的黄体生成素骤增，使卵泡液进一步增多，突向卵巢表面的卵泡壁、白膜和表面上皮变薄，形成卵泡斑（follicular stigma）（图1-15）。排卵时，卵泡斑处的结缔组织被胶原酶和透明质酸酶解聚，黄体生成素促使颗粒层细胞合成前列腺素从而使卵泡膜外层平滑肌收缩，最终导致卵泡斑破裂，卵丘与卵泡壁分离，次级卵母细胞与周围的透明带、放射冠随同卵泡液一起排出到腹膜腔，这个过程称为排卵（ovulation）（图1-16）。排卵一

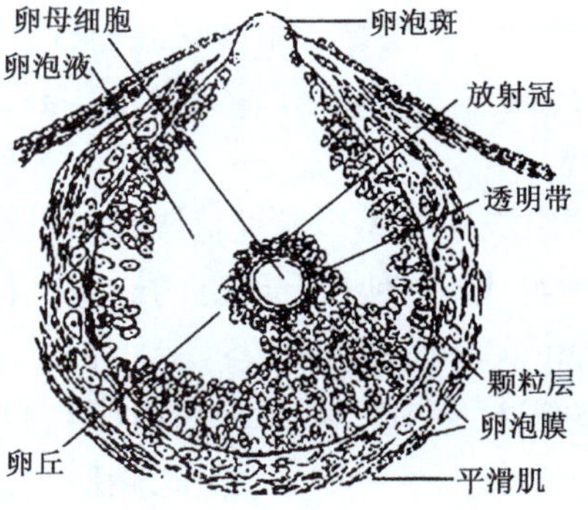

图1-15　成熟卵泡结构与排卵模式图

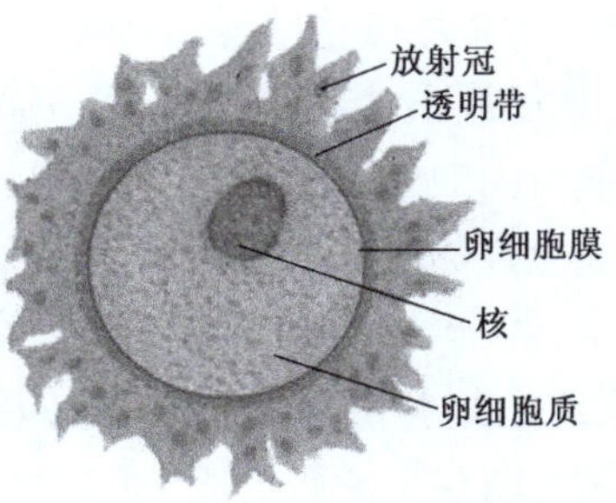

图1-16　排出的卵子

般是左右卵巢交替进行的。

排出的卵若与精子相遇并受精，次级卵母细胞则按照有丝分裂方式继续完成第二次成熟分裂，形成一个大的成熟的卵细胞和一个小的第二极体，其染色体数目仍维持单倍体。第一极体和第二极体很快退化并消失。如果排出的次级卵母细胞不受精，则仍停留在第二次成熟分裂的中期，而不能继续分裂，卵细胞随之退化并被吸收。

（3）黄体的生成与退化：排卵后，卵泡壁塌陷并形成皱襞。在垂体分泌黄体生成素的作用下，卵泡膜的血管和结缔组织侵入颗粒层，卵泡壁的细胞体积增大，分化成一个富含血管的内分泌细胞团，在新鲜时呈黄色，称为黄体（corpus luteum）（图1-14）。黄体细胞内出现大量滑面内质网和线粒体，细胞内的类脂滴及脂色素也明显增多，呈分泌类固醇激素的细胞结构特征。此时，颗粒层细胞分化成颗粒黄体细胞，细胞较大，染色较浅，数量多，它能分泌孕激素和雌激素。同时，卵泡膜的内层细胞（膜细胞）也继续增大形成泡膜黄体细胞，细胞体积较小，数量较少，分布于黄体的周边部，与颗粒黄体细胞协同分泌雌激素。

黄体存在时间的长短，取决于排出的卵是否受精，如果没有受精，黄体发育两周左右便萎缩退化，这种黄体称为月经黄体。如果排出的是卵受精，则黄体继续发育增大，直到妊娠3～6个月开始才逐渐退化，这种黄体称为妊娠黄体。妊娠黄体的颗粒黄体细胞还可分泌松弛素，使妊娠子宫平滑肌松弛，以维持妊娠。黄体退化后被结缔组织所取代，成为白体（corpus albicans）。

（4）闭锁卵泡：卵巢每个月有15～20个卵泡开始发育，但一般只有一个卵泡发育成熟并排出，其余的卵泡均在发育的不同时期退化。退化的卵泡称为闭锁卵泡（atresic follicle）。

（5）门细胞（hilus cell）：指位于卵巢门近系膜处的细胞。门细胞的结构与睾丸间质细胞类似，胞质内富含胆固醇和脂色素。门细胞分泌雄激素，若门细胞增生或发生肿瘤时，患者体内的雄激素水平升高，可出现男性化特征。

（二）输卵管

输卵管（fallopian tube）是一对喇叭状弯曲的肌性管道，长7～15 cm，连于子宫底的两侧。可分为四部：① 输卵管漏斗部，为输卵管末端膨大的部分，开口于腹膜腔，其开口周缘有许多细长的突起，称输卵管伞。其通过摆动能将卵巢排出的卵子吸入输卵管内。② 输卵管壶腹部，较粗而长，壁薄而腔大，供血丰富，约占输卵管全长的2/3，行程弯曲，是精子和卵子受精的场所。③ 输卵管峡部，细而直，血管分布较少。输卵管结扎术常在此进行（图1-17）。此外，输卵管峡部可能由于炎症等原因导致狭窄而引起宫外孕。④ 输卵管子宫部，为位于子宫壁内的一段，直径最小，以输卵管子宫口通子宫腔。

输卵管壁由内向外由黏膜、肌层和浆膜三层组成。黏膜形成纵行皱襞，壶腹部的皱襞多而复杂。黏膜上皮为单层柱状上皮，由两种细胞组成：一种是有纤毛的细胞，纤毛能定向朝子宫方向摆动，将卵子往子宫方向推送，并能阻止病菌进入腹膜腔；另一种是无纤毛的分泌细胞，夹杂在纤毛细胞之间，其分泌物构成输卵管液，对卵子有营养作用（图1-18）。肌层由内环形和外纵行两层平滑肌组成，肌层的收缩能将卵子向子宫推送。浆膜由间皮和富含血管的疏松结缔组织组成。

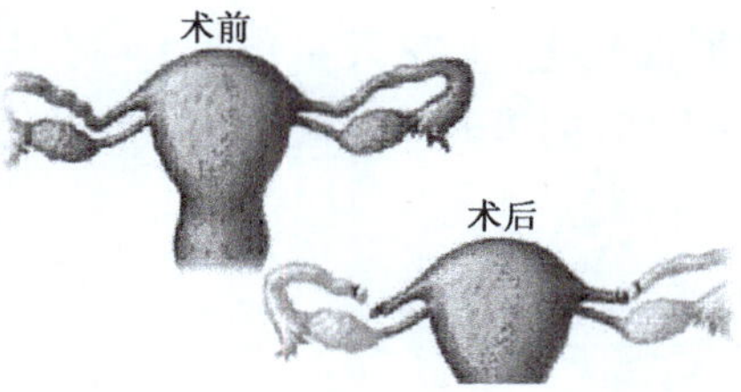

图1-17　输卵管结扎手术示意图

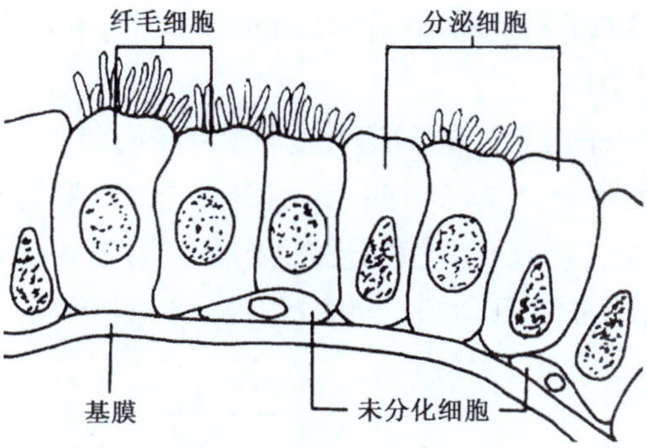

图1-18　输卵管黏膜上皮结构

（三）子宫

1. 子宫的位置和形态

子宫（uterus）长7～8 cm，宽3～4 cm，厚2～3 cm，位于盆腔中央，在膀胱和直肠之间（图1-12）。子宫是受精卵植入和胎儿生长发育的场所。其形状、大小、位置和结构随年龄及不同生理状态而发生变化。成年人的子宫呈前后稍扁的倒置梨形，分为底、体、颈三部分：子宫底为上端宽而圆的部分，在输卵管子宫口水平以上；子宫颈为下端长而狭细的部分，是肿瘤的好发部位。其下段插入阴道内，称子宫颈阴道部；子宫体为子宫底和子宫颈之间的部分（图1-13）。

2. 子宫的组织结构

子宫壁从内向外分为内膜、肌层和外膜（图1-19）。

（1）子宫内膜（endometrium）：由单层柱状上皮和固有层组成。内膜表面的上皮向固有层内深陷形成许多管状的子宫腺（uterine gland）。固有层较厚，内有增生能力很强的结缔组织，血管丰富，小动脉呈螺旋形，称螺旋动脉。若按其在月经周期中的变化，子宫体和子宫底的内膜则可分为近表面的功能层和近肌层的基底层。功能层较厚，约占内膜的4/5，内有螺旋动脉和子宫腺，自青春期至绝经期，在卵巢激素的作用下发生周期性的增生、坏死、脱落。妊娠时，胚泡植入内膜的功能层并在其中发育。基底层较薄，约占1/5，无周期性脱落变化，具有很强的再生能力，有修复内膜的功能。

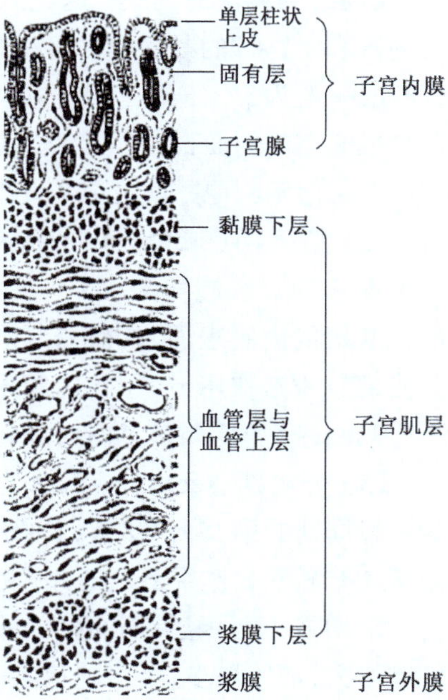

图1-19　子宫壁结构

（2）子宫肌层（myometrium）：最厚，平均厚度约为0.8 cm，妊娠期可增厚至2.5 cm，肌纤维也显著肥大，数量增多，以适应妊娠和分娩的需要。分娩后逐渐恢复。自内向外可分为黏膜下层、血管层、血管上层和浆膜下层。黏膜下层和浆膜下层以纵行肌为主，血管层以环形肌为主，血管上层以环形和纵行肌为主。

（3）子宫外膜（perimetrium）：子宫底和体部的子宫外膜为浆膜，其余部分为纤维膜，具有保护作用。

3. 子宫内膜的周期性变化（月经周期）

在卵巢激素的周期性作用下，子宫内膜也出现周期性变化，每28天左右发生一次内膜剥脱、出血、修复、增生和分泌，称月经周期（menstrual cycle）。内膜的周期性变化一般分为三个时期，即月经期、增生期和分泌期（图1-20）。

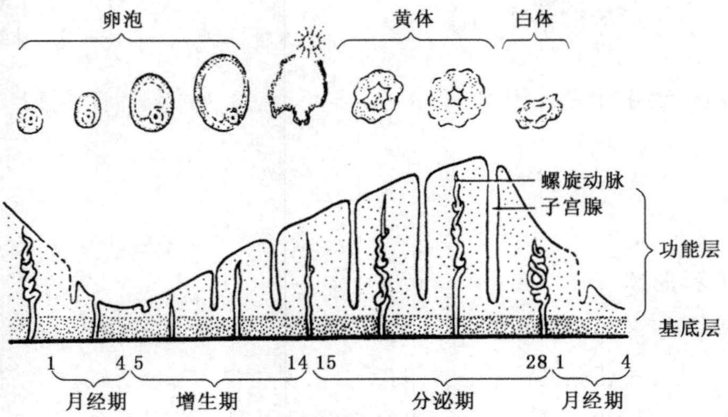

图1-20 月经周期子宫内膜的变化

（1）月经期（menstrual phase）：为月经周期的第1～4天。如果排出的卵未受精，卵巢黄体退化，雌激素和孕激素急剧减少，子宫内膜的螺旋动脉发生持续性收缩，致使子宫内膜功能层缺血，组织坏死。随后螺旋动脉又突然扩张，使毛细血管急性充血，血液突破退变坏死的内膜功能层，与剥落的内膜一起进入子宫腔，从阴道排出，形成月经。月经包括血液、脱落的子宫内膜和子宫颈的黏液等。每次月经量为50～200 mL，其中血量为50 mL左右。月经期持续时间一般为3～5天，因个体而有所差异，也受环境变化的影响。在月经期间，子宫内膜脱落造成子宫内创面，易感染，故要注意保持月经期卫生。因子宫内膜含有激活酶，其能激活血中的纤维溶解酶原并使之成为纤维溶解酶，从而使纤维蛋白裂解，导致月经血不凝固。

（2）增生期（proliferative phase）：由月经结束开始至卵巢排卵日止，故又称卵泡期、排卵前期。为月经周期的第5～14天。在月经终止前，内膜基底层细胞迅速分裂增生，并铺展在脱落的内膜表面，内膜修复形成新的上皮层。此时，卵巢内又有若干卵泡生长，在卵泡分泌的雌激素作用下，子宫内膜发生增生性变化。至增生晚期（第11～14天），内膜增厚达1～3 mm，子宫腺增多、增长，螺旋动脉也增长弯曲。至此期末，卵巢内卵泡成熟而排卵。

（3）分泌期（secretory phase）：为排卵日至下次月经来潮前，故又称黄体期或排卵后期。为月经周期的第15～28天，持续13～14天。此时卵巢已排卵，黄体形成。在黄体分泌的孕激素和雌激素的作用下，子宫内膜继续增厚达5 mm左右。子宫腺增长、弯曲、扩张呈囊状，分泌活动增强，于月经周期的第21天达高峰。螺旋动脉更加增生弯曲，扩张充血。结缔组织内细胞增大，液体增多，呈水肿状态。此种内膜可为胚泡植入做好准备。若卵受精，在妊娠黄体的作用下，内膜继续增厚；若卵没有受精，月经黄体退化，孕激素和雌激素水平急剧下降，内膜又坏死脱落，进入下一次月经期。

子宫内膜的这种周期性有规律的变化是受卵巢分泌的激素调节，一般可维持到45 ～ 50岁。此后，卵巢停止排卵，分泌的激素也急剧减少，子宫内膜周期性变化随之停止，进入绝经期。绝经后，子宫内膜萎缩变薄，上皮细胞矮小，腺体稀少而细小。

（四）阴道

阴道（vagina）呈扁平管状，长6 ～ 10 cm，是女性的交接器官，也是接纳精液、排出月经和娩出胎儿的管道。阴道上连子宫，下以阴道口开口于阴道前庭。阴道壁富有伸展性，前后壁经常处于相接触的塌陷状态，内腔呈横裂状（图1–13）。

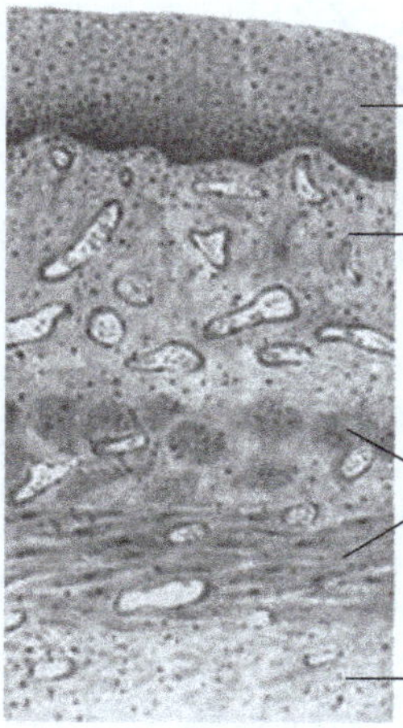

图1–21　阴道壁组织结构

阴道壁由黏膜、肌层和外膜组成（图1–21）。阴道黏膜形成许多横行皱襞。黏膜由黏膜上皮和固有层构成。黏膜上皮为复层扁平上皮，较厚，表皮细胞含有透明质颗粒，但不出现角质化。阴道上皮细胞脱落后，细胞内糖原被阴道内的乳酸杆菌分解为乳酸，使阴道保持酸性环境，pH维持在3.8 ～ 4.4，有利于防止病菌侵入和感染。绝经后阴道黏膜萎缩，上皮变薄、脱落，细胞减少，阴道内的酸碱度上升，细菌易繁殖而导致阴道炎。黏膜固有层含有丰富的弹性纤维和毛细血管，深层还有丰富的静脉丛，没有腺体。阴道黏膜靠子宫颈分泌的黏液润滑，在性兴奋时，阴道壁内静脉丛扩张，产生渗出液以润滑阴道，有利于阴茎的插入和抽动。肌层为平滑肌，内环形和外纵行交错排列，肌间含较多的结缔组织和弹性纤维，这种特点使阴道壁极易扩张。阴道外口有环形骨骼肌构成的括约肌。外膜由富有弹性纤维的致密结缔组织构成。

三、乳房

（一）乳房的结构

乳房（mamma）是哺乳动物特有的结构，男性乳房不发达。成年女性乳房位于胸大肌上的浅筋膜中，上、下缘分别与第2肋和第6肋齐平。女性乳房中央有乳头（nipple），其顶端有输乳管的开口。乳头周围有色素较多的皮肤环形区，称乳晕（areola of breast）。乳晕区有许多呈小圆形凸起的乳晕腺，乳晕腺可分泌脂状物润滑乳头。

乳房主要由皮肤、脂肪组织、纤维组织和乳腺等组成。脂肪组织位于皮下，呈囊状包于乳腺周围，形成一个半球形的整体，这层囊状的脂肪组织称为脂肪囊。脂肪囊的厚薄可因年龄、生育等导致个体差异很大。脂肪组织的多少是决定乳房大小的重要因素之一。纤维组织包绕乳腺，并嵌入乳腺之间，将腺体分隔成15 ～ 20个乳腺叶，每一乳腺叶又分成若干个乳腺小叶。一个乳腺叶最后汇集成一根输乳管（lactiferous duct）走向乳头，在近乳头处输乳管膨大成输乳窦（lactiferous sinus），其末端变细，开口于乳头。乳腺叶和输乳管均以乳头为中心呈放射状排列。乳腺周围的纤维组织向深面发出小的纤维束连于胸筋膜上。乳腺表面的纤维组织也发出小的纤维束连于皮肤和乳头，乳房上部的这些纤维束更为发达。这些纤维束称为乳房悬韧带（suspensory ligament of breast），它们对乳腺起固定作用（图1–22，图1–23）。乳腺癌早期，乳房悬韧带受侵袭而缩短，皮肤表面会出现一些凹陷。乳腺癌晚期，淋巴回流受阻，组织水肿，皮肤出现许多小凹，呈橘皮样。这些特征有利于诊断乳腺癌。

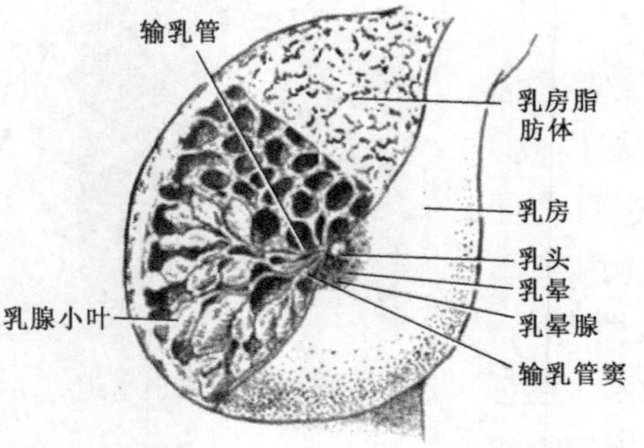

图1–22　乳房正面观

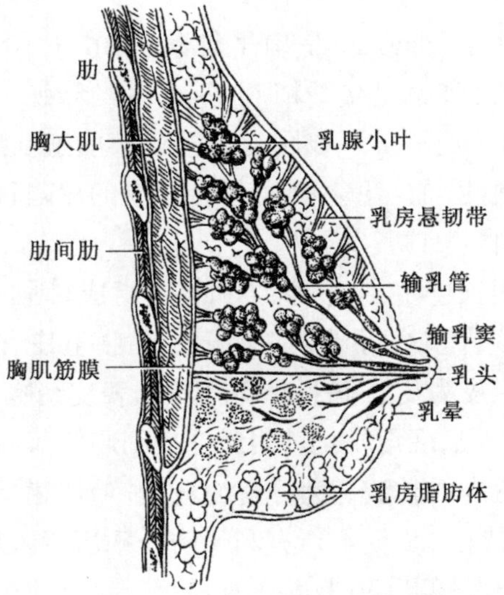

图1–23　乳房侧面观

（二）乳房的发育

乳房是女性最显眼、最突出的第二性征，也是女性性成熟的重要标志。乳房既是哺育婴儿的器官，也是女性最重要的性敏感区之一，在性活动中起到重要的作用。乳房的发育是少女青春期发育的最早标志。在青春前期，即月经初潮前2～3年（9～11岁），乳头突起，乳房隆起，出现乳晕；在青春中期，12～13岁，乳晕增大，乳房开始丰满，到14～15岁，乳腺发育明显，乳房明显高出胸部；在青春后期，16～17岁，乳房线条丰满清晰，呈现特有的曲线美，内部结构发育成熟。成年女子未产妇乳房呈半球形，皮肤光滑细腻，丰满而坚挺，紧张而富有弹性。未受孕时，腺体呈静止状态。受孕后，在催乳素、孕激素和人绒毛膜生长激素的共同作用下，腺泡和导管均大量增生，乳房明显增大。分娩后，在垂体催乳素和下丘脑催产素的影响下，腺泡开始分泌乳汁。断奶后，腺体又恢复静止状态，乳腺萎缩，乳房变小。更年期后，腺体及脂肪组织萎缩，为结缔组织所取代，乳房缩小，失去弹性（图1–24）。

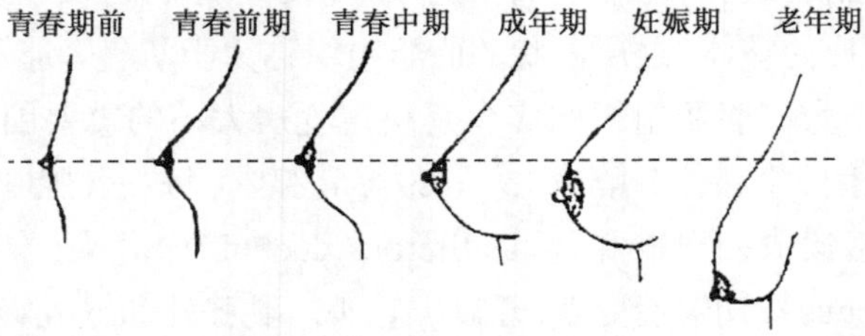

图1–24　女性乳房发育

影响乳房大小的因素很多，其大小形态与种族、遗传、体型、营养和生活环境等因素密切相关。东方人乳房相对较小，呈锥形或钟形，而欧美人的乳房相对较大，多呈半圆形；上代乳房较大者，其女儿的乳房也可能较大；瘦长身材的女性，乳房较平坦，而矮胖的女性往往较丰满；脂肪的多少是决定乳房大小的主要因素，营养丰富，则脂肪积累较多，乳房也会较大。另外，乳房还与青春期发育的迟早有关。青春期发育较早的女性，乳房发育也较早；而发育较迟的人，乳房则较迟隆起。

思考题

1. 男性输精管结扎后，是否还有性欲？还有没有性交能力？还有没有射精现象？睾丸是否还有精子产生？为什么？
2. 什么是月经周期？月经是如何形成的？
3. 双胞胎是怎么产生的？为什么有些双胞胎长相极其相似，而有些长相差异很大？
4. 影响精液质量的因素有哪些？
5. 精子和卵子是怎么形成的？各有什么特征？
6. 女性输卵管结扎后，是否还有性欲？卵巢是否还有排卵？是否还有月经周期？

第二章

性 发 育

第一节　性别与性征

生理性别是伴随着有性生殖的出现而在生物界同种个体之间普遍出现的一种形态学和生理学上的差异现象，表现为性的二态性，即雌性个体与雄性个体。性征（sex character）是区别男女两性的特征，它是男女性别特点的表达，包括两性在生物学、心理学和社会学等属性的差异。不同性别个体，无论在形态、生理生化，还是在心理和行为方面等均存在着特征性的差异。这些区别性别的一般特征即称为性征。

在个体发育过程中，性别的出现要经过一系列连续演变过程，此演变过程就是性发育过程。由此可将生理性别分为三个等级：染色体性别、生殖腺性别和表型性别。

染色体性别是由性染色体决定的性别，又称为遗传学性别。在人类，女性的性染色体为XX，而男性的性染色体则为XY。进一步研究发现，决定男女的是Y染色体上的*SRY*基因，若有*SRY*基因，则将发育成男性；若没有Y染色体或Y染色体上缺乏*SRY*基因，则将发育成女性。

生殖腺性别是指产生雌雄配子的性腺——主性器官的差别，它直接影响着以后个体表型特征的形成，也是判断个体性别的主要依据，因此又称为第一性征或初级性征。产生精子的睾丸与产生卵子的卵巢分别是男女的主性器官。人与大多数动物的生殖腺性别受其性染色体控制。一般情况下两者是一致的。

男女的主性器官（睾丸与卵巢）除了产生配子外，还是内分泌器官，能产生性激素。雄性生殖腺产生雄激素，如睾酮；雌性生殖腺产生雌性激素，如雌二醇、孕激素等。性激素对副性器官的发育和神经结构、行为活动起作用，控制着表型性别的发展。

表型性别是两性之间的次级性征和调节性行为的神经结构方面的差别，包括生殖管道的属性、乳腺功能、个体形态与体表结构及行为方面的差别等，均属于次级性征或第二性征。它包括形态、机能和心理三个方面。形态学上的次级性征可分为性器官第二性征与性器官外第二性征。性器官第二性征又称生殖器性别，包括男女的内生殖器、外生殖器、副性器官，是指运送配子的管道及与其相连的腺体。在男性为附睾、输精管、尿道、阴茎、前列腺、精囊和尿道球腺等；在女性则为输卵管、子宫、阴道、外阴和生殖道黏膜中的腺体等。性器官外第二性征是区别男女性别的直观特征，这些特征自青春期逐渐突出，至成年后最为明显，表现为性器官发育成熟与生育功能的完善、体毛的出现与不同的形态分布及体态的不同等。在男性表现为体格高大，肌肉发达，体表有多而密的汗毛，长胡须，喉头突出，嗓音低沉等；在女性则表现为骨盆宽大，乳腺发达，皮下脂肪多而体态丰满，嗓音细润等。此外，男女两性在生活方式、行为及心理上也表现出不同的特征，参与调节性行为的神经结构在不同性别的个体中也有差别。

胚胎发育起自受精卵。在卵子受精时就已确定胎儿的性别。但在胚胎早期，性器官尚无两性的区别，男性与女性都是相似的。到胚胎第7周，才有性别的形态特征，第14周才出现明显的性别差异。促使性器官分化为男性或是女性，主要是性染色体和激素作用的结果。

在通常情况下，人们所称的第一性征是指两性在性器官结构方面的差异，是各自性别的基本标志，这在出生时就已经明显地显现出来了；而第二性征是单指显示两性性器官以外的男女身体其他方面的差异。此外，也有人将男女心理精神方面的差异称为第三性征，但此特征在人与人之间差异悬殊，而且受后天环境的影响较大。

第二节 胚胎发育

生殖是生物繁殖自身，延续种族的重要生命活动现象。生殖过程包括生殖细胞的形成、交配、受精、着床、妊娠、分娩和哺乳等环节。受精标志着新生命的开始。在妊娠期间，胚胎在母体内不断发育成长，经过约280天的妊娠期，胚胎逐渐发育成熟，胎儿通过分娩排出体外。胎儿及其附属物的娩出是妊娠的终止。

一、受精

卵子和精子融合为一个合子的过程称为受精(fertilization)。精子和卵子在发生过程中，最主要的特征是在成熟期进行减数分裂。所谓减数分裂是指生殖细胞成熟过程中进行的两次连续分裂，而染色体只复制一次，结果是生殖细胞中的染色体数目减少一半，即含有22条常染色体和1条性染色体。卵子中的性染色体只有X染色体；而精子中一半含有X染色体，一半含有Y染色体。

在正常情况下，受精成功不仅要求时间合适、地点合适，还要具备一定数量的精子。

所谓适合时间，一是指卵子从卵泡排出后，大约只能存活72 h，能够受精的时间就更短。一般在排卵后6 ～ 26 h受精的可能性较大。二是精子进入女性生殖道后，在子宫和输卵管中一般能存活1 ～ 3天，受精能力也只能维持一天左右的时间。女性一个月一般排一次卵，而只有在排卵前后一段较短时间内精子进入女性生殖道内，才有可能受精。因此，临床上一般把夫妇同居一年以上，没有采取避孕措施而未能妊娠者才视为不孕症或不育症。

正常受精的地点是在输卵管的壶腹部。男性射出的精子虽已获得生理上的成熟，具备向前运动的能力，但尚无受精能力。这是由于精子头部的表面覆有一层糖蛋白，它能阻止顶体酶的释放，精子就无法穿越卵子外面的放射冠与透明带。刚进入女性体内的精子，必须在子宫或输卵管内逗留一段时间，才能具有同卵子结合的能力，这就是精子的获能（capacitation）。获能是指精子获得穿透卵子透明带能力的生理过程，是精子在受精前必须经历的一个重要阶段。人类精子获能的时间约需要数小时。精子从子宫到达输卵管的过程中，外被的糖蛋白被女性生殖管道分泌的酶降解，才能释放出顶体酶，从而获得受精能力。获能精子的顶体前膜与胞膜融合，形成小孔，顶体酶经小孔释放出来，分解放射冠与透明带，精子才能穿过并与卵子结合（图2-1）。但现在可通过物理或化学的方法使精子获能。

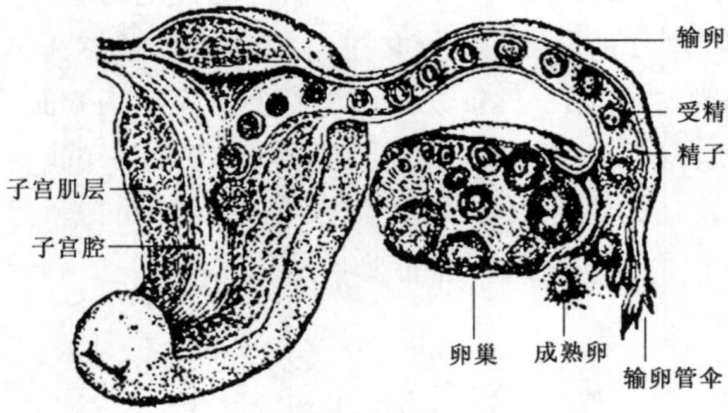

图2-1 受精过程

此外，必须具有一定数量的精子才能受精。一般情况下，一次可以有几千万至几亿个精子进入阴道，但阴道的酸性环境使大多数精子在短时期内很快死亡（通常不超过6 h），到达子宫颈的精子往往只有几万个，只有几千个精子进入子宫腔，到达输卵管后剩下几百个精子，只有近百个精子到达壶腹部，而能进入卵子的精子只有一个。因此，若一次进入女性生殖道内的精子数量不足，就不容易受精。

受精意味着一个新生命的开始，因此，受精具有重要的意义。首先，受精后激发卵子代谢旺盛，启动细胞不断分裂，发育从此开始。其次，精子与卵子结合后，使受精卵又回到二倍体，保持物种的延续和稳定性。再次，一旦受精，就决定了性别发育的方向。带有Y染色体的精子与卵子结合，将发育为男性，带有X染色体的精子与卵子结合，则将发育为女性。最后，受精卵的染色体来自父母双方，而且生殖细胞在成熟分裂时曾发生染色体联会、交换和遗传物质重组。因此，受精卵含有父母双方的基因，但又不同于父母的基因，新个体既遗传父母的一些特征，但又会产生一定的变异，新个体将具有不同于亲代的性状。

二、着床

精子与卵子在输卵管的壶腹部受精后形成受精卵（zygote），受精卵在24 ～ 36 h开始第一次卵裂。同时，受精卵借助输卵管的蠕动和管壁上皮细胞纤毛的摆动向子宫前进，经历3 ～ 5天到达子宫。此时，受精卵已分裂成为一个实心的细胞团，称桑葚胚。

桑葚胚（morula）进入子宫腔后，随着细胞的不断分裂，体积不断增大，中间开始出现腔隙，内有少量液体，此时称为胚泡（blastocyst）。其中的细胞在发育过程中分化为两部分：囊胚外层的细胞形成滋养层，是受精卵接触母体的部分，它将形成胎盘及其他胚外结构；在囊胚内部一端的细胞形成内细胞团，是以后胚胎发育的始基，这一端称为胚极。滋养层细胞与子宫内膜接触时，可分泌一种能使子宫内膜溶解的蛋白分解酶，该酶可使子宫内膜表层细胞很快溶解，囊胚侵入子宫内膜，内膜表面缺口迅速被修复，整个胚泡就被包埋在子宫内膜中。胚泡埋入子宫内膜的过程称为植入或着床（nidation）。着床一般是在受精后1周左右开始，整个过程需要4～5天。胚泡一般着床在子宫体的后上部。着床后就建立了母子间结构上的联系以实现物质交换。

胎盘（placenta）是由胎儿的绒毛膜和母体的基蜕膜共同组成的圆盘形结构，是母子间交换物质的过渡性器官。脐带（umbilical cord）是母体与胎儿进行物质交换的唯一通道，内含有两条脐动脉和一条脐静脉。胎儿通过脐带与胎盘联系，进而与母体进行物质交换。胎儿通过脐动脉把代谢产物和CO_2运至胎盘，进入母体血液中；而母体血液中的营养和O_2则通过胎盘交换，由脐静脉运回胎儿体内（图2-2）。母体与胎儿的血是不相混合的，物质交换必须经过胎盘屏障才能进行。母体是胎儿生活的直接外环境，妊娠前三个月，胎盘发育还不够完善，病原微生物、药物等可能通过胎盘进入胎儿体内，影响胎儿的正常发育。因此，妊娠早期应特别注意防病。必要时，应在医生的指导下用药，切不可滥用“秘方”“偏方”之类的药物，以免对胎儿产生不利影响。此外，妊娠前3个月，胎盘与子宫结合不够牢固，在一些因素作用下，很容易从子宫内膜脱落，导致早期流产。

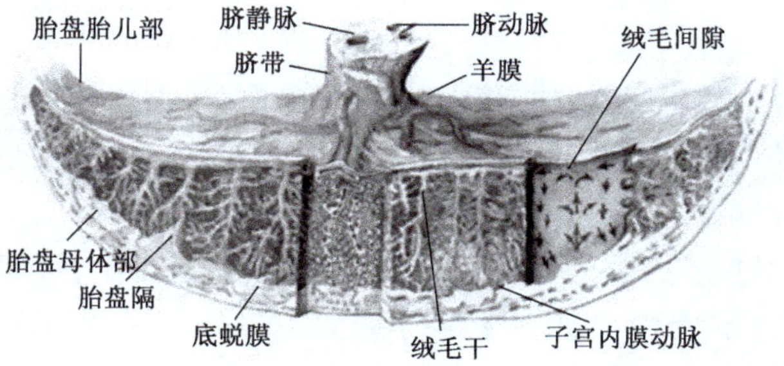

图2-2 胎盘结构

胎盘除了物质交换功能外，还有内分泌功能，能合成多种生物活性物质，对维持正常妊娠起到很重要作用。胎盘分泌的激素主要有人绒毛膜促性腺激素、孕激素、雌激素、人绒毛膜生长激素和松弛素等。人绒毛膜促性腺激素（human chorionic gonadotrophin，HCG）与垂体分泌的黄体生成素相似，能有效延长卵巢的黄体功能，以维持妊娠。人绒毛膜促性腺激素是受精后最早出现的激素，一般在受精后8～9天胚泡形成时即开始分泌，一般在10～15天就能在孕妇血清中或尿中检测出来，可用于早期妊娠的诊断。人绒毛膜促性腺激素的分泌量在妊娠的头2～3个月特别多，第3个月末迅速下降，直至妊娠后期又略有增加，在分娩前停止分泌。孕激素能降低子宫肌层的兴奋性与收缩性，以防止子宫收缩而维持正常妊娠。雌激素能促进妊娠期的子宫肌层增厚，腺体和血管增生。孕激素和雌激素在妊娠第4个月开始分泌，妊娠中期迅速增加，至分娩前达到高峰。人绒毛膜生长激素（human chorionic somatomammotropin，HCS）又称人胎盘催乳素（human placental lactogen，HPL），能促进胎儿生长，还能刺激乳腺细胞分化，但对乳汁生成的作用较催乳素小。人绒毛膜生长激素在妊娠第2个月开始分泌，第8个月达高峰，并一直持续到妊娠结束。妊娠末期胎盘还分泌松弛素。松弛素（relaxin）对分娩具有辅助作用，它能溶解胶原纤维及软化韧带，使子宫颈口松弛以利于胎儿通过，还能增加子宫肌层催产素受体数目而加强宫缩。此外，胎盘还能产生促性腺激素释放激素（gonadotropin releasing hormone, GnRH）、促肾上腺皮质激素释放激素（corticotropin releasing hormone, CRH）和胰岛素样生长因子等。

三、妊娠

妊娠（pregnancy）是指妇女怀胎的过程，即自受精开始至胎儿娩出这一段时间。一般为280天左右。为计算方便，通常用孕龄（妊娠月或妊娠周）来表示胎儿发育的进程。孕龄是从末次月经来潮的第一天算起，按此计算，正常妊娠时间为40周或280天左右。临床上，人们将妊娠过程分为三个时期：妊娠第12周末之前为妊娠早期，妊娠第13周至第27周末为妊娠中期，而妊娠第28周以后称为妊娠晚期。在妊娠期内，母体和胎儿都发生显著的变化。

（一）妊娠征兆

怎样知道自己已经妊娠了呢？在妊娠的初始，母体会有哪些征兆呢？主要有以下几种现象。

1. 月经停止

已到生育年龄，平时月经正常且规律，又有过性交行为，月经突然停止，首先应该考虑是否是妊娠。超过月经周期10天，应疑为妊娠；如停经超过1个月，则更应考虑妊娠的可能，应及时到医院进一步确诊。

为什么停经是育龄妇女妊娠的重要征兆呢？卵子从卵巢排出后，卵泡细胞塌陷，血管侵入形成黄体。黄体分泌孕激素，以维持子宫内膜继续增厚，为受精卵着床做好准备。如果卵子未受精，此时的黄体称为月经黄体，月经黄体发育约2周后自行萎缩退化形成白体，孕激素的分泌量急骤减少，子宫内膜就坏死脱落，连同血液一起从阴道流出形成月经；当卵子受精后，黄体形成妊娠黄体，继续发育而不萎缩，它分泌的孕激素使子宫内膜继续增厚而不坏死脱落，为胚胎在子宫内的发育提供物质基础。这样就不会有月经产生了。

2. 早孕反应

约半数妇女在停经6周左右时，会出现头晕、乏力、嗜睡、食欲下降以及不同程度的恶心呕吐、厌油、喜酸等现象称为早孕反应。早孕反应主要是由妊娠早期大脑皮层的抑制与皮层下中枢的兴奋，引起自主神经紊乱造成的。也有人认为，恶心呕吐可能与体内人绒毛膜促性腺激素增多、胃酸分泌减少及胃排空延长有关，或是由呕吐中枢对增多的雌激素暂时不能适应引起的。一般在妊娠12周以后早孕反应可自行消失。

3. 乳房发胀

妊娠以后，由于卵巢分泌的孕激素、雌激素和人绒毛膜生长激素增加，促使乳腺小叶增生、乳房体积增大，因此，在妊娠早期，会感到乳房发胀，有压痛感。此外，可见乳头及乳晕着色加深，其乳晕周围出现蒙氏结节（皮脂腺增生所致）。

4. 尿频

膀胱壁有牵张感受器，当尿量增加到一定程度时，刺激感受器，通过传入神经传至脊髓骶段的初级中枢，进而传到大脑产生尿意。妊娠后，子宫体积逐渐增大，因而会压迫到膀胱，同样因刺激到膀胱壁的牵张感受器而引起尿意，使小便次数增多。妊娠12周以后，此症状逐渐消失。

（二）妊娠期母体的变化

1. 内分泌系统的变化

妊娠期脑垂体前叶增大，催乳素、促甲状腺素、促肾上腺皮质激素和促黑激素分泌增多。催乳素有促进乳房发育的作用，为产后哺乳做准备；促黑激素分泌增多，使面颊、乳头、腹白线、外阴等处皮肤有色素沉着。有时面颊部可见呈蝶形分布的褐色斑，称妊娠斑，一般于产后逐渐消退。因为胎盘分泌大量雌激素、孕激素，对下丘脑负反馈作用被抑制，所以妊娠期间卵巢没有卵泡成熟，也不排卵，也就停止了周期性的月经。由于神经反射作用，妊娠末期垂体后叶释放出大量缩宫素（催产素），为分娩做准备。同时，妊娠期间的肾上腺和甲状腺可有轻度肿大。此外，妊娠期胎盘滋养层细胞产生的胎盘催乳素、雌激素、孕激素等都有拮抗胰岛素的作用，故孕妇必须以增加胰岛素的分泌来维持其体内的糖代谢平衡，表现为胰岛 β 细胞功能亢进，其在妊娠中期即开始，接近预产期时达高峰。如胰岛的代偿功能不足，不能适应这一改变，可表现为隐性或轻型糖尿病，称妊娠糖尿病。

2. 代谢的变化

由于胎儿的生长发育及母体的变化，妊娠期间代谢较为旺盛。蛋白质和热量的需要量有所增加，在身体的某些部位有脂肪积累，为妊娠晚期、分娩和产褥期提供必要的能量储备。铁、钙、磷和维生素D等的需要量也有所增加。因孕妇体内的雌激素和醛固酮水平较高，可引起水钠潴留而发生水肿。

3. 生殖系统和乳房的变化

随着胎儿的生长发育，生殖系统有明显的变化。

（1）子宫变化：妊娠后，由于容纳胎儿、羊水及胎盘等，子宫的体积、容积和重量等均显著增加。足月妊娠时，子宫大小由非妊娠时的7 cm × 5 cm × 3 cm增加到35 cm × 22 cm × 25 cm；容积由非妊娠时的4 ～ 7 mL增加至5 000 mL，约扩大1 000倍；子宫重量也大大增加，由非妊娠时约50 g，增至1 000 ～ 1 200 g，增加20多倍，主要是子宫肌细胞肥大，胞质内充满具有收缩活性的肌动蛋白和肌球蛋白，为临产后子宫阵缩提供物质基础；子宫肌层厚度非妊娠时约0.8 cm，于妊娠中期逐渐增厚达2.0 ～ 2.5 cm，至妊娠末期又有所变薄。

子宫结构也有所改变。子宫内膜继续增厚，此时的子宫内膜的结构、性质都发生了本质的变化，称为蜕膜；囊胚的滋养层细胞也长出许多绒毛膜，绒毛膜与蜕膜逐渐发展成为胎盘；子宫的肌纤维增生肥大，间质间的血管、淋巴管和弹性纤维也增加，为容纳胎儿和为胎儿提供足够的营养。同时，子宫颈腺体分泌旺盛，分泌的黏液形成栓子防止细菌侵入子宫腔。

子宫螺旋动脉由非妊娠时屈曲至妊娠足月时变直，以适应胎盘内绒毛间隙血流量增加的需要。妊娠足月时子宫血流量为每分钟500 ～ 700 mL，比非妊娠时增加 4 ～ 6倍，其中大部分增加的血液流向胎盘，供胎儿营养需要，占80%～85%，另5%供子宫肌层，10%～15%供子宫蜕膜层。当宫缩时，子宫血流量明显减少。

（2）卵巢变化：妊娠期卵巢的体积继续增大，受精后卵泡细胞形成妊娠黄体。在受孕后的前4周内主要起到维持妊娠的作用，妊娠黄体在妊娠3个月后开始萎缩，此后它的内分泌功能逐渐被胎盘所代替。在妊娠期间，卵巢不再排卵。

（3）阴道变化：阴道黏膜增厚、变软，充血水肿呈紫红色。皱襞增多，伸展性增强，为分娩时胎儿的通过逐步做好准备；同时，阴道脱落细胞增多，分泌物增多常呈白色糊状。阴道上皮细胞含糖原增加，乳酸含量增多，使阴道分泌物的酸度增高，不利于致病菌生长，有利于防止感染。

（4）会阴变化：妊娠期外阴部血管增多、充血，皮肤增厚，会阴增大，小阴唇色素沉着，结缔组织变软。伸展性增强，也有利于胎儿的娩出。

（5）乳房变化：乳房在妊娠早期就开始增大，充血明显，浅静脉明显可见。由于皮肤的增长慢于乳腺发育，孕妇自觉乳房发胀或偶有刺痛。乳头增大变黑，易勃起。乳晕变黑，乳晕外围的皮脂腺肥大形成散在的结节状小隆起，称蒙氏结节。妊娠期间胎盘分泌大量雌激素刺激乳腺腺管发育，分泌大量孕激素刺激乳腺腺泡发育，腺泡增生使乳房较硬韧。乳腺发育完善还需要垂体催乳素、胎盘催乳素及胰岛素、皮质醇、甲状腺激素等的参与。已知乳腺细胞膜有垂体催乳素受体，细胞质内有雌激素受体和孕激素受体。妊娠期虽有大量的多种激素参与乳腺发育，做好泌乳准备，但妊娠期间并无乳汁分泌，这与大量雌、孕激素抑制乳汁生成有关。于妊娠末期，尤其在接近分娩期挤压乳房时，可有数滴稀薄黄色液体溢出，称初乳，孕妇正式分泌乳汁需要在分娩后。

4. 循环系统变化

为了适应胎儿生长发育的营养需要，孕妇的循环系统发生很大的变化。首先，循环血容量于妊娠6～8周开始增加，至妊娠32～34周达高峰，增加30%～45%，平均约增加1 500 mL，并维持此水平直至分娩。血容量增加包括血浆及红细胞增加，血浆增加多于红细胞增加（血浆约增加1 000 mL，红细胞约增加500 mL），因此出现血液稀释，即红细胞计数、血红蛋白值、血细胞比容均有所下降，血沉也加快。其次，心脏负荷增加，心肌轻度肥大，心率加快。至妊娠末期心脏容量约增加10%，心率每分钟增加10～15次。心输出量自妊娠10周左右开始增加，至妊娠32周达高峰，心输出量较未妊娠时约增加30%。

5. 其他变化

有些孕妇在妊娠早期（6～12周）有头晕、食欲下降，伴有不同程度的恶心，有时还伴有呕吐，尤其于晨间起床时更为明显。妊娠早期食欲和习惯常有改变，往往喜食咸、酸、冰食物和水果，甚至偏食。由于受大量激素影响，胃肠道平滑肌张力减退，蠕动减弱，胃排空时间延长，易感到上腹部饱胀，故孕妇应防止饱餐。粪便在大肠中积留时间长，水分逐渐被吸收，使粪便变干而可能导致便秘。同时，增大的子宫对直肠的压迫，以及性激素对血管壁平滑肌的扩张作用，常能引起或使原有痔疮加重。

妊娠期母体体重增加可达12 kg 左右，一般在妊娠13 周前体重增加不明显，妊娠13周后平均每周增加350 g，直至足月，但每周体重增加应在500 g 以内，如体重增加过快则注意是否有隐性水肿。由于体重增加，身体重心前移，易发生腰部酸痛。

此外，孕妇的腹壁、大腿等处皮肤可见一些不规则平行裂纹，这些纹呈紫红或淡红色，称妊娠纹，产后逐渐变为银白色，持久不退。一般认为这是肾上腺皮质激素增多造成的。

（三）妊娠期胚胎及胎儿变化

从受精开始到胎儿娩出，胚胎的发育井然有序地进行着。胚胎发育的主要过程如下。

精子和卵子在输卵管的壶腹部结合受精后，来自精子和卵子的染色体融为一体，成为二倍体的受精卵，直径约为0.2 mm。

受精后30 h左右，受精卵开始分裂，进入2细胞期（图2-3）。

受精后2天，受精卵继续分裂，进入4细胞期（图2-4）或8细胞期，4天后胚胎成为桑葚胚，并沿输卵管进入子宫。第1周末，受精卵开始在子宫内膜着床。

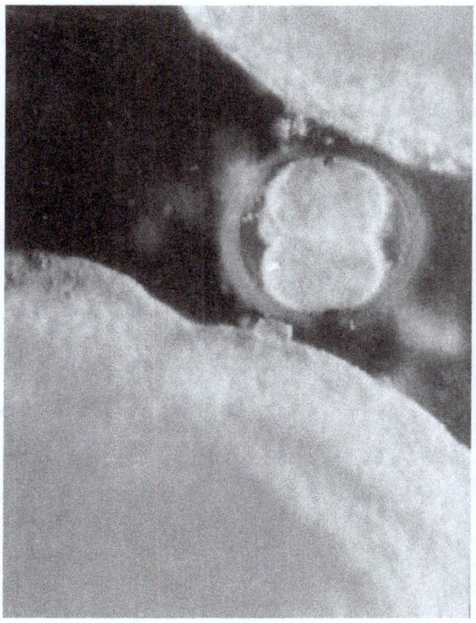

图2-3　受精30 h（2细胞期）

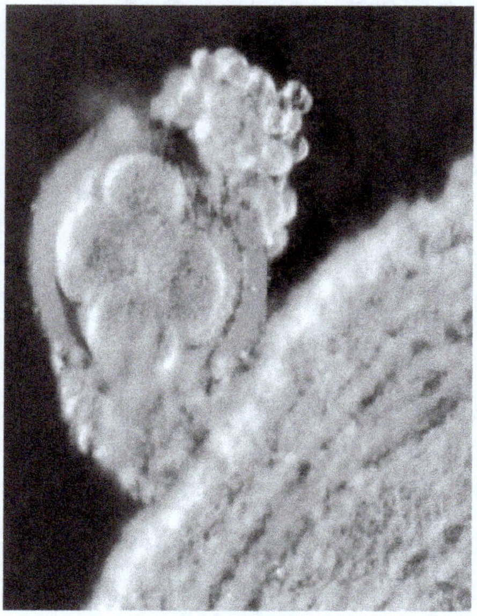

图2-4　受精后2天（4细胞期）

第2周末，着床完成，胎盘长出。

第3周末，形成三胚层，出现神经管和脊索，胚胎长达1.5 ～ 2 mm，肉眼可见。

第4周，胚胎有长长的尾巴，胚胎由扁圆形变成圆柱形，颜面初显雏形；器官的形态进一步发展，出现脑、脊髓痕迹；脑脊髓等神经系统，心脏循环系统等内脏的基胚已出现，胚胎长达5 ～ 6 mm，血液循环开始建立，心脏出现，心脏上方有鳃弓突出（图2-5）；胚胎表面被绒毛组织覆盖，这个组织以后将形成胎盘。

胚胎发育的前4周，是最敏感和最易受到损害的时期，加之胎盘还未发育完善，药物和病原体等均极易穿过胎盘而危害胚胎。

第4周至第8周是人胚胎发育的最重要时期，是细胞组织分化的关键阶段。所有的外表和内部结构都在此时开始发育，这个时期是胚胎体形建立及基本器官形成的时期。

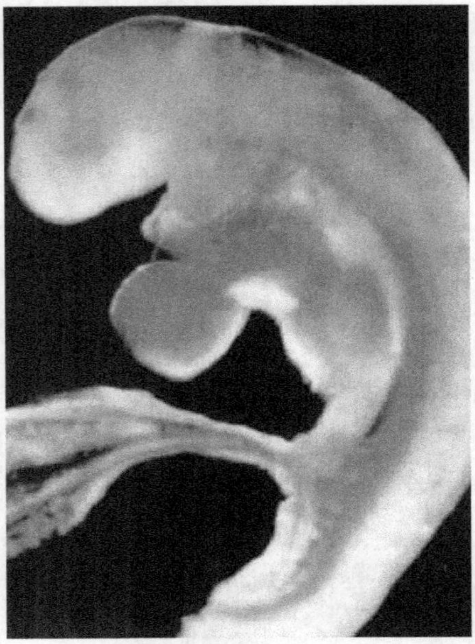

图2-5　4周胚胎

第5周，胚胎有典型的体形，长约1 cm。脸部、躯干和四肢逐渐形成；大脑半球开始突起，神经和神经节明显；心脏、肝脏的相对比例较大；手脚呈蕾芽状；眼睛、耳朵正在形成中；卵黄囊负责制造血细胞。此时心脏开始搏动，并将血液泵入肝及大动脉。

第6周，胚胎长约1.5 cm，脊椎雏形已形成；眼、耳、鼻、口腔正逐步形成；手也逐渐形成，可区分手指；心脏已在跳动，血液被泵入脐带中，心率达每分钟50次左右。至此，人体的设计工程已完成，胎盘基本形成。虽然此时胎盘开始起到滤过作用，但功能还不完善，保护作用仍不强，最好还是在医生的指导下服药，以免伤及胚胎。

第7周，胚胎的大脑半球变大，脑细胞开始与其他细胞连接，建立原始的神经通路。

第8周末，胚胎已初具人形，长约4 cm，所有器官已具备雏形，表现出胎儿形态。若头大，头占整个胎体的一半左右；眼、耳、口、鼻、四肢也已具雏形；早期的心脏已形成，而且有心脏搏动，超声波可以查出。从此胚胎进入胎儿阶段。

从受精起，经过8周时间的发育分化，所有的器官都已形成，胎儿的成长进入一个重要的转折点。此时胚胎的重量可达13 g，也就是说，胚胎从一个单细胞分裂为数千百万个细胞，而且每部分都赋予了特殊的使命。从现在起，胚胎必须继续成长，使功能更精致、更完善。

妊娠第3个月以后，胎儿迅速生长和建立了器官功能。在此以后，妊娠进入一个较为稳定的时期，母体体内激素分泌不会有巨大的变化，孕妇的恶心现象也逐渐消失，出现严重畸形的危险性大为降低，流产率也逐渐降低。

第12周，即第3个月，完整的胎盘已形成，胎儿已具人形，沐浴在温暖的羊膜腔中，生长迅速。到第3个月末期，胎儿的所有主要器官、系统已初步形成。骨头开始变硬，胎毛开始生长，手指甲出现；制造血细胞的卵黄囊被肝、脾、骨髓取代；外部性器官已开始发育，可分辨性别；肾脏逐渐发达，并有输尿管，可进行微量排泄（图2-6）。此时对刺激开始有反应，但动作极小，母亲往往感觉不到。

第16周，即第4个月，胎儿生长非常迅速，头相对变小，腿变长，两手已可以互握；皮肤色泽红润，光滑透明，可以通过皮肤看到皮下的血管；从外部性器官已可确定性别；已有呼吸运动；X线检查可见到脊柱阴影；胎盘区形成，与母体的连接更加紧密，流产的可能性大大降低；孕妇可自觉胎动，用听筒可听到微弱的胎动。

第18周，胎儿会伸张、抓取、转动；能产生吸吮反射；生殖器清晰可见（图2-7）。

第20周，即第5个月，胎儿生长仍很快，全身布有胎毛，头发出现；外耳完全成形，能对声音做出反应，对噪声有不安现象；由于骨骼肌肉的发育，胎儿还能用手遮蔽光线，保护眼睛；能咽下吞入羊水；检查时可听到胎音；此期的胎儿出生后可有短时间呼吸、排尿及吞咽功能。

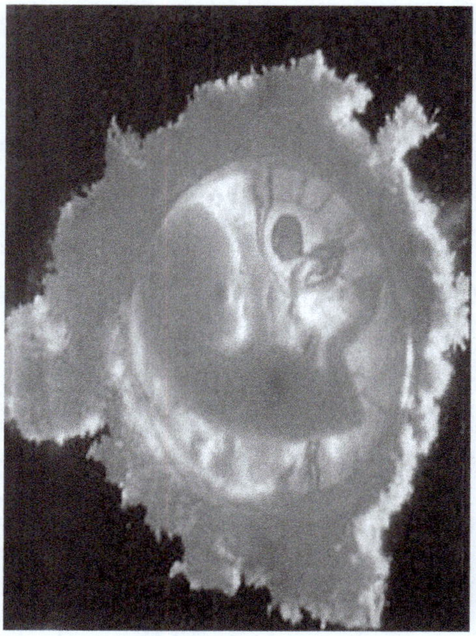

图2-6 12周的胚胎

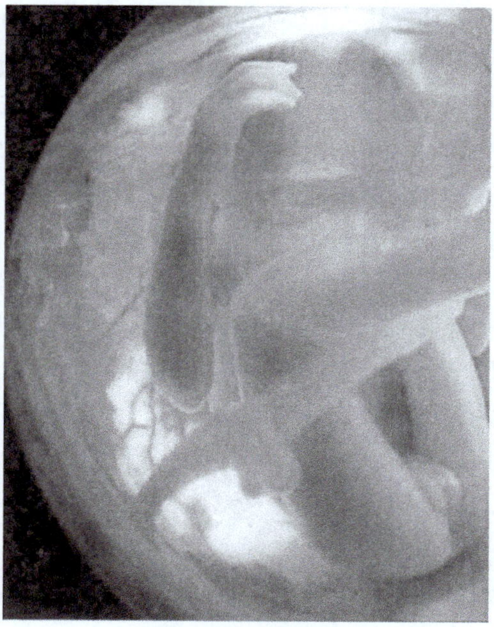

图2-7 18周胎儿

孕妇此时体重开始明显增加，腹围也大起来，子宫上缘尚未达到肚脐高度，腹内仍有足够的空间，这是精神和身体上最舒适的时候。从此，孕妇每4周要做一次产前检查。

第24周，即6个月，胎儿已具婴儿形。皮下脂肪开始沉积，体重增加迅速，但皮肤仍呈皱缩状。各内脏器官均已发育，第6个月产出的胎儿能进行微弱呼吸，并能活数小时。但此期的胎儿仍不够成熟，一般无法存活。

第28周，第7个月的胎儿身长30 ～ 35 cm，体重约1 000 g，几乎可以把子宫的空间占满。胎儿的神经系统已相当发达，呼吸、吞咽等重要的中枢已发育完备，眼睛能睁开；头发、指甲已长出，娩出后有弱的哭啼和呼吸，但生活力弱，很难存活，死亡率极高。若具备良好的条件加强护理，可有存活的机会（图2-8）。出生时因皮肤皱缩似一个小老头。

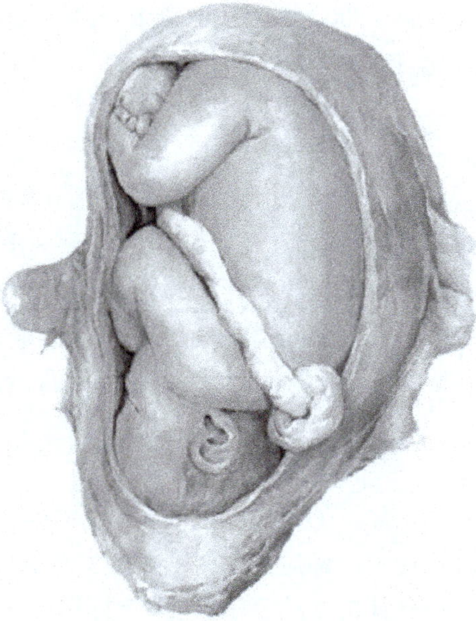

图2-8 28周胎儿

第32周，第8个月的胎儿身长40 cm，体重1 500 ～ 1 700 g。胎毛开始退化，睾丸开始下降，皮肤深红；迅速生长的胎儿身体紧靠子宫，位置也固定下来，一般头部自然朝下。生活力尚可，出生后在良好的护理条件下可存活。

从32周左右开始，胎儿开始呈头朝下的倒立姿势，以便出生时让头先出来。一方面，其有利于顺利分娩，因为胎儿的头是全身最大的部位，头一旦通过产道，身体的其他部位就能顺利娩出。另一方面，其也有利于刚出生婴儿的呼吸。因此，胎位正常对分娩是非常重要的，应及时到医院检查，以获得医生的指导与帮助。

第36周，第9个月的胎儿身长约45 cm，体重可达2 500 g以上，皮肤粉红色，胎毛大为减少，皮下已有大量的脂肪沉积；出生后能哭啼及吮吸，生活力良好，此时分娩基本可以存活。

第38周，胎体丰满，四肢变圆，睾丸开始降至阴囊内，胸部发育良好，乳头略突出。

第40周，10个月的胎儿，身长约50 cm，体重约为3 000 g或3 000 g以上。皮下脂肪发育良好，体形更为丰满；胎毛大部分脱落，肩背部有时仍可有胎毛，指甲已超过指端，头发已长出2 ～ 3 cm，头骨已骨化；男婴睾丸大多已下降至阴囊内，女婴小阴唇发育良好。此时出生称为足月产。出生后哭啼响亮，四肢运动活泼，吮吸动作强烈，能很好存活。

妊娠足月时羊水约800 mL。羊水使胎儿在宫腔内有一定活动度，防止胎儿与羊膜粘连，保护胎儿不受外来损伤。还可保护母体，减少胎动所致的不适。分娩时，羊水还可润滑产道。此外，妊娠期间，可通过羊水检测胎儿的情况。

四、分娩

俗语说“十月怀胎，一朝分娩”“瓜熟蒂落”，胎儿在子宫内发育成熟后，自然会通过阴道排出体外。

分娩（delivery）是指妊娠28周后，胎儿及其附属物从母体子宫向外排出的过程。妊娠28周以前，有15% ～ 20%的孕妇可能发生流产，俗称小产。其中，自然流产发生在妊娠12周以前称早期流产（约占小产的86%）；若流产发生在妊娠12周以后则称晚期流产。随着医疗水平的提高，妊娠超过25周（体重略低于2 400 g）的新生儿在医生的精心照料下仍有存活的可能。凡婴儿在妊娠28 ～ 37周出生，体重在2 500 g以下，均称为早产，世界卫生组织则把体重不满2 500 g的新生儿统称为早产儿；妊娠38 ～ 42周分娩称为足月产；超过42周分娩称为过期产。

（一）预产期的推算

卵子与精子受精的时间不容易掌握，所以一般以末次月经的第一天作为妊娠的开始进行计算，全程约280天。若以28天为一个妊娠月，那么一般为10个妊娠月，即通常所说的“十月怀胎”。

孕妇只要知道最后一次月经的确切日期，就可预算出预产期。预产期是从最后一次月经开始的第1天的月份、日期来推算的，具体方法是：

预产期＝年+1，月−3，日+7；或＝月+9，日+7

例如，一女子最后一次月经的第一天是2021年8月15日，则预产期为2022年5月22日；若一女子的最后一次月经的第一天是2022年2月20日，则预产期为2022年11月27日。预产期是预计出生的日子，但不能肯定这一天一定出生，往前往后一周内出生都属正常。

以上预产期计算法是以28天的月经周期为计算基础，因此必须根据个人月经周期长短加以修正。若月经周期延长或缩短几天，则预产期应相应增加或减少几天。如某一月经周期为32天的女子妊娠了，最后一次月经的第一天是2021年8月15日，则其预产期为2022年5月26日（因为她的月经周期比28天多4天，则应在公式计算的基础上加上4天）。

（二）临产征兆

怎样知道产妇即将临产呢？一般说产妇在预产期前后出现下列情况之一者，说明已经临产，就应及时到医院待产。

1. 出现有规律的子宫阵缩

临近预产期，如果出现有规律的子宫收缩，每隔10～15 min 1次，每次持续几十秒钟，即使卧床休息，收缩也不消失，而且间隔时间逐渐缩短，收缩持续时间渐渐延长，收缩强度不断增强，这是临产的开始，应及时去医院待产。

2. 阴道少量出血

分娩开始之前的24 h内，阴道会排出一些血性的黏液，俗称“见红”。当产妇“见红”时，即表示可能在24 h内临产，此时就更应该进医院了。

3. 破水

由于子宫收缩不断加强，子宫内羊水压力增高，挤破羊膜，羊水流出（100～200 mL），称破膜。大多数产妇是在临产时破膜，若临产前破膜称为“胎膜早破”，应立即平躺，并急送医院处理。

（三）分娩过程

在妊娠的前2/3时期内，孕激素分泌较多，因而能抑制子宫肌的自发收缩，到后1/3时期，雌激素分泌较多，它能增加子宫肌的自发性收缩和子宫肌对催产素的敏感性，故子宫收缩较为频繁，特别是分娩前几天。

分娩是通过胎儿与母体相互作用，调节子宫肌的收缩而完成的。分娩首先是由胎儿启动的。具体过程是：胎儿下丘脑合成催产素后，催产素由神经垂体释放作用于母体子宫内膜受体，引起子宫内膜分泌前列腺素，前列腺素刺激子宫收缩，而子宫收缩又刺激子宫肌层中的牵张感受器，其兴奋通过传入神经传至母体的下丘脑，引起母体催产素分泌。催产素分泌进一步加剧子宫收缩，强烈的子宫收缩又进一步增强对牵张感受器的刺激，引起更多的催产素分泌，形成一个正反馈的调节环路，直到最后胎儿和胎盘被排出母体外。

分娩全过程指有规律的子宫阵缩开始到胎儿和胎盘娩出这一段历程，一般要经过3个阶段，医学上称为3个产程。

1. 第一阶段（子宫颈扩张期）

子宫颈扩张期指从有规律的子宫收缩开始到子宫颈口开全的阶段。开始时，子宫收缩的频率较低，收缩力较弱，其主要作用是使子宫颈口逐渐扩张，当宫口开大至10 cm时，称为宫颈口开全。初产妇宫颈口扩张需要12～16 h，经产妇需要6～8 h。

2. 第二阶段（胎儿娩出期）

到第一阶段末期，胎儿外面的包膜破裂，羊水被排出体外。当子宫口完全开大，胎儿的头部已经落到盆腔时，开始分娩的第二阶段（胎儿娩出期）。胎儿娩出期指从子宫颈口开全到胎儿娩出的阶段。初产妇需要1～2 h，经产妇约在1 h内，有的仅需要几分钟。此时，子宫收缩变得又快又有力，此称为临产阵缩。每次持续1 min以上，间隔仅1～2 min，阵缩的作用是挤压胎儿使之娩出。产妇应按照医生要求进行用力和呼吸，促使胎儿娩出。

3. 第三阶段（胎盘娩出期）

胎盘娩出期指胎儿娩出到胎盘娩出的阶段。需要1～5 min。胎儿娩出后，产妇顿感轻松，子宫底下降到平肚脐处，收缩暂停。数分钟后，子宫又开始收缩，促使胎盘与子宫剥离、娩出，并使子宫壁的静脉窦和破损的血管压紧，以免流血过多。至此，分娩全过程结束。

应该指出的是，人的精神活动对分娩过程有重要的影响。分娩过程是一个非常紧张的全身性活动过程，为了顺利地度过这一过程，产妇需要积极主动参与。反之，若怀着恐惧害羞的心理而想逃避这一过程，那结果就会适得其反。

五、哺乳

哺乳（lactation）也是生殖的一个重要环节，是生殖的最后阶段。婴儿在其出生后一段时间内需要从母乳中获取营养物质，以后才能从混合食物中摄取养分。一般情况下，6个月内母乳可保证满足婴儿的营养需要，6个月后应逐渐增加辅食。母乳喂养可持续到出生的第二年。近些年的研究报道，重视母乳喂养，特别是尽早进行母乳喂养对母婴都有很大的好处。

（一）母乳喂养的好处

1. 营养全面，卫生安全

母乳中含生长所需要的一切营养素，如蛋白质、脂肪、矿物质、维生素A、维生素B、维生素C、维生素D和微量元素等，其是婴儿的优质食物。产妇在分娩6个月内，每天能产生约600 mL的乳汁，最多可达到800～1 100 mL，完全可以满足0～6个月婴儿的需要。此外，母乳是母亲自身产生的，不添加其他人工添加剂，没有人为污染，既安全卫生，又经济方便。

2. 促进母婴健康

母乳特别是初乳中含有大量的抗体，能增强婴儿的免疫力，预防肠道感染和营养不良，降低婴儿的发病率；对母亲而言，哺乳可以刺激下丘脑产生大量的催产素，促进子宫收缩，进而促进止血，促进早日康复；哺乳需要大量的能量和营养物质作为原料，因此，对母亲体形的恢复有一定的好处；同时，哺乳可以降低女性乳腺癌的发病率。

3. 沟通感情

母乳喂养可促进母婴间的交流。有人做过实验，把婴儿分成两组，一组有抚摸（一周4次，每次10 min）；另一组无抚摸，结果3个月后，有抚摸组的生长速度是无抚摸组的2倍。

（二）正确哺乳

婴儿出生后，应尽早进行母乳喂养，若可能，出生后不晚于1 h就可以开始母乳喂养，这可以刺激乳汁的分泌，对母体子宫恢复也有积极作用。初乳对婴儿的健康十分有益，不要浪费初乳。不要在出生后用其他食物或饮料来喂养婴儿。喂奶时，母亲的姿势要正确，只要孩子想吃，就应该经常让他吸吮。世界卫生组织提倡6个月内婴儿纯母乳喂养。

由于社会生活节奏的加快，有的母亲为了工作的需要或是为了自己身材的考虑，不进行母乳喂养，或只喂养极短的时间。加之目前母乳代用品的广告往往夸大其功能，导致我国城市和农村的哺乳率呈下降趋势。每年的5月20日为全国母乳喂养宣传日，目的是加强母乳喂养的宣传工作，引起人们对母乳喂养的重视，促进下一代的健康成长。

第三节　青春期前性发育

青春期之前的年龄阶段包括新生儿期、婴儿期、幼儿期、学龄前期和学龄期，年龄一般在0～12周岁。在青春期发育以前，尽管机体各个系统都迅速发育，但与性功能有关的性器官及部分内分泌器官却生长缓慢。性器官在胚胎的第8～9个月已发育成形，出生后直至青春期发育前的很长一段时间内，它们基本维持原状，内部结构基本没有变化，只是体积有所增加，不具有生育能力。到了学龄期末，青春期发育的序幕才悄悄拉开，性器官的生长趋势略有加速。

一、青春期前性器官发育

（一）男性性器官发育

出生时睾丸很小，两侧睾丸共重约0.39 g，在以后的3个月内其重量可增加约2.5倍，以后生长甚微，直至青春期发育。到了学龄前期，睾丸的容积可增至2 mL，内部结构尚未分化，生精小管逐步增长，生精细胞数量逐渐增加，但功能上仍处于静止状态。

出生时，阴茎的组织结构基本与成人一样，但尿道海绵体的体积比阴茎海绵体大（与成人相反），而龟头和尿道球腺的体积较小。由于新生儿的阴茎往往藏在脂肪很厚的阴阜皮下组织中，因而仅露出很短的一小部分，一般只有几毫米。且往往向前反向挺起。到学龄前期，阴茎也缓慢生长，但一般不会超过5 cm。在此期间，阴茎包皮很长，包皮口很狭窄，包住整个龟头。

（二）女性性器官发育

出生时卵巢重量约为0.4 g，以后缓慢生长，到8岁时，重量约增至2 g。刚出生时，卵巢常位于骨盆入口上，大致呈横位；1～2岁时，卵巢随子宫降到盆腔内，位置转为纵位，接近成年状态。青春期以前，卵巢呈长圆形薄片状，表面光滑。

出生时，子宫重约4.16 g（成年未产妇约为48 g），长度约为35 mm（成年未产妇为66 mm）。出生后至2岁，由于脱离母体激素的作用，子宫重量明显减轻，最低可达1.9 g，长度也不断缩短，以子宫颈缩短较为明显。到学龄前期，子宫的重量和长度均略有增加。重量可增至3 g左右，长度可达到4 mm左右。

此外，青春期发育以前，阴道较短，管腔狭小，纵皱褶发育良好，但横皱褶发育较慢。黏膜薄而干燥，有少量分泌物，呈中性或碱性。外阴呈扁平状。乳房尚未发育，乳头多扁平而缺少突起，乳晕直径约15 mm，呈蔷薇色。

二、青春期前性保健

青春期以前，性器官处于极缓慢的生长阶段，性腺分泌水平也很低，因而不具备生育能力。但此时已有性兴奋能力，在触摸外生殖器时同样会体验到特殊的乐趣，这是正常现象。但从卫生保健角度，应注意给予适当引导。

首先，家长应做好孩子的卫生保健工作，并循序渐进地让孩子认识自己的身体，了解相关性卫生知识，并指导孩子养成良好的卫生习惯。在婴幼儿时期，每日给孩子清洗外阴部，勤换洗内裤；同时，讲解简单的卫生知识，如不要让污物触碰外生殖器等。随着年龄的增长，逐步让孩子自觉地独立完成生殖器的卫生保健工作。此外，在青春期发育前，应适当提前介绍给他们一些青春期卫生及保健知识，免得青春期到来时措手不及。正如周恩来同志所说的："一定要把青春期的卫生知识教给男女青少年，让他们能用科学知识保护自己的健康，促进正常发育。"

其次，应解除他们对性的神秘感，逐渐培养良好的性观念。让孩子认识到，性器官与其他器官，如眼睛、鼻子、耳朵一样需要爱护。当孩子长大些后，还要让他们知道性器官毕竟不同于其他器官，不要在别人面前随意暴露自己的性器官，这是对别人和自己的一种尊重。

再次，应该正确看待孩子手淫。孩子无意从手淫中感到快乐后，寂寞时会再次手淫，他们可能用手或手中的玩具去摩擦外生殖器，或与其他小朋友一起抚摸外生殖器。这一切的发生都是自然和正常的。但几乎所有的家长都会竭力禁止、严词训斥，这种训诫往往会适得其反。此时，孩子还不具备起码的是非观念，手淫只是出于好奇而为之。因此，最好的办法是分散或转移他们的注意力，安排其他有趣的娱乐活动，在不知不觉中戒掉手淫习惯。切不可以用殴打、痛斥等粗暴手段横加干涉，更不能用品行不端等对其做定论。否则他们可能由于逆反心理，对手淫产生新的好奇而偷偷进行，而由于不正确的认识又容易导致性心理失衡，严重者会影响日后的性生活。同时，分析诱发孩子手淫的原因，对症处理。例如，有些手淫可能是由于生殖器不卫生引起的，做好外阴卫生可有效降低手淫的发生率。还可在适当的时机讲解一些过度或不恰当的手淫可能造成的危害。此外，还要注意的是，家长或他人不要以抚摸或玩弄孩子的生殖器来取乐。

最后，应该教育孩子增强自我保护意识。当孩子独立能力加强，逐渐参加一些社会活动时，家长要告诉孩子如何保护好自己，避免受到性侵害。例如，不要让别人触碰自己的隐私部位，不要让陌生人进屋；不要跟不熟悉的人走；不要单独在无人或陌生的环境中逗留等。

第四节　青春期性发育

一、青春期概念及分期

（一）概念

青春期（puberty, adolescence）又称青春发育期，是指个体发育过程中，从第二性征显现到个体性器官发育成熟的一段时间。青春期是由青春期前向成年过渡的特殊时期，是生长发育的第二高峰期，是性发育、成熟的关键阶段。世界卫生组织规定为10～19岁。我国女性进入此期的时间为10～12岁，男性约晚2年。欧美国家有9岁即进入青春期的报道。青春期发育的启动是多种因素综合作用的结果，如营养、光照、体重、遗传等。青春期又可分为青春前期、青春中期和青春后期。

（二）分期

1. 青春前期

青春期的初始阶段，历时2～3年，此期内身体生长加速，第二性征不同步出现。男性以睾丸明显增大、阴茎明显变粗为开始标志，以首遗为结束；女性以乳头突起，乳晕增大为开始标志，以月经初潮为结束。

2. 青春中期

性器官发育的高峰，历时3～4年。此时身体生长减慢，第二性征全面出现，初潮与首遗都已来临，成熟生殖细胞的排出还没有规律性，但已具备生育能力。我国女性一般在11～16岁进入此期，男性在13～18岁进入此期。

3. 青春后期

个体发育走向成熟的阶段，历时3～4年。此期生长发育基本停止，第二性征发育完成，已完全具有生育能力。

二、青春期的主要特征

（一）内分泌变化

进入青春期后，下丘脑分泌的各种促激素释放激素显著增加，在这些激素的作用下，腺垂体各种促激素释放明显增加。在它们的作用下，体内各内分泌腺分泌的激素也随之增加，如性激素、甲状腺素、肾上腺素等均维持在较高的水平，进而促进各器官和性征的发育。

（二）形态发育

在进入青春期前，男孩与女孩形态差异不大，女孩身高可能高于男孩，这属正常现象。在2岁至青春期发育前，身高平均每年增加4～5 cm，体重平均每年增加1.5～2 kg，男女躯体的各部位，如肩部、胸部、臀部等均无明显差异。但进入青春期，两性体型差异就开始显著了。

1. 身高

青春前期是骨骼发育的高峰，身高生长迅速。女性一般在初潮前两年生长最快，每年生长5～7 cm，最多可达9～10 cm；男性一般比女性迟两年生长突增，每年可生长7～9 cm，最多可达10～12 cm。但进入青春中期后，身高的增长明显减缓，女性到17岁，男性到20岁左右生长就基本停止。

有些人看到别人突然长高而自感着急和惭愧，也有的人因发育较早而"鹤立鸡群"感到难堪。其实这些都是正常的生理现象，影响身高的因素主要有以下几方面。

(1) 遗传方面：父母亲较高的，其后代一般较高。

(2) 与性发育的迟早有关：有些人发育启动较早，因此身高较早突长。但从整个青春期看，发育较迟的人虽然身体长高较迟，但往往长得更高。在现实生活中，女性比男性早两年进入身高突长期，因此，在青春期前，女性一般高于同龄男性，但以后男性的身高就普遍超过同龄女性。

(3) 锻炼的影响：适当的体育锻炼可促进身体的长高，特别是全身性的体育项目，如游泳、球类运动等。

(4) 营养方面：青春期发育需要大量的营养物质和能量，保证充足、全面的营养供给有助于青春期各器官系统的发育，有利于身高的生长。

从以上影响身高的因素可以看出：遗传和性发育的早晚往往是先天的，是无法改变的。但营养和锻炼等因素则是可以通过自身的努力得以改变的，可以通过科学的饮食和合理的体育锻炼来促进自身的生长发育。

2. 体重与体型

青春期启动后，在身高迅速增高的同时，体重也有所增加。体重的增加一般不如身高显著，而且个体差异很大，但体重增长时间长，变化幅度大，在性成熟后，体重仍可继续增长。

体重与体型的变化除与骨骼的增长有关外，还与肌肉、脂肪等的增长有关。男性肌肉一直持续增长到30岁左右时才达到高峰，而皮下脂肪10岁左右开始生长，但以后生长速率逐渐减小，于是出现肩宽、体高、肌肉发达的身材，呈现出阳刚之气。女性皮下脂肪的生长一般在8岁左右开始，并一直发育下去，它主要分布于乳房、臀部等处，因此进入青春期后，女性逐渐出现丰胸、细腰、肥臀等典型女性体型，给人以丰满娇柔之美。如果身高的生长大大超过体重的增长，就有可能出现瘦弱的身材，呈现竹竿型身材；若体重的增长大大超过身高的生长，则可出现肥胖型身材。因此，在全面、充足营养的前提下，进行适当的锻炼，有利于健康体魄的形成。

（三）智力与心理发育和机能发育

1. 智力与心理发育

青春期是智力发育的重要阶段，脑细胞及神经系统的功能和结构迅速发育，形成复杂而有序、高速而准确的神经联系。此时，大脑的感觉、知觉灵敏，记忆力强，思维能力扩展，易于接受新鲜事物，是学习的大好时机。

青春期心理也发生着巨大的变化（详细内容请参见第五章“性心理”）。

2. 机能发育

除了神经系统的发育外，其他各器官系统也迅速发育，机能逐步完善。

进入青春期，心脏发育十分迅速，重量是初生时的10倍，心收缩力增强，容积增大，供血量明显增加。12岁时每搏输出量为40 mL左右；17～18岁时每搏输出量为60～80 mL，已接近成年人。此外，血压和脉搏逐渐接近成年人水平。

肺的发育也逐步完善，到17～18岁时，肺的重量已接近成年人，呼吸功能大大增强。10岁时的肺活量约为1 400 mL，14～15岁时的肺活量可达到2 500 mL左右，20岁男子的肺活量可达4 000～5 000 mL。

由于运动系统，特别是骨骼肌的发育，机体的力量大大增强。

值得一提的是，男性的机能发育一直优于女性，且随着青春期发育，年龄越大差距也越大。例如，女性的心脏容积比男性小10%～15%，而心率则比男性快5～10次；女性的肺活量比男性小1/3左右；女性的握力也比男性小得多。

三、青春期性发育

（一）男性性发育

男性性发育包括男性性器官的发育和男性第二性征的发育。

1. 男性性器官的发育

青春期前性器官发育很缓慢，几乎处于静止状态；进入青春期后，在卵泡刺激素或黄体生成素及雄激素等的作用下，性器官迅速发育。

首先是睾丸体积的增大。睾丸容积在青春期前不足2 mL，仅稍大于婴儿期，发育也很不完全。生精小管狭细呈条索状，无明显管腔，直径为50～80 μm，此时睾丸不产生雄激素；6～10岁逐渐出现管腔，管中的精原细胞开始进行有丝分裂。进入青春期后，睾丸迅速发育，容积可达12 mL以上。生精小管长度及曲折程度增加，管腔增大，管壁上的精原细胞不断分裂繁殖，出现各期生精细胞，并陆续形成精子。睾丸发育的同时，分泌雄激素，副性器官和副性征也随之依序迅速生长。

男性性器官的发育受雄激素（主要是睾酮）的控制。有人研究认为，男性性器官的发育可分为5个阶段。

第一阶段（约10岁以前）：为青春期前，阴囊和阴茎形态几乎没有明显的变化，仍处于幼稚型，只是体积开始增大。

第二阶段（10～12岁）：阴囊皮肤变红，睾丸容积增大，前列腺开始分泌前列腺液，阴茎开始变粗，生精小管管壁上的精原细胞开始分裂增殖。

第三阶段（12～13岁）：阴茎明显变长变粗，睾丸和阴囊继续增大。

第四阶段（13～15岁）：阴茎长度和周径进一步增加，阴茎头充分发育，阴囊皮肤色泽变深，睾丸体积增大，乳头突出且可伴有疼痛感，声音低沉，身高剧增，出现卷曲的阴毛，首次出现遗精。

第五阶段（15 ～ 20岁）：外部性器官的形状和大小表现为成人型。精液中出现精子，长出腋毛，体脂减少，汗腺皮脂腺增大，附属腺生长发育迅速，功能逐渐完善。

2. 男性第二性征的发育

男性第二性征发育主要表现在：毛发的生长（毛发主要指阴毛、腋毛、胡须）、声调的改变及喉结的突显等。此外，骨骼肌也迅速发育，肌肉显得发达。尽管性成熟的时间有很大的个体差异，但是每个人性发育成熟的顺序是基本一致的，如下所述。

（1）伴随睾丸体积的增大，在阴茎根部出现短而纤细的竖直的阴毛，以后逐渐被黑的、卷曲的阴毛取代。

（2）开始变声。

（3）卷曲的阴毛出现：性成熟时，阴毛可向上和大腿内侧分布。

（4）喉结开始突起：喉结突起是男性特有的第二性征表现，一般12岁左右开始出现，18岁时基本长成成人型（声音逐渐变得低而粗）。

（5）腋毛出现：腋毛一般比阴毛晚1 ～ 2年出现。

（6）首次遗精：首次遗精的精液中一般不含有精子。首次遗精后，体格的增长由生长突增高峰转到缓慢阶段。

（7）在腋毛出现的同时或稍后，唇颏部开始长出胡须。同时，乳房开始发育，乳头突出。乳晕区皮肤色泽变深，乳晕下偶有硬块，或轻微触痛，数月后逐渐消失。出现浓烈的男性体味。

（二）女性性发育

女性性发育包括女性性器官的发育和女性第二性征的发育。

1. 女性性器官的发育

女性性器官在青春期前发育缓慢，基本上也是处于幼稚状态。进入青春期后，在卵泡刺激素、黄体生成素及雌激素的作用下，内外性器官迅速发育，并与其他系统共同进入成熟阶段。在8岁以前，卵巢极小，表面光滑，8 ～ 10岁开始发育较快，以后呈直线上升。月经初潮时，卵巢发育尚未成熟，其重量约为6 g，仅为成熟卵巢重量的30%。此后，卵巢继续发育增大，皮质内出现发育不同程度的卵泡，表面也因排卵逐渐变得凹凸不平。成熟卵巢具有周期性排卵功能。6岁以前，子宫大小增长很慢，子宫无弯曲，处于颅-骶平面的长轴上。6岁左右和6岁以后，子宫体生长加快。进入青春前期，子宫肌层开始生长；月经初潮前，子宫内膜开始发育，子宫颈管扩大，腺体开始分泌。月经初潮后，子宫稍向前屈或前倾，几乎与水平面平行。受雌激素的影响，阴道增长增宽，颜色呈灰色，黏膜上皮增生变厚，其分泌液由偏中性转为酸性（pH 3.8 ～ 4.4）。前庭大腺开始分泌。整个外部性器官也从幼稚型转为成人型，阴阜由于脂肪逐渐堆积而隆起丰满，富有弹性，出现阴毛；大阴唇由平薄变成肥厚，小阴唇由小变大，表面细纹更加明显，并出现色素沉着。

2. 女性第二性征的发育

在卵泡成熟和黄体生成过程中不断分泌的雌激素、孕激素和少量雄激素的作用下，第二性征得以迅速发育。女性第二性征发育的一般顺序如下。

（1）8～9岁：骨盆开始增大变宽，臀部开始变圆而丰满。

（2）10～11岁：乳头和乳房开始发育，乳房的发育是女性青春期出现最早的指标。乳头像芽孢一样慢慢突起，阴部开始出现短而细的竖直的阴毛。

（3）12～13岁：乳房继续发育增大，乳晕明显，卷曲的阴毛出现。

（4）13～14岁：出现腋毛，月经初潮出现。

（5）15岁左右：骨盆显著增宽，初步建立起了月经周期。

（6）16～18岁：月经已有规律，开始排卵，骨骺闭合，皮下脂肪增加，乳房充分发育成成人型，体态丰满，婀娜多姿。

值得注意的是，近年来由于遗传、营养、体重、光照和生活环境等因素的影响，少男少女性发育有提早的趋势。

四、青春期性卫生保健

青春期是性生理发生巨变，性心理也随之不断变化的时期。由于这时他们好奇心、冒险心理极强，而自制力又较薄弱，在日益增强的性欲支配下常会做出各种性行为，可能导致产生较大的心理压力，妨碍身心健康发育。因此，处于青春期的青少年亟须性生理和心理保健方面的知识，这也是青春期性教育的重要内容。

（一）营养与锻炼

青春期启动需要大量的营养物质，应保证合理的营养供给。各种营养必须合理搭配、平衡进食，切不能偏食。在新形势下，还要注意不能一味增加某一方面的营养或补品，否则容易导致营养相对过剩，造成肥胖。

同时，青春期是长身体的关键时期，应适当加强体育锻炼，使心肺等器官发育完善，机能得到进一步锻炼，方能形成健美的身材，而且适当体育锻炼还可以促进智力发育和心理素质提升，提高学习效率，增强抗受挫能力。此外，还应养成坐立行走的正确姿势，预防驼背等不良体形的发生。

（二）生理卫生

到青春期，阴毛开始长出，女性阴道分泌物增多，男性阴茎腺体分泌也很旺盛，这些均是病原微生物繁殖的良好场所，所以，要特别注意阴部的清洁卫生，勤洗澡，勤换内裤。

（三）心理卫生

第二性征初现，会使毫无准备的少男少女们感到惊奇、恐惧、羞涩，特别是女性。因此，首先要使他们从生理上认识自己发育的必然性和阶段性，认识这是正常的生理过程，并为自己的正常发育而感到高兴。其次，应教育他们保持乐观的情绪，参加一些文体活动，这样可以转移注意力，避免精神紧张。当然，最好是在青春期前教给学生这方面的知识，以免产生心理压力。

（四）经期卫生

月经是女性性正常发育的标志。青春期女性要为自己来月经而感到高兴，说明自己发育正常，并已进入青春期，切不可视为倒霉或是认为经血是污物。初潮后半年到一年的时间，月经周期不太规律，在生活环境和情绪剧变时，易出现月经失调现象，如经血量少、月经提前或推迟、痛经等，以后逐渐形成规律。经期应注意以下卫生习惯。

1. 清洁阴部

由于月经期，子宫内膜剥落出血，形成一个创面，阴道内正常的酸性环境也因经血的排出而受到破坏。同时，子宫颈口微微张开，盆腔充血等致使性器官局部防御功能下降，很容易引起感染。因此，应注意阴部卫生。一般每天早晚用温清水由前向后清洗一次外阴；清洗阴部要用专用毛巾和脸盆，下身不要泡在水中，有条件者可改用淋浴方式，以免脏水渗进阴道引起感染；不用碱性强的肥皂清洗，没有炎症也不要用高锰酸钾或其他清洗剂清洗外阴，以免改变局部的酸碱度，破坏阴道内的正常微生态环境，增加病菌入侵的机会；平时要做到大、小便前后洗手，在经期更要特别注意双手的清洁，以免病菌经手而感染性器官，大、小便后用手纸时要由前向后擦，这样可避免把肛门周围的细菌带到外阴处；使用适当、合格的卫生巾，一片卫生巾使用时间一般为3 ～ 4 h，最长不超过6 h，以免细菌繁殖而引起感染；内衣、内裤应单独清洗。

2. 注意保暖

月经期时，大脑兴奋性降低，全身抵抗力有所下降，机体容易疲劳，也容易受凉感冒或患其他病症。因此，应注意保暖，不宜用冷水洗脚、洗澡或洗头，可以用温热水清洗，但要注意及时擦干、吹透；不在阴凉潮湿处坐卧；不淋雨，不涉水，不游泳。

3. 参加适当的文体活动

适当参加一些轻微的文体活动，如散步、慢跑、气功等，不但可转移注意力，保持精神愉快，还可促进经血的顺畅排出，缓解经期常见的腰背酸痛和下腹痛等不适症状。但不能参加过于剧烈或劳累的运动，否则会加剧不适或引起疾病，导致经期延长或经血增多等症状。

4. 保持情绪稳定、心情舒畅

经期前及行经期，少女往往因身体的某些不适，如乳胀、腰酸、小腹坠胀、头痛而情绪烦躁、易怒或抑郁，而这种情绪波动和精神紧张会影响大脑的调节功能，反过来容易引起月经失调、腹痛等不良生理反应，从而形成恶性循环。因此，女性应学会进行自我心理调节，保持乐观和稳定的情绪，坦然对待月经的来临，注意处理好人际关系，保持乐观愉快的心情，这对己对人都有好处。

5. 注意营养

月经会丧失一些铁和蛋白质等，可适当补充营养。多吃些容易消化吸收的食品，如蛋类、瘦肉、豆制品、蔬菜、水果等；同时还要多喝开水，保持大便通畅；但忌吃或少吃生冷、辛辣等刺激性食物，如不宜吃冷饮、蒜、辣椒、茶、酒和咖啡等。过多的冷饮或冷刺激容易引起盆腔血管收缩，导致月经减少或突然停经，引发月经不调等其他病症。

6. 保护好嗓子

由于月经期声带充血水肿，很容易受到破坏，应注意不能过度用嗓。

7. 保持有规律的生活习惯和充足的睡眠

月经期应力求在安静平和的环境中生活。多注意休息，保持规律的生活习惯和充足的睡眠，以增强机体抵抗力，保持良好心态，顺利度过月经期。

（五）痛经

痛经（dysmenorrhea）又称行经腹痛，是指女性经期前后或行经期间，出现下腹部疼痛，伴有腰部酸痛等全身不适等症状。严重者出现痉挛性腹部剧烈疼痛、面色苍白、手足冰冷、冷汗淋漓甚至昏厥，影响日常生活和工作。痛经常持续数小时或1～2天，一般经血畅流后，腹痛缓解。

痛经分为原发性痛经和继发性痛经，原发性痛经又称功能性痛经，指生殖器官无明显器质性病变的痛经者，与子宫发育不全、子宫屈曲、颈管狭窄、不良姿态和体质、变态反应状态及精神心理因素等有关，还可能与一些激素增多有关，如前列腺素、血管升压素、缩宫素、内皮素和去甲肾上腺素等增多可致痛经。随着年龄的增长和发育的完善，往往在结婚或生育以后，原发性痛经将得到大大缓解或消失。继发性痛经多继发于生殖器官某些器质性病变，如盆腔子宫内膜异位症、先天性子宫畸形、阴道横隔、子宫肿瘤、慢性盆腔炎和盆腔静脉淤血综合征等。

继发性痛经由于是生殖器官发生病变引起的，痛经病程较长，缠绵难愈，应在医生的指导下进行相应治疗。而原发性痛经并无器质性的改变，因此掌握一定的方法就能有效地缓解痛经。首先，掌握经期卫生知识，放松心情。女性应多学习一些生理卫生知识，解除对月经的误解，消除或改善不良心理影响，摆脱抑郁、焦虑、恐惧、紧张等不良情绪，最终建立良性循环而治疗痛经，这是预防痛经的首要问题。其次，注意饮食调理，避免冷刺激。经前和经期饮食宜以清淡易消化食物为主，并尽量少吃多餐。摄取适量维生素（如复合维生素等）、矿物质（如钙、钾及镁等）、饮用生姜红糖水等能帮助缓解痛经。尽量少用咖啡、茶、可乐等刺激性食品。注意保暖，忌食生冷寒凉食物（避免寒凝血瘀而诱发或加重痛经），在腹部可放置热敷垫热敷，并加以适当按摩，促进血液循环有助于缓解痛经。此外，平时经常锻炼身体，能促进血脉流通，增强体质。在月经来临前夕和月经期间，适度的活动（如走路等）将使女性在月经期间较舒服。最后，如果痛经比较严重，可以在医生的指导下使用止痛药。

（六）白带

白带（leucorrhea）是妇女从阴道里流出来的一种带有黏性的白色液体，它是由子宫颈腺体、前庭大腺、子宫内膜的分泌物和阴道黏膜的渗出液、脱落的阴道上皮细胞混合而成。白带中含有乳酸杆菌、溶菌酶和抗体等，故有抑制细菌生长的作用。白带还能润滑阴道，便于进行性生活。

白带的形成与雌激素有着密切的关系，故青春期前的女孩一般是没有白带的。青春期后卵巢开始发育，并分泌雌激素，以促进性器官的发育，这时就开始出现了白带。在每个月经周期中，由于雌激素的分泌时多时少，所以白带的质和量也随之变化。一般在两次月经中间（相当于排卵期）雌激素的分泌达到高峰，过多的雌激素刺激了子宫颈腺体分泌更多的黏液，所以这时的白带量多、透明，像蛋清样具有黏性并能拉成丝状，外阴部有湿润感。卵泡排卵后，孕激素增加，并抑制子宫颈黏液的分泌，此时白带量少、稠厚。在月经来潮的前后几天内，因盆腔充血，阴道渗出液增多，白带也稍多，且内含较多的脱落细胞，所以白带混浊。另外，在妊娠期间、性兴奋期和性交后，白带也会增多。妇女绝经后，由于卵巢功能衰退，体内缺少雌激素，所以阴道变得干燥而无白带。

白带是女性的一种正常生理现象。但白带异常是女性内生殖器疾病的信号，必须请医生及早查明原因，以便尽早治疗。白带异常可能仅仅表现为量的增多，也可能同时还有色、质和气味方面的改变。不同疾病引起的白带异常其性状各不相同，常见的异常白带有以下几种。

黄色或黄绿色伴有脓样、带臭味的白带，多见于化脓性细菌引起的阴道炎、子宫颈炎及子宫内膜炎。淋球菌引起的感染还伴有小便疼痛。另外，阴道内有异物也可能出现这种白带。

带有血液的白带常见于生殖器肿瘤、炎症及宫内放置节育器等。根据出血量和出血速度快慢，可使白带染成红色、棕色或黑色等不同颜色。

乳白色泡沫状白带伴有外阴部瘙痒者，多为阴道滴虫感染所致。豆腐渣样或凝乳状白带伴有外阴部奇痒者，多见于阴道霉菌感染。

白带过多常弄湿内裤，可能是由子宫黏膜下肌瘤或输卵管癌引起的。

（七）乳房保健

乳房是女性重要的第二性征，也是女性美的重要标志之一。保持乳房丰满、平滑而富有曲线和弹性是女性的自然健康魅力。所以，历来人们都很重视它，赞美它，喜欢它。但种种原因，每个女人的乳房发育又有很大的差异。有的女性乳房圆润丰满，挺拔诱人；有的女性乳房小而平坦，几乎看不到乳峰；也有的女性的两个乳房，一高一低或一大一小。这些生理上的差异在一般情况下均属正常现象，不影响日后的夫妻性生活和哺育后代。不必为此感到苦恼和担心。应该面对现实，消除不必要的心理困惑；同时用科学的方法去护理它，在一定程度上可以弥补某些方面的不足。因此，青春期乳房保健就显得尤为重要。

1. 适时、合理使用胸罩

胸罩（brassiere）又称乳罩、文胸或胸衣，它不仅能支持、保护乳房，减轻乳房在运动时的震动，更能烘托出女性自然健康的曲线美。适时，就是在乳房发育基本定型时穿戴（即从乳房的上缘经乳头到乳房下缘的上下距离在14 ～ 16 cm时为乳房发育基本定型）。过早或过迟使用均不好。因为过早穿戴会影响乳房和心肺等器官的正常发育；过迟使用则起不到及时保护的作用。同时，大小应适合。胸罩过大，起不到支持和保护作用，很容易引起过度震荡；过小则会影响乳房和胸腔内器官的正常发育，并影响呼吸的正常进行。因此，应以舒适无压迫和无紧束感为宜。且穿戴时间不宜过长，一般睡时放松。此外，材质应以柔软、吸湿、通透性好的细棉布为宜。化学纤维质地的胸罩透气性较差，容易诱发皮肤过敏，还会影响哺乳期女性正常泌乳。化学纤维细丝也容易从输乳孔进入乳腺，时间一长，会堵塞乳腺和乳头，可能诱发乳腺癌。总之，选购胸罩应根据自己的实际情况，不要跟着广告走，应在安全健康的基础上，考虑它的美观。

2. 不可束胸

有些少女较同龄人早发育，因乳房较早突出而羞于见人；也有些女性因乳房圆润丰满而害怕挺胸走路，更不敢运动，甚至采用束胸的办法来限制乳房发育。青春期正处于长身体时期，少女不要穿紧身内衣或束胸。束胸对少女的发育和健康有很多害处。第一，束胸压迫乳房，使血液循环不畅，引起乳房胀而不适或疼痛，导致乳房发育不良，影响健美，甚至还会造成乳头内陷，将来哺乳困难。第二，束胸时心脏、肺和大血管受到压迫，从而影响身体内脏器官的正常发育。第三，束胸会影响呼吸功能，使胸部不能充分扩张，肺组织不能充分舒展，吸入空气量减少，以致影响了全身氧气的供应。

3. 营养与锻炼

没有良好的体质就不会有健美的乳房。乳房的大小取决于乳腺组织和脂肪的多少。在饮食全面的基础上，适量增加鱼、肉等食品来增加胸部的脂肪量。更重要的是可以通过胸部健美运动，如俯卧撑和扩胸运动等可以锻炼胸大肌，促进胸部血液循环，进而促使乳房发育。同时，在专业人士的指导下，乳房按摩也会促进局部血液循环，乳腺组织增生，同样有利于乳房的发育，并能及时发现乳房的某些疾病。

（八）遗精

在非性交情况下精液自行遗泄的现象称遗精（spermatorrhea），包括梦遗与滑精。男性首次遗精称为首遗。进入青春期后，遗精是正常生理现象。有些男性因为无知，把精液看得十分神秘、珍贵。甚至有的人受到“一滴精十滴血”等错误观念的影响，认为遗精大伤元气。一遇遗精即惊慌失措，误认为遗精是病理造成的。其实，精液是由精子和各种黏液组成的，水分占90%以上，仅为少量蛋白质、糖和无机盐，因此，排出一点精液对身体并没有什么危害。一般每月遗精1～3次均属正常现象。若遗精过频，如一周内几次或一夜数次，就有可能是一种病理现象，则要查找原因，是学习、生活过度紧张，还是手淫或接触过多与性有关的语言、文字和音像制品，还是体质虚弱或局部发生病变。

防止遗精过频的主要措施是合理安排学习生活、劳逸适度。临睡前不要大量饮水，不要过度兴奋，也不要沉迷于色情小说或声像制品。内裤要宽松些，床铺不要过软，被子不要盖得太厚太重。睡觉姿势最好是侧卧，因为仰卧、俯卧睡觉容易刺激外部性器官而兴奋。如果使用以上方法后仍频繁遗精，应请专业医生检查。

（九）体征焦虑

“爱美之心，人皆有之”，爱美是人的天性。然而，并不是所有的人都有自己理想中的形象。体征焦虑在大学生中普遍存在。大学生的体征焦虑范围广泛，如为长粉刺、个子矮、体形不健美、多毛而烦恼。男性往往还为阴茎小、少白头等而感到自卑；女性则为自己的乳房过小或过大、多毛等发愁。下面就大多数人感到烦恼的几个体征进行讨论。

1. 粉刺

粉刺(comedo, acne)又称痤疮或青春痘。它是由于雄激素分泌相对增多,使皮脂腺扩大,分泌脂质增多,而毛囊口角质化、狭窄或阻塞,大量皮脂不能完全排泄出去,积聚在毛囊内形成干酪样物,栓塞在毛囊口。此时如遇细菌入侵,便会引起毛囊及毛囊口周围皮肤发炎,在皮肤上形成一颗颗米粒大小的疙瘩,挤压时有乳白色、豆腐渣样物质排出,这就是粉刺。多出现在脸、前胸、后背等处,可持续数年。由于它影响美观,许多大学生对此感到烦恼。

粉刺是一种正常的生理现象,如用手掐、挤会使局部破溃,容易引起感染,形成脓疱,最终形成瘢痕,严重者可终身不退,甚至会引起生命危险(特别是挤压位于面部危险三角区的粉刺时)。防治粉刺的主要措施有:首先,应注意局部卫生,可用温水或温和的洗面奶清洗,使毛囊口畅通;切忌用手挤压患处,以防继发感染。其次,注意饮食清淡,尽量少吃油炸、油腻和有刺激作用(如麻辣等)的食品,多吃一些蔬菜水果,预防便秘;不饮酒,不吸烟。此外,应保持心情舒畅,若发生局部炎症或感染,应在医生的指导下用药。

2. 身高

个子的高矮对大学生具有重要的影响。约有1/3的学生因个子矮而感到烦恼,产生自卑感。因此,应该引导学生正确看待自己的身高问题。身材的高低主要是由遗传因素决定的,加强锻炼可在一定程度上促进长高。当然,更重要的是,应该从心理上正确认识自己,个子矮并不可怕,怕的是无志、无德、无才。从小应该理想远大,发奋读书,做一个有用的人才。

现在,一些增高产品和增高手术充斥着媒体和社会,迎合着青春期少男少女增高的心理。而这些产品和手术几乎没有确切的疗效,千万不要听信广告,以免造成不必要的损失,甚至导致终身残疾。

随着人们生活水平的提高和观念的变化,高跟鞋已经走进普通女性的生活中,不少少女对高跟鞋也十分青睐。从人体美的角度看,高跟鞋可以使女性腿部挺直,臀部收缩、胸部前挺,给人以修长、挺拔、飘逸的美感,显示出女性特有的曲线美,使女性的站姿、走姿更富有风韵。对于身材偏矮的女性而言,高跟鞋还可以弥补身高不足的缺陷。然而,长期穿高跟鞋也会给女性,特别是青春期发育中的少女带来许多危害。

(1)对足部的危害。当你穿着高跟鞋站立和行走时,全身的重量会集中在前脚掌,脚趾会被挤压到狭窄的鞋尖,从而可能出现鸡眼、囊肿、神经瘤、足趾变形和膝下O型腿(拇趾负重过大导致)等,出现顽固而反复的疼痛症状。还可导致循环受阻,行动困难,可能出现肌肉坏死而无力现象。

(2)对踝关节和膝关节的危害。穿高跟鞋时,重心不稳,腿部肌肉和韧带长期处于一种紧张状态,膝盖僵直,稍不注意可能引起腿、踝的扭伤。膝关节负荷压力明显增加亦可能使退行性骨关节病提前发生。

(3)对腰部及骨盆的危害。穿上高跟鞋后,重心前移,骨盆前倾,腰椎只能通过背肌收缩绷紧和韧带拉长来维持身体平衡,时间一长,就会出现腰肌劳损、酸痛,还会使尚未发育完全的脊柱变形和骨盆畸形等。腰椎小关节和关节囊处于紧张状态,长期下去,关节囊和腰背肌即可发生劳损,引起腰痛。腰臀部疼痛常朝轻暮重,劳累后、天阴时症状加剧,坐的时间长了,腰似乎要断，用手捶击可有好转。症状持续一段时间后可以减轻以至消失，但常常再次发作，难以痊愈。凡此种种，都是腰肌劳损的表现。

从兼顾稳固、舒适和维护足弓的生理需要出发，建议女性少穿高跟鞋，腰痛患者更不要穿高跟鞋。一般人除了在社交、礼仪等特定场合穿着高跟鞋外，平时仍以穿一般运动鞋、布鞋或皮鞋为好，鞋跟最好不要高于3 cm，鞋底以呈斜坡状为宜。

3. 体形

体形对于青春期的少男少女们至关重要。男性渴望有健美、潇洒的身材，而苗条、丰满的身姿则是女性梦寐以求的。他们普遍对不健美或肥胖感到烦恼，特别是女性。"整体的苗条和局部的丰满"已成为许多女性追求的目标。一些女性为了苗条，往往不惜代价进行节食；为了丰满，也会不惜代价地寻求各种丰胸产品。其实，节食会使正在发育的身体得不到充足的营养物质，对身体十分不利，过分节食可能导致月经不调，甚至闭经。雌鼠实验表明，当体重下降到正常水平8%以上时，发情周期就会停止。欧美国家少女月经初潮的体重始终维持在47 kg左右。目前，各种丰胸产品也是鱼目混珠，有时不仅不会给女性带来美感，还可能对女性造成极大的伤害。

身体质量指数（body mass index, BMI）又称体重指数，是目前国际上常用的衡量人体胖瘦程度及是否健康的一个标准。BMI是用体重的千克数除以身高米数的平方得出的数字来表示，即BMI=体重（kg）/[身高（m）]^2。世界卫生组织拟定的标准是：BMI在18.5～24.9时属正常范围，在25～29.9时为超重，大于等于30时为肥胖。最理想的体重指数是22。但由于人种及体质的不同，此标准较适用于欧美人。有专家建议，中国人BMI在18.5～23.9时属于正常范围，在24～27.9时为超重，大于等于28时为肥胖。

此外，由于腹型肥胖比例大是中国人肥胖的特点和潜在危险，中国人体重指数超过25的比例明显小于欧美人，但腹型肥胖的比例比欧美人大，因此有人建议还可通过腹围或腰臀比来衡量是否肥胖。研究中发现，体重指数正常或不很高的人，若男性腹围大于101 cm，女性大于89 cm，或腰围/臀围值男性大于0.90，女性大于0.85的腹型肥胖者，其危害与体重指数高者一样大。

要获得健美或苗条的身材应该通过科学的运动和合理的营养来获得。首先，持之以恒地进行有氧锻炼是保持良好身材的重要条件，如快走、慢跑等运动，把心率控制在120～140次/分，每次持续至少半小时；其次，应尽可能少吃零食以及高热量、高脂肪食品，多吃蔬菜水果；同时，应注意三餐的饮食配比。俗话说"早餐要吃好、午餐要吃饱、晚餐要吃少"，经过一夜的休整、消耗，早餐能及时补充营养和能量，以维持上午活动需要；午餐能补充上午的消耗，并为下午活动准备能量，同时，胆固醇合成的酶活性在中午时分最低，中午吃饱不易发胖；晚上胆固醇合成的酶活性逐渐升高，加之晚上活动量少，晚餐过饱不仅容易增加胃肠负担，影响睡眠，还容易造成肥胖和血脂异常。一般而言，正常人早中晚三餐的比例以3∶4∶3较为适宜，而需要减肥的人的三餐配比可以调整为4∶4∶2，即早餐多吃点，晚餐少吃些（尽可能不吃夜宵），在不减少饮食总量和营养素的前提下，有效控制体重。

第五节　性分化与发育异常

一、两性畸形

胚胎在尚未分化出性别时，存在着分化为男性或女性的可能。在性分化过程中，由于染色体、激素水平、组织应答或环境因素的影响，可能出现的生物学性别上含糊不清的现象称为两性畸形（hermaphroditism）。20世纪90年代初以来，“间性人”这一称呼逐渐流传开来，并被不同背景的人所接受，目前已被广泛使用。间性人既往被称为双性人、雌雄同体或阴阳人，泛指那些出生时的性特征（包括生殖器官、性腺和染色体模式）不符合男性或女性身体的典型二元特征的人。间性人的性特征一般是天生的，描述的是客观的出生时的性特征。但是，如何给间性人做出实质性判定，仍是医学界争论的话题。目前，间性人在日常生活的各个领域仍面临歧视和偏见，并且时常被强制进行生殖器官矫正手术。一般分为以下几类。

1. 先天性卵巢发育不全

先天性卵巢发育不全（congenital ovarian hypoplasia）又称特纳综合征（Turner syndrome），是由性染色体的异常而导致的遗传缺陷。患者缺少一条X染色体，染色体核型为45, XO。在生长发育过程中，两性发育同时受阻的现象并存，内外生殖器官趋于向女性方向分化发育，但卵巢退化。青春期后，患者的性别一般被认可为女性，但出现明显的第二性征不发育或闭经。需要用女性激素替代疗法来启动和维持月经，这是一种终身替代治疗。

2. 先天性睾丸发育不全

先天性睾丸发育不全（congenital testis hypoplasia）又称克兰费尔特综合征（Klinefelter syndrome）。患者多出了一条额外的X染色体，染色体核型为47, XXY。其原因是父母的生殖细胞在减数分裂形成精子和卵子的过程中，有一方性染色体发生不分离。主要临床表现为皮肤细嫩，声音尖细，体毛少，无胡须等。外生殖器呈男性，但阴茎短小，睾丸很小，性功能差，精液中无精子。往往是在筛查男子不育症的病因时才被发现。

3. 睾丸女性化综合征

睾丸女性化综合征（testicular feminization syndrome）又称雄激素不敏感综合征，是在性器官分化发育的关键时刻，胎儿组织细胞对雄激素不敏感，致使外生殖器向女性方向发育，形成阴唇、阴道和阴蒂，但发育往往不良，故又称为雄激素不敏感综合征。患者染色体核型为46, XY，属于正常男性基因型，有睾丸但体型与外生殖器的表现型为女性，青春期后乳腺发育良好。患者的心理性别和社会性别都向女性方向发育，但由于内生殖腺为睾丸，子宫及输卵管未形成，青春期后既无月经，又无生育能力。

4. 两性体

两性体是在胚胎发育过程中，由于基因突变、激素或其他物质的影响，性的正常分化发育被扰乱导致的。两性体分为真两性体、女性假两性体和男性假两性体。若同一个体内既有睾丸又有卵巢，其外生殖器与第二性征介于两性之间，称为真两性体。其心理和社会性别可能是男性，也可能是女性。一般难以成年，即使个别人能进入青春期，也不具备生育能力。如果生殖腺为睾丸而外生殖器呈女性化的称为男性假两性体，心理和社会性别多为女性。如果生殖腺为卵巢而外生殖器呈男性化的，则称为女性假两性体，其心理和社会性别多为男性。

二、性早熟

性早熟（precocious puberty）是指性发育开始年龄的提前。一般以女孩早于8岁、男孩早于9岁开始性发育作为性早熟的标志。

1. 真性性早熟（true-precocious puberty）

女性在8岁前有乳房增大，阴毛、腋毛生长，伴有阴道分泌物及阴道出血；男性在9岁前有睾丸增大，阴茎增长、变粗，阴囊着色加深为最早出现的征象，继之，阴毛、腋毛、胡须、喉结、变声等第二性征相继出现。

真性性早熟的儿童除了性器官和第二性征发育外，性腺也完全成熟，男性精液中有足量的精子，女性也有排卵及可以受孕。

真性性早熟可能由于下丘脑-垂体-性腺轴过早发动引起，原因尚不明确。此类称为体质性或特发性性早熟。另一些性早熟是由疾病引起的，如下丘脑或垂体疾病（松果体瘤、丘脑后部肿瘤及病毒性脑炎后遗症）等。

2. 假性性早熟（pseudo-precocious puberty）

一是由某些疾病（如性腺或肾上腺皮质肿瘤等）以及某些药物、不当营养因素的影响，导致体内产生过量性激素或外源性激素与类激素物质而直接引起的。主要表现为副性器官和第二性征过早发育，但不伴有下丘脑-垂体-性腺轴的发动，故性腺不提前发育，女性不排卵，男性也不产生成熟的精子。近年来，儿童服用各种辅助营养保健品或使用一些化妆品（可能含有激素或类激素物质）而导致假性性早熟的现象有增加的趋势。

3. 部分性性早熟（partial precocious puberty）

仅表现为某一方面出现早熟现象，而其他部位的性发育与同龄人相当。如单纯乳房发育，单纯阴毛出现、单纯月经早初潮等。

三、青春期延迟

青春期延迟（delayed puberty）是指个体到了正常的发育年龄，其生殖器官和第二性征仍停滞在幼稚状态的现象。通常指女孩14岁，男孩15岁仍无性发育的征象。但到一定年龄仍可正常发育。约有2%的儿童有青春期延迟症状。多由营养不良、锌元素严重缺乏、寄生虫疾病及慢性消耗性疾病造成，也可由下丘脑、垂体、性腺疾病所致，还有家族遗传史。此外，甲状腺功能低下、剧烈运动、药物等也可导致青春期延迟。青春期延迟可用激素替代疗法进行治疗，女孩可在12岁开始，男孩可在14岁左右开始。

四、青春期抑制

青春期抑制（inhibited puberty）是正常的性发育过程被抑制，若不治疗则不会出现性发育。一般女性超过18岁，男性超过20岁尚未发育，则可考虑为青春期抑制。性染色体异常是青春期抑制的重要原因之一。例如，女性少一条X染色体（即XO）或男性多一条X染色体（即XXY）均可导致性腺发育不全，第二性征不发育等。此外，隐睾症或其他疾病等原因也可引起青春期抑制。

青春期抑制应做到早发现、早诊断、早治疗，以免因发育不良或性功能障碍而受到歧视，进而形成异常心理，导致社会交往障碍。

思考题

1. 什么是受精？受精有何意义？
2. 胎盘有什么作用？
3. 妊娠时母体有什么征兆？临产前孕妇有什么征兆？
4. 母乳喂养有哪些好处？
5. 有一位月经周期为28天的女性，最后一次月经的第一天时间是2022年4月3日，现在是2022年5月15日，但仍未来月经，试分析其可能的原因。若她已妊娠，请推算出预产期。
6. 青春期以前，男女性器官发育有什么特点？应该怎样做好这个时期的性卫生保健？
7. 什么是青春期？男女青春期性发育有哪些特点？
8. 如何做好月经期卫生保健？
9. 女性应该如何进行乳房保健？
10. 你是如何看待肥胖的？应该如何保持健美的身材？

第三章

性行为与性反应

第一节　性　　欲

性欲(libido, sexual desire)是指在一定刺激条件下产生的与性有关的各种欲望。性欲分为接触欲与排泄欲两种。接触欲是指男女双方希望身体接触之情，是人类及高等动物终身存在的本能。例如，老年夫妻之间，除具有精神上爱欲外，另一方面就是接触欲，即把身体靠近和相互爱抚及刺激性器官等，以此保持夫妻间的感情。排泄欲是发育到青春期后，在性激素的作用下产生的一种胀满感，并有把这种胀满感排泄出去的欲望。例如，男性的勃起与射精；女性因性欲而引起的生殖器与盆腔充血，阴道分泌物增多。

“饮食男女，人之大欲存焉”，吃饭喝水是为了保证个体自身的生存，而男欢女爱则是为了维持人类性的愉悦和种族的延续。人类的性不再仅仅是性器官、性的生理刺激的产物，而是一种生理、心理和社会诸多因素共同作用的结果。也就是说，性欲的产生是多方面因素共同作用的结果。

一、性欲产生的基础

(一) 生物学基础

性欲是由性腺的状态和活动引起的。男性性欲与睾丸分泌的雄激素、睾丸的生精功能和精液的胀满程度呈明显相关性。女性的性欲与卵巢分泌的雌激素和卵巢的生卵作用密切相关。

性腺的活动受下丘脑-垂体-性腺轴的调节(图3-1)，同时性腺分泌的激素对下丘脑和垂体又具有负反馈作用，这样便形成了性欲的神经内分泌调节系统。在性发育前，由于负反馈调节很敏感，性激素处于很低水平，性欲较弱或无性欲；进入青春期后，性激素的负反馈调节的敏感性下降，低浓度的性激素不再抑制下丘脑和垂体的分泌作用，下丘脑分泌的促性腺激素释放激素及腺垂体分泌的卵泡刺激素和黄体生成素的量就明显增加，促进性激素的分泌，这样，性激素就维持在较高的水平，不仅促进性器官的发育和第二性征的出现，也促进性欲的增强。

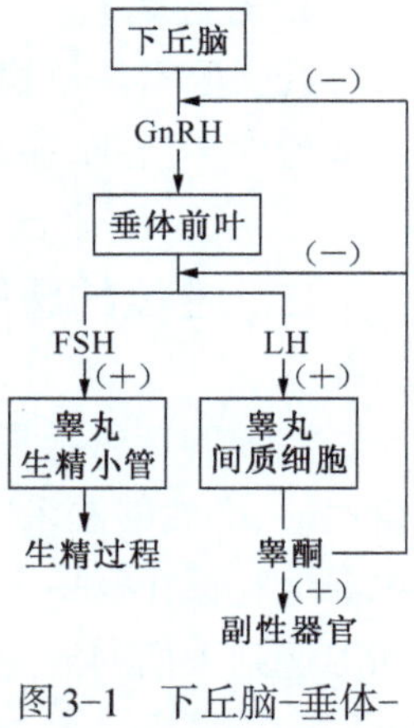

图3-1　下丘脑-垂体-性腺轴

GnRH，促性腺激素释放激素；FSH，卵泡刺激素；LH，黄体生成素由于男性的生精和性激素水平较稳定，因此性欲没有明显的周期性，而表现为随意性，当然，当精液充盈时，性欲会更强些；女性的性欲与性激素的关系比男性要复杂得多，女性在月经周期中的性激素水平有所改变，因此性欲随着月经周期有一定的周期性变化，女性性欲高峰最可能出现在排卵期。

此外，性器官的分泌物，如男性的精子、前列腺液、精囊液等和女性的前庭腺液等大量积聚充盈，也可激发性欲，产生胀满缓解欲（即排泄欲）。

（二）神经、心理、社会因素的影响

人不仅具有生物属性，还具有心理和社会属性。其性欲的产生虽然是一种生理本能，但同时又与神经因素、精神心理因素等密切相关，并受到社会环境和道德、法律等的制约。

1. 神经因素

性欲受中枢神经系统的控制，特别是大脑的控制。性感受器接受性刺激，冲动传入脊髓的初级中枢，引起性器官兴奋的同时，将冲动上传到下丘脑、边缘系统等较高级中枢，最后到达大脑，直接产生性欲，还可以通过下丘脑-垂体-性腺轴的神经内分泌联系来影响性欲。刺激生殖器官等性敏感区可引起性欲，来自视觉、触觉、嗅觉、听觉、味觉等的刺激也能激发性欲，甚至仅凭大脑的想象也能产生性欲。但人类大脑皮质对性欲的控制作用是很强的，甚至具有决定性的作用。

2. 精神心理因素

由于性心理的驱动，尤其是在感情真挚、热烈的基础上，很容易产生接触欲，甚至是排泄欲。但忧郁、悲伤、恐惧等心理变化则很容易抑制性欲的出现。此外，性行为的体验，即既往性行为的感受，也可以通过复杂的神经和心理作用来影响性欲。例如，性行为的愉快感受与经验，可以产生条件反射，成为诱发今后性欲的一种动力；但恐惧的性感受则可能抑制性欲的产生。

3. 社会因素

社会因素如道德、法律、人们的传统观念或风俗偏见等也会影响一个人的性欲。例如，一个认为性不洁、肮脏的人，其性欲则会明显受到抑制。

二、性欲的缓解

性欲的产生是青春期发育后的一种正常现象。人类的两性关系是“人和人之间直接的、自然的、必然的关系”，如果没有性欲，没有男女两性之间的交往，就不会有人类的历史。性欲深深地扎根在每一个发育正常的男女体内，并构成日常思想感情中的一个重要部分。性欲全面渗透到人们的渴望、憧憬、恐惧或挫折之中。正常、适度地满足人的性欲，是确保个人身心健康的重要条件。如果性欲长期得不到满足或找不到缓解的途径，机体持续处于紧张状态，就会使人的身心受到一定程度的伤害，如使人烦躁不安，严重时可造成心理异常或障碍，影响学习、工作和身心健康，甚至会导致犯罪的发生。因此，如何发泄性欲、缓解性欲是摆在人们面前的一个现实问题。

缓解性欲的途径主要有两方面：一是通过性行为来缓解性欲，如通过自慰和性交等途径得以实现；二是通过非性行为来缓解，如通过正常两性交往以及克制、转移、升华等方式得以缓解。但社会角色、道德和法律等多方面综合因素要求，不能片面夸大性欲的生物属性（即本能）而不顾一切条件去满足性欲。我们不主张禁欲，主张人们在不伤害他人和自身身心健康的基础上，在道德和法律允许的范围内，通过正当的、适合的手段使性欲得到满足或缓解。对于大学生而言，主要通过以下几种非性途径缓解性欲。

1. 异性正常交往

异性间的正常交往是缓解性欲的重要途径。通过两性间的交往，体内产生的性欲就能在一定程度上及时得到发泄。性欲是压制不了的，越是压制，性欲可能就越强，就越渴望得到发泄；人为隔绝两性间的交往也不能从根本上解决问题，越是隔绝，与异性交往的欲望就会越强烈。当性欲长期积聚在体内，一旦与异性接触时，就可能一发而不可收，反而会导致不良后果。我们提倡两性间的正常交往，不但因为它是缓解性欲的重要途径，而且也因为它是社会交往和人际关系的重要内容。

2. 自然缓解

自然缓解是通过减少或避开性刺激环境，使性欲自然减弱、缓解。例如，在现实中，不去接触黄色书籍、影视等。实践证明它是一种减弱性欲的常见的有效的途径。

3. 转移

转移是一种常见的，也是目前被证明是有效的缓解性欲的途径。把注意力转移到其他方面，如参加一些健康的文体活动，可以把性欲积聚的能量释放出来，使性欲得以缓解。

4. 克制

克制是通过自己的意志力量，适当地控制自己的性欲。人们都生活在一定的社会环境中，因此也就必须调节自己的行为以适应社会的需要。克制是人类性进化的结果，也是人类区别于动物的重要标志之一。在现实生活中，每一个正常的人，都有能力把自己的性欲和性行为限制在一定的范围之内。

5. 升华

升华是转移的一种特殊表达形式，是一种更高尚的、更理智的转移方式。例如，人们把性欲的强烈能量转化到学习、科学研究和艺术创作等活动中去，不仅可以使自己的性欲得以转移，还可以借助性欲的能量和动力提高自己的综合素质。

第二节 性 行 为

一、概念

进入青春期后，人类的性能力逐渐得到发展，其性兴趣、性欲和性要求也迅速增长，于是产生了与异性交往的渴求。但往往由于客观条件的种种限制而无法实现，于是有可能产生各种性行为（sexual behaviour）。广义上的性行为包括在性心理支配下的面对自己或异性的各种行为，简单说就是一种旨在满足个体性需要（包括生理、心理需要）的行为活动。狭义上的性行为是指通常意义上的性交行为。

二、性行为的分类

性行为的分类相当复杂，依据不同的分类标准有以下不同归类。

对人类性行为较早分类的是德国人威廉·冯·洪堡（Wilhelm von Humboldt），他在1826年撰写的《人种依赖史》中提出了人类性行为的自然分类法，把性行为分为自我性行为、异性间性行为、同性间性行为和人兽间性行为。

依据性活动中是否有实际的性对象参与，可把性行为分为个人性行为和社会性行为。个人性行为是指性活动中不涉及他人或仅有象征的性对象。例如，自我手淫、性幻想、性梦，还包括变通性对象的代用性器等；社会性行为则是指在性活动中涉及具体的、实际的性对象。这一分类的缺陷是难以包容某些异常性行为。例如，恋物障碍者多为惯偷，性对象是别人的衣物；异装者也可惊扰社会，应引起大家的关注。

按社会群体及个体价值观念判断分类，性行为可分为正常性行为和异常性行为（或称变态性行为）。一般认为，符合社会行为规范、社会文化认可、大多数人都能接受的性行为是正常性行为；不符合社会观念要求、对大多数人而言无法接受或不能理解的性行为是异常或变态性行为。当然，随着社会观念的变化，对这种性行为的分类也会有所改变。例如，同性恋在一些国家被认为是异常或变态性行为，但在另一些国家（如荷兰、瑞典等）则被认为是一种正常性行为。

按性活动的过程或性行为过程的满足程度划分，性行为可分为边缘性行为、过程性行为和目的性行为。异性间的性交是符合物种世代传递的、交合目的的本能行为，是人类性行为的最高形式，属目的性行为；采取一系列使男女双方或个体单独逐步达到性唤起和性兴奋的同步的、辅助的性活动称为过程性行为，它是指男女双方事前爱抚和事后爱抚这些为目的性行为服务的活动；边缘性行为是指在日常生活中，出于性吸引，受到一定程度的性意识驱动，但内心又明白不会即时指向目的性行为的行为。例如，两性交往或夫妻相处时，受性吸引的驱使而出现的大量的行为与活动是边缘性行为，但并不是两性交往时的所有行为都属于边缘性行为，判断标准是看涉及者主观上是否含有性爱意味和行为中是否有明显的亲昵举止。例如，男女间的跳舞，有时是边缘性行为，有时则是纯属社交礼仪。

三、常见的性行为

（一）性幻想

性幻想（sexual fantasy）又称性想象，是大脑皮层活动的产物之一，介于意识与潜意识之间，是对现实生活中暂时不能实现的与性有关事物的想象，是自编自导的带有性色彩的“连续故事”。性幻想一般在闲暇时、睡前或睡醒后出现。据国内调查，19岁以下的学生中有68.8%的人有过性幻想。

性幻想与性生理发育、发育成熟后的生理因素促发和性心理的精神补偿作用密切相关。首先，处于青春期的男女，对异性爱慕渴望很强烈，但又不能与异性发生性行为以满足自己的性欲，于是便把看到过的情爱镜头进行剪接组合，虚构出自己与爱慕的人在一起。在进入角色之后，还伴有各种相应的情绪反应，部分还可导致性兴奋。因此，性幻想往往是个体性生理、性心理与现实状况发生矛盾或不协调时自我在清醒状态下宣泄能量的性臆想。其次，心理补偿系统在性幻想中也起到重要的作用。潘光旦先生说："寻常在结婚以前守身如玉的青年容易做白日梦，在有宗教信仰而力行禁欲的广大青年更容易有这种梦境，是可想而知的……"当今少男少女喜爱阅读言情小说，喜欢看各种爱情影视作品，与潘先生所言的情形相同。他们在现实生活中虽然无法实现自己渴望的性行为，但也期望在心理上得到补偿，寻求一种平衡。他们在有意无意之中通过阅读，体验小说中主人公的"情真意切"，同时吸纳和加工相关信息，作为自己性幻想的精神"养料"。

自青春期开始的任何年龄阶段均可能出现性幻想。单相思就是一种典型的性幻想。那么，应该如何看待性幻想呢？过去，甚至是现在，有些人把性幻想看作思想堕落和道德格调低下的表现。一旦自己出现了性幻想，就觉得自己怎么会有这种想法？自己是否太下流了，于是陷于极大的自责之中。性幻想的内容比我们的现实行为要较少受到社会道德准则和规范的约束，出现出格的或违禁的虚幻内容是正常的现象，它是对现实行为的一种替代——作为一种暂时的满足，或是对不能实现目标的一种补偿，希望在性幻想中进行部分可容忍的表达，切忌据此认为性幻想者就是一个在现实生活中不正常的人。性幻想本身对机体并无实质性的伤害，相反，在一定程度上对性心理的发育和成熟有一定的作用。但事情都有个限度，青年人若是整天沉溺于性幻想，以幻想代替现实，干扰了学习和工作，影响了正常的人际交往，那就会对心理发育造成伤害，甚至会引起更严重的后果。英国著名性学权威霭理士认为，温文尔雅而想象力特别丰富的青年男女有性幻想绝对是一种常态，也是他们性冲动活跃的不可避免的结果。但若过分发展，无疑会以常态始而以病态终。

（二）性梦

性梦（sexual dream）是指在睡梦中梦到发生性行为达到性满足的现象。男性多于女性，调查中发现：大学生中，男性有过性梦的占比高达93%，女性占比为41.9%；男性多发生于青春期，而女性多发生于青春后期。性梦中常伴有性快感，如男性出现梦遗。性梦中，男性的梦中情人多为不认识的或仅见过面的女性，却很少梦见自己所爱的人，梦中的情景总有几分奇幻、几分恍惚，非普通语言所能形容。醒后一般回忆不起梦境中的全部细节；而女性醒后往往能回忆起梦的内容和细节，并影响其情绪和行为。

性梦不是由人控制的，属于无意识行为，并不代表人的真正意愿。梦和现实有很大的差别，梦境中性内容的形成可能有多种，如看到异性裸体或与异性接吻、拥抱、爱抚、性交等，甚至可能出现同性性行为或有性侵犯情节。但现实生活中，由于人的行为受意识的监督和控制，所以不可能在清醒状态中发生性梦中的一些行为。因此，不必为自己的性梦中出现的过激或异常行为过分担心。

性梦是青春期成熟的正常心理现象，无法受意识支配。性欲在现实生活中得不到排解，自我压抑，进入梦境后，由于大脑意识作用的减弱，性欲转入梦境得到满足。因此，性梦是一种正常的生理活动，在一定程度上可以缓解性欲，不必过于担心。性意识越强烈，压制越深，性梦的可能性就越大。因此，应顺其自然，避免过多地接受各种性信息的干扰，把精力放在学习和工作上。有规律的丰富多彩的学习生活可以减少性梦发生的频率。

（三）手淫

手淫（masturbation）有时又称为性自慰行为，一般是指没有他人参与情况下，个人通过抚弄自己的身体，通常是生殖器，以达到性快感的行为，也有极少数人与同性或异性共同手淫。与婴幼儿和儿童期相比，青春期男女手淫发生率更为普遍，且以男性居多。据《全国大学生性健康状况调查报告》，男生中有手淫的占58.4%，女性占24.0%。在有手淫史的学生中，有46.3%的女大学生每月进行一次手淫，每月1次、每半月1次和每周1次手淫的男大学生共占72.1%，说明男大学生的手淫频率较高。手淫的目的大多是缓解性冲动（男性为61.8%，女性为44.8%）和满足性欲（男性为27.8%，女性为30.9%）。手淫后感到兴奋舒服的男女性均超过一半，分别占57.6%和51.2%；但感到自卑、苦恼和惭愧的也占相当比例，男生分别占29.5%、30.3%和21.4%，女生分别占31.6%、33.0%和33.2%。由此可见，手淫是自我性满足的一种行为习惯。且有较强的目的性，在一定程度上确实能缓解性冲动，满足性欲，感到兴奋和舒服，但随着短暂的兴奋舒服后，随之而来的是更多的自卑、自责、苦恼和惭愧，他们往往试图通过再次的手淫来缓解压力，于是形成恶性循环，造成更大的心理压力。

对于手淫，大致有以下几种观点：一种是“手淫恐怖论”或“手淫有害论”观点，认为手淫有很大的危害，是一种堕落、不道德、有损身体健康的行为，甚至可能导致可怕的后果。这种观点的最大危害在于它给人们造成严重的心理压力和负担，进而出现生理和心理上的问题。“一滴精十滴血”和“大伤元气”等说法就是这种观点的典型代表。随着科学的发展，现代医学越来越多地证明了手淫并不是万恶之首，“手淫恐怖论”或“手淫有害论”的观点逐渐被人们所摒弃。另一种观点较为客观，认为手淫虽然不是那么可怕，但也不见得有什么好处。这种观点认为，手淫要说有害处，那害处并不是手淫本身，而是由于社会对手淫的态度以及这种态度在神经敏锐的人的心理上所引起的反应。这种观点是手淫问题研究的一个转折点，对减少手淫后产生的心理压力奠定坚定的理论基础。现在还有一种观点是“手淫无害论”，认为手淫是健康的、有益的，并非有害，甚至有利于个人身心健康发展和社会安定。果真如此吗？从生理上看，手淫与性交等量齐观，手淫时需要付出体力的代价，因此过度手淫与过度性交一样，会对身体造成损害性影响。因此，要特别注意过度、不恰当、不安全和不卫生手淫可能对身体造成的伤害。手淫与性交虽然都能得到生理上的满足，但手淫毕竟不同于性交，手淫在生理刺激上超强，而在心理刺激上较弱，手淫对生殖器官的机械刺激远远大于性交时对性器官的刺激，长期过度手淫也会造成性器官敏感度下降、大脑高级神经活动和性神经反射活动紊乱，而当性生活时，女性对男性性器官的刺激往往达不到引起兴奋的量而导致性功能障碍。同时，由于女性生殖器官的结构特点，手淫更易造成损伤、感染和月经不调等症状，危害则可能更为严重。从心理上看，正常男女性交过程中，情绪的相互影响所产生的种种快感是手淫所无法达到的，手淫产生的快感中总是带有一番抑郁沉闷和羞愧惆怅。长期过度手淫可能导致性心理异向发展，造成身心受损。

因此，从科学角度来说，我们既不能非科学地宣传“手淫恐怖论”，也不能毫无条件地宣传“手淫无害论”。“适度手淫对身体无害”似乎已成为性学界的共识。

对于手淫者，吴阶平教授的一番话很有启发性：“不以好奇去开始，不以发生而烦恼，已形成习惯要有克服的决心，克服以后就不再担心，这样便不会有任何不良后果。”首先应正确认识手淫，减轻或消除思想负担，而不至于导致恶性循环，即使发生手淫也是自然正常的事，只要注意卫生、安全、健康就可以了。其次，可以参加丰富多彩的课余文化生活，充实自己的精神世界，使旺盛的精力和活力得以适当发泄。此外，还应避免接触与性有关的信息，减少性刺激。注意睡眠卫生，即上床就睡觉，不去想与性有关的事情；早上醒来即起床，而不赖床。

（四）恋爱

恋爱（love）是大学生普遍关心的话题。这几年，大学生恋爱日益普遍，社会学家、心理学家和教育学家对此也感到棘手。目前，学校多是采用顺其自然的态度，对学生的恋爱听之任之，或是“睁一只眼闭一只眼”。对大学生进行恋爱教育应成为大学思想品德教育的重要内容。其重点应该是什么是正确的恋爱观，如何摆正恋爱在人生中的位置，如何把感情与道德结合起来，把爱情、婚姻与性三者结合起来。对大学生的恋爱也应该是宜疏不宜堵，不能压抑，只能疏导（详细内容请参见第五章第三节“青年期性心理”）。

（五）婚前性行为

婚前性行为（premarital sexual behavior）是没有配偶的男女之间在未履行结婚登记手续的情况下发生的两性性交行为。据笔者调查显示：有86.2%的大学生对性行为和同居持宽容态度，认为以后能结婚就行、不被别人发现就行等，甚至有37.6%的大学生表示自己会发生婚前性行为；超过一半的大学生认为两人发生婚前性行为后不必对对方负责，这是你情我愿的事情；有21.5%的大学生有过婚前性行为体验，甚至有6.2%的大学生有过一夜情；首次发生性行为时使用安全套的只有47%，每次坚持使用的只有28.7%；有过性行为的大学生中有25%发生过意外妊娠。近年来，大学生艾滋病的发病率呈快速增长趋势，大学已经成为艾滋病的重灾区。从以上调查可以看出，当代大学生的性观念已经发生了很大变化，导致他们的行为更加开放，但由于缺乏必要的安全和卫生保健意识和能力，他们很难保护好自身健康。因此，热恋中的青年男女，如何把握恋爱分寸，如何正确处理性冲动，如何保护自己和他人，如何增强对自己行为负责的能力应该引起社会各界高度重视（详细内容请参见第五章第三节“青年期性心理”）。

第三节　性　反　应

一、性唤起

性唤起(sexual arousal)是指在适当刺激条件下性器官兴奋的产生。它可由心理和生理因素所激发。不过,直接刺激性感区最容易引起性唤起。性感区是指身体的某些具有性的特殊敏感部位,适当刺激这些部位可以引起性兴奋。在男性,性最敏感的区域是阴茎头及阴茎体的皮肤,其次是肛门与阴囊之间的皮肤,阴囊及大腿内侧的皮肤,再次是乳头、嘴唇、颈及臂内侧的皮肤,适度抚摸这些部位也能引起性兴奋。在女性,性敏感区较为广泛。最敏感区域是阴蒂及其周围,以及小阴唇的内表面和阴道口的周缘。但阴道内部对触摸、摩擦并不敏感,过去误认为阴道也很敏感,其实只不过是阴茎在阴道内的抽送时影响到小阴唇,继而通过阴蒂包皮牵拉阴蒂,从而刺激阴蒂所致。其次是大腿内侧皮肤、嘴唇和乳房,但嘴唇和乳房的性敏感在很大程度上是心理作用的结果。此外,女性的耳朵、头发等处都可成为性敏感区。

性唤起所需的时间个体差异很大,它和每个人的体质、疲劳程度、意识观念、感情、环境等都有极大的关系,有的人仅需要几分钟,有的则需要几十分钟。

二、性反应的周期性变化

从性唤起到性高潮,再恢复至初始的生理状态,性器官和身体其他方面产生的一系列变化过程,称为性反应周期(sexual response cycle)。简单说是性交过程的一系列变化。它是马斯特斯(Masters)和约翰逊(Johnson)通过大量实验研究所提出的,并写成《人类性反应》一书(1966年)。人类性反应周期的提出,是当代性科学研究的重大成果,这使得人类自身性活动的客观规律能够被掌握。这一反应过程被人为地分为性兴奋期、性持续期、性高潮期和性消退期等4个阶段。性反应周期中,除生殖器官的变化外,还有生理和心理上的其他变化,下面是性反应周期各期的主要变化。

(一)性兴奋期

性兴奋期(sexual excitement phase)是指性欲被唤起,身体开始呈现紧张、精神兴奋的阶段,是性反应周期中时间差异最大的阶段。性兴奋期时间长短与性别、个体、年龄、生理状态和环境等因素有关。在男女两性之间,性兴奋期最明显的差异体现在时间上。一般而言,多数男性达到性兴奋的时间较短,能迅速进入兴奋状态;但多数女性的性反应的时间较长,性反应的唤起较缓慢。对于不同的人来说,唤起性兴奋所需的时间长短不一,有的仅需数分钟,有的则长达几十分钟。即使在同一个人身上,性兴奋期时间长短也不尽一致,当身心状态较佳时,性兴奋所需时间较短,反之所需时间较长。这是因为性兴奋的产生受生理、心理、环境因素的影响。

在性兴奋期,人体可出现各种生理和心理方面的反应。生理反应主要包括性器官、附性器官和各种外周性变化。心理变化则主要是性紧张感和皮肤欣快感。这些反应在男女两性身上都非常相似。

男性性兴奋的主要标志为阴茎勃起。阴茎勃起在接受心理性或反应性性刺激后3 ～ 8 s出现。阴茎的勃起受神经系统和心理因素的影响较大。如果此时有意延长性兴奋期，阴茎可能出现多次消退和勃起，这对于适应女性性兴奋的时间有重要意义。同时，若性生活时抑郁苦闷、焦虑紧张，即使有足够的性刺激，阴茎也不易勃起（图3-2）。

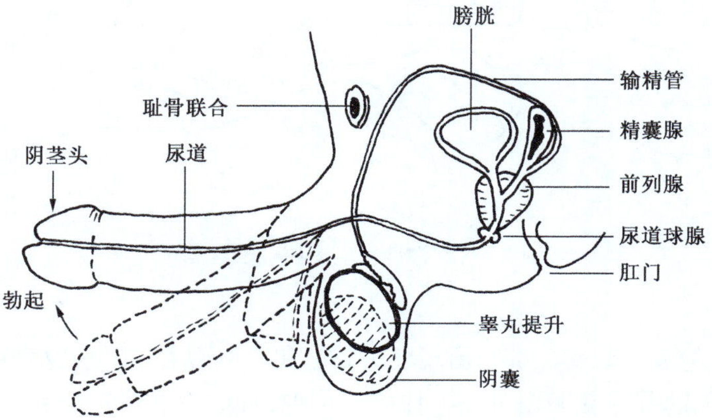

图3-2 男性性兴奋期性器官变化

（改自卢盛波，1994）

男性在性兴奋时性器官和外周还会出现其他一些相应的变化。阴囊皮肤收缩、精索缩短、睾丸中等程度提升，并出现血压升高、心率加快、呼吸急促、肌肉紧张等现象。

女性性兴奋的主要标志是阴道分泌物渗出。这些液体俗称爱液，主要是阴道壁血管充血扩张产生的大量血浆渗出物，使阴道高度润滑。一般在性唤起后10 ～ 30 s出现。

女性在性兴奋时性器官会产生一系列的变化，大阴唇和小阴唇由于充血肿胀而增大，以小阴唇增大更为明显。当阴道分泌物出现后，阴唇便逐渐向两侧分开，以利于阴茎的插入。性兴奋使阴蒂充血肿胀，从而使阴蒂清晰可见，阴蒂反应也是这一时期的突出表现。此外，阴道内2/3出现扩张，子宫颈和子宫体向上提升，致阴道腔延长约1/4，使阴道有足够的空间来容纳阴茎，为阴茎的插入和抽动做好准备（图3-3，图3-4）。

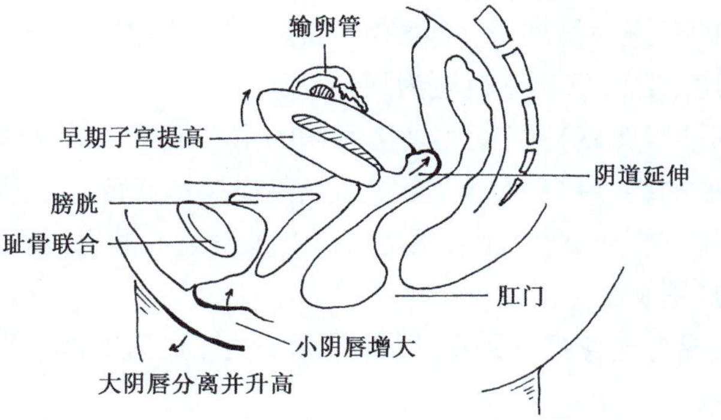

图3-3 女性性兴奋期性器官变化

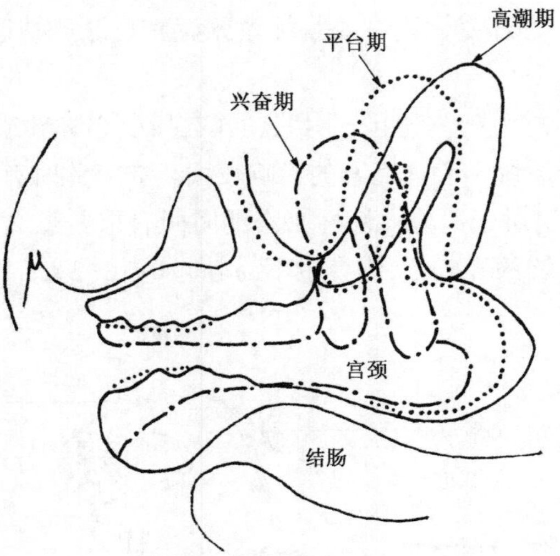

图3-4　女性性反应周期中子宫变化

在性兴奋期，绝大多数女性都会出现乳头勃起和乳房增大、坚挺，这种反应与抚摸的关系非常密切。乳头勃起往往在阴道分泌液体之前出现，此时对乳房进行有节奏的抚摸和摆弄，可以加快性兴奋的过程。

女性性兴奋期的外周变化主要有血压升高、心率加快、呼吸急促、皮肤温度升高和全身肌肉紧张，有的女性甚至出现全身不自主的颤抖或阴部肌肉的痉挛。

对性兴奋的体验，男性比女性更容易。其原因主要有以下两方面：一方面，由于社会观念的影响，男性在心理上的性压抑远远不如女性那样突出；另一方面，男性的性反应主要集中在阴茎，不像女性那样泛化。

若在性兴奋期男女双方心理交流和谐，情感体验强烈，性兴奋的紧张度将不断增强，便逐渐向性持续期过渡。

（二）性持续期

性持续期（sexual plateau phase）又称为性平台期。此时，性兴奋的生理紧张、心理紧张及神经兴奋都达到一个较高而相对稳定的水平。在性兴奋期与性持续期之间并没有突然的生理变化，而是性紧张的渐进性发展呈持续稳定状态。此时性器官的充血更加显著，性敏感区对接触产生了高度的敏感性，欣快感也更为强烈。

男性性持续期的性紧张度持续在性兴奋后期的水平上或持续增强。阴茎海绵体的进一步充血，使得阴茎头的周径进一步增大，阴茎头颜色加深呈紫色，阴茎变得坚挺，睾丸进一步增大，并充分提升旋转30°～35°。此时尿道口可有少量黏液流出，这是尿道球腺分泌物和少量前列腺液的混合物（图3-5）。

外周反应主要表现为全身肌肉强直，以骨骼肌为主。血压继续升高、心率加快、呼吸加速等反应也同时存在。

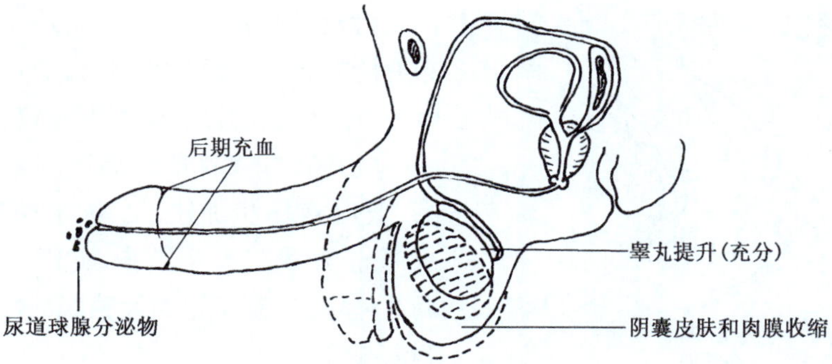

图3-5 男性性持续期性器官变化

性持续期女性性器官的变化十分明显，最显著的特征是阴道前1/3因显著充血和环绕其外的肌肉收缩，形成这一区段的缩窄，即所谓的“高潮平台”。缩窄的阴道前段对插入的阴茎产生明显的“紧握”作用。性高潮平台形成区集中了极其敏感的躯体感觉神经末梢，而阴道后2/3的区域为自主神经支配，对刺激的感觉并不十分敏锐。因此，在性交过程中，阴茎的大小和长短与女性的性刺激感受并无多大的相关意义（图3-6）。

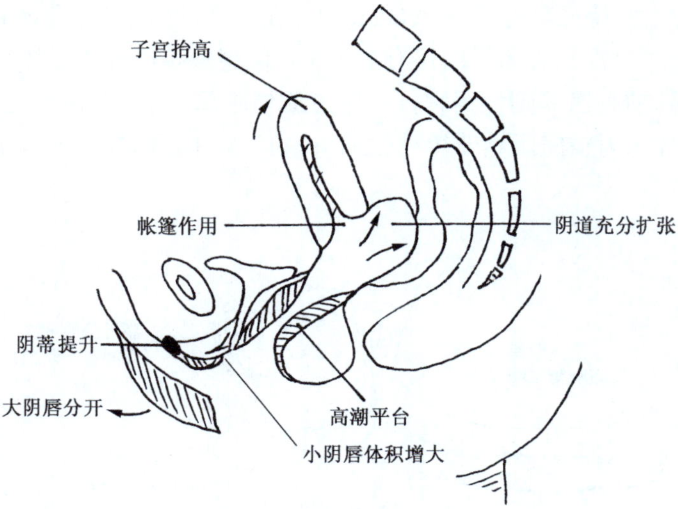

图3-6 女性性持续期性器官变化

在性持续期内，女性的性感中心仍然在阴蒂。阴道内性器官的摩擦或阴蒂周围受到的性刺激，牵拉着阴蒂使其神经末梢进一步兴奋，并给女性带来阵阵荡漾的欣快感。

性持续期的女性，乳房体积继续增大，乳晕的充血肿胀比乳头的竖起更为明显。对于未哺育女性来说，乳房可在原来的基础上增大20% ～ 25%（图3-7）。

性红晕（sexual flush）是性持续期的另一个典型特征，一般产生于性持续期的开始阶段。这是一种粉红色斑点或小疹子，开始出现在上腹部，然后迅速扩散到乳房和前胸等处。如果性持续期的性紧张度不断增强，性红晕可遍及全身并持续到性高潮期。大约有75%的女性会

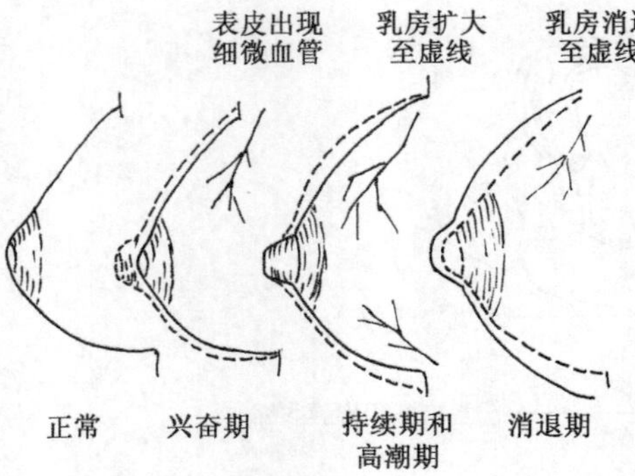

图3-7　女性性反应周期中乳房变化

出现性红晕反应。不同女性性红晕的强度及分布有所差异。一般认为，性红晕反应程度高的女性在性反应中的性紧张程度也较高。

性持续期女性的外周反应有血压进一步升高，呼吸进一步加快，心率可增快到100 ～ 175次/分。肌肉进一步紧张，此时女性会不自主地调节体位，以利于扩大性感区或接触范围和增加刺激强度。

在性器官强烈摩擦时，性紧张状态的不断增强产生了足够的心理和生理力量。一旦身体运动从自主发展到自动，并且更为快速而迅猛时，标志着性高潮即将来临。

（三）性高潮期

性高潮期（sexual orgasmic phase）是性反应周期中最短的一个阶段，一般不超过1 min。男女双方形成的强烈的性紧张状态突然到达高峰，随着一系列性器官参与的不随意的节律性肌肉痉挛而得到解放。这种痉挛释放会给身心带来一股波浪式的欣快感。

男性性高潮的主要特征是射精（ejaculation）。在性高潮来临时，会体验到一种强大的压力使射精迫不及待。尽管此时离射精还有1 ～ 3 s，但想要控制几乎是不可能的。首先是精液从附睾和精囊腺、前列腺等副性器官排入尿道前列腺部，然后在强烈的肌肉收缩下，从尿道口喷射而出，男性在射精时阴茎节律性收缩3 ～ 12次，间隔时间约为0.8 s，以后节律减慢（图3-8）。

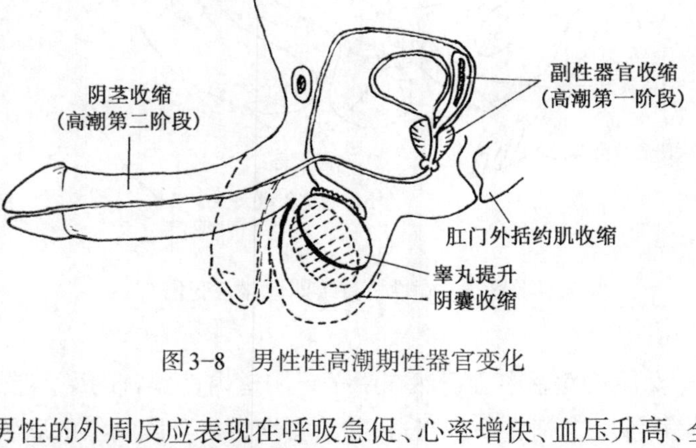

图3-8　男性性高潮期性器官变化

在性高潮时，男性的外周反应表现在呼吸急促、心率增快、血压升高、全身肌肉痉挛性收缩等方面。部分男性有不同程度的意识模糊。

女性性高潮的主要特征是阴道前段1/3区域的高潮平台一系列节律性肌肉收缩。每次性高潮可发生3 ～ 15次节律性收缩，每次间隔约为0.8 s，最后几次收缩的间隔相对延长，收缩力也相对减弱。阴道高潮平台收缩的频度和强度是衡量性高潮强度的指标（图3-9）。

性高潮是一种全身性反应，除了性器官的种种变化外，还有其他外周性变化。女性肌肉

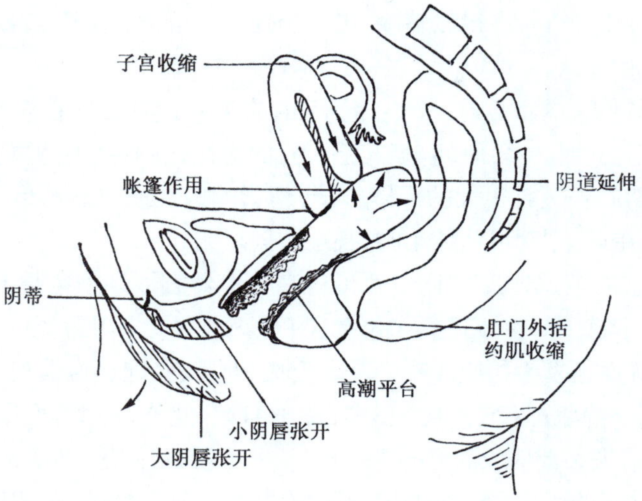

图3-9 女性性高潮期性器官变化

的紧张度在性高潮期有比较明显的改变，受意识控制的骨骼肌丧失控制，平滑肌的收缩和痉挛强度增加，全身的肌肉处于失控的紧张状态。同时伴有面部扭曲、全身痉挛、呻吟、出汗等现象。此时，呼吸紧促，可达40～50次/分；心率加快，可达110～180次/分；血压升高可达20～27/12～17 kPa（150～203/90～128 mmHg）。部分女性会发生瞬间眩晕，甚至出现非常短暂的意识丧失。

（四）性消退期

性消退期（sexual resolution phase）是指在性高潮以后，全身紧张状态逐步松弛和消散的过程。在前几个时期出现的性器官改变、外周性反应和心理效应都逐渐消失，从而使身心状态恢复到性兴奋之前的水平。

男性在性消退期，无论是性器官还是其他部分，性紧张度都急剧下降。阴茎开始疲软，睾丸体积缩小而降入阴囊中（图3-10）。心率、血压、呼吸很快恢复到正常水平，肌肉紧张状态

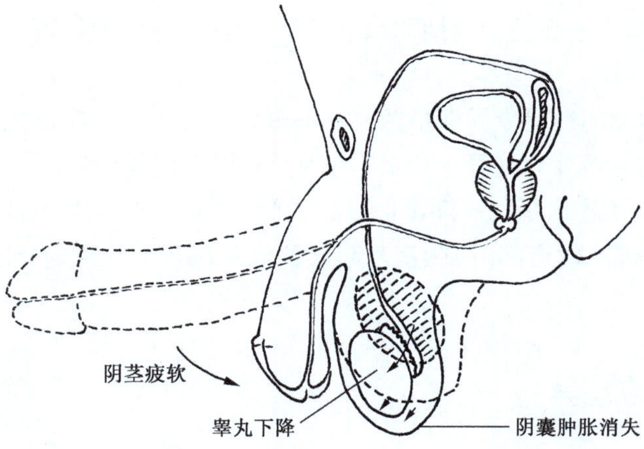

图3-10 男性性消退期性器官变化

缓解。由于长时间的性兴奋状态得以解除，男性出现一种舒适的感受，表现为阴茎软缩，性欲平静，往往有疲惫感和倦意。

男性性消退期最显著的特点是，在性高潮后存在着不应期。即在射精以后，尽管部分人的阴茎可以部分或完全勃起一段时间，但几乎所有的男性，性刺激不能再次唤起性兴奋，也不会再次射精。不应期的长短有很大的个体差异，但影响因素最明显的是年龄。在青年期，不应期可短至数分钟，在老年期，可达数小时，甚至数天。

女性性兴奋状态的消退速度要比男性慢得多。性器官逐渐恢复原有的静息状态，如阴道的高潮平台消失，子宫下降恢复至原来位置，阴蒂复原，大、小阴唇颜色变淡，形态回缩至原有大小。同时其他方面也发生相应改变。乳晕充血和乳头竖起迅速消失，增大的乳房恢复原状，子宫逐渐恢复到平静状态（图3-4，图3-7，图3-11）。此外，心率、血压、呼吸也恢复正常，肌肉紧张状态很快消失。此时女性往往感受到一种宁静的愉快，出现一种近似于酒醉的感觉。由于男女两性之间的生理和心理差异，此时女性并不感到疲倦，渴望进一步拥抱和抚摸。

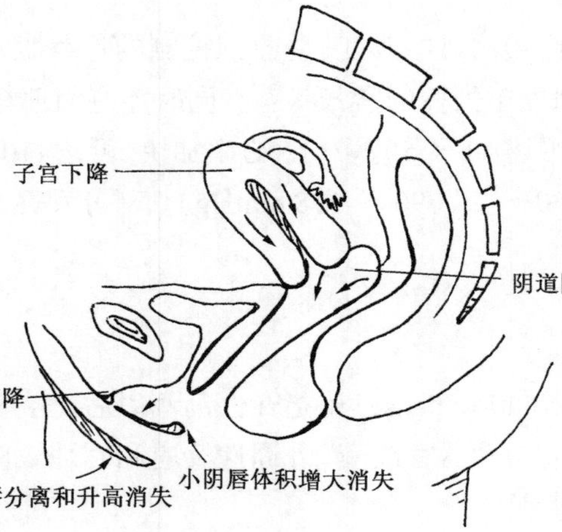

图3-11 女性性消退期

与男性相比，女性在性消退期的一个显著特点是没有不应期，即具有多次性高潮的潜在能力。也就是说，多数女性在性消退期如果继续受到有效的性刺激，可再次出现性兴奋，并通过性持续期而进入性高潮。

马斯特斯和约翰逊的性反应周期虽然科学地解释了性生理反应过程，却忽略了在性生理反应过程中伴随的性心理变化过程。因此，有人对其性反应周期提出了异议。例如，齐勃盖德和艾力森提于1980年提出了每一期不但互相关联，而且各具独立性的五期划分法：兴趣或性欲、性唤起、生理准备（阴道润滑、阴茎勃起）、高潮和满足。这种划分法强调了性反应过程中的性心理因素的作用。

三、两性性反应差异

现代科学的性研究表明，男女两性的性反应从本质上遵循着相同的模式。但由于生理、心理和社会因素的影响，男女两性在性反应中往往又存在着以下差异，应该充分认识和理解，并用来指导性生活，才能使性生活达到和谐。

1. 性欲强弱差异

男性的性欲较强烈和旺盛，不同个体间的差异不大；而女性性欲个体间差异较大，容易受年龄、体质、性格、健康状况、思想观念、疲劳程度、婚后性生活经历及气候和环境等因素的影响。男性性欲的旺盛期一般在青春后期至青年期，即在18～25岁；而女性性欲的旺盛期一般在30～40岁这一阶段。这种男女性欲旺盛期的差异往往是夫妻性生活不和谐的因素之一。在青春后期至青年期，频繁的性生活往往使女性应接不暇；而随着年龄的增长，性经验的积累、性羞涩心理的解除及家庭生活的稳定，女性的性欲逐渐增强，而男性由于年龄增长、家庭与社会压力增大等性欲逐渐下降。

2. 性欲激起的差异

在性反应进程中，各种感觉（如视觉、听觉、触觉、嗅觉、味觉等）往往是综合作用的，但由于受到传统文化观念和性别等的影响，男女又显现一定的差异。男性性欲易被视觉激起，兴奋大多集中在性器官上；女性的性欲易被多种感受（主要是触觉和听觉）所激起，性敏感区较为广泛而复杂。同时，女性也比较容易分散注意力，往往需要持续身体刺激才能达到性高潮。

3. 性反应进程不同

"速战速决"是许多男性性生活的典型特点。男性性冲动容易被激发，一经激发容易迅速达到性高潮，一般射精后即可得到性满足，达到性高潮后消退也较为迅速；"文火煎熬"则是多数女性性生活的写照，女性性冲动发生较为缓慢，达到高潮所需时间较长，达到高潮后消退的时间也较长（图3-12）。性反应进程的差异是男女性生活不和谐的最主要因素。

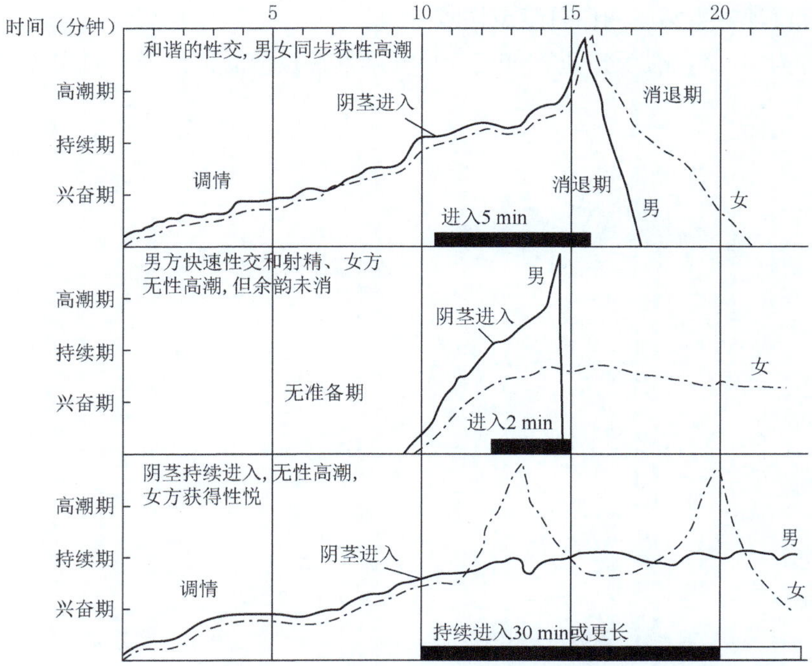

图3-12 性反应周期曲线示例

4. 性反应后不应期差异

男性在性高潮后往往有一个不应期，在不应期内再强的刺激也不会引发再次性高潮；女性似乎没有不应期，在适宜的刺激下，可以连续多次达到性高潮，即存在多重性高潮（图3-13）。在性生活中，如果不了解男女的不应期差异，则容易导致性生活不和谐，甚至因对方埋怨而导致心理压力，最终可以产生性功能障碍。

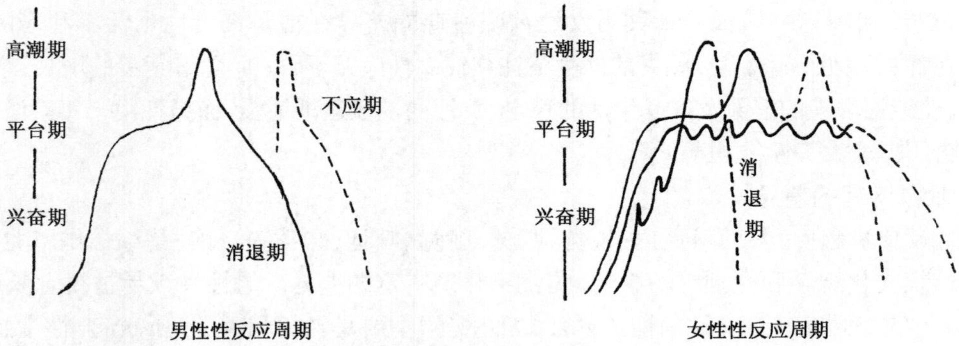

图3-13　性反应周期全过程

思考题

1. 性欲是如何产生的？大学生应该如何正确看待自己的性欲？怎样缓解性冲动？

2. 常见的性行为有哪些？

3. 你如何看待手淫？

4. 如何看待现实生活中的白日梦或性梦？

5. 在性行为中，人类性反应进程如何？男女两性性反应有何差异？对夫妻和谐性生活有何指导意义？

第四章

性生活的保健与禁忌

第一节　性生活的卫生保健

性生活是人类的正常生理需要，是正常生活内容之一。但如果不注意卫生保健，那么将不仅影响性生活和谐，更可能影响双方身心健康，从而导致心理问题或产生疾病。

一、性器官的卫生

（一）男性性器官的卫生

男性阴茎兼有排尿和射精的功能，又是性交合器官，其卫生状况将直接影响到女性的健康和性生活的和谐。阴茎龟头呈蕈状膨大，阴茎皮肤在冠状沟处复叠形成包皮并覆盖龟头的后半部，包皮内面和阴茎头交接处的皮脂腺不断分泌淡黄色的油性物质，与少量尿液和皮肤碎片混合成乳酪状物，即包皮垢。包皮垢长期附着在阴茎头表面或积聚在冠状沟内，很容易引起炎症或其他疾病。因此，要经常清洗阴茎特别是冠状沟，以免积垢较多，发生刺痒或感染，在性交前更应注意清理干净。

阴囊皮肤薄而柔软，表面布满皱襞，富有汗腺和皮脂腺，分泌物和其他脏物容易混合附在阴囊表面形成一层污垢，因此阴囊也要经常清洗。

（二）女性性器官的卫生

女性外阴处阴毛丛生，皱褶多，易藏污纳垢；外阴部富含分泌腺，分泌物会形成污垢积存在阴毛间，或大阴唇、小阴唇与阴蒂之间，而这些污垢有利于病原微生物的生长和繁殖，时间久了可刺激外阴，引起瘙痒或炎症，并增加病原体进入阴道内的可能；同时，阴道位于尿道与肛门之间，三者距离很近，肛门的污物很容易污染阴道或尿道，造成泌尿生殖系统的感染。因此，应特别注意外阴部的清洁卫生。平时要注意大便后由前向后擦拭，最好立即清洗，以免污染外阴部。每天应认真清洗外阴。先清洗大阴唇内侧部分，然后，清洗大阴唇外侧、阴阜和大腿根部内侧，最后清洗肛门。清洗时避免刺激性强的肥皂，最好有专用盆具和毛巾，并及时洗净晒干。在性行为前，更应该注意阴部卫生；性交后或次日清晨也应进行清洗，以免感染。

此外，在性生活前，夫妻双方还应注意全身的清洁卫生，如要洗澡、刷牙、修剪指甲等，否则会严重影响接吻和性生活的情绪；如果夫妻一方中有生殖泌尿系统的病症，就可能在性交中传染给对方，这时应停止性生活，双方一起进行检查治疗。

二、性生活的频率

人类是最为性感的动物，已没有明显的发情周期。只要有适宜的性刺激，就可能产生性欲和性兴奋，甚至出现性交行为。人类在一生中的性生活总量大大超过了任何一种动物。对于不同的人，性交频率和性交持续时间可能不同，即使对于同一对夫妇，在不同环境、气候、心情、年龄、生理状态等情况下性交频率也会发生改变。那么，性交频率应该怎样才算合理呢？这要针对夫妇双方的具体情况而定，没有一个固定的模式。

婚后长期不过性生活会使性腺分泌作用减弱、精神压抑，不利于身心健康。但如果性生活过于频繁，体力和精力得不到及时休息和恢复，也不利于身心健康。祖国传统医学认为“色欲耗神”“纵欲催人老”“房事促短命”，说的就是性生活应遵循适度原则。新婚夫妇的性生活较为频繁，这是可以理解的。随后就逐渐进入性生活的稳定期，性生活的频率相对较为稳定；随着年龄的增长，性生活次数会逐渐减少。30岁以前性生活处于旺盛时期，每周一般为3～4次；30～40岁的人每周可有3次左右；40～50岁每周有2次左右；50岁以后每周约有1次；60岁以后可维持在每两周1次。从总体上说，性生活次数一般每周以1～2次为宜。当然，性生活频率因人而异，实际性生活次数的多少，应以性生活后的第二天双方均不感到疲劳为原则。如出现无精打采、精神恍惚、头沉腰酸、心跳气短或食欲下降等现象，说明性生活过于频繁或强度过大，应及时调整。

第二节　性生活禁忌

一、忌酒后同房

饮酒是一种与社会交往、娱乐活动及一般婚丧嫁娶相关联的常见社会习俗。约90%的成年人会因各种原因而饮酒，甚至有一些人“久经（酒精）沙场”，长期频繁饮用酒精类饮料。那么，饮酒对性生活有何影响呢？

酒能“助兴（性）”，但也能“败兴（性）”。有研究表明，当饮酒者每100 mL血中酒精浓度达30～50 mg时，可有欣快感、面红、阴茎轻微肿胀、动作增多，容易抛开心理上的一些顾虑，在这个水平下性交，往往能增强性生活的兴趣和满意度。当饮酒者每100 mL血中酒精浓度达60～100 mg时，可出现大脑皮质兴奋、话语增多、自我感觉良好、动作欠检点、有性躁动感。但如果在这个水平下性交，欣快感和性高潮都会减弱。当饮酒者每100 mL血中的酒精浓度在100～150 mg时，上述现象更为明显且严重，并出现情绪不稳定、易激怒，个别人会出现性攻击行为。当饮酒者每100 mL血中酒精浓度高达150～200 mg时，意识清晰度下降，情绪极不稳定，可出现眼花或错觉，可能出现幻觉、语言含糊、反应迟钝、大脑的控制力大为减弱。虽有性攻击行为，但性功能减弱明显，甚至消失。以上结果表明，少量饮酒的确有欣快感，所以有人认为酒能“助性”“酒是色媒人”，但饮酒稍多，就可能导致感情失控而发生性行为，但此时性能力下降，性快感减弱，容易导致性生活不能完成。有人为此感到烦恼，常又借酒来“助性”，结果反而更影响性生活的顺利进行，甚至导致性生活完全失败。这样会给身心造成严重伤害，最终可能引起性功能障碍。

《黄帝内经》中说：“醉以入房，以欲竭其精，以耗散其真。”指出酒后同房容易导致早衰。饮酒除了能“败性”外，还有以下不良影响。

首先，长期饮酒容易导致性功能减退。酒精一方面会直接妨碍睾丸生成睾酮，另一方面会增加肝脏5-α-睾酮还原酶的活性，使大量的睾酮被降解，而生成却受阻。若形成酒精性肝硬化，那么会使肝脏对体内雌激素的降解能力减低，造成高雌激素症。这样，会导致血中睾酮浓度降低，而雌激素浓度又有所提高，使性欲减退，阴茎勃起受阻，影响正常性功能。男性身体的显著变化是睾丸萎缩、乳房女性化、体毛减少等。女性酗酒者也会导致性欲低下、性兴趣降低、阴道滑润差、性交疼痛、性唤起减弱、性高潮障碍等症状。根据一份30～45岁已婚嗜酒者的研究报告：30%的人报告勃起功能障碍，17%的人报告不射精，37%的人报告性欲下降，这也说明饮酒对性功能的消极影响。

其次，长期饮酒容易引起生殖细胞退化。酒精对生殖细胞具有伤害性刺激作用，长期饮酒会使生殖上皮萎缩退化，使精子数量减少、活力下降、畸形率上升，还容易使精子或卵子染色体发生变异，导致不育症或产生畸形后代。

最后，饮酒容易诱发性犯罪。有些人醉酒后导致性心理失控，往往容易借酒发泄自己的性欲，以醉酒为理由为自己的性行为开脱。有一项调查表明，50%的强奸案是在醉酒时发生的。

此外，滥用酒精还会诱发肝、胃、心血管、胰腺等脏器疾病和高血压、动脉硬化、糖尿病等一些慢性疾病，使身体健康受到影响。

总之，为了家人和自己的健康幸福，应限制饮酒。

二、戒绝烟草

烟草中含有4 000多种化学成分，其中约有250种有毒成分（40多种化学致癌物）。燃烧时，有3 000多种化合物在烟雾中缭绕，其中主要有害物质包括尼古丁（烟碱）、烟焦油、一氧化碳、亚硝胺、重金属、甲苯及芳香化合物等。吸烟对性生活有许多不良影响。

（一）吸烟容易导致性功能障碍

烟草烟雾中含有许多有害物质，对性功能有不同程度的副作用。尼古丁使神经系统短暂兴奋后转为抑制，最后甚至导致神经麻痹；长期吸烟者，难以兴奋神经系统，影响性兴奋的传导，导致勃起功能障碍；5-羟色胺、缓激肽等能引起血管收缩、血流量下降，使阴茎供血不足而勃起不坚；若导致动脉粥样硬化，阴茎血流不畅，就会使流入阴茎的血液不能满足阴茎勃起的需要，导致勃起功能障碍。

（二）吸烟影响生育能力

长期吸烟会使精子数量减少，精子活力下降，畸形率升高，容易导致不育。即使受精发育，胎儿的畸形率、早产率也相对较高。妊娠期间吸烟或被动吸烟的妇女，可增加自发流产的危险性、死胎率和降低婴儿的存活率。

（三）二手烟的危害

二手烟又称被动吸烟，即非自愿吸取烟草燃烧和吸烟者呼出的烟雾的行为。二手烟危害一点也不比主动吸烟轻，但容易被人忽视。中国有7.4亿人遭受二手烟之害，其中15岁以下儿童约1.8亿。吸二手烟会增加罹患心血管疾病、恶性肿瘤、呼吸道疾病的概率，特别是影响儿童智力正常发育，诱发和加重儿童哮喘、中耳炎、肺炎等，甚至会导致婴儿猝死综合征。

因此，应该认清烟草危害，为了夫妻和谐生活、后代健康和环境安全卫生，及早戒烟。我国多地已出台政策禁止在公共场所吸烟。

三、珍爱生命，拒绝毒品

毒品是一种有害身体健康但又能暂时给人以快乐刺激和舒服感觉的麻醉神经的药物。毒品指鸦片、海洛因、吗啡、大麻、可卡因、甲基苯丙胺（冰毒）、亚甲基二氧甲基苯丙胺（摇头丸）、氯胺酮（K粉），以及国家规定管制的其他能够使人成瘾的麻醉药品和精神药品。

（一）毒品的种类

目前，世界上主要毒品种类有鸦片类和大麻类。鸦片类主要有鸦片、吗啡、海洛因、可卡因、哌替啶等。鸦片是从草本植物罂粟中提炼出来的，其主要成分是吗啡类生物碱、罂粟类生物碱和盐酸那可丁类生物碱，可供提炼吗啡和海洛因。吗啡是从生鸦片和罂粟秆中提取的，是一种易溶于水的白色粉末。在医药上有安眠和镇痛作用。大剂量长期使用时会引起精神失常，出现谵妄和幻觉，严重时抑制呼吸而造成死亡。海洛因人称“白面儿”，是一种从鸦片中提炼出来的精制毒品，化学名为盐酸二乙酰吗啡，属镇静型毒品。可卡因是从古柯属的小灌木树叶中提取出来的一种中枢神经系统兴奋剂，能打乱人体机能和肾上腺对人体的调节作用，使心率加快、血管收缩、血压升高。一定剂量的可卡因能使人致幻，产生短期精神欣快或精力旺盛现象；大剂量时可使人产生令人难以预想的荒诞行为和可怕的举止，有时甚至达到只有施暴才能释放其能量的程度。例如，过分激动，周身频抖、痉挛，肌肉扭曲、变形，严重时可出现癫狂幻觉、极度痉挛和心力衰竭而死亡。大麻生长在温带或热带地区，其中含有的四氢大麻酚是致幻作用的主要成分，大麻是一种迷幻剂，毒性极大，吸食后会刺激中枢神经产生兴奋的幻觉，其看到的景象和所听到的声音会被扭曲，极易发生意外。兴奋过后随即可出现神志不清。

随着社会的发展，一些新型毒品不断出现，如冰毒、摇头丸、K粉和迷奸水（γ-羟基丁酸）等，这些新型毒品多为片剂或粉末，多采用口服或鼻吸方式吸食，甚至可以混于食品、饮料中，因而具有很强的隐蔽性和欺骗性。吸食这些毒品后会出现幻觉、兴奋或抑制等精神症状，从而导致身体、心理损伤或行为失控。

（二）吸毒的危害

吸毒是一种通过吞、吸、饮、嚼、扎毒品成瘾的恶性嗜好。毒品依其毒理作用不同，可分为兴奋型（如可卡因）、迷幻型（如大麻）和镇静型（如海洛因），毒品对人体的影响往往是先从神经系统、内分泌系统开始。先出现明显的情绪变化，随后出现烦闷、恐惧、意志脆弱、精神极度空虚、内分泌失调，最后导致全身性疾病。吸毒对身体的危害主要有以下几个方面。

1. 对生殖系统的危害

毒品对性中枢有暂时亢奋作用，促进性激素分泌增加，使男性阴茎勃起持续时间延长，女性阴道分泌液增多，阴蒂、乳头勃起，有人还会出现各种幻觉，一时使性欲亢进。用药时产生强烈的快感和用药后产生的松弛舒适比正常性生活的性反应过程更富有吸引力，致使一些人一旦尝试用药后一发而不可收。但这种兴奋是暂时的、病态的。由于兴奋后随即转入抑制，内分泌系统功能失调，人体正常的性兴奋被抑制，导致性功能减弱、性欲下降，甚至出现性功能障碍。同时，包括性激素在内的多种内分泌激素的分泌量也会减少，使身体产生退行性变化，如男性精液减少、勃起功能障碍，女性月经失调、闭经、第二性征退缩等症状。对于妊娠期、哺乳期的妇女，毒品还可通过胎盘屏障或乳汁分泌等途径毒害胎儿或婴儿，导致死胎、畸胎或婴儿免疫力下降等后果。据报道，江西某巡警大队在调查一起吸毒致死案时，发现一名一岁的小男孩有毒瘾发作时的各种症状，后来了解到，小孩的母亲无法摆脱毒品的诱惑，在妊娠期间仍在吸毒，导致孩子出生后不久便出现染上毒瘾的症状。

2. 对其他系统的危害

长期吸毒对身体的各个系统器官均有不同程度的损害作用。大量吸毒会造成严重中毒现象，引起头晕、恐慌不安、恶心呕吐、心动过速、脉搏不规则、呼吸减慢、面唇发绀、瞳孔缩小、神志不清、体温下降、大汗淋漓、尿量减少、便秘等现象，还可能导致肺炎、胃炎、肝炎、肾炎等。中枢神经系统损伤后，还会导致注意力、记忆力、学习能力的显著下降，甚至引起意识障碍。严重时甚至出现因呼吸中枢麻痹而呼吸中止，若不能及时抢救，就可能导致死亡。英国吸毒者死亡率是一般同龄人的28倍。青少年吸毒还会造成发育迟缓。

3. 容易导致艾滋病等性传播疾病

一方面，吸毒者的免疫力大大降低，抵抗力随吸毒时间的延长和毒量的增加而出现明显衰退，为各种病原微生物的感染创造有利条件；另一方面，吸毒成瘾后，一些人往往由于经济上无法支付毒资，迫使出卖自己的肉体，“以淫养吸”，而另一些人在吸毒后的短暂兴奋期内也会出现淫乱行为，这就大大增加了感染艾滋病等性传播疾病的概率。此外，静脉注射毒品还会通过未经消毒的注射器械传播病毒。吸毒已成为艾滋病最危险的传播途径之一。在吸毒人群中，艾滋病等性传播疾病往往呈簇状暴发。

4. 吸毒危害家庭和睦幸福

首先，吸毒会导致家庭经济困难。吸毒支出的费用极高，较短时间就会给家庭造成沉重的经济负担，甚至倾家荡产。其次，吸毒还会影响家庭情感交流，导致家庭破裂。吸毒者往往倾向于自我封闭或自娱自乐，对家人毫不关心；吸毒者一方面容易导致性混乱，另一方面其性欲和性功能又有不同程度的下降，影响夫妻正常的性关系，甚至导致家庭暴力，离婚率明显升高；而家庭破裂又给其后代带来许多痛苦和不幸。

5. 吸毒危害整个社会政治和经济秩序

毒品泛滥，不仅危害着人类的健康，而且破坏社会的稳定与安宁。世界性贩毒吸毒已成为影响我们所有人并对国际和平与安全构成威胁的一大问题。

第一，吸毒严重冲击着原有的法制观、道德观、人生观和价值观，严重败坏社会风气，腐蚀人的灵魂，摧毁整个民族精神。

第二，吸毒会给社会的经济造成巨大损失。毒品吞噬社会财富的能力巨大，它严重阻碍社会经济的稳定与发展。20世纪90年代，美国政府统计，全美每年因吸毒、酗酒造成的损失达1 500亿美元，用于治疗吸毒者的费用达600亿美元。对于发展中国家，毒品造成的损失和扫毒所需的巨额经费更是沉重的负担。

总之，毒品危害人们的身心健康，腐蚀人们的思想，严重毒化社会环境，败坏社会道德风尚。若不马上治理整顿，毒品就会像瘟疫一样在社会上迅速传播蔓延，后果将是不堪设想的。

让我们大家携起手来，共筑一道防线，为了社会的稳定发展、家庭和睦幸福，远离毒品。

（三）吸毒的起因

从以上分析可见，毒品对人体的严重危害是可想而知的，为什么还会有那么多人吸毒呢？归纳起来主要有以下几个原因。

1. 好奇而吸毒

大部分青少年是因好奇而吸毒的。这些人对毒品缺乏认识或是一知半解，怀着好奇的心理尝试毒品而步入深渊。随着社会宣传工作的不断深入，人们对传统毒品的认识逐渐深入，但在新形势下，新型毒品却逐渐逼近青少年，开始侵袭幼小的“心灵”，应引起全社会关注。例如，当今社会上的一些迪吧中流行的摇头丸便是典型的例子。有的青年人并不认为它是毒品，对它的危害性缺乏了解，在巨大好奇心的驱使下，陷入了“毒流”中。目前，摇头丸更有一些时髦、隐蔽的别称，如“快乐丸”“忘我”“的士高饼干”“劲乐丸”“狂喜”“蓝精灵”“蝴蝶”“白天使”“M药片”等更具诱惑力的名字，也使人更难以辨别。我们应该加倍警惕。

2. 被动吸毒

一些人由于一时不顺心、苦恼，或与朋友相处时，受人欺骗或引诱而吸毒。据戒毒所的一名女大学生吸毒者说：“我从来不吸烟，也根本不知道什么是毒品。由于失意，到一家酒吧发泄自己，有一男子递来一支‘烟’，说：‘吸一口可以忘记所有的烦恼和不快。’于是为了解脱而试着吸了，顿时觉得全身轻松无比，就这样，我爱上了它。”

3. 享乐吸毒

随着生活水平的不断提高，人们在物质生活条件提高的同时，开始追求精神享乐。这本来是很正常的，也是可喜的事。但一些经济上先富起来的人，错误认为吸毒是一种高级精神享受而盲目追求，最后落入毒渊。例如，近年来一些明星或名人，往往就是为了追求享受或寻找“灵感”而染上毒瘾。

（四）拒绝毒品

首先，应加强宣传教育，防患于未然。一方面，在全社会范围内大力宣传毒品的危害，使广大群众主动远离毒品。另一方面，针对吸毒的起因，矫正盲目的好奇心理、糊涂的从众心理、消极的挫折心理和放荡的享乐心理等不健康心理，这也是杜绝吸毒悲剧发生的关键。我国现有的吸毒人群中，80%是青少年，因此应该对这一年龄阶段的人群进行重点教育。此外，应该加大惩罚力度，使贩毒者无处藏身。

戒毒是吸毒者的唯一出路。戒毒需要吸毒者有坚强的意志，否则很难取得成效。目前，国内各省市均已建立起正规的戒毒所，取得了巨大的戒毒效果。它在一定时期内对吸毒者运用药物治疗、心理治疗、法制教育和道德教育等相结合的方法进行系统科学的戒毒程序，帮助其戒除毒瘾、改掉恶习、康复身体、重新恢复正常生活。

四、忌经期性生活

女子月经期间，子宫颈口开放，子宫内膜创面尚未修复，阴道的酸性环境被破坏，此时性交容易引起感染，导致生殖系统疾病。另外，此时性交还容易导致经血量增多，经期延长，诱发月经不调。因此，应避免经期性生活。

五、忌病中性生活

患病期间，由于身体较为虚弱，应避免性生活。男女任何一方在患病期间，应积极配合治疗，保证充足的休息和营养，使病体尽快康复。如果病期进行性生活，会使身体疲劳，病情加重，延缓痊愈时间。若患传染病，还有传染给对方的可能。

六、忌产褥期性生活

妇女分娩后的6周内称产褥期。在这个时期，产妇身体各器官，除乳房外将逐步恢复到产前状态。子宫恢复到近似妊娠前的大小约需要6周；扩大的子宫口2周左右逐渐关闭；子宫内膜再生修复约需要3周，但胎盘剥离处6周后方可完全恢复；阴道皱襞于产后3周开始重现，但盆底及阴道壁张力需要更长的时间才能恢复；正常时恶露的血液成分逐日减少，约2周变成白色恶露，再过1～2周开始干净。因此，产褥期特别是产后6 周内禁止性生活，以免引起逆行感染或损伤。剖腹产的女性需要更长时间恢复身体，因此性生活的开始时间应相应延迟，一般在产后2 个月以后再考虑恢复性生活。此外，排卵功能一般在产后8～10 周恢复，性生活时需要采取安全有效的避孕防护措施（如男用避孕套等），既可有效避孕，又不影响母乳喂养。

七、忌妊娠早期与妊娠晚期性生活

妊娠早期（前12周）由于胎盘尚未发育完善，性兴奋时子宫的收缩有中断妊娠的危险，因此应避免性生活。

妊娠晚期（28 ～ 40周），孕妇体态发生了显著变化，给活动带来许多不便，孕妇对性生活失去兴趣，最好不要进行性生活。尤其在妊娠期最后4周，性交可能引起胎膜炎，有导致胎膜早破、早产及产后感染等危险，因此，此期应禁止性生活。

妊娠中期（13 ～ 27周），胎盘发育逐步完善，胎儿的发育相对稳定，可适当进行性生活，但应注意性交姿势和强度。最好采用侧位或背后位等体位进行性交，以避免对妊娠子宫造成压迫；应理智性交，避免阴茎过度插入，也不能过急过猛。最好此期也不要性交，丈夫以爱抚的方式来表达对妻子的关心和体贴。

思考题

1. 月经期能否过性生活，为什么？
2. 产褥期能否过性生活，为什么？
3. 烟酒对性生活有何影响？对后代有何影响？
4. 毒品对性生活与性能力有何影响？

中篇

性心理学教育

第五章

性 心 理

性心理学是研究人类在性行为中的心理活动及其规律的科学。性行为是人类社会生活最重要的内容之一。自从自然界的生物分化发展为雌雄两性之后，性就成为生物，包括人类繁衍种族和进化的基础。几千年来，人们把性行为仅仅当作和其他动物一样的一种“本能”，凭着“本能”的驱动去摸索性行为。今天，人们越来越清楚地认识到，人类的性行为绝不仅仅是生理本能的反映，而是包括思维、语言、情感、意识形态影响在内的社会心理因素与生物学因素相互作用的结果，性活动是行为、情欲、态度、品质和心理的综合表现。性心理所要研究的正是人类在性活动中的各种心理活动，以及这些心理因素与生理因素相互之间的关系。性心理的研究有益于人们提高生活质量，有利于人类的身心健康，对于提高全社会的文明程度有重要意义。

不同发育时期有不同的性心理，下面介绍不同发育阶段的性心理发展过程。

第一节　青春期前性心理

一、婴儿期性心理

人们生来就具有性的差别和性的要求，并且保持终生。但是，在普通人看来，人的性心理只有到青春期以后，伴随性心理的成熟才逐渐产生。在儿童期，尤其是婴儿期，根本不存在性问题，更无从谈起性心理了。事实上，人生伊始就有性生理现象出现，当然，婴儿期也就相应存在着性心理问题，只是表现形式和认识程度不一样而已。经常接触婴儿的人都知道，男婴的阴茎会自发地勃起，女婴也常出现阴道分泌物。

从目前研究来看，似乎可以认为，从心理上说，婴儿并没有形成性意识，但从行为和发展来看，婴儿期的性心理现象是存在的。在男婴，表现为玩弄生殖器或者骑在家具上摩擦生殖器，同时伴有面部充血，表情紧张；在女婴，表现为两腿交叉并拢，同时脊柱弯曲，也伴有面部充血，表情紧张，即所说的夹腿综合征。但此时婴儿的心理特点是无意识的性愉快体验。夹腿综合征好发于1～3岁幼儿，此后这种行为一般会自行消失。

婴儿的吮乳是一种本能行为。但多数性心理学家认为，婴儿吮乳含有性的因素。婴儿在吮乳时，其嘴唇与母亲的乳头接触时，婴儿会感觉到极度愉快。人们注意到，与初生婴儿不同,几个月后的婴儿吮乳并非完全是由饥饿引起的,吮乳还是防止婴儿哭闹的最好方法,有的母亲常用吮乳的方法来应对婴儿的哭闹。当婴儿吸不到乳头时,往往喜欢吸吮手指,这种行为也可以给婴儿带来一些快感。弗洛伊德在《精神分析引论》中写道:"吃奶吮乳乃是整个性生活的最早的表现形式,是后来各种性满足的雏形。"而一岁左右的婴儿,吮乳动作很大程度是一种游戏,是一种性心理的满足,尤其是小男孩。在这个阶段,有些小孩还有抚摸母亲乳房的习惯,其表情是欣快的。从以上现象看,婴儿期性心理开始时是一种无意识的性愉快体验。

二、幼儿期性心理

1～3岁属于幼儿期,幼儿活动能力逐步提高,活动范围日益扩大,性意识也开始萌发。

幼儿期是儿童心理发展的飞跃时期,是性意识的孕育期,也是性心理发育的重要时期。生物因素(先天的染色体组成和性器官结构)只是决定了婴儿的生理性别,但如何发展性心理和进入性角色,后天的学习,尤其是幼儿期的学习起着重要的作用。此阶段是性意识的孕育阶段,其性愉快体验从无意向有意转化,逐渐认识到性器官的差异,识别性身份,并开始意识到自己的性角色。弗洛伊德将此期称为"最重要的时期","因为它打下往后一切性发展的基础和方向"。

在幼儿期,幼儿发现了"性"和认识到性别问题。性身份是一个人感到自身是男是女的认知,而性角色则是性身份被人所描述或者被自身所证实的方式。一般性身份在生命的最初三年就已确定,幼儿能够识别自己是男还是女。同时,他们在家庭和周围环境里开始意识到自己的性角色,即自己应该扮演男性角色还是应该扮演女性角色。

幼儿性身份和性角色的发育途径是比较复杂的。幼儿时性的认识受到父母、社会教育和文化熏陶的影响,其中包括父母亲对子女的态度、同龄儿童之间的相互影响及幼儿本身的个性因素。到了3岁或更早一些,幼儿在家庭和周围环境中开始意识到性角色。他们从对体态、形象、服饰等的比较中学会识别是哥哥、叔叔,还是姐姐、阿姨两类性别。父母对孩子的性期望、性角色的示范作用,社会的性期望以及他们与其他孩子的关系对自身性角色的形成起着重要影响。如果父母不能恰当地打扮孩子,或是硬要按照自己的性别愿望去打扮孩子,男扮女装或女扮男装,甚至将女孩当成男孩抚养,男孩当成女孩抚养,将可能影响孩子的性别心理发展,导致性别不一致,严重者可以导致性心理异常。

幼儿性心理发育具有两个特点:自发性和好奇性。人们常常看到幼儿玩弄、触摸或暴露性器官,喜欢观看、触摸其他同性或异性幼儿的生殖器,或裸体向小伙伴显示生殖器,甚至进行性接触游戏,这些是好奇心的驱使,并没有性目的,而是一种自发现象。随着年龄的增长,自我意识的产生,幼儿开始意识到自己的性角色和性身份。尤其是当发觉男女性别差异后,他们就会有意识地表现出对性的好奇和关心。也就会不断地提出各种关于性的疑问。例如,女孩会问"为什么哥哥站着撒尿?",男孩会问"为什么妹妹没有'小鸡'?",还会问"我是从哪儿来的?",等等。

总之,在这个时期,他们发现了"性",并开始认识性别问题。这个时期也是性心理形成的关键阶段。父母的正确引导与教育、周围环境的积极影响对幼儿性心理的正常、健康发展是非常重要的。一方面，家庭和社会对幼儿自发的和好奇的性心理应给予正确的教育引导。因势利导，不失时机地对他们进行适时、适度、适当的教育，使他们的身心健康发展。若是粗暴干涉或是扭曲性知识，则可能导致悲剧的发生。例如，曾经有一报道，有一位女孩问她的母亲，为什么小弟弟有"小鸡"？母亲回答，"那是多余的"。结果有一天，趁母亲不在家时，女孩把熟睡中的弟弟的"小鸡"剪掉了。另一方面，家庭与社会应按性别的要求对幼儿进行教育，使之进入符合自己生物学性别的性角色。例如，对小孩的衣着打扮、教养、行为方式等，要按社会对不同的性别要求进行教育，否则可能出现性角色错乱。父母在这方面的教育尤其重要。父母作为孩子接触的第一个男性和第一个女性，对孩子的性别行为起着启蒙和示范作用。所以，双亲的性别行为是否符合社会对性角色的要求，也会通过幼儿的认识，影响着他们的性别行为，影响他们对自己性别的心理选择。

因此，性健康教育必须从婴幼儿开始进行潜移默化的启蒙教育，为以后性心理的发展打下坚实的基础。

三、学龄前期/学龄期性心理

学龄前期指3岁到上学之前，即通常幼儿园阶段的孩子；学龄期一般指6～12岁，即小学阶段的儿童。这一时期是人类性生理成熟和性心理成熟这一发展全过程的开始，也是这一全过程正常发展的关键。因此，对这一阶段儿童性心理问题的研究不容忽视。

（一）认清性别标志

性别标志就是与是男是女联系在一起的服饰、语言和行为等一系列与性别有关的特征。它既包括对主体（自身）的认识，也包括对客体（他人）的认识。学龄前期儿童能通过服饰、头发、称呼、声音和行为等认清自己或他人的性别。

对于性别标志的认识，是在现实生活中不断纠正，逐渐建立起来的。例如，儿童能通过外表等对普通人进行性别识别，一般不会出错。但对于个别特定的人（如男性留长发或穿花衣），他们有时就会发生性别认识错误或产生困惑，经过纠正后才得以分清性别特征。此外，有极少数人主体的性别认识有倒错现象，即所谓的"性别不一致"。这样的人往往从幼年开始就强烈地认为自己是另一性别，即男性认为自己是女性，并喜欢按女性的方式生活；而女性认为自己是男性，并穿男性的衣服，按照男性的方式生活。这种倒错一旦形成，往往终生难改。有研究证实，"性别不一致"现象与遗传、生理、心理、环境、基因，甚至在儿童早期的性别识别的误导等相关。其中有约30%的人与幼儿时期的性别识别异常有关。2～3岁是幼儿预防"性别不一致"的关键期，家长在孩子早期性别识别教育中的作用非常重要，不能人为地造成社会性别指认错误，甚至使孩子的心理发生扭曲。学龄期儿童基本上具备了较强的认清性别的能力。

（二）学习性角色规范

性角色规范就是在社会生活中，人们以不同的性角色出现，即社会对不同的性角色有不同的期望和要求。例如,男孩子要勇敢坚强,女孩子要文静淑雅等。

性角色规范是从幼儿开始,通过平时点滴逐渐积累形成的。从父母的评价中懂得怎样做才能符合自己的性角色规范。当婴儿刚出生时,父母往往在他的名字上就有了明显的性角色区别,男孩的名字多用“勇、志、强、国”等,女孩的名字则往往带有“红、丽、琴、珠”等。这也反映出父母或社会对不同性角色的期待。另外,父母对待孩子的方式也有性角色的区别,如给男孩穿较素的衣服,买枪炮、汽车、飞机等玩具,培养他们坚强勇敢的性格;而对于女孩,给她们穿的衣服是较鲜艳的花衣裳,玩具也以布娃娃、花等为主,培养她们文静贤淑的性格。所以,性角色的规范同父母的教育和他们所期待的理想性角色的要求是分不开的,儿童主要是从父母的评价中懂得怎样做才符合自己的性角色规范。

性角色规范受社会因素的影响也很大。传统文化要求男孩子坚强、勇敢、豪爽;女孩子应文静、贤淑、体贴。男人如果脂粉气太重,就会导致所谓的“娘娘腔”而遭非议;若女子走路大摇大摆,到处摸爬滚打,则会被称为“假小子”或“女汉子”。男儿有泪不轻弹,若动不动就哭鼻子,会被人耻笑;而若女孩哭泣,则往往会引来同情的目光。

此外,这个阶段儿童还对那些与性别相联系的活动等持有某些特殊的态度或偏好,即具有了性角色的情感倾向。例如,男孩往往偏爱刺激的游戏,喜欢冒险;女孩一般喜欢言情小说,情感丰富多变。

当然,性角色规范并非一成不变。随着社会发展,社会性角色规范也发生变化,人们更包容不同的性角色规范。当今社会,我们应更新固有观念,摒弃性别印象的负面影响,突破不合理的性别印象的束缚,鼓励男女两性相互学习,取长补短,促进全面发展,更好适应未来社会的需求和挑战(详细内容请参见第六章“性别多元与性少数”)。

四、青春期前性心理健康的培养

婴儿期、幼儿期、学龄前期和学龄期是性心理萌发和逐步形成的关键阶段。这个时期出现的性心理问题,对今后整个性心理的发展会产生深远的影响。那么,青春期以前如何培养性心理健康呢?

(一) 防止产生性神秘感

这是保持性心理健康的关键。有位专家举了这么一个例子,要使小孩对某个手指产生神秘很简单。当他无意识第一次触碰这个手指时,你就打骂、批评他,然后把这个手指包起来,不让他“研究”这个手指。于是,小孩对这个手指的神秘感就产生了。越是不让他们看的东西,越是不知道的东西,就越会激发孩子的神秘感,就越想去看它,去了解它。对性也一样。性是一件自然的事情,任何人都无法逃避。因此,要以自然的态度对待它,这样孩子反而会习惯的,不以为怪。性器官和我们身体的其他器官,如眼睛、鼻子等一样是身体的一部分,应该正确科学地教导他们。如果感到有些相关的性内容确实不适合小孩,也要自然地、不露痕迹地把小孩的注意力引开,而不能以粗暴的态度横加干涉。例如,有的家长看到电视上的有关性爱的镜头,立即转台,说小孩不许看。这样在小孩的心里就会产生神秘感,反而会激发小孩对性的好奇心和求知欲。

性模仿也是这一时期可能出现的现象。他们对性器官和异性交往既新奇又朦胧，他们学着大人亲吻、爱抚，但却不懂其中的含义。这种性模仿本身并无多大危害，但如果不被正确引导（如打骂或视而不见等），则可能严重影响性心理的正常发展，导致性心理异常。

（二）养成良好的卫生和保健习惯

引导并养成良好的卫生和保健习惯对小孩的健康成长具有重要的意义，甚至会影响到小孩以后的一生。要正确引导小孩养成经常清洗外部性器官、勤换内衣、早晨不睡懒觉等习惯。

要正确对待小孩的手淫。小孩的手淫往往是由好奇、性器官的不卫生或局部瘙痒引起，一般是无意识的。因此，首先切忌打骂、吓唬，应不动声色地分散小孩的注意力，把他们的注意力转移到其他方面。否则反而会加强了他们的心理刺激，渴求这方面的“舒服”感觉。其次，应该分析手淫的真正原因，然后对症下药。小孩最初的手淫很大一部分是由于不注意卫生，下身瘙痒引起的。若是卫生问题，则应注意清洁卫生。多数孩子在长大后，会逐渐改掉手淫行为的。还要注意的是，家长或长辈不要随意玩弄小孩的性器官。

（三）注意家庭中性的开放度

要避免在小孩面前谈论有关成人的性问题，父母在孩子面前应该避免过于亲昵的动作，以免孩子发生误解。若偶尔被孩子看到，也要正确对待，泰然处之，而不要惊慌失措，更不能恐吓、欺骗孩子，使孩子产生性神秘感或产生心理压力。

（四）教育孩子尊重别人，也要尊重自己

性器官毕竟不同于眼、耳等其他器官，应该指出在别人面前暴露生殖器官是对别人的不尊重，更是对自己的不尊重。同时要培养他们自我保护意识，教育他们自己身体的隐私部位是不能让别人看到或触摸的，不要轻易相信别人，避免受到性侵害。

第二节 青春期性心理

青春期是人一生中最重要的变化、发展时期。伴随着身体迅猛发育和性生理日趋成熟，心理活动自然会产生相应的变化，性意识开始觉醒并迅速发展。同时，社会上各种性信息（如互联网、文艺作品、报刊、电视、电影中的性信息及成人的两性交往活动等）的刺激不断增加，也促进青少年性心理的发展，使他们注意到自己的性角色，性意识从朦胧到清晰，并逐渐得到强化，对与性有关的问题产生浓厚的兴趣。因此，了解这一时期的性心理变化特点及产生原因，针对这些特点进行性心理教育和调适，对于促使青少年健康地度过青春期具有极为重要的意义。

一、青春期心理变化特点

青春期由于身体上的明显变化、第二性征的出现及神经系统的发育等原因，心理上发生了很大的变化。

（一）自我意识明显增强

自我意识是个体对自己的认识和态度，主要包括对自己感知、行为、动机、兴趣、情感意志、能力性格、理想追求和世界观的认识以及自己在集体中的地位和作用的认识等。这种自我意识的觉醒是青春期开始出现独立性的本质特征，主要表现在以下几方面。

1. 成人感和独立意向增强

进入青春期后，青少年感到自己已经长大成人了，强烈的成人感和独立意向成为这一时期的重要心理倾向。男性的“男子汉”意识随之产生，他们喜欢以“小大人”自居；女性也会产生一种“母爱”性质的性情感，对婴幼儿特别有感情，喜欢逗他们玩。青春期的青少年希望别人把自己当作成年人来看待，渴望得到别人的尊重和信任。他们对父母或长辈的话不再“唯命是从”了，希望能按自己的意愿自主地处理各种问题。因此，这个时期的他们往往嫌父母管教得太严、太唠叨，对家长或老师的教育容易产生厌烦情绪和逆反心理，产生所谓的“代沟”，还常常出现责怪父母，不愿与家长或长辈讲话或待在一起等现象。

2. 出现明显的“闭锁心理”

进入青春期后，身体上的迅猛变化，特别是第二性征的出现，给青少年带来神秘色彩。他们虽然很想了解其中的奥秘，但又羞于向他人求教，开始有了自己的秘密，又不轻易向他人倾诉，于是出现了“闭锁心理”，这说明青少年的心理变化有了质的飞跃。由于闭锁心理的存在，此期的青少年很容易造成心理压力而无法发泄，这些心理包袱可能越积越多。如果没有及时开导，会不利于他们的身心健康。

3. 具有极强的自尊心

此时的青少年上进心极强，喜欢与别人一比高低。家长或者老师的批评，特别是在公共场合的批评会使他们感到很丢“面子”，从而极大地挫伤了他们的自尊心。因此，家长或老师应该注意批评的方式、方法和场所。

4. 有一定的评价能力和自制力，价值观初步形成

此期的青少年在评价能力上有了显著的发展。他们开始从内心和品质方面评价别人和自己，同时也很在乎别人对自己的评价。但由于独立意向和自尊心的增强，自我评价往往带有主观色彩，对自己的估计往往过高，缺乏自知之明，容易我行我素。他们对周围世界有一个比较客观的评价。他们崇拜英雄，颇有干一番大事业的气魄；他们愤世嫉俗，有改造一切不良现象的愿望，形成了一定的价值观。有了理想、抱负和价值观后，他们开始约束自己，制订某种计划，主动学习充实自己；他们从榜样中汲取力量来鼓舞自己；从自己的偶像中选择自己认为理想的生活方式。因此，在生活中，应该多树立一些正面榜样，特别是青少年身边的人和事，多从正面教育他们，激发他们的上进心和责任心。但这时他们的自制力还不够稳定，一旦遇到某种困难，就会产生失望的情绪，灰心丧气。此时，最重要的是引导他们加强自控能力，帮助他们不断地修正实施方案，使他们觉得自己正在不断地朝着预定的目标前进。否则，他们会因暂时的失败而一蹶不振，丧失前进的勇气和信心。

（二）追求新鲜事物

进入青春期后，生理、心理得到快速发展，社会接触面也不断扩大。对周围的各种新鲜事物充满好奇心和求知欲。追星族的出现就是一个典型的例子。影视明星、歌星、体育明星等都是这一年龄阶段青少年追逐的偶像。他们对明星的生活习惯、兴趣爱好等了如指掌。为了能见到自己爱慕的明星，可以千里迢迢赶过来；为了得到某个明星的合影签名，可以耗上好几个小时来苦苦等待。如果他们的愿望得到满足，那是至高无上的荣耀，会使他们欣喜若狂。赶时髦是这一时期的另一显著特点。社会上出现的任一新鲜事物都可能引起他们的强烈反响，甚至盲目效仿。若我们能利用学生追求新鲜事物的心理，有的放矢地适时进行“顺水推舟”式的教育，则会起到很好的效果。例如，有许多学生崇拜体育明星，那么家长或老师就可以引导他们学习体育明星的刻苦和拼搏向上的精神。但如果不能正确对待他们追求新鲜事物的心理，也会给学生的身心发展带来负面影响，甚至还会影响社会的稳定与发展。例如，一些学生错误地把摇头丸当成一种时尚，不加分析地盲目效仿别人使用摇头丸。

（三）情感丰富，情绪多变

进入青春期后，他们不再像儿童那样天真烂漫，自我调节能力和控制力逐渐提高，开始走向内心探索阶段。开始探求人生价值，向往崭新生活。他们情感丰富，热情奔放，富有活力，乐于参加各种活动，对未来充满美好的憧憬和幻想。但情绪往往不够稳定，波动性较大。有时会因某事而高兴得欢呼雀跃，得意忘形；有时也会因一件小事而悲伤得痛不欲生，苦闷绝望。获得一点点成绩就趾高气扬，目中无人；受到一点点挫折又会垂头丧气，孤独寂寞。

此时的情绪中常常有许多矛盾：封闭与开放并存；内向性与外显性并存；竞争与和平并存；自负与自卑并存；理想与现实并存；等等。他们有时希望独自品味心理体验，把感受写成日记珍藏起来；有时又渴望情感交流，喜欢和同龄人交朋友，希望别人接受自己，希望自己受人重视和信任。他们渴望纯洁的友谊，甚至萌发出朦胧的爱情；但有时又会因某件小事与别人争论得脸红耳赤，不可开交，甚至翻脸。他们有时充满自信，认为自己一定有能力完成某项工作；有时又会因暂时的失败而感到无限自卑，认为自己一无是处。他们极富想象力，有着美好的理想；但现实生活中的一些不良现象又会冲击他们的美好憧憬，使他们心理充满迷惑，感到无所适从。

作为家长或老师，应该对青春期孩子进行适时引导，让他们以积极的心态对待生活、以饱满的情绪面对未来。当孩子取得成就时，在肯定表扬的同时，让他们树立更大的目标；当他们受到挫折时，及时发现他们的优点并给予肯定，并分析失败的原因，让他们重塑信心。

二、青春期性心理发展

性意识和性爱慕虽然在幼儿期已经开始出现，但只有进入青春期后才明显地表现出来，性意识才迅速增强。

人在青春期前产生性意识和性爱慕，但是在孩子的心目中并无明显的男女界限，毫无顾忌地在一起玩耍，甚至抱成一团也不以为意，可谓"两小无猜""青梅竹马"。进入青春期后，随着性器官的发育，第二性征的出现，性心理有了明显的发展。根据性心理的发展特点，可以把青春期性心理发展大体分为三阶段：疏远异性期、接近异性期和两性初恋期。

（一）疏远异性期

在青春期开始的头一二年，随着性器官的发育，第二性征逐步出现，性意识明显增强，出现男女之间彼此疏远的心理。男女之间界限分明，与异性接触感到难为情、腼腆、羞涩。男孩不再与女孩一起玩了，即使是儿童时代的好朋友，这个时期也会不自然地回避。有时甚至对异性产生一种反感心理，这在女性尤为明显。此时，他们非常重视和珍惜同性伙伴间的友谊和感情。

但此时对异性其实是疏而不远，潜藏着对异性的好奇。例如，在一起活动时，女生往往乐于围观在男生周围，为他们呐喊加油；而男生则喜欢在女性面前表现自己，通过显露自己的才华来博得异性的好感。有时表面上装出一副不屑一顾的样子，内心却非常希望得到异性的赞美和肯定。此外，他们还可能暗地里通过各种渠道获得有关性知识，来满足自己的好奇心和求知欲。

（二）接近异性期

在青春期的中期，性器官不断成熟，第二性征同步出现，他们逐渐摆脱了心理上的闭锁状态，开始希望了解异性、接触异性、爱慕异性。男女之间愿意相互接近，相互怀有好感，出现心理和情感上相互吸引。他们喜欢和异性一起活动，在异性面前努力表现自己以引起对方的注意，对异性则表现为关心和体贴。

在行为表现上，男女有所不同：男性开始注意自己的外形打扮，在异性面前表现得比较外露和热烈，有时故意做出一些"英雄行为"，显露自己的长处，掩盖自己的短处，表现自己的能力和才华，以图博得女性的欢心和好感。女性则以腼腆、矜持和单纯来表现自己，以吸引异性注意。开始学会如何珍藏自己的感情，即使对某个男孩有好感，也不会轻易显露出来，有时甚至故意造成对方窘态，从中得到精神上的满足。此时的女性常常充满幻想，容易做"白日梦"，想象与心目中的异性在一起生活时的浪漫情景；同时依赖性较强，容易崇拜迷恋有才华的异性，达到精神上的寄托和喜悦，甚至出现单相思。然而，这个阶段的男女实际上还不懂怎样和睦相处，有时会为此而议论或起哄，导致产生心理压力。

此时他们心理反应还不稳定，男女之间的兴趣和爱慕往往不是针对某一个人，没有专一性和排他性。他们注意每一个异性，又似乎觉得每一个异性也在注视着自己。这种两性间彼此吸引的心理是青少年进入青春期性心理发展的必然规律，是正常的生理、心理和行为反应。这种反应有助于消除男女两性交往过程中紧张情绪和神秘感，对促进男女同学的智力和心理发展，团结与友谊的发展是极为有益的。不能随意给这些学生扣上“早恋”的帽子。但是，如果热衷于异性间的接触，耽误学业，特别喜欢谈论男女两性间关系的话题，试图从淫秽书刊中寻找刺激，则对身心健康极为不利。因此，老师和家长应当加以适当引导、帮助和教育，培养男女间的正常交往，纠正不良的思想和行为。

（三）两性初恋期

青春期的后期是由青春期到青年期过渡阶段，他们此时显得比青春期中期更为成熟，对异性的爱慕和追求开始出现专一化，萌发出爱情，故称为两性初恋期。此时的爱是一种比友谊浓但又比爱情淡的朦胧关系，常表现出蕴藏在内心深处的秘密的爱。他们大多不以直接的肉体接触来表达爱意，而通过两性间的交往，从精神上寻找寄托，显示出爱恋的纯洁感情。但此时的爱多半是凭直觉，他们往往被对方的容貌、外在气质所吸引，一见钟情或一往情深，显得幼稚单纯。

三、青春期性心理特点及两性性心理差异

进入青春期后，由于性生理上逐步开始发育，导致性心理发生明显变化，而且表现出明显的性别差异。

（一）对性的神秘感和好奇心

进入青春期后，性器官和性功能的发育逐渐成熟，直接诱发了自我性意识，对“性”很敏感，感到“性”神秘莫测，对性充满好奇心，于是出现对性的浓厚兴趣，他们通过隐蔽的或半公开的讨论或通过各种渠道迫切希望知道和了解性。

女性在对性知识的追求方面较男性开放些。首先，她们获取性知识的途径相对多些。刚进入青春期时，她们对母亲的依赖性大些，大多通过母亲获取有关性知识。随着年龄的增长，从同性朋友或课堂转向网络、报刊、影视、书籍或文学作品等途径，通过自己去获取有关知识。此外，她们在谈论性问题时，往往较为深入、透彻。例如，她们经常进行经期卫生、乳房保健等方面的交流。对于男性，他们的闭锁心理倾向较为明显，很少从父母或老师处获得性知识，而大多从报刊书籍、影视、网络中满足自己对性知识的需求。同学间谈论的性问题往往也很肤浅，且带有娱乐、玩笑性质，他们谈论的大多是女性的美貌、性感，很少谈及一些实质性的问题，如遗精等。

（二）对异性的爱慕与追求

青春期男女之间彼此爱慕与追求是其性生理发展的正常阶段。由于第二性征的出现，性感得到了进一步的发展，对异性产生浓厚的兴趣。从心理上，渴望了解异性，希望引起异性注意，向往与异性交朋友；在行为上，喜欢打听男女之间的事，背后议论异性。

女性刚进入青春期时，由于刚出现生理上的变化，常会产生一种惶恐不安的情绪，并在别人面前表现得羞涩、腼腆。随着性生理发育和性意识进一步发展，她们逐渐摆脱了闭锁心理，开始感到被异性吸引，产生接近异性的感情需要。她们喜欢有特点、潇洒、有幽默感、有才华的男性。同时，开始注意修饰自己，用“美”来塑造自己。在异性面前表现得文静、端庄、大方。值得注意的是，此时她们渴望与男性交往并不一定就是真正爱上某个异性，她们与异性交往大多是心理上的需要。但一旦找到钟情者，便会倾心于他，喜欢他的一切，并视其为自己的一部分，可以为对方付出全部感情。

男性在青春期到来初始，追求异性并不十分明显，甚至表现出疏远和厌恶，而很重视同性伙伴的友谊。进入接近异性期后，他们对女性普遍好奇，希望了解她们，特别是对漂亮的女性。男性在异性面前的情感是外露的和热烈的。他们千方百计想在异性面前显露自己，希望自己成为异性心目中的英雄和偶像。但这种希望值越高，越想表现自己，心理压力就越大，加上自信心不足，在异性面前往往心理紧张，表现失常，甚至无所适从、语无伦次，面对自己所钟情或暗恋的女性尤为如此。

由此可见，了解异性和结交异性在青春期中普遍存在，只是表现形式和程度不同而已。这是正常的性心理发展结果，但需要加以正确引导和帮助。

（三）具有性欲、性冲动和性行为

青少年进入青春期后，随着性意识的增强，逐渐萌发了性欲和性冲动，产生对异性的需求和行为，可能萌发出爱情，甚至出现性要求。

女性与异性的交往中，开始并不和性欲直接联系在一起。她们的性意识是含蓄的、渐进的，欲望并不迫切。她们所理解的爱情就是被所爱的人无微不至地关心、体贴和呵护，犹如自己被浸泡在蜜糖中的感觉。恋爱期间的女性感情体验较为深刻，她们更看重两性的心灵接触和情感交流，对肉体上的关系一般较为慎重。但一旦钟情于某个男性，她们将投入全部的感情，在对方提出性要求时，常出于对男友的感情，不能将自己的意志坚持到底，而屈从于对方。

男性在两性关系上表现得比较主动、外露。一旦有了接近异性的欲望，并对具体特定目标发生兴趣时，就会主动创造机会接近对方。男女由彼此接近到发展为爱情，一般也是由男性首先明确提出。而且一旦确定了恋爱关系，性欲和性冲动就会进入亢进期，表现出强烈的肉体需求，甚至希望发生性关系。

随着社会发展，文化交流的不断扩大，西方国家的性观念不可避免地会通过各种媒体不断渗入，对传统的道德观念产生巨大的影响，青少年本来就不牢固的道德观念受到冲击而随之动摇。他们处于困惑之中，感到无所适从。由于缺乏必要的性知识和自制力，他们无法区别善恶美丑，对其不加分析地全盘吸收；更由于强烈的好奇心和求知欲，他们往往盲目效仿。许多青少年对性持宽容态度，认为只要真心相爱，发生性关系未尝不可；有的人认为迟早都要发生这种事，没有必要严守贞操；也有些同学只顾眼前享乐，满足于一时的生理、心理上的性要求，而不考虑严重后果。于是在过分亲昵中引起强烈性冲动，从而导致性交行为的发生。当前，社会上出现的少女妊娠和青少年性犯罪等已成为一个突出的社会现实问题。如何正确对待性欲，如何控制自己的性行为，如何对自己的行为负责，已成为衡量一个青少年性心理是否成熟的重要标志。家庭、学校和社会的任务是在青少年性欲刚刚觉醒时，就让他们能理智对待。

四、中学生恋爱心理

恋爱是指性成熟以后男女之间产生的一种情爱，是一种美好的两性间的感情。它是青年男女之间相互倾吐爱慕之情，架筑婚姻桥梁的过程。目前，由于生活条件的改善和社会环境的改变，性生理成熟有明显提前趋势，有的甚至几乎接近生物遗传的下限，而人的社会成熟因社会对人素质要求的不断提高而逐渐推迟。这样，性生理成熟和性社会成熟之间就产生了一个日益增大的时间差，造成一个既充满青春活力又潜伏危机的漫长过渡时期，有人称这一时期为“性待业期”。在这个时期，希望了解异性，接触异性，爱慕异性是很正常的，因此男女之间的交往也是很正常的。这种正常的交往可以给双方带来智力上的发展、性格上的互补和情感上的欢愉，有利于他们身心健康发展。

然而，有一些家长和老师一见到男女生在一起就不加区分地统统扣上“早恋”的帽子，加以紧急“引导教育”，给予特别的“关心和照顾”。“早恋”的提法颇有争议，在不同社会制度、不同时代，乃至对不同的人没有统一的客观标准。一般认为发生在生活、经济上尚未完全独立，同时距离法定结婚年龄尚有很长一段时间的青少年群体里的恋爱行为称为早恋。在很长一段时间里，“早恋”的标签到处乱贴，带来的是误解与偏见；造成的是师生关系、亲子关系、同学关系的紧张。“早恋”成了中学生中频繁使用的带有批评倾向，极易引起反感的一个词语。作为家长和老师，应慎用“早恋”，最好不用“早恋”这个词，而用“中学生恋爱”这个中性词来概括，以免引起不必要的反感和误解，有利于师生或亲子之间的交流。

中学生恋爱与青年期以择偶婚姻为目的的恋爱相比，有其自身的特点。他们的爱恋往往是从友谊发展起来的一种比友谊浓，又比爱情淡的朦胧关系，他们并没有成年人的谈婚论嫁，而是一种感情上的愉悦。有的恋爱会成为学生学习的动力，激励他们努力学习，这种恋爱可以沉淀为一段温馨的回忆；然而有的恋爱会成为学生学习的阻力，导致他们沉迷于两人世界里，不求上进，这种恋爱则会凝结为一段不堪回首的噩梦。作为老师或家长，要多与孩子沟通交流，与他们一起探讨中学恋爱的利弊，引导他们如何权衡利弊，鼓励他们做出对自己和他人负责任的选择。

恋爱本身并没有对错之分，那么应该如何看待和处理中学生恋爱呢？首先，应该大力提倡中学生的正常交往，开展丰富多彩的课余文化生活，并给予适当的引导，使他们高涨的情感有所发泄。其次，要把一般的异性正常交往与恋爱区分开来，不能风声鹤唳，草木皆兵，看谁都像早恋，更不能轻易地把恋爱与思想落后、品质恶劣画等号。再次，对个别确实发生恋情的学生，不能简单地压制打击；尊重学生的感情；既不急于定性，也不轻易代替学生抉择，鼓励他们学会自己选择，教会如何承担责任；在他们选择出现困难时，老师家长应起到保护、引导作用。同时，还要增强他们的自我保护意识和安全健康意识。

第三节　青年期性心理

青年期是指18～44岁这一年龄阶段。当一个人进入青年期以后，逐渐进入恋爱、择偶、结婚和生育的过程。大学生年龄一般为18～24岁，其年龄处于青春后期与青年期的过渡阶段。身体发育已进入稳定阶段，体格、体能素质和适应能力已达到较高水平，心理发展迅速但未完全成熟。同时，他们所处的社会环境、社会地位及文化水平等，使他们形成独特的性心理。本节以大学生的性心理为重点介绍青年期的一些性心理。

一、大学生恋爱心理

（一）大学生恋爱现状

大学是一个较为开放、民主的小社会，为青年大学生提供了异性交往的良好条件。同时，他们身心发展基本成熟，因此大学中恋爱现象较为普遍。据《2019—2020年全国大学生性与生殖健康调查报告》统计（本节数据主要引用此报告），有66.9%的大学生有恋爱经历，目前正在恋爱的占33.5%。总体上，有恋爱经历的比例随着年级上升而逐年增加，到大学四年级时，有恋爱经历的比例高达76.4%。同时，这也反映了大学生的心理变化过程，随着性生理的成熟和社会阅历的变化，性心理也发生很大的变化，恋爱心理日益强烈。但由于各种原因，大学生的恋爱关系是相当不稳定的，失败率占一半左右，值得注意。

（二）大学不同阶段恋爱的一般心理变化

经过中学阶段的努力拼搏，终于考上了大学，学生不免产生放松、自傲心理，对别人往往不屑一顾；同时，由于刚进入一个新的环境，学习生活等都需要一个熟悉、适应的过程；还有，大学新生往往注重与原来中学同学的交往。因此，大学一年级学生恋爱的比例较低。到了大学二年级，经过一年的学习生活，他们基本上适应了大学生活，也打开了眼界，发现原来"山外有山，强中更有强中手"，傲气自然渐消。同时，对新的集体有了一定的了解，也逐渐融入了新的团体，他们开始从心理上"挑"对象。有的同学已开始尝试恋爱滋味。到了大学三年级，看到部分同学已确定恋爱关系，由于"从众心理""虚荣心理"等的影响，他们心理上开始产生紧迫感，行动上就不敢再多"等"或多"挑"，积极寻找机会与异性接触。因此，恋爱比例显著增加。到了最后一年，阵线已基本分明，可供"挑选"的余地不多，许多同学害怕走上社会后更难找到适合的对象，抓紧最后的时间努力寻找自己的"白雪公主"或"白马王子"。另外，有部分同学经过一段时间恋爱，因性格、兴趣爱好不和或考虑工作等原因而分手。因此，大学四年级学生恋爱比例一般维持在一个较稳定的水平。

（三）大学生恋爱的动机

调查发现，现在多数大学生认为婚姻并不是人生的必需品，认为"结婚是必要的"学生只占总体的18.3%，而绝大部分学生（占73.1%）认为婚姻是顺其自然，有合适的对象才结婚，否则不结婚也行。不想结婚但可与他人长期同居和就想要单身过的分别占5.5%和3.1%。大学生恋爱的原因是多方面的，有主观原因，也有客观因素的影响。真正出于爱情而恋爱的仅占38.0%左右，有相当比例的恋爱是出于非爱情因素。大学生恋爱的非爱情因素主要有以下几个方面。

1. 好奇心理

由于生理发育成熟，性冲动与性亲近要求日益强烈，往往被对方吸引、出于了解异性或想尝试恋爱滋味而恋爱，这是大学生恋爱的主要原因。但是这种性爱的好奇心理是不会持久的。或许只要某方面相互欣赏和认可就走到了一块，或许也仅仅因为某一点小事看不惯就分手了。殊不知，要达成多方面的默契是需要时间的，要建立一份永久的幸福爱情是需要相互理解、共同努力的。

2. 依赖心理

考上大学后，中学时代的升学压力已不复存在，突然失去精神支柱，生活、心里感到空虚；习惯了他人呵护与关爱的他们，突然失去家长、老师的关心，顿感孤独。许多大学生为了得到心理补偿或寻求心理平衡而恋爱。"情感寄托型"的恋爱动机，由于缺乏独立意识和自立能力，极易受挫。

3. 游戏心理

有些大学生受到性自由、性解放等性开放观念的影响，加上课余时间多、生活空虚，希望通过恋爱满足与异性交往的欲望。他们怀着游戏心理，寻求刺激、填补精神上的空虚，甚至发生了婚前性行为。

4. 虚荣心理

有的大学生看到周围一些同学恋爱时的那种幸福和浪漫，便产生了攀比和虚荣心理，觉得自己的各方面条件都不亚于别人，却是孤身一人，怕被别人瞧不起而盲目恋爱。

5. 从众心理

有的大学生自己没有主见，人云亦云。看到同学恋爱或受到早恋、文学作品等的影响而不假思索地盲目效仿。

6. 占有心理

这与高校聚集着才华、风度、美貌于一身的特殊人群直接相关。有些男大学生固执地认为毕业后还没有男朋友的女孩都是别人挑剩下的。越早挑选，余地就越大。看到自己梦中的"白雪公主"，就迫不及待地想"先下手为强"，占为己有。有些女性看见自己所钟情的"白马王子"时，认为"过了这个村，就没有这个店"，抓紧行动，试图以最宝贵的"圣地"换取最忠诚的爱。也有的女性受到"大龄青年"的影响，认为年龄大了就不好找对象，趁年轻主动出击。

7. 功利心理

有的大学生恋爱的动机是希望从所爱的人那儿获得某种利益，如在社会地位、经济等方面的补偿，或是在工作就业中占据有利地位。

总之，主观上，多数同学是由于被对方吸引或感情上有所寄托而恋爱，显示出他们的纯真感情。但想尝试恋爱滋味、了解异性而恋爱的也占相当的比例，甚至有少数同学由于生活空虚、寻求刺激而恋爱；客观上，同学中恋爱风气、文学作品、课余时间多、性解放观念等的影响是促成大学生恋爱的外部因素。

（四）大学生恋爱的现状特点

由于时代观念的改变和自身生理心理的发育变化，目前大学生恋爱呈现以下一些特点。

1. 低龄化

目前，低年级大学生恋爱呈明显上升趋势（大学一年级有恋爱经历的人数比例已达56.9%）。有些同学进入大学后发现，原来严肃紧张的中学生活一去不复返，呈现在面前的是多彩的世界，男女交往不再有家长的"草木皆兵"、老师的谆谆教诲、同学的异样目光，于是，开始追求自己理想中的爱情。这在一些来自较为封闭、传统的或原来男女交往较少的地区的学生中表现得更为突出。当然也有一些是中学时代"青梅竹马"发展起来的，有恋爱经历的同学首次恋爱平均年龄为16.2岁（女性为16.2岁，男性为16.3岁）。

2. 公开化

在20世纪80 ～ 90年代，大学生恋爱还有所顾忌，他们一般较为隐蔽。但现在的大学生恋爱不再像以前那样"搞地下工作"。他们一旦确定恋爱关系后，就迫不及待地想在一起，在教室里、马路上、食堂里随处可见他们成双成对的身影。他们不在乎别人的议论或看法，有的甚至以此来炫耀自己。

3. 浪漫化

现在大学生恋爱更多的是注重情感上的愉悦，追求现实的快乐感，而对恋爱是否成功并不那么看重，甚至认为恋爱与婚姻无关。他们信奉的往往是"不求天长地久，只求曾经拥有"。

4. 快速化

在快节奏的现代生活方式中，大学生的恋爱似乎也变得迅速起来。许多人，特别是男性不习惯欲言又止、欲进又退的恋爱套路。他们想爱就爱，想恨就恨，嘴上不明说，行为却很直接。遇到顺眼的姑娘，他们会很快表达自己的爱意。那种痴痴追求一个女子数年不成，而又不另寻新欢的事似乎已是童话。若被对方拒绝也不会痛苦，而是潇洒地将丘比特之箭射向另一位姑娘。一旦恋爱确定后，他们的亲昵方式也会快速发展。有的人说，"爱就要爱得轰轰烈烈、惊心动魄"，爱就意味着"奉献"。于是，勾肩搭背已是司空见惯，接吻、拥抱也是家常便饭，爱抚在所难免，婚前性行为也是迟早的事。

（五）大学生恋爱的心理特点

1. 排他性

排他性是抵御任一异性接近自己热恋对象的一种心态。马克思指出："性爱按其本性来说是排他的。"恋爱是两个异性之间建立于生理、心理和社会伦理综合需要基础之上的、比较稳定和持久的、深切而亲密的情感。真正的爱情是专一的、排他的。青年男女一旦相爱，就排斥任何第三者对其恋人的任何亲近行为。恋爱双方往往把恋人当成是自己的另一半，不允许别人去碰他。如果看到自己的恋人与其他异性亲密接触交往，心里就觉得不舒服，甚至导致感情破裂。

2. 冲动性

冲动性是对热恋对象强烈亲近的一种心理倾向，是大学生恋爱中一个最主要的心理特征。正如恩格斯所指出的："如果不能结合或彼此分离，对双方来说即使不是一个最大的不幸，也是一个不幸；仅仅为了彼此结合，双方甘冒很大的危险，甚至拿生命来孤注一掷。"它可使恋人为了爱情冲破一切枷锁和干涉，为恋人赴汤蹈火，为对方付出自己的全部，甚至生命。在情欲高涨和性爱激发时，又会情感胜过理智，一时冲动，不顾一切后果而发生越轨行为。

3. 波动性

热恋中的男女青年情感丰富，但情绪又极不稳定。对方的一言一行，都会对自己产生很大的影响。顺意时兴高采烈；不顺意时，则垂头丧气，甚至痛不欲生。

4. 幻想性

大学生恋爱充满浪漫色彩，他们常常独自或两人在一起幻想未来，憧憬美好明天，编织理想未来。在实际生活中，男女大学生的性幻想却往往存在较大差异。恋爱时，男生容易幻想到性，幻想两性肉体上的接触；女生在爱情上也充满着无边无际的幻想，她们幻想无比浪漫、无比温柔、无比激动人心的情爱过程，而较少幻想两性肉体上的关系。结果是：男性给予女性的往往是肉体上的需求，而不是精神上的食粮。而女性往往只能从《泰坦尼克号》《廊桥遗梦》等文学作品中寻求心理上的慰藉，得以"画饼充饥"。她们极渴望男朋友不断地向她表达爱意和忠心，"爱你千遍也不厌倦"。

（六）大学生失恋心理

在倡导自由恋爱的今天，失恋是一个现实问题。在恋爱过程中，经常会碰到这样或那样的问题，可能由于各种原因而走到爱情的尽头。据统计，在有过恋爱经历的学生中，失恋占一半左右，而最终真正能够结为夫妻的就更少了。

1. 失恋类型

根据失恋的原因可将失恋大致分为以下几种类型。

（1）幻想破灭型：大学生恋爱往往是浪漫的，充满幻想，对恋爱寄予很高的期望，但当对对方所抱的幻想或期望遭到破灭时，恋爱遂告失败。

（2）个性相抵型：有些大学生因被对方的某种个性吸引而恋爱。但恋爱后，如果两个人的性格不合而无法调适，又不愿意做出自我牺牲，双方可能针锋相对，唇枪舌剑，爱情即崩溃。

（3）第三者插足型：由于"第三者"的出现，使恋爱一方受到诱惑或纠缠，可能导致原来恋爱双方关系难以继续维持。

（4）双方淡漠型：刚恋爱时双方充满激情，有说不完的话，经过一段时间后，恋爱双方若觉得没有情趣、共同语言或幸福则会心平气和地分手或不了了之。

（5）两地离散型：由于恋爱双方的地域隔阂，距离拉远了双方的情感，时间冲淡了双方的思念，或不甘忍受长期的相思之苦而忍痛割爱。特别当身边出现比较中意的异性时，这种原有恋情的结束就很难避免。

2. 失恋心理

对大学生而言，失恋会对其心理产生强烈的影响。71.3%的大学生经历过失恋的痛苦，43.6%的大学生感到比较痛苦或非常痛苦。男生感到痛苦的比例和程度都高于女生。根据失恋的心理变化，可以把失恋大致归纳为以下几个类型。

（1）由爱生恨型：恋爱时是情人眼里出西施，恋人的一切都是好的，甚至连缺点也被美化。但失恋后，心里会受到巨大的冲击，原来的恋人现在形同陌生人，甚至痛恨对方的一切。爱得越深，心里就越痛苦，越恨对方，可谓“爱之欲其生，恨之欲其死”。甚至有个别同学出现报复心理，认为你不让我幸福，我也不让你好过。这是一种不健康的心理，甚至是一种卑劣的、不道德的行为。人有爱的权利，也有不爱的权利，如果对方的确不爱你，强扭的瓜不甜，又何必强求呢？真正的爱情意味着为对方的幸福而牺牲，如果自己真的爱他，而他确实认为和另一个人结合更幸福，那就友好地说再见，祝他幸福。再者，虽然情人不成，但仍然是朋友，不应该视同陌生人，更不应该是将其视为仇人。

（2）遗弃、孤独型：失恋后感到感情被“戏弄”“遗弃”，受“屈辱”，心里产生莫名的孤独感和失落感，感到无限的痛苦，这种闭锁心理只会增加自己的苦恼，使自己越陷越深，不能自拔。严重者可能会引起精神问题。特别是那些性格内向、感情脆弱的人，失恋后往往表现为离群、冥思苦想，情感无法发泄或转移，可能出现极端行为。失恋后应该认识到自己失去的只是一个人的爱，并不等于失去所有的爱。应该采取开放的态度，把自己的痛苦向朋友倾诉，从中获得一些安慰或鼓励，及时调整自己的情绪。人不只是为爱情而存在，更重要的是自己的理想和追求。与自己的理想相比，失恋算不了什么。居里夫人在回忆她年轻时失恋的那段痛苦岁月时说：“我激励自己，我天性中的勇气占了优势，我觉得似乎是从一场噩梦中醒来……我最重要的原则是不要让人打倒你，也不要让事情打倒你。”人们都应该有这样的勇气和气概面对现实，成为生活的强者。从精神上充实自己，战胜挫折和不幸。

（3）宣泄型：有些大学生失恋后，好像精神上失去了支柱，生活失去了光彩，只有把感情发泄到其他方面，心里才能感觉得到了补偿。例如，试图通过抽烟、喝酒来发泄自己的痛苦。但往往是“借酒消愁愁更愁”，这是一种被动的逃避行为，得到的只是片刻的轻松，而换来的是更多的痛苦和惆怅，反过来，又想通过这些不良行为试图解放自己，于是形成恶性循环。一些不良习惯往往就此染上。

（4）转移注意力型：有些人失恋后，把感情、精力转移到其他方面，以求得心理平衡。部分同学能收拾破碎的心，理智地把注意力转移到学习工作上，激励自己，以学习工作来抚平心灵的创伤。但也有一部分人把注意力转移到其他异性身上，他们认为“天涯何处无芳草”“好马不吃回头草”，过去的事情就让它过去，从现在起重新生活，积极创造机会与其他异性接触、恋爱，来填补破碎的心灵。也有极少数同学报复心理特别严重，专门寻找与原来恋人最要好的朋友恋爱，来显示自己、炫耀自己、刺激对方，以此来满足自己的虚荣心理，寻找心理平衡。

3. 失恋的心理调适

如何及时调适失恋所带来的心理压力是一个很现实的问题。失恋后应尽快恢复心理平衡，使学习生活得以正常进行。心理调适的方法主要有以下几种。

(1) 倾吐：把自己的烦恼和苦闷向知心朋友倾诉，并接受他们的抚慰，也可用日记的形式把自己的心情记录下来。虽然有时朋友或日记并不能解决什么实质性问题，但倾吐后可以减轻心理压力，心情会平静一些。

(2) 转移注意力：可以通过走向大自然、积极参加各种文体活动和社交活动来解脱苦闷的情绪。广阔大地能开阔郁闷的胸怀，锦绣山河能复苏僵死的心灵，多彩世界能重新唤起对未来的憧憬，各种活动能重新点燃对生活的乐趣。

(3) 升华型：它是转移注意力的一种特殊类型。把自己的精力投入学习、工作和事业中，使自己在忙碌中无暇自怜、自恨、自怨，从而逐渐忘却伤心的往事，同时能从修养上更上一层楼。

(4) 反向思维：有些人失恋后，对对方仍然念念不忘，割不断、放不下，导致心情郁闷。此时可以反向思维，来一点阿Q精神，则可能利于抚平心灵创伤。多想对方的不足，多分析自己的优势，鼓足勇气，迎接新的生活。

失恋是意志的磨刀石。莫里哀说过："爱情是一位伟大的导师，教我们重新做人。"失恋是痛苦的，但真正让人痛心的是一蹶不振的绝望和在缺乏理智冲动下所做出的让以后后悔莫及的错事。失恋后，真正能帮助自己的只有自己，关键是转一个弯，换个角度来看待整段恋情。应该重新振作精神，从失恋的阴影中走出，面对未来，面对新生活。

总之，失恋不等于失败，失恋失去的只是一段恋情，不该是自信和自尊，更与个人的好坏无关。失恋并不意味着你不够好，只是你们彼此并非对方最喜欢的、最渴望的。

（七）如何看待大学生恋爱

恋爱是大学生普遍关心的话题。近十多年来，大学校园中的恋爱现象日益普遍，社会对此看法不一，社会学家、心理学家、教育家对此也感到非常棘手。现在，大多数高校一般采取既不干涉，也不提倡的态度，但往往又会使其陷入放任自流、缺乏引导的漩涡。根本的问题在于能否正视与承认大学生谈恋爱这一自然需求和客观现实。有的同学恋爱后的激情成为学习的动力，在学习上相互促进、相互帮助；有的同学恋爱后专心恋"爱"，对其他的事情漠不关心……因此，大学生的恋爱利弊与否，要看当事人对恋爱如何理解，抱什么样的态度，把它放在什么位置上等而定，不能一概而论。我们应该正视大学生恋爱这一客观事实，并给予尊重和理解，对于大学生的性问题，不能压制，也不能默许，只能疏导；不能搞空洞的道德说教，而要用科学知识武装他们，并进行贴心的感情教育。对大学生恋爱的教育应成为大学生思想品德教育的一个重要内容，其重点应该是帮助他们树立正确的恋爱观，摆正恋爱在人生中的位置，把感情与道德结合起来，把爱情、婚姻与性三者统一起来。

大学生恋爱是青年人的心理要求和权利，但正确行使这一权利需要有高度的修养，并付出大量的时间和心血，当你还没有足够的能力和精力把握爱情时，应该冷静思考，不要盲目坠入爱河。而当你已在爱河中荡漾时，首先应该理智对待，正确处理爱情与学业的关系，把爱情动力放在学习上，促进双方共同进步；其次，应注意把握恋爱的分寸，增强安全意识和自我保护意识；此外，还应多参加一些集体活动，增进同学间的友情。

二、大学生择偶心理

常言道:"男大当婚,女大当嫁"。青春期的青年到了性成熟中后期,自然就会爱慕异性和追求异性,渴望接触异性,产生一种强烈的择偶愿望。他们在思考着自己理想中的爱人应该是什么样的人,希望从众多的异性中选择一个作为与自己共同生活的伴侣或专一的性爱对象。这是青年期的情爱从泛化到专一化的必然过程。

(一) 择偶一般心理标准

择偶标准即是人们常说的选择婚恋对象的条件。获得爱情、结婚是每个人的终身大事,选择怎样的人作为未来丈夫或妻子自然就成为人们经常关心或考虑的问题。男女择偶标准因社会、时代、民族、文化、自身条件和家庭背景等条件不同而有所区别。

1. 外貌方面

男性比较重视女性的外貌美。这也是女性引起男性注意或吸引男性的首要因素。女性对男性外貌的要求则更具个性化,有"眼缘"。即使都注意异性的美,男女性的审美观也有所不同。男性一般看重的是女性的外表美,即身材、脸盘、五官、肤色、装饰等,具体讲,要求女方身材苗条、丰满性感等。即使不那么理想,男性也希望自己的恋人应该"对得起观众"。女性也往往是从这些方面显示自己的漂亮和魅力。一些男性在看待女性外貌上存在矛盾心理。恋爱时希望恋人性感漂亮;而当准备步入婚姻殿堂时,过于漂亮的恋人有时会使男性产生退却心理,特别是对一些自身条件不够理想的男性尤为如此,他们担心以后自己可能"守"不住性感的妻子。女性看重的往往不是男性的具体外貌,而是是否符合自己的标准和"男子汉"的气概。

2. 在性格气质方面

男性较重视女方温柔、宽容、聪明可爱、活泼开朗、有个性等特点;而女性既重视男性的刚强,又重视男性是否能关心体贴人。总体关注的是双方性格是否能相互协调。

3. 在思想品德方面

男性重视女性贤惠、作风正派、忠诚专一、通情达理、孝敬老人等品质;而在这方面女方的要求较高,她们要求男方思想要进步,要有事业心、有上进心、有责任心、忠厚老实、感情专一等。一些女性在看待男性思想品德方面存在矛盾心理。恋爱时,有雄心壮志、远大理想的男性往往会使女性倾心;而结婚后,男性把全身心精力都投入事业上则会使妻子陷入痛苦的境地。

4. 在知识能力方面

男性对女性的要求较低,一般认为女性的知识能力与自己相当或稍低即可,甚至有人认为"女子无才便是德",只要女性能善理家务,至于其他方面的能力要求不高,甚至觉得无所谓。在一些男性眼里,女性的知识水平高于自己,比自己能干,反而会带来一定的心理压力。这可能与他们的自信心和自尊心强有关。

女性较重视男方"干大事业"的能力,希望自己未来的丈夫文化程度高、知识丰富、才华横溢。她们往往会以此为荣。

5. 在志趣爱好方面

在志趣爱好方面，男性对女性的要求不高，他们往往认为“顺着红毯就能顺利走到厨房”的女性是最好的（结婚后妻子能料理好家务，而不希望她志趣爱好太广泛，也不希望她经常独自出入社交场合）；而女性的要求似乎比男性高些。她们往往要求男性对文学、艺术、哲学、科学、体育等均有一定的了解，有较高的艺术修养，兴趣广泛，爱好多样。这与她们的依赖性较强有关。当她们不知道某事时，总希望从恋人那儿得到满意的回答，并从中得到心理上的满足。

6. 在社会地位和社会背景方面

男性在这方面的要求不高。因为他们比较自信，相信自己有能力改变现状；而女性的要求比男性高得多。她们重视男性的政治面貌和社会地位，重视男方的经济实力和工作单位，这也是她们依赖心理的一种表现。特别是一些社会青年，这一方面的要求更加严格，如有些女性择偶的标准首先是男性要有房子或车子等。

总之，男女青年在选择自己的配偶时有明显的差异。男性对对方的相貌要求较高，其次是性情温柔、情感细腻等，也就是说感性色彩较浓；而女性选择对象时，理性色彩较浓，可以概括为思想健康、品德高尚、才华出众、性格优良、体貌端庄、职业显赫、经济宽裕等。

当然，随着社会的发展和男女平等意识的觉醒，男女的择偶要求也逐步发生着深刻的变化，双方更希望有优良的品质、共同的价值观、彼此性格协调、感情深厚、相互尊重、相互帮助，能共同成长、共同进步。据《2019—2020年全国大学生性与生殖健康调查报告》统计，大学生选择恋人时看重的十大因素分别是人品（73.3%）、思想/价值观（70.0%）、性格/个性（67.7%）、感情（50.5%）、相貌/外形（38.7%）、兴趣/爱好（37.1%）、理想/志向（29.0%）、经济基础/家境（25.4%）、性生活和谐（21.4%）和才能（17.9%）。

（二）择偶心理模式

然而，人非完人，人不可能是十全十美的，这就使得人们在择偶时可能有所侧重。由于每个人的生理、心理需求不同，家庭环境与社会阅历不同，会产生不同的择偶心理模式。

1. 外倾型择偶心理模式

这类人选择恋人时侧重于容貌、身材、言谈举止、风度等外形特征和大方、开朗活泼等性格特征。具体说，此类择偶心理模式的女青年一般选择身材高大、相貌英俊、举止潇洒的男子；男青年则一般选择如花似玉、苗条丰满、温柔善良、活泼可爱的女性。

2. 内倾型择偶心理模式

这类人在选择恋人时侧重于知识丰富、有修养、有才华、品德好、诚实稳重的青年。具体说，女性往往选择事业心较强、才华出众、为人正直、忠厚老实的男性；男性则选择有较高素质修养、勤快能干、用情专一、体贴入微的女性。

3. 求全型择偶心理模式

这类人的择偶标准最为苛刻，他们要求恋人十全十美，完美无缺。具体说，女性要求自己的恋人应该是运动员的体魄、演员的容貌、科学家的才华、外交官的风度、服务员的殷勤；男性则要求自己的恋人是舞蹈家的身材、明星的容颜、学者的修养、贵夫人的气质、厨师的本领。

4. 精神型择偶心理模式

这类人以追求精神上的满足为主要倾向，而性爱的要求降到次要地位。这种人往往对对方有一种敬佩或敬畏之情，或是一种报恩或怜悯之心。

5. 事业型择偶心理模式

这类人追求的是共同的理想目标，希望寻找的对象在事业道路上双方能够相互帮助、相互促进、共同发展。决不会为了儿女情长而放弃自己的事业。

6. 经济型择偶心理模式

这类人主要是从个人的经济利益、生活享受的追求出发，把经济条件作为寻找对象的主要条件，而其他条件都处于次要地位。

7. 政治型择偶心理模式

这类人把择偶作为自己的政治筹码，通过择偶来获取一定的社会地位或政治地位，为自己的政治生涯铺路。他们看中的往往是对方的权力和地位，而不是其本人。

8. 情感型择偶心理模式

这类人往往是一种理想主义者，但同时又具有坚忍的意志。他们以情感的满足为首要条件，是爱情至上主义者，只要相爱，其他长相、才华、人品、经济、地域、父母态度等一切条件都可以不顾。

9. 忘年型择偶心理模式

这类人在择偶时，突破了年龄上的界限，喜欢比自己年长的异性为恋人，喜欢成熟美，感到这样才能在情感上有更大的满足和安全感。

择偶心理虽然有多种模式，但每个人又是活生生的，受到诸多因素的影响，因此择偶心理也不是单一的。对于个人而言，往往同时具有多种择偶模式，只不过是某一种模式占主导地位而已。

择偶的目的是找到自己的意中人，并与其结成夫妻共度人生。择偶心理端正与否是很重要的，它不仅决定着人们今后一生的工作和生活，而且对性生活也有重要的影响。健康的择偶心理会促进未来夫妻情感融洽、性生活和谐美满。相反，不健康的择偶心理常常导致婚后夫妻不和甚至婚姻破裂。

青年人应当怎样选择自己的对象才是理智的呢？选择配偶时应该从中得到启示。爱情、性爱与婚姻在正常情况下是统一的。但在某种情况下，三者有时是相对独立的。有爱情不一定有婚姻，有婚姻不一定有爱情，有性爱也不一定有爱情和婚姻。只有爱情、性爱与婚姻完美统一才是人类获得快乐、幸福和健康的强大心理动力和精神源泉。否则，婚姻是不会美满和幸福的。因此，理想的择偶标准应是形态美与心灵美的结合，而更重要的是心灵美。也就是说爱情的核心是精神而不是物质。因此，择偶首先需要关注的是对方的品德和品质，正如卢梭所说的，“我们之所以爱一个人，是由于我们认为那个人具有我们所尊重的品质”。其次，追求的应是志同道合，彼此性格、爱好、习惯等方面的默契与包容，不应苛求对方的地位、经济条件或容貌等因素。当然，择偶标准因人因时而异，没有统一标准，更不能一概而论。

三、大学生婚前性行为心理

《2019—2020年全国大学生性与生殖健康调查报告》数据显示，大学生比较经常或经常有性需求的比例达36.8%（男生明显高于女生），且这一比例随着年级的上升而增加，到大学四年级时，这个比例高达62.6%。大学生对性行为的看法较为包容、开放，认为婚前性行为可以理解但自己不会和自己可以接受的比例分别为24.0%和64.6%，认为开房和同居可以理解和自己可以接受的比例分别为20.5%和71.8%，认为偶遇性行为可以理解和自己可以接受的比例分别为41.7%和21.7%；同时，随着年级上升大学生对性的包容和开放程度明显上升（自己可以接受的比例明显增加），男生对性的开放和接纳程度均明显高于女生。现实的情况是，大学生发生插入式性行为的比例也比较高，达31.3%（男生明显高于女生），并且也是随着年级的上升而增加，到大学四年级时，有52.9%的同学发生过插入式性行为。同时，在有过性交行为的人中，有19%的人发生过偶遇性性行为，发生对象主要是网友（63.8%）、同学或朋友（38.4%）、曾经的男女朋友（34.6%）、其他陌生人（13.4%）等。那么，大学生发生婚前性行为的心理动机是什么，可能带来哪些负面影响呢？

（一）大学生婚前性行为的心理动机

爱情的道德纯洁性是人类灵魂的一面镜子，理智和意志需要成为性欲高度警惕的哨兵。具体地说，一个人在产生性欲以前，应当为心灵之美所陶醉，应当对他人怀有极大的责任感，只有在这种情况下，才会有牢固的真正的爱情。然而，在当今社会里，由于社会的复杂性和各种利益的影响，大学生的婚前性行为呈现不同的目的和动机。归纳起来有以下几个方面。

1. 崇尚性自由观念

近几年来，西方文化思潮的涌入对我国的传统观念造成极大冲击。有些青年人盲目崇尚西方的种种性自由观念，想冲破所谓传统性道德观念的自我意识非常强烈。有的女青年说："我们正面临八方大潮冲击，再理智的女性也会感到困惑……"道德的音乐盒已安抚不了当今一些青年人矛盾痛苦的灵魂与肉体，她们的性观念已和原始本能需要画上了等号。因而，有些青年人认为："既然已成熟了，那么满足自己的欲望是生理需要。"有的人则认为："只要自己爱得快乐就行。"也有的人认为："怀孕怕什么，性爱没有罪。""女人不做一回人流不算一个完整的女人。"观念一变，行为随之而变，当他们的爱情还处于不知道如何理智地去驾驭生活之舟时，就被欲火烧得不攻自破，扭曲的性观念使扭曲的性行为一发而不可收，结下了"不负责任的恶果"。

2. 满足对"性"的好奇与探秘心理

在当今文化环境中，性已渐渐撕去了遮遮掩掩的面纱。对于有些人来说，已不是"谈性色变"，羞于启齿，而是谈性欲如谈食欲似的轻松、正常。但由于许多书籍刊物偏重性器官、性生活内容的介绍，性心理、性道德教育贫乏，加之影视中性爱镜头的增多，以及马路、大街上搂腰搭肩、拥抱接吻现象时时映入眼帘，特别是一些媒体对性信息的片面、夸张宣扬，这种文化氛围使他们产生对性的朦胧意识和好奇心理更加深化与现实化，由原来对性比较无知发展到已不满足于书刊上所介绍的和影视屏幕、马路大街、娱乐圈、月光下所目睹的，而是要亲自去尝试、探秘，以至于在恋爱期间，有时主动好奇地提出、不拒绝或迎合对方提出的性要求。《全国大学生性健康状况调查报告》表明，许多男性是为了满足自己的性要求（约为78.9%）、追求感官快乐（58.1%）提出性行为的，更多的女性（约占69.3%）则是为了迎合、满足对方的要求而进行的。有58.8%的男性和50.8%的女性是在一时好奇冲动下发生的性关系。

3. 追求所谓“新”的恋爱方式

当今，社会已进入高层次、快节奏、多色彩时期，生活方式在改变，恋爱方式也在改变。有些青年错误地认为，现在的恋爱方式就是动辄发生性关系。有的青年说：“爱就要爱得轰轰烈烈，爱就要爱得赤裸裸，爱就在于奉献”“我们不求天长地久，我们只求曾经拥有”“常规的爱不完整。真正的爱，应该体现出博大。既然爱他，那我什么都可以给他”“爱就该给被爱者自由，何必等到结婚以后。”“都什么年代了，含情脉脉没意思，我要走在历史的前面”等等。在追新潮的心理支配下，他们很快从初恋进入热恋，由边缘性性行为上升到目的性性行为。如痴如醉地拥抱、亲吻、爱抚从而激发起性生理本能的强烈冲动，使理智难以抵御。为了追求感官快乐而一时冲动下发生性行为的大有人在，男性尤其明显。随心所欲的“新潮”行为是缺乏责任感的表现。特别是在追求个性的今天，一些人不仅“实践”着“新潮”，甚至把“新潮”加以记录和传播，以此来炫耀自己，“早孕网红”“直播私奔”“日记门”等给社会带来极大的负面影响。

4. 感激恋人对自己的倾慕爱恋之情

虽然她们也懂得女子贞操十分重要，绝不应该轻易奉献，但在男友倾慕爱恋之情的不断激荡下，便坚守不住防线。有的或因男友对自己殷勤备至，在学习、生活上给自己以极大的帮助，或因男友为自己解决了许多困难而做出了很大的牺牲，常常感到于心不安，报恩和感激之情油然而生，“我拿什么奉献给你，我的爱人”在她心中回荡。当男友提出性要求时，担心拒绝会伤害他的心，于是“我无以回报，只有以身相许”，把满足男友的性要求当作感激他深厚情谊的回报。

5. 占有心理

有的大学生感到男友或女友符合自己的择偶条件，是理想中的“美男子”或“俏佳人”，一见钟情，大有“过了这村没有这店”之感触，在恋爱过程中表现主动。有的男性怕女性“另有新欢”“先下手为强”，认为这样就可以据为己有；有的女性为了占有男性的心或不想被男方抛弃，采取了这种所谓“能拴住男人心”“以性锁情”的行为，造成“木已成舟”“生米煮成熟饭”的效果。“我怕失去他，”某高校的一位女生说道：“我很爱他，我几乎是一见他就被他迷住了，但他总是犹豫不决。而且，他太理智，想得最多的不是我，而是以后的工作以及家庭是否干涉等。可我一刻也离不开他。”这个女生很自信，“他是个老派男生，只要我们发生了性关系，他就会负起责任，再不会离开我了，因为如果那样他就会受到良心上的谴责而永远背上沉重的十字架。”其实，这位女生并没有领悟到爱的真谛。爱是相互吸引的，她用祭献式的真诚拴住了他的肉体，却不可能唤醒他心灵深处酣睡的爱。换一种角度讲，她最多只懂得爱的给予，却并没有弄明白爱的真意，得不到相应的回报。这种行为当然是既不成熟又不明智的拙劣之举。

6. 使爱情关系升级

许多青年把“性”作为衡量爱情的尺码，认为只有性方能维持爱情、发展爱情。有的认为，婚前发生性关系是恋爱的程序化要求，必经之路。提早发生，可以早日确定关系，使爱情升级、深化，加强双方凝聚力。有的认为，这种关系迟早要发生，不如“先上车，后买票”。在这种性爱观念的支配下，他们过快地获得或献出了自己的全部。有一半以上的大学生是为了发展爱情而发生性行为（男性为58.8%，女性为57.5%）。

7. 抗拒环境阻力

这是爱情心理发展过程中的反向效应。恋爱中的青年男女，当经过一番了解确定爱情关系后，总希望得到周围环境中的人，特别是父母亲和朋友的支持和赞许。但如果遭到意外的粗暴干涉、他人干扰、父母竭力反对、亲友百般阻挠，他们不但不终止恋爱关系，反而更热情、更密切，以“生米煮成熟饭”的既成事实来抗拒这些阻力，促使恋爱成功。

8. 换取虚荣心

当今社会，随着商品经济大潮的不断冲击，部分女青年虚荣心极强，产生了严重的攀比心理和追求高消费，其“恋爱”标准趋于“郎才女貌”，有些人为了追求性享乐，讨取美貌女子欢心而不惜挥金如土。于是，有的女子为了满足自己的虚荣心，不惜以肉体换取财物，很快献出了女性“第一次”，也有的女性在金钱的诱惑下，“爱情”不断转移，导致“来历不清”的怀孕。

9. 追求功利目的

有的大学生婚前性行为的动机是希望从所爱的人那儿获得某种利益。这些大学生以婚前性行为作为代价，来换得社会地位或经济等方面的补偿，或以婚前性行为相要挟，达到自己的目的。

以上是大学生婚前性行为的主要心理动机，它反映出青年男女在性认知、性意识、性观念、恋爱观等方面存在很大差异性、片面性，应当引起社会有关方面的高度重视。

有一半左右的大学生，他们婚前性行为的动机是很单纯的，是为了发展爱情，在一时冲动下进行的。情侣在感情加深时，往往会情不自禁地产生性的欲望并进行性尝试，这是可以理解的。满足性欲可能会加深双方的恋情，但也有可能向其他方向转化，值得大学生冷静对待。

（二）大学生婚前性行为的特点

大学生婚前性行为具有以下特点：一是具有突发性，特别是第一次婚前性行为，往往是在无心理准备的情况下突然发生，容易出现心理压力而导致性生活不和谐，还存在意外怀孕或危害健康的风险；二是自愿性而又非理智性，大学生已是青年，较少被别人胁迫，大多在双方自愿而不理智的情况下发生性行为；三是反复性，由于年龄、观念和心理的影响，一旦冲破这道防线，以后的事情就“简单”多了。便不再过多顾虑，还会多次反复发生。

（三）大学生婚前性行为的可能危害

在婚前性行为上，男女的性心理和性生理变化是不同的。首先，从性观念上看，男女均存在矛盾心理，在男性，他们虽然持开放、轻率和随便态度，但这是对他们自己而言的，而对自己的恋人则要求她们绝对忠诚、绝对贞洁；在女性，她们较注重感情和贞操，注重舆论对她们的评价，但对于自己的爱人，则较宽容，往往能包容、原谅对方。其次，在恋爱中，男性具有很强的占有欲和冲动性；而女方的自制力较弱，意志不够坚定，在情欲高涨时，往往无法把握分寸，在不知不觉中顺应了对方要求。正由于男女在以上社会舆论、心理和生理等方面差异，尽管在婚前性行为中，男女双方在性欲和其他动机方面都可能获得了一定满足，但女性多处于被动、不利地位。从近年来全国部分地区对未婚人工流产者的调查结果来看，婚前性行为给当事者，特别是直接给女方所带来的不良后果是毋庸置疑的。

1. 婚前性行为使双方承受很大的心理压力或痛苦

婚前性行为给当事人双方，特别是女性带来了巨大压力。有时婚前性行为是女方主动提出的，而更多的时候是男方要求，女方迎合或抵御不了的情况下进行的。在婚前性行为前后，男女双方的心理状态各不相同。对大学生而言，男女双方对婚前性行为都有一定的非法感，他们均怕被别人发现，处于紧张、恐惧、害羞状态之中。由于男方性冲动很强烈，他们的婚前性行为大多是在性欲高涨时突然发生的，很少采取避孕措施或根本不知如何避孕，很容易导致怀孕。一旦发生婚前性行为，女性往往在一段很长的时间内处于“怕被人发现”和“担心是否怀孕”的恐惧之中，很少女性感到欢悦。这种压力是男性无法理解的。有调查发现，约60%的女性婚前性行为后感到后悔，无快感可言。

在极度紧张、恐惧等心理状态下仓促进行的性生活根本谈不上和谐，而初次性生活的不和谐往往会使人产生心理压力，这有可能影响到婚后正常的性生活。

至今，我国社会上的大多数人，尤其是男性，对女性的“贞操”并非已经不在意。因此，婚前性体检和婚后生活中伴有负罪和紧张心理，会给日后的性生活埋下隐患。

婚前性行为没有法律保证，女方因被抛弃而受哑巴吃黄连之苦，就会对男方怀恨在心。有的男性在发生性行为后，由于各种原因最终不能走到一起，觉得自己的感情被愚弄或被出卖，于是产生报复心理，导致异常心理的出现。

2. 危害身体健康

婚前性关系大多是在无准备、性欲高涨时发生的。此时很少顾及卫生和避孕问题，特别是偶遇性性行为对象类型的复杂性和对他们健康状况不了解，避孕安全防范措施的不到位(每次都采取避孕防范措施的比例仅为57.0%)，可能带来生殖泌尿系统感染、损伤或意外怀孕。有的女性因害怕受到校方的处分，怀孕后找“江湖”医生，在极不安全的条件下偷偷流产，使生殖器受到很大损伤，很容易引起大出血、感染等，导致婚后不孕、习惯性流产、宫外孕的概率大大增加甚至危及生命。流产后又怕被人发现，坚持学习工作，得不到充分的休息和营养，严重影响身体恢复，给身体带来很大的伤害。医学研究和临床资料表明，人工流产可造成女性月经量少、闭经、性冷淡、不孕，再次怀孕易导致流产、子宫内膜异位症、生殖器官炎症、前置胎盘、胎盘粘连植入、子宫穿孔、产后大出血甚至会引起宫颈癌等。此外，婚前发生性关系而不能结婚者，多个性伴侣的可能性更大，容易导致性传播疾病的发生。

3. 使恋爱关系失去平衡

婚前性行为可能使恋爱关系向不利于女方的方向发展。在未发生婚前性行为时，恋爱双方是相互平等、自由选择的关系，可发生之后情况则有所不同：一是双方吸引力比过去减弱。原以为两性关系很神秘，现在变得“不过如此”，过去的光彩、魅力大为降低；二是女方再选择机会减少。原来男方十分疼惜女方，自女方委身于他之后，便以为“她再也离不开我了”“非我莫属了”，故对女方态度开始随便、任意支配女方。反之，发生性行为后，女方的依赖心理明显增强。由于害怕社会舆论和道德的谴责，很多女性觉得自己已是他的人了或担心害怕男方变心，唯恐被抛弃，处处迁就忍让对方，极力想维持现有关系，从而失去了相敬如宾的感情基础，妨碍了彼此了解及理想情操的培养，即使发现他有较大缺点，可事已至此，只得将就成婚，贻误了终身大事，从而损坏了婚后家庭幸福的基础。她们可能因一念之差的性行为而铸就不称心的婚姻。再次，男方对女方的猜疑开始萌生。恩格斯曾讲“性爱是排他的”，女性如此，男性也不例外，男子总希望女友只信任自己，对自己开放，一旦与之发生关系，便又开始猜疑女方，“她对别人是否也这样？”若女方过去已谈过几个对象，这种疑心就会加重，或导致中止恋爱关系，或婚后生活不和谐。因此，随便“给予”，可能得不到对方的珍惜，甚至连最起码的信任都没有。

婚前性行为也可能对男方造成伤害。有的男生一旦发生婚前性行为后就一发而不可收，过分沉迷于此而荒废学业，影响自身发展和身体健康；有的女性以怀孕为要挟逼迫男方顺从或就范，给男方造成很大的心理负担。

4. 使新婚蒙上阴影

新婚是人生最快乐的事件之一，但婚前有过性行为或新娘子已有孕在身，这样的新婚就会失去应有的欢乐，使新婚蒙上一层阴云。对他们而言，结婚已没有新鲜感，只不过走走形式。

婚前性行为往往是在提心吊胆、唯恐别人发现的“负罪感”心理状态下进行的，缺乏良好的性生活环境，双方不仅难以从中体验到性快感，反而留下了不好的性爱记忆，容易造成夫妻某一方的性功能障碍，如性冷淡、勃起功能障碍等，导致夫妻性生活不和谐。

（四）如何看待大学生的婚前性行为

有88.5%的大学生对婚前性行为持不同程度的赞成态度，他们认为双方愿意就行、以后能结婚就行、不让人知道或不怀孕就行。其实，这些想法是不可取的。因为婚前性行为是复杂的心理过程，同时又受到社会伦理道德、法律的制约，不能简单、盲目地赞同。

从一定意义上说，爱情的魅力在于它的神秘性，爱情的神秘色彩必须在两性之间保持一定的审美距离才会产生。这一点在初恋阶段最易感受到。男女初恋时，生理和心理等方面都保持较大的距离，一切都显得新奇、神秘；只要彼此能见到，眉目传情就够陶醉了。越是互相保持审美距离的恋爱，就越是迷人，越会让人陶醉。但婚前性行为的发生，容易产生“假性亲密感”（即亲密的假象），好像两人亲密无间，其实不然。性行为的发生意味着爱侣间的审美距离的消失，它有可能对情爱的魅力造成极大的破坏，那种浪漫色彩就会破灭，爱情的神秘面纱也会被揭穿，一切都会变得裸露无余。也就难得到神秘的魅力诱惑和距离的美感了，两性之间的其他交往就会变得平淡无味，爱情的神圣性就会遭到亵渎。当肉体关系成了维系爱情的唯一纽带，这种关系是相当脆弱的，甚至是不堪一击的。

随着情爱关系的发展，恋人间必然会有不同程度的性接触。同时，性爱反过来又可增进情爱深度。从情爱到性爱的发展，将给人们带来无限的乐趣和生活动力，增进人们的身心健康。问题的关键是，在恋爱过程中，性接触既不可回避，又不可轻率。

性行为作为爱情最高阶段，若过早品尝到“免费的午餐”，轻而易举地占有一个异性，在大多数情况下会降低爱情的亲昵意义。他们就不会感受到爱情的神圣性和庄严感，就不会珍惜现有的爱情。有了性经验之后，他们的性欲明显增强，而且往往只有通过再次的性交才能得到满足。对爱情中的情感交流或结婚的热情大为削弱，而更多的注意力集中在肉体关系上，追求感官快乐和享受，追求性欲的满足和生理快感的体验，很容易导致性行为的泛滥。有人说：“有人把献出贞操看成是忠于爱情的一种表白，结果使恋人交往中的情欲冲动支配了爱情，从此爱情的光华骤然暗淡，爱情的纯洁性遭受践踏，人格也随之降低。”

婚姻与性的统一仍是我国最重要的道德标准之一，我国历来提倡珍爱性行为的圣洁性。大学生婚前性行为虽然双方自愿，不存在暴力，但没有法律保证，不存在夫妻之间的应有的义务和责任，很容易产生一系列的纠纷和严重后果。爱情是对人性最严格的考验，真正的爱情能使感情更理智，能向感情注入道德力量，使内心活动在道德方向趋于高尚。具有较高修养的青年男女，总是在热恋中有持重，在亲密中有羞涩，在炽热的感情中注意行为端正，在爱情问题上需要自我克制和自我约束。具体讲，对于男性，应该具有高度的责任感。爱情不只是快乐，更重要的是责任，对恋人负责，对社会负责。对于女性，应该自尊、自爱、自强、自重，要有自我保护意识。注意自己的言行举止，明确自己的权利和责任，切勿为了爱而忍让对方过分亲昵的表现，要学会说“不”。如果当男子说“你必须以实际行动来证实你对我的爱”时，姑娘们应该明确表态：“你若真的爱我，就应该尊重我的意愿。”一个有修养的男子便会停止鲁莽的举动，而一个玩弄女性成性或道德败坏者往往会死缠不放。遇到后一种人还是早日分手为好。这是自我保护的必要手段。越是自重、自爱、自尊的女性，就越会得到男性的尊重和追求。若越是随便给予，则越得不到尊重、爱护和珍惜，甚至连最起码的信任都得不到。

爱情的忠贞与否不能用是否发生性行为来衡量。保持和发展爱情需要男女双方感情的专一和呵护，需要理智和尊重。若把性欲强加给对方，或以性行为相要挟，就超越了爱情的范围，是一种不道德的行为。面对婚前性行为，你该如何抉择呢？你是否做好了充分的身心准备呢？以下几个问题你是否认真思考过呢？我为什么要有婚前性行为？另一半值得我信任吗？是否违反法律法规？婚前性行为中会遇到什么问题和困难？如果婚前性行为过程中发现伴侣并不是我理想中的伴侣，我会如何选择？有没有勇气结束这段亲密关系？与伴侣是否深入探讨过婚前性行为问题（观念、想法、结婚打算、现实与想法不同会如何处理等）？是否做好安全和避孕准备呢？是否发生婚前性行为不仅仅是两个人之间的事，还涉及家庭和社会等诸多方面。大学生都已是成年人，每个人都有支配自己性行为的权利，但在行使自己的权利前，应以合法守纪、自愿自主、健康安全、责任隐私为前提，全面考虑、权衡利弊、审慎做出决定。做出决定后就应对自己的行为负责，对健康安全和后果负责。

四、结婚性心理

中国古代就描述了人生的三大快事：久旱逢甘雨，金榜题名时，洞房花烛夜。其中结婚是人生的一个重要里程碑，它标志着单身生活的结束，家庭生活的开始。青年人通过择偶、恋爱，两个人的感情逐渐培养起来。当感情发展到一定程度，就要准备结婚。此时，展现在他们面前的既有激动、甜蜜和幸福；又会有烦恼、困惑和矛盾。因此，即将结婚建立家庭的青年恋人，对结婚的全部生活含义要有充分的认识，做好充分的婚前心理准备。有了充分的心理准备后，就能从思想、感情、行动上自觉地调整自己，在婚后建立起和睦、美满的夫妻关系，使婚后生活洋溢着甜蜜、欢快和幸福。

婚前心理准备主要表现在以下几个方面。

（一）对爱人的认识

爱情往往有"晕轮效应"。恋爱期间，在恋人眼里，对方就是世界上最好的人。情人眼里出西施，甚至能从对方的呼噜声中听出美妙的音乐来，热恋不仅把对方的形象美化，而且会把缺点美化，这是一种把恋人理想化的心理倾向。这种心理倾向，常常掩盖恋人的短处和不足，使双方在情爱火焰的燃烧下，只看到对方的优点和长处，而对缺点和不足往往视而不见，有时甚至把对方的缺点当成美的东西加以欣赏；同时，热恋时，恋爱的双方也会有意或无意地隐藏起自己的一些缺点或毛病，或能有意识地迁就对方。总之，恋人简直就是自己理想中的梦中情人。而这一切等到结婚以后，就有可能发生变化。由于角色的不同，恋人变成了夫妻，在朝夕相处中本来面目逐渐显露出来，在热恋时掩饰起来的缺点也暴露出来，另一方也会更客观、更冷静地观察对方，发现对方并不十全十美，甚至与自己原来的感觉相差甚远。到这个时候，才感到原来并不十分了解自认为十分熟悉的爱人。有的人觉得"话不投机半句多"，夫妻间似乎再也无话可说。恋爱时的耳鬓细语，现在还比不上和朋友一起愉快，有时甚至会遇见使自己更倾心的异性。于是可能出现第三者插足甚至离婚。因此，在恋爱时，应该"擦亮眼睛"理性看待对方；而结婚后，则可"睁一只眼闭一只眼"，多包容、理解对方，多站在对方的角度看问题。

（二）对家庭的认识

青年在结婚前往往把婚后家庭生活想象得很浪漫、很理想，他们总是以热恋时的眼光看待未来的家庭，以为结婚后，有了心爱的人相伴，人生道路就会繁花似锦，就会一帆风顺。事实上，激情总会归于平淡，婚后的实际生活绝不是原来所编织和所憧憬的美好图画。现实生活中的婚姻是实实在在的吃饭、穿衣、工作、学习，每天面临的可能就是柴、米、油、盐、酱、醋、茶等生活琐事。两人将一起承担起这副生活重担。花前月下的耳鬓细语越来越少了，辛勤的汗水越来越多，生活的激情大为降低。对于这些，即将结婚的男女必须有充足的心理准备，顺利地从热恋的浪漫生活中走出来，面对现实生活，开拓婚后生活的沃土，创造出并感受到现实生活中实实在在的美，从日常生活中体验爱情的真谛。

（三）对家庭人际关系的认识

结婚以后，男女双方总要与陌生的家庭环境和许多原来不十分熟悉的家庭成员共同生活，朝夕相处。能否和家庭其他成员融洽相处，不仅直接影响到整个家庭的和睦幸福，也会影响夫妻之间的感情。恋爱时，由于与未来家庭的其他成员相处时间较少，而且往往以"客人”相待，相互关系较为融洽和客气。但结婚后，“客人”变成了主人，作为一个新的家庭成员而存在，各方面的关系就将重新调整，如婆媳关系、妯娌关系都将是以后家庭关系的关键环节。如果能顺利融入这个新家庭，和家庭的其他成员友善相处、关系融洽，就能促进夫妻间的感情；反之，就会极大损坏夫妻间的关系，甚至感情破裂，使家庭关系紧张。因此，对于即将迈进一个新生活环境、接触新家庭成员的人来说，一定要有同家庭其他成员搞好关系的心理准备。

（四）对性生活的认识

性生活是夫妻生活的重要内容。性生活和谐与否将直接影响今后夫妻感情和家庭幸福。男女双方在婚前应学习性生活的一些必要常识，努力提高性生活质量。同时，在实际生活中，结婚后性爱的激情不可避免地会随着时间的流逝而逐渐减弱，爱情逐渐被亲情取代，夫妻双方应该做好这方面的心理调适。真正的爱情不仅以生理的吸引为基础，而且还需要将对方作为自己心灵上的伴侣。爱情包括性爱和情爱两方面。满意的性生活有赖于性心理的和谐，在性生活中，应考虑和照顾到对方的心理需求。既不应只顾自己的冲动，也不应存在敷衍、勉强、应付的态度。

组成家庭需要靠夫妻双方的信任、把持、理解和照顾，需要双方共同应对。婚后生活出现一些风波是正常的，不必惊慌，不必斤斤计较，不要钻牛角尖。英国逻辑学家塞缪尔·约翰逊说得好：“如果哪一对夫妻试图用理性的推理来处理日常生活中的每一个细小事情，他们将是所有可怜虫中最可怜的一对。”只要夫妻双方做出积极的心理调整，多一些宽容和理解，少一些埋怨和责怪；为对方着想多一些，以自我为中心少一些，不仅可化解这些矛盾，而且爱情将得到进一步升华。美国现代哲学家桑塔耶那说过，“爱情并不如它本身想象的那样苛求，十分之九的爱情是由爱人自己造成的，十分之一才靠被爱的对象”，爱情之花只有靠自己，靠双方共同浇灌，才会绚丽多姿，永不凋谢。

第四节 中年期性心理

对于成年阶段各个时期的划分，各方面的专家观点不一，这里从性心理的角度，将45～59岁这一年龄阶段归为中年期。

夫妻关系是人际关系的一个重要方面，两性关系是夫妻关系中的重要内容。夫妻之间的性行为，不仅起着繁衍后代的作用，而且可以使夫妻双方享受到生理、心理上的极大快乐和满足。中年期的性心理是围绕夫妻性生活表现出来的。由于中年期在工作和家庭中均负担较重，而且生理上又处于向衰老转化过渡的一段较长的时间，因而性心理有其自身的特点。

一、中年期性心理及其调适

男女间的性欲和性能力在不同的年龄阶段是有差异的。据国外报道，男性性欲最强的年龄在17～18岁，而女性在35岁左右。此外，性欲或性能力也有明显的个体差异。从我国情况来看，中年期性欲的个体差异很大，有逐渐减弱者，有逐渐增强者，也有基本不变者。性欲的改变往往与本人某阶段的生理和心理状况有关。例如，工作压力较大、家庭负担较重时，性欲可能会降低；而在工作顺利或心情舒畅等情况下，性欲则会增强。

人到中年，由于社会角色的转换，社会和家庭都赋予他们一定的责任。一方面，中年人是社会的中坚力量，特别是男性，往往承担一定的工作重担或一定的社会职务；另一方面，在家庭则“上有老，下有小”，有赡老抚幼的繁重责任。他们的性爱不像青年人那么狂热、奔放，性生活中心理满足的成分逐渐增多，要求更和谐的情感体验，特别是把感情和精力重点逐渐转移到孩子或工作上后，夫妻之间的性爱和情爱仿佛有些淡化，可能出现夫妻间的不协调情况。由于中年人处在特定的社会和家庭位置，他们比青年人更理智，当夫妻性生活不平衡或不协调，性爱或情爱淡化时，往往会将这种心理压力深深地埋在心底，一般不会草率分居或离婚。但这样会由于心理压抑而进一步加重性生活的不协调，出现更严重的心理矛盾。许多人为此感到苦恼。任其发展，可能导致爱的转移，产生婚外恋、离婚等严重后果。因此，如何从生理和心理上协调中年人的性生活，进行感情再调适，对中年人的身心健康极为重要。

首先，应该从生活角度理解性爱与情爱。要让中年人认识到，中年人的性爱不可能像青年时期那样如熊熊烈火，而是日常生活的组成部分，是和自己家庭及社会环境密切联系在一起的。狂热的性爱热情逐渐转化成稳定的情爱生活，这是人生的自然规律。例如，男性可能由于繁重的工作压力而忽略了对妻子的感情，女性常常因烦琐家务而无暇顾及丈夫的感受，出现男性怀念单身汉时的火热生活，女性怀念甜蜜的初恋。这都是人生历程中热恋保存的自然反应。此时，需要比对方更多的理解、体贴、宽容和谅解。不要因工作压力而阻碍夫妻间的交流，也不要对一些家庭琐事纠缠不休，多看看对方的长处和难处，设身处地为对方想一想，矛盾往往就能解决。

其次，要互相保持性吸引力。由于多年的夫妻生活，彼此都非常熟悉对方的生活习惯和规律，对对方的言行举止司空见惯，似乎没有什么激情可言。因此，保持性吸引力，在一定程度上会激发双方的性爱和情爱激情。夫妻间的情爱激发可以通过语言、形体、行动等各种方式直接或间接地进行爱的交流，体现内心的欣快感。给予对方积极的评价，使双方感到不断充实的情欲，使得夫妻生活自然、和谐。夫妻间保持一定的神秘感和审美距离也是维持性吸引力所必需的。有的人认为，我们彼此都太熟悉了，没有什么可隐藏的了。其实这种想法是不对的。不应随便在配偶面前赤身裸体或不拘小节；性接触不要过于频繁。这样，神秘就会产生吸引力，距离就会产生美感，使性的敏感度提高，增强夫妻间的性吸引力。

再次，增添生活色彩，使平淡的生活浪漫而富有激情。有的人对此并不注意，认为“老夫老妻”了，不必那么讲究。试想一个不修边幅的丈夫，或一个蓬头垢面的妻子，怎能令对方对你保持美好的幻想呢？其实，在日常生活中的一个小小的行动、小小的付出，就可能收到意想不到的效果。当丈夫拖着疲惫的身子下班回家时，开门迎接的是精神焕发、体贴关心的妻子，一声“回来了，坐下休息一会儿，喝杯水”，一身的疲惫将荡然无存；相反，当妻子为琐碎的家务忙得焦头烂额时，出现在自己面前的是一朵玫瑰，一声“辛苦了，老婆”，或是挽起袖子，加入整理家务的行列，一切的烦恼也会抛到九霄之外。

二、更年期性心理

更年期(climacterium, menopause)是人生从生长发育成熟转向衰退的转折时期,是个体从中年向老年过渡的阶段。女性在45 ～ 55岁,以月经停止为标志。男性一般在50 ～ 60岁。更年期会发生一系列的生理和心理变化。在女性,卵巢功能逐渐衰退,从丧失排卵功能至停止卵泡发育,雌激素分泌逐渐减少,使月经周期紊乱、不规律,直到完全停止。同时,常出现面部潮红、头痛、消化不良、情绪易波动(如激动、紧张、忧郁),还会出现失眠、疲劳、注意力不集中、孤独、健忘、啰唆等症状,这些以自主神经系统功能紊乱为主的症状统称为更年期综合征。在男性,也有类似的变化,但不如女性明显,有的甚至察觉不到。

更年期发生的生理和心理变化,使这一时期的人在性心理上有一些特点,且一般女性更为明显。更年期性危机是更年期最易出现的一种变化。其性欲变化趋势有:一种是性压抑,表现为性生活中情绪波动,对配偶的性爱信号无积极反应,对性生活由敷衍变成回避、厌烦,甚至反感;另一种是性欲增强,表现为对性生活兴趣增强,性交频度增加。

更年期性危机是由于性生理、性心理和社会因素变化等多种因素综合作用的结果。生理上,性激素分泌明显减少,使相应的性器官开始呈现退行性的改变(如阴道弹性降低、润滑度下降等),导致性交疼痛等,引起性欲、性能力减弱。但近年来的研究表明,性激素对性欲本身的启动作用是不大的,对性欲的维持作用也是不大的。部分女性在更年期性欲、性能力减弱主要是由于心理因素和社会因素影响造成的。心理上,由于性心理失去平衡和各种不良的情绪反应,使性欲、性能力受到压抑,认为"自己老了,不行了"。有些人退休后,由于社会角色的变化,心理上不能适应现实生活,认为自己是无用之人,对性生活的兴趣也会自发减退。在社会因素方面,主要是一些传统观念的影响,这也是更年期性欲的主要影响因素。传统观念认为"无欲则长寿""老年人不应有性生活"等。认为如果像年轻时那样进行性生活是反常的、不正经的、幼稚的,甚至认为是下流的。同时,一些人还承担一定的社会或家庭重任,无形中也削弱了性欲。然而,也正由于心理和社会因素的影响,部分更年期的女性性欲反而会增强。这是因为进入更年期以后,不需要考虑避孕措施,不再顾虑怀孕问题。再加上家庭生活较为稳定,负担大为减轻,积累了较丰富的性经验,性生活日趋和谐,因而其性欲反而有所增强。有人甚至把50岁左右的妇女性欲增强现象称为"第二次蜜月"。

男性的更年期比女性稍晚,在更年期一般仍能保持更年期之前的性欲及性能力水平,男性性能力直至老年仍可维持在一定水平。

从总体上来说,更年期的男女,其性欲和性能力是慢慢减弱的,但这种减弱是一个缓慢的、长期的过程,并不十分明显。此时的性欲受心理和社会的因素影响较大,只要不胡思乱想,进入更年期后仍可有正常的性生活,不会出现性功能的明显下降。因此,夫妻双方应当体谅、理解对方的生理和心理变化,不断进行情感交流,进行心理再调适,从新的生活高度来体验性爱和情爱,感受性生活,使更年期夫妻性生活更加充实,性心理更加完善。

第五节　老年期性心理

中国素来有“六十花甲”之称。老年期是指从60岁左右起到生命结束为止的一段时期，是生理和心理发展明显老化和衰退阶段。随着科技的进步，生活水平的提高和医疗水平的发展，人类的平均寿命明显延长，社会的老龄化问题日趋严重。根据第七次全国人口普查，60岁以上人口达2.64亿，占人口总数的18.7%，其中65岁以上人口为1.91亿，占人口总数的13.5%。预计到2040年我国人口老龄化进程将达到顶峰。传统的社会文化对老年人的性意识起着压抑作用，影响着老年人的身心健康。因此，老年人的性心理问题应该引起全社会的关注。

一、老年人的性爱和情爱

大多数人，不仅青年人、中年人，甚至老年人自己也简单地认为：花甲之后性能力已经丧失了。其实，这种想法是不科学的。许多科学研究结果表明，健康的老年人普遍存在性欲，并能进行性生活。进入老年期，性欲和性能力会随着年龄的增加而有所下降。但是，衰老并不意味着性欲的必然减退和获得性高潮能力的丧失，老年人并非没有性行为。其性欲很大程度上受社会环境和文化背景的影响，如“无欲则长寿”等传统观念会给老年人带来极大的性压抑。

老年人的性生活不仅表现在性交行为上，而更广泛的是感情上彼此依恋和需要。他们害怕孤独，需要配偶；害怕寂寞，需要倾诉；害怕冷落，需要关爱。这种感情上的强烈依存是中青年人体会不到的。正如瓦西列夫在《情爱论》中所说：“被性的潜能之火点燃的爱情，在秋风瑟瑟的晚年，又会因那时隐时现的回忆而放出余晖。这时的爱情，是一种精神的和美感的珍贵物品，是精神和情感文明的表征，是生命的溢流。”由于性爱和情爱能促进老年人的身心健康，带来感情上的满足，有助于消除孤独感，增强自信力，整个社会应对他们给予充分的理解和帮助。

二、老年人再婚

老年人的婚姻状况对自身的健康是有很大的影响的。有配偶的老年人，无论是生理状况还是心理状况，一般都优于无配偶者。我们常常看到，晚年丧偶后，存活的一方身心将受到沉重的打击，甚至在很短的时间内相继死亡。丧偶后，原来从配偶那儿得到的关心、体贴和心理支柱突然消失，导致心理平衡失调，感到孤独空虚。他们非常希望重新获得配偶情感上的支持和生活上的帮助。因此，老年人的再婚问题越来越突出，也越来越受到社会的关注。

由于传统观念的影响，家庭、子女、社会对老年人的再婚不予理解，多持否定态度。很多现代的青年人对自己父母亲的再婚，感情上转不过弯来。有的人认为“这老头不愁吃，不愁穿，还结什么婚？”“子女儿孙都满堂了，还老来俏！”“难道他们还迷恋性生活？”这些使老年人常常感到烦恼和压抑，既想得到新的恋爱陪伴对象，又怕因此造成家庭不睦和受到社会舆论的责备。其实，老年人的再婚不仅是生理上的需要，更重要的是心理上的需求。尽管子女儿孙能对老年人体贴尊重和赡养，并给予生活上的照料和精神上的关怀，但两代人在情感、需求和行为方式上都有很大的差别，子女的情感和照料不可能代替老人之间的那种特有的依恋和情感。更有少数老人无法忍受子女冷漠、歧视、虐待的生活，渴望找到新的伴侣，从精神上得以慰藉和补偿。

事实证明，老年人再婚对老年人的健康长寿、对家庭和社会都是有益的。对老年人自身而言，再婚后，老夫老妻可以互相体贴照顾，消除孤独感，重新找回生活的乐趣，使精神得到安慰，有利于他们的心理健康和身体长寿。对于家庭而言，再婚后，可以减轻子女的精神负担，甚至还可以分担抚养第三代的任务，有利于子女的工作生活和下一代的健康成长。对社会而言，再婚后，夫妻可以相互鼓励，重新树立自信心，充分发挥余热，完成力所能及的社会工作；还可以减轻国家对孤老者的负担。

总之，老年人再婚同青年人恋爱结婚一样，同样受到法律的保护。当然，老年人是否再婚是他们的权利，家庭和社会都不应横加干涉，而应该得到全社会的理解和支持。

当然，老年人再婚毕竟不同于青年人，他们有着较为复杂的家庭和社会关系，因此选择再婚时应注意以下几点。一是加强了解：了解对方的脾气、性格、文化素养、经济状况及家庭关系，尤其是双方子女对老年人再婚的态度，做到心中有数。二是明确权利和义务：要明确双方未成年子女的抚养责任和双方子女对两位老人应尽的赡养义务。三是进行财产公证：应在婚前进行必要的财产公证，以免婚后因财产而发生纠纷。四是履行法律结婚手续：只有履行了结婚登记手续，才是合法夫妻，才能受到法律的保护。

思考题

1. 你认为应该怎样培养青春期前孩子健康的性心理？
2. 青春期性心理发展一般经历了哪几个阶段？
3. 青春期性心理有哪些特点？男女两性性心理主要有哪些差异？
4. 如果你是一名中学老师，你会如何开展中学生的性健康教育？
5. 大学生应该具备怎样的择偶标准？
6. 你是如何看待大学生恋爱的？你认为大学生恋爱应该如何把握分寸？
7. 有人说，大学生的性心理、性生理已基本发育成熟，有婚前性行为是可以理解的，可以接受的。你是怎样看待这种观点的？
8. 你认为结婚前应该做好哪些心理准备？
9. 你是如何看待老年人再婚的？为什么？
10. 你认为应该如何从生活的角度理解中年夫妻的性与爱？

第六章

性别多元与性少数

第一节　性 别 多 元

一、性别模式

人类的性别模式可以根据不同标准分为不同类型，体现了性别模式多元特点。性别模式的不同类型可以用“性别姜饼人”（图6-1）来表示，不同性别模式包括生理性别、心理性别、社会性别和性倾向。① 生理性别：指生来是什么样的人，即生来是男性还是女性，是与生俱来的性别，以染色体、基因、生殖器官和性激素等来判断。若生来就具有男性性染色体和性器官则为男性，若生来就具有女性性染色体和性器官则为女性，若生来具有男女两性染色体或两性性器官则为间性人。② 心理性别：指内心认为自己是什么样的人，是一个人的性别认同（gender identity），即一个人内心深切感受到的基于个人体验的性别，即将自己视为男人或女人的心理认同。性别认同包括顺性别和跨性别两大类。顺性别指个体性别认同与生理性别一致的人，即顺应自己生理性别的人，如大部分男性自我认同是男人。跨性别是指个体的性别认同不同于其出生时被指定的生理性别，如有少数男性会自我认同为女人。③ 社会性别：指要做什么样的人，要在社会中充当男性还是女性角色，是一个人的性别表达（gender expression），即个体通过各种方式来向外界展现性别的行为，包括性别身份和性别角色（详细

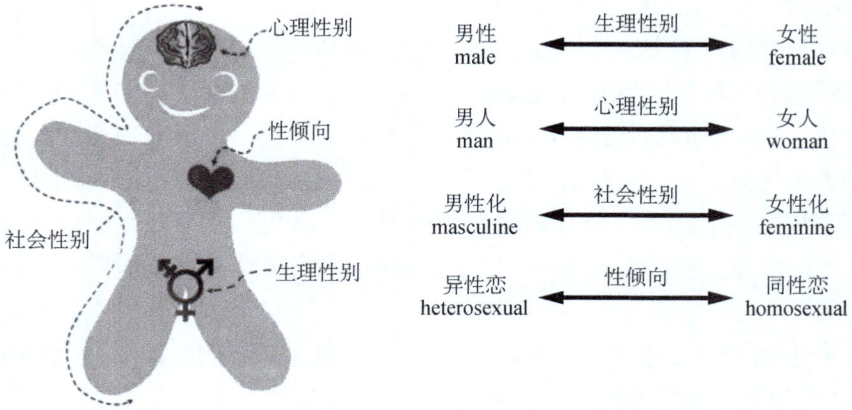

图6-1　性别姜饼人与性别

内容请参见绪论内容)。性别身份是个体社会属性的自我心理状态,即自己认为要在社会中充当何种角色;性别角色指每种性别在所属的社会和群体中占有的位置,以及被该社会和群体所规定及希望的特定的行为模式,是个体性的社会属性的外显状态。性别角色不仅指行为模式,也包括外在形象,如有些男性可能以女性的穿着打扮或行为方式来面对社会,有些女性可能以男性的言行举止来展示自我。④ 性倾向(sexual orientation):指喜欢什么样的人,是浪漫情欲的指向对象,即自己会与男性还是女性的身体和心灵相互吸引,又称性取向。例如,有些男性喜欢女性,而有些男性喜欢男性(详见第二节性倾向)。

二、性别印象

性别印象(gender impression)指社会对男性或女性在人格特征、外貌、行为、角色等方面的期望、要求和笼统看法,即对男性或女性角色特征的固有印象,是一种普遍的社会心理现象。性别印象源于性别角色的分化,不同性别在不同劳动生活中获得不同经验,分工差异产生不同要求,继而形成、衍生有关性别角色的种种规范,导致性别印象的形成。性别印象是一个中性词语,正面的性别印象(如男性坚强、女性温柔等)有助于规范人们的行为,促进家庭和睦,维护社会稳定、文明与发展;负面的性别印象(如男性冷漠、女性虚弱等)则影响人际关系,妨碍社会平等、和谐与进步。

社会上有人把性别印象称为性别刻板印象(gender stereotype),但"性别刻板印象"这个词带有一定的歧视性和贬义之嫌,可能会使男女性别之间、传统与现代之间的对抗和矛盾激化,不利于两性和谐与协调,不利于社会稳定与发展,故本书提倡用"性别印象"这个中性词替代"性别刻板印象"一词。

性别印象的表现形式主要体现在穿着、外貌与行为、性格、家庭和职业选择上。① 穿着方面:如男性应留寸头、不戴首饰、不化妆等;女性要留长发、穿裙子、化妆等。② 外貌与行为方面:如男性应阳刚、高大、强壮;女性应阴柔、瘦弱、文静等。③ 性格方面:如男性具有攻击性、强硬;女性情绪化、敏感。④ 家庭方面:如男性负责赚钱,是顶梁柱;女性要照顾家庭,是贤内助。⑤ 职业选择方面:如男性更适合重体力劳动以及工程、数学、物理等领域的职业;女性更适合教师、护士、秘书等职业。

性别印象造成的影响贯穿人生各阶段。从儿童到成年、从学生阶段到职业阶段,对男性和女性的判断都会因性别印象而出现差异。儿童时期,已经出现性别印象,如家长往往给男孩子选择飞机、大炮等玩具;给女孩子选择布绒娃娃等玩具。在学生阶段,往往认为女生很多学科不如男生优秀。在职业阶段,在职业选择上,往往认为男性应该选择重体力劳动以及工程、数学等领域的职业;女性更应该选择教师、护士等职业;在职业生涯中,性别印象也会对男性和女性的职业发展和收入水平产生重要影响,男性往往容易获得更多的发展机会和更大的发展空间。

性别印象还会影响人们的自我评价。在不断了解性别印象的过程中,人们会逐渐内化性别印象,使之成为个人自我评价的一部分。尽管表面上很多人不承认或没有意识到自己有这样的性别印象,但性别印象却常常存在于内隐(无意识)层面,从而影响个体的认知、情绪和行为。例如,男性“阳刚”的性别印象容易使其形成自以为是、固执、易怒等负面性格;女性“阴柔”的性别印象容易使其形成自我否定、犹豫、悲伤等负面性格。

性别印象能够方便人们判断、预测与对方相关的事情,从而有利于两性交流、协调与互补,有利于社会分工合作与和谐稳定。但由于性别印象会导致人们过度强调群体间的差异而低估了群体内真实存在着的差异,从而限制了不同性别的人的发展、职业生涯追求和对生活做出选择的能力。突破不合理的性别印象的束缚,有利于男女两性潜能的充分发挥和健康发展,以便于更好地适应未来社会的需求,使其获得更大的展示舞台。当然,摒弃不合理的性别印象并不是简单地将其理解为“中性化”,并不是摒弃两性原有的气质,而是基于人格尊重和人格平等,鼓励男女两性相互学习、相互借鉴,集合两性优点,促进全面发展。

三、性别平等

(一)男女平等的相关政策

性别不平等现象是一个世界性问题,并在一定时间内将持续存在。就全球范围看,女性在健康、教育、经济、参政、社会保障、家庭等方面尚未获得与男性相同的机会。受传统观念的影响,社会人口性别比失衡(男性明显多于女性),女性(童)受教育机会明显低于男性(童),女性的就业、职业发展和参政议政等受到性别歧视现象普遍存在,女性家务负担更为繁重,女性健康和保障往往容易被忽视。消除性别歧视、实现性别平等需要全社会共同努力,转变不正确的性别观念,共同创造两性共同发展的和谐社会环境。

性别平等是国际社会的共同心声,也是社会发展的方向。联合国宪章明确指出:“重申基本人权,人格尊严与价值,以及男女与大小各国平等权利之信念。”《消除对妇女一切形式歧视公约》是联合国为消除对妇女的歧视、争取性别平等制定的一份重要国际人权文书。该公约为保护妇女权利提供了一个综合标准,全面要求保障妇女在政治、法律、工作、教育、医疗服务、商业活动和家庭关系等各方面的权利。它要求缔约国必须采取法律措施禁止歧视妇女,将男女平等原则写入《中华人民共和国宪法》,或者制定男女平等法等相关法律;缔约国不得提出与该公约目的相抵触的保留。1995年,联合国第四次世界妇女大会在北京召开,制定了旨在提高全球妇女地位的《北京宣言》和《北京行动纲领》,具体指出了提高全球妇女地位的主要障碍,制定了今后的战略目标和具体行动,是指导全球妇女事业前进的重要指导性文件。

男女平等也是我国的基本国策。我国出台的许多法律法规是男女平等的有力保障。《中华人民共和国宪法》第四十八条明确指出“中华人民共和国妇女在政治的、经济的、文化的、社会的和家庭的生活等各方面享有同男子平等的权利。国家保护妇女的权利和利益,实行男女同工同酬,培养和选拔妇女干部。”《中华人民共和国民法典》规定:“实行婚姻自由、一夫一妻、男女平等的婚姻制度。保护妇女、未成年人、老年人、残疾人的合法权益”“继承权男女平等”。《中华人民共和国妇女权益保障法》进一步重申了实行男女平等是国家的基本国策,消除对妇女一切形式的歧视,促进妇女在政治、经济、文化、社会和家庭等各方面享有与男子平等的权利。

依照《中华人民共和国宪法》《中华人民共和国民法典》《中华人民共和国妇女权益保障法》等有关法律法规,按照国家经济社会发展的总体目标要求以及男女平等和妇女发展实际，参照联合国《消除对妇女一切形式歧视公约》和《2030年可持续发展议程》等国际公约和文件宗旨，国务院于2021年9月印发了《中国妇女发展纲要（2021—2030年）》和《中国儿童发展纲要（2021—2030年）》，旨在贯彻落实男女平等基本国策，不断完善促进男女平等和妇女全面发展的制度机制，推动性别平等成为全社会共同遵循的行为规范和价值标准，充分发挥妇女在全面建设社会主义现代化国家中的"半边天"作用，保障妇女平等依法行使民主权利、平等参与经济社会发展、平等享有改革发展成果，推动妇女走在时代前列。同时强调中小学、幼儿园广泛开展性别平等教育，保障女童平等接受义务教育。

当然，性别平等并非模糊掉男女的心理性别和社会性别的界限，而是在人格尊重和平等的基础上体现男女各自基于生理性别而后天养成的性别差异性，做到优势互补，相互协调、相得益彰。

（二）实现性别平等的途径

1. 加强性别平等宣传，创建性别平等环境

女性发展需要良好社会环境的支持。我国各类法律法规中针对性别平等均做出了明确规定，实行男女平等有坚实的法律基础。但由于传统观念等的影响，很多人还没意识到性别平等与社会、家庭和个人的密切关系，还没有树立起正确的性别观念。应加大宣传力度，实现男女平等的道德和法制教育，提高大众道德素养和法律意识，摒弃歧视妇女的陈旧观念，营造男女平等的良好社会氛围，共同贯彻落实男女平等的基本国策，推进男女平等进程。

2. 重视性别平等教育，扭转重男轻女观念

学校教育是促进性别平等的主战场，也是正规途径。教育管理者、教师、教材和教育环境都对学生社会性别意识的形成产生深远影响。教育主管部门应强化性别平等意识，加强对教材中性别内容的评估和修订，促使学校使用更加公平的性别视角的教材。开展性别平等教育与培训，提高教师的性别平等意识和教学能力，使之渗透在教学的全过程。构建性别平等的学校环境，消除性别歧视，扭转重男轻女的观念。

3. 加强立法执法监督，促进男女平等发展

政策需要适时修改以适应社会发展需要，政策的实施需要执法监督来保障。各级政府及相关部门应对涉及妇女权益保障的政策适时进行立、改、废，并对有关部门维护妇女权益的情况和效果进行执法监督。妇联、工会、共青团和有关民间组织要根据各自的职责开展妇女权益维护工作，及时提出有针对性的对策和建议，利用民主监督权利对法律实施情况进行监督。大众传媒要自觉践行男女平等基本国策，大力开展社会监督，杜绝侵害妇女权益的行为，促进男女两性和谐、平等发展。

4. 增强女性平等意识，提升自身素质能力

女性增强自我平等意识、提升自身素质和能力是保证男女平等的根本保证。女性首先要从观念入手，转变自身男尊女卑的思想，只有自尊、自爱的人才可能赢得别人的尊重。其次，要相信自己，保持永远学习和进步的能力，与时俱进，不断提升自己的综合素质，只有自立、自强的人才不会被社会淘汰。同时，增强社会参与意识，自觉投入社会建设中，在实践中发展自己，实现人生价值。

第二节 性 倾 向

一、性倾向的概念

性倾向(sexual orientation)简称性向,又称性取向、性指向等,指个体在情感上、性欲上持久地被某种性别所吸引,并能够与其建立亲密关系或性关系的一种持久模式。常见的性倾向有4种类型:异性恋(对异性产生浪漫情感和性吸引)、同性恋(对同性产生浪漫情感和性吸引)、双性恋(对两性均能产生浪漫情感和性吸引)、无性恋(对两性均不产生浪漫情感和性吸引)。由于受到社会、文化宽容度等的因素影响,有些人可能不会一开始就清楚地意识到自己真正的性倾向。判断性倾向必须同时具备情感和性欲两个方面,缺一不可。性倾向与性愉悦有关,但不等同于性行为。由于人类的性行为具有高度可控性,个体可能出现与性倾向不相符合的性行为,如一个异性恋者可能会因为被迫、发泄或好奇与同性发生性行为,一个同性恋者也可能因为外界压力而与异性结婚。这些并不代表他们的性倾向发生了转变或对不符合性倾向的对象产生爱情,也不代表人们能在不符合性倾向的对象身上获得性愉悦。相反,当人们与不符合自身性倾向的对象发生性行为时,往往会感到性愉悦不足甚至痛苦、恶心。

二、性倾向的影响因素

性倾向是一个复杂的问题,关于性倾向的产生有很多种理论,生物学界、医学界、心理学界存在大量的争议,并无最终定论。目前,科学家认为性倾向是遗传基因、妊娠期性激素的变化、脑解剖学改变和环境因素等复杂相互作用的结果,并非只受一种因素影响。同样,性倾向在人的一生中是否会流动(改变)也尚无定论,一般认为绝大多数人的性倾向具有持久性和不可逆性,是终生不变的,也无法改变。迄今,还没有足够证据显示通过外界干预的方式可以改变人们的性倾向,也没有科学证据足以证明"改变性倾向"的治疗是安全或有效的,相反,强制治疗有可能带来情绪、心理和社会适应能力方面的负面影响,包括导致其抑郁加重、极度痛苦、无法改善的焦虑、受虐倾向和自杀等。

第三节 性 少 数

性少数群体是指在性倾向或性别认同等方面不同于社会上大多数人的异性恋或顺性别的群体,即是非异性恋和非顺性别者的统称。性少数是从"性倾向"或者"性别认同"这两个视角提出来的,本身并不包含病理的、伦理的等方面的价值评判。现在越来越多的人认为性少数者也是正常人,他们是正常人中的少数者。

媒体中常说的LGBT⁺群体指的就是性少数群体,主要包括女同性恋、男同性恋、双性恋、跨性别、酷儿、无性恋等群体。一些非主流性行为方式的少数人士不在本书讨论范围。

一、性少数的类型

（一）同性恋

同性恋（homosexuality）是指性成熟期个体对与自己相同性别的个体产生情感吸引、性吸引以及与之建立亲密关系和性关系，简单说就是性成熟期个体在选择性伴侣时存在明显的或强烈的指向同一性别的人或同时存有同性性行为。同性恋者对异性虽可有正常的性行为，但性爱倾向明显减弱或缺乏，因此难以建立和维持与异性的性爱和情感关系。同性恋是一种少数人的性取向，是一种最常见的性少数，他们只受同性性爱吸引并持续表现性爱倾向。同性恋分为女同性恋（lesbian）和男同性恋（gay）。女同性恋一般又称“拉拉”“百合”“蕾丝”，男同性恋一般又称“基友”“断背”“断袖”等。在各种社会文化背景下，社会各人种、各阶层、各职业中都有同性恋存在。有人估计，同性恋在人群中的占比为3% ～ 5%。可见，同性恋在我国也并非个别现象。正如中国性社会学家李银河说的那样：“同性恋群体是一座尚未浮出海面的冰山，我们现在所看到的只是冰山的一小角而已。”有同性性行为不足以诊断为同性恋。例如，有些人出于好奇与同性发生性关系，有些人在与异性隔绝或性别比例严重失衡的环境中以与同性发生性行为来发泄性欲，这些均不能称为同性恋。

人类对同性恋的认识是一个不断发展过程，总体趋势是“自然—错罪—病理—去病理化”的过程，即“自然—严苛—宽容”的过程。同性恋文化在欧洲的发展以古希腊时期为最高峰，许多著名学者，如希罗多德、柏拉图、色诺芬与阿特纳奥斯等，都曾在著作与论述中提及或探讨古希腊社会上盛行的同性恋文化，并对同性恋美学推崇备至。同性恋在古罗马也是一种公认的社会文化，在极盛时期以不同的形式出现在许多文学、艺术和诗歌中。到中世纪，基督教和天主教等提出“性即罪”，认为只有为生育而进行的性交才是被允许的，为快乐而性交就是罪恶。此时，同性恋被认为是犯罪，和其他“性变态”一起会被吊打、火烧或阉割，甚至要被送上绞刑架。1886年，德国精神病医生理查德 · 克拉夫特 · 埃宾的著作《性心理病态》（*Psychopathia Sexualis*）的出版，标志着性学成为独立科学，并提出，同性恋为一种病态，需要治疗。1952年，美国精神医学会出版的《精神障碍诊断与统计手册（第一版）》（DSM-Ⅰ）正式提出了性偏移（sexual deviation）的诊断，把同性恋作为病理行为而包含其中。随着医学、心理学和性学的发展，对“性变态”的认识也开始发生改变。1980年，美国精神医学会出版的《精神障碍诊断与统计手册（第三版）》（DSM-Ⅲ）中已经删除对同性恋的诊断。1993年，世界卫生组织出版的《国际疾病分类第十次修订本》（ICD-10），将自我和谐的同性恋从精神病诊断名册中除名。2001年，中华医学会出版的《中国精神障碍分类与诊断标准（第三版）》（CCMD-3）中对同性恋有了新的定义，认为同性恋的性活动并非一定是心理异常，只有由于同性的性行为导致了心理矛盾、焦虑，严重影响正常的生活和学习的，才被认为是性心理障碍。由此，不再把同性恋统划为病态。

目前，世界各国对同性恋的态度仍然差异极大，有一些国家仍然认为同性恋是违法的，也有一些国家持较宽容的态度，甚至已有一些国家承认同性恋是正常现象，并承认同性婚姻合法。目前，承认同性婚姻的国家和地区主要有荷兰、比利时、西班牙、加拿大、南非、挪威、瑞典、葡萄牙、丹麦、法国、英国、德国以及美国的马萨诸塞州等。

（二）双性恋

双性恋（bisexuality）是指正常生活条件下，对同性和异性均持续表现性爱倾向，包括思想、感情，以至性爱行为，因此难以建立和维持和谐的家庭关系。双性恋与异性恋之间没有一个截然的界线，而是一个连续的、逐渐移行的带谱，其间存在各种不同程度的中间状态。双性恋希望与两性都保持良好的性关系，但大部分人与两性的性爱倾向并不是同时一样的，而往往在不同的时期存在此消彼长现象。

（三）跨性别者

跨性别者（transgender）又称为性别不一致（gender incongruence）或性别不符，既往亦称为性别焦虑或性别苦恼症（gender dysphoria）、性别认同障碍（gender identity disorder）等，是指个体的经验性别（性别认同和性别表达）与指定性别（出生时的生理性别）之间存在持续而明显不一致和不协调的人。即一个人对自我身体或生理性别的否定，在心理上无法认同自己与生俱来的生理性别，相信自己应该属于另一种性别。仅凭性别差异行为和偏好并不能作为跨性别者（性别不一致）的诊断依据。跨性别者可能会也可能不会进行医学性别重塑治疗。若迫切希望通过手术或跨性别激素治疗等手段改变自己生理性别者，称易性症（transsexualism）或变性者（transsexual）。

世界卫生组织公布的《国际疾病分类第十一次修订本》（ICD-11）对跨性别相关的诊断做出了一些新修正。首先，修改了对跨性别状态的描述，即将ICD-10中使用的“易性癖”和“儿童性别认同障碍”（gender identity disorder of children）分别修改为“青春期或成年期的性别不一致”（gender incongruence of adolescence or adulthood）和“童年期的性别不一致”（gender incongruence of childhood）。并且将性别不一致从“精神、行为或神经发育障碍”（mental and behavioural disorders）一章中移至“性健康相关情况”（conditions related to sexual health）一章。这说明，医学界的国际标准已经不认为跨性别状态属于一种精神障碍。但有研究表明跨性别状态及其社会污名与性行为、遭受暴力和性传播疾病之间具有联系，因此，ICD-11的此次修订也是为了确保跨性别者可以获得性别肯定的医疗服务。

值得说明的是，有证据表明，有“跨性别”想法的儿童大都在青春期会改变这个想法。而在十三四岁仍然保留这个想法或开始有这个想法的青少年才可能会持续下去。因此，过早的诊断对孩子的性别探索帮助不大，还有误诊风险，有证据显示，父母的支持和社会环境的理解反而对孩子的帮助最大。

如果强烈而持续认同异性的性别，并持续感到烦恼，给他们带来极大痛苦，或损害社会、职业或其他重要领域的功能，则需要寻求医生的帮助。对于确实要求性别重塑者，需要按照国家法律和相关制度严格履行相应的手续后方可进行；不需要改变性别者，则需要更多的心理支持治疗，或按制度给予激素治疗；而对于暂时性性别不一致者可采用婚姻辅导咨询、行为训练及心理支持等措施加以治疗。

（四）酷儿

酷儿（queer）由英文音译而来，原是西方主流文化对同性恋的贬称，有“怪异”之意，后被性的激进派借用来概括他们的理论，含反讽之意。酷儿理论是20世纪90年代在西方流行的一种关于性与性别的理论，是建立在女性主义的基础上，与父权理论中二元性别理论不同的理论。它起源于同性恋运动，但是，很快便超越了仅仅对同性恋的关注，成为为所有性少数人群“正名”的理论，进而，成为一种质疑和颠覆性与性别的两分模式，是后现代主义在性学研究上的典型表现。

酷儿泛指所有在性倾向与主流文化和占统治地位的社会性别规范或性规范不符的人。酷儿理论认为性别认同和性取向不是天生的，而是通过社会和文化过程形成的。酷儿理论反对二元划分的方法，反对非此即彼的思维方式，认为人的性取向是流动的。酷儿理论的立场在主流文化之外，并没有得到广泛认同。

二、性少数群体的健康状况

健康是不可或缺的一项基本人权，每个人都享有能够达到的、有益于体面生活的最高标准的健康。在世界卫生组织公布的ICD-11中，同性恋、双性恋和跨性别者均不再被认为属于精神障碍。虽然性少数群体已经不再被视为精神疾病，但从世界范围看，性少数群体在现实生活中依然容易遭受宗教、社会道义、文化传统的非议、谴责和歧视，性少数群体的生存现状和健康状况仍然不容乐观。

（一）性少数群体的身体健康状况

首先，性少数群体发生危险性行为的概率更高，而自我保护意识和能力较弱。例如，性少数群体，尤其是男同性恋群体往往因存在不安全性行为（如无保护的男男同性性行为、非固定性伴性行为、有偿性行为等）而有较高的艾滋病等性传播疾病的感染率，但害怕泄露隐私、被歧视以及保护意识和认知不足等原因导致性传播疾病检测率较低。若确诊时，他们需要承受着同性恋者和性传播疾病感染者双重污名，往往没有得到充分的咨询讲解和情绪支援，难以得到匹配的健康服务与有效支持，甚至还存着在许多误解与歧视。容易导致情绪焦虑或崩溃，病情加剧，进而可能影响到整个社会。李银河指出，在我国由于文化传统、社会观念的不同，同性恋者往往还有自己的家庭，既有同性性关系，又有异性性关系，这给我国艾滋病防治带来很大的困难。因为直肠黏膜组织非常容易破损，同性性行为感染危险度比异性性行为要大。她呼吁：“反对对同性恋歧视，加强同性恋群体的防病意识，是防治艾滋病在中国传播的唯一正确的态度和能够奏效的措施；而对同性恋的歧视，则不仅是对同性恋群体的伤害，也将祸及整个社会。”

其次，性少数群体的去病理化仍未完全实现，针对性倾向和性别认同的扭转治疗在一些国家和地区仍然存在。而实践证明，这种所谓“扭转治疗”不仅没有确切疗效，达不到治疗效果，更会对性少数群体造成深刻的身心损害。相反，性少数群体在健康医疗方面难以得到相应的健康服务和有效支持。例如,跨性别者使用激素治疗或进行性别重置手术的需求往往会遇到许多阻碍,难以得到保证。

再次,性少数群体比异性恋同龄人更容易遭受性暴力等欺凌。由于性少数群体在日常生活中的可见度非常低、受歧视较为普遍。生活中容易受到他人的欺凌甚至是性侵害,而他们无法得到相应的支持和保障,这更加剧了他们受欺凌的频率和程度。例如,中国台湾的叶永志之死就是一个典型的案例。

(二)性少数群体的心理健康状况

社会对性少数群体的歧视、污名化、偏见和排斥可能会导致他们的心理健康问题。有研究发现,性少数群体由于受到来自社会的污名化而面临着更大的社会压力,而这种压力会影响他们的调节能力和社会认知过程,从而增加他们罹患精神疾病的风险。他们在寻求心理与健康服务时也常常遇到困难或被错误对待。例如,很多咨询师或医生常将性少数人群的性倾向、性别认同和性别表达问题化、病理化,甚至会遵循性少数者家属的意愿而对其进行扭转治疗。性少数者在非自愿的情况下被精神病院收治的事件也时有发生。

(三)性少数的社会环境状况

性少数群体的教育、就业、家庭等各个社会环境容易受到不同程度和形式的歧视。例如,在教育方面,学校中的恐同恐跨性别欺凌常常导致性少数群体学生出勤率下降、成绩下降甚至辍学。在职场方面,性少数群体容易受到区别对待,如与性少数群体有关的多元性别人群受教育和培训较少,工作稳定性较低,有一些工作单位对同性恋群体采取减薪、停职察看甚至解雇等惩罚性措施。在家庭方面,受到儒家伦理与封建家长制等传统文化观念的影响(如“男大当婚,女大当嫁”“不孝有三,无后为大”等),性少数群体容易受到社会文化和家庭的双重压力。有调查显示,超过一半的同性恋报告自己感受到的最大压力是来自家庭传宗接代的责任。

我国一贯尊重性少数群体的健康权,并给予其平等的社会保障,任何人都受法律保护,不因为性倾向被歧视。在现实中,应该努力创建一个多元、平等、共融的社会环境,让所有人都能求同存异,充分发挥各自的特点,为社会发展积极贡献自己的力量。多元在于,人都具有多样性,包括性别(如男、女)、背景(如民族、宗教、年龄、教育等)、健康状况(如残障、疾病等)、性倾向(如性少数)等,我们需要看见和尊重人们的不同;平等在于,尊重人格平等,人都具有相同的地位,享有相同的发展机会、社会权利和义务;共融在于,看见不同并且能够让各种不同和谐共存和碰撞,透过尊重差异,让差异化的个体通过和谐共处来创造更有活力的社会环境。

思考题

1. 名词解释:性别认同 性别表达 性倾向 性别印象 性少数 同性恋 双性恋 跨性别者(性别不一致)

2. 你如何看待性少数群体?

3. 如果你有一位同性恋的朋友,你会如何与他相处?

第七章

性欲倒错障碍

第一节 性欲倒错障碍概述

一、性欲倒错障碍的概念

性欲倒错障碍又称性心理障碍(psychosexual disorder)、性偏好障碍、性心理异常、性偏离,既往称性变态(sexual deviation, sexual perversion),是指一个人对性的观念、情感反应、态度和行为违反了他身处的社会环境所能容纳的标准,而导致的性心理或性行为的反常,也就是指性行为的心理和行为明显偏离正常,并以这类性偏离作为性兴奋、性满足的主要或唯一方式为主要特征的一组心理障碍。其主要特点是:① 性欲唤起、性发泄对象和性行为的满足方式异于常态。不能引起正常人性兴奋的某些物体或情境,对他们却有强烈的性兴奋作用,而在不同程度上干扰了正常的性行为方式。它是以正常人的性心理为参考的。正常人的性心理是指在特定历史条件下,在特定民族、特定文化、特定道德习惯前提下人的心理。② 通常具有自我强迫和无法控制的特点,并且这种性偏离特征持续时间6个月以上,患者正常的性恋(多数为异性恋、少数为同性恋和双性恋)受到全部或者大部分程度的破坏、干扰或影响,造成当事人自己或使性伴感到痛苦或屈辱。③ 这些性幻想、性冲动或性行为会造成对社会、职业或其他重要领域的社会功能的不良影响。

美国精神医学会制定的《精神障碍诊断与统计手册(第五版)》(DSM-5)将性心理障碍分为性别苦恼症和性偏好异常障碍两大类;ICD-10在精神障碍中,将性心理障碍分为性身份障碍、性偏好障碍、与性发育和性取向有关的心理及行为障碍三类;中华医学会根据以上两种诊断标准制定的CCMD-3把性心理障碍分为性身份障碍、性偏好障碍和性取向障碍三类。但在2022年2月11日正式生效的ICD-11的精神障碍中,只列出了性欲倒错障碍。同时,将ICD-10中使用的“易性癖”和“儿童性别认同障碍”分别修改为“青春期或成年期的性别不一致”和“童年期的性别不一致”,并将性别不一致从“精神、行为或神经发育障碍”一章中移至“性健康相关情况”一章。国家卫生健康委员会发出通知,要求推广使用世界卫生组织最新修订公布并经国家卫生健康委员会组织编译的ICD-11的中文版,故本文基于此标准,把“性心理障碍”一章改名为“性欲倒错障碍”。

二、性欲倒错障碍的类型

本书基于ICD-11中文版的标准，把性欲倒错障碍的类型分为露阴障碍、窥阴障碍、恋童障碍、强制性性虐待障碍、摩擦障碍、涉及非自愿对象的其他性欲倒错障碍、涉及自身或自愿对象的性欲倒错障碍、未特指的性欲倒错障碍等。此外，在冲动控制障碍中的强迫性性行为障碍虽不属于性欲倒错障碍，但亦属于精神、行为或神经发育障碍大类，故也放在此章一并介绍。

三、对性欲倒错障碍的认识的发展

对性欲倒错障碍的认识与社会文化背景有密切关系。可能在世界的某一地区、某一社会群体、某个时期被视为变态的现象；但在世界的另一地区、另一社会群体、另一时期则可能被视为正常现象。最典型的例子莫过于对同性恋的认识，它经历了从自然到性错罪，再到病理化，最后到去污名化的过程。而即使是现在，并非所有的国家都承认同性恋合法，甚至有些国家认为同性恋是非法的，可能面临有期徒刑或监禁的处罚。

我国对性欲倒错障碍的认识也经历了类似的过程。在古代中国的史书以及许多野史中，记录了大量的“性变态”现象，如物恋(履恋和足恋、兽恋和尸恋)、施虐与受虐、恋童等。可见，中国古代社会对性行为的多元现象持包容的态度。南宋时期，朱熹、程颐的理学兴起，极力主张戒色戒欲，“从天理，灭人欲”，人们开始认为性是丑陋的、害羞的、不正当的，整个社会对男色活动进行抵制和打击。对性的多元行为的认识从包容转为性错罪。近现代以来，中国对性心理障碍的认识也逐渐与国际社会靠近，1995 年，中华医学会出版的《中国精神障碍分类与诊断标准第二版修订版》(CCMD-2-R)中，还是用的“性变态”这个诊断名词，其中的类别包括露阴癖、窥阴癖、摩擦癖等。2001年，中华医学会出版的CCMD-3中，将“性变态”改为“性心理障碍”，其中的类别也改为露阴症、窥阴症、摩擦症等。现在，我国的疾病诊断标准与国际全面接轨，推广使用ICD-11中文版，不再发布自己的精神障碍分类与诊断标准。

从另一个角度看，即使在性生活基本正常的人群中，也有不少人在其生命史的某一时期或其一特定环境出现一过性的、轻度的性欲倒错障碍倾向(如恋物等)。但不久又自动矫正过来，与异性交往性适应良好。这类人也不被视为性欲倒错障碍患者。

因此，对于性欲倒错障碍，需要了解以下几点。

(1) 性欲倒错障碍者一般没有突出的人格障碍。虽然他们可能存在某种人格缺陷从而使其性行为或性心理不符合社会规范，但其他广泛的行为方面一般不具突出的、特征性的人格障碍。这也是ICD-11不把性欲倒错障碍置于“人格障碍及相关人格特质”一章中的原因。

(2) 性欲倒错障碍者不一定是道德败坏的流氓分子或犯罪分子。性犯罪通常是有预谋、有动机、有计划的性攻击行为，攻击的对象往往是异性。而大多数性欲倒错障碍者除性行为或心理异常外，其他与之无关的精神活动均无明显障碍。一些人社会适应较好，工作尽职尽责甚至可能还是模范人物。但由于他们选择性对象和性行为方面异乎寻常，"事情"暴露时往往使人感到意外和震惊。当然，若他们的行为触犯了法律，则应通过司法鉴定其责任能力等级，进而使他们承担相应的法律责任。

（3）性欲倒错障碍者并非都是性欲亢进的淫乱之徒。他们在选择性对象和性行为方面均异于普通人，多数对正常异性性欲低下或没有性欲，感到厌倦或恐慌，或不能进行正常的性行为，但却热衷于异常的性行为。

（4）性欲倒错障碍者对违反社会道德行为有一定的辨别能力，但往往具有强迫症而无法自控。他们的行为具有强烈的冲动性、强迫性、荒诞性和顽固性。"事发"后多有悔改之心，但往往又无悔改之力。因此，对他们单纯进行行政处罚或刑事处罚往往收效甚微，只有通过心理干预才有可能收到比较良好的效果。

四、性欲倒错障碍的发病原因

人的性心理发展是生物、心理和社会因素共同作用的结果。性生理及其发育为性心理的发展奠定了物质基础，心理整合调节性心理变化并支配其功能的发挥，社会因素则规定性心理发展方向，制约评价其功能发挥的社会效果，从而适应社会的需要。这三个因素中的任何一个异常均可能导致性欲倒错障碍。但一般情况下，性欲倒错障碍往往是生物学、心理、环境因素共同影响、综合作用的结果。

（一）生物学因素

1. 遗传因素

一些学者认为，性欲倒错障碍与遗传因素有关。有假说认为Y染色体降低了男性胎儿的生长速度，提示在出生时男性胎儿没有女性胎儿成熟，使得男性在后面形成性欲倒错障碍的可能性较女性大。但目前还不清楚相应的基因及遗传方式。

2. 母体性激素水平

有研究发现，性欲倒错障碍与胎儿大脑发育期间因遗传或环境因素而引起母体内性激素水平变化有关。较高水平的雄激素或雌激素可能会使女胎儿男性化或男胎儿女性化，以后出现性欲倒错障碍的可能性较高。

3. 内分泌改变

对性欲倒错障碍者体内激素水平的研究一直是学者感兴趣的问题。有学者认为胎儿的雄激素水平可能影响其成年后大脑对性活动的控制能力，当男性胎儿时期睾酮分泌不足时，大脑有向女性化方向发展分化的倾向。也有报道在窥阴障碍和露阴障碍等性欲倒错障碍患者血中睾酮含量增高。但以上未得到研究证实。因此，内分泌对性欲倒错障碍的影响有待进一步研究。

4. 解剖学改变

通过脑解剖发现，性欲倒错障碍者的脑组织结构与正常人有所不同。不少颞叶病变的患者伴有异常的性行为，如呈现露阴障碍、恋物障碍、性施虐受虐等表现；在酒精中毒患者中可能发现露阴障碍、恋尸障碍等表现；颅脑外伤后有可能产生露阴障碍等。但以上具体机制尚不了解。

（二）心理因素

1. 精神分析学派理论

该理论认为，性欲倒错障碍是性心理发育过程中遭受挫折所致，早期经验、象征行为、认同或对抗等均在性心理发展中发挥重要作用。

（1）早期经验：精神分析学派从心理防御机制解释了早期经验对心理异常的影响。性欲倒错障碍是性心理发育过程中异性恋的发展遭受失败，导致心理冲突，表现出各种焦虑，退行到儿童早期幼稚的性心理发展阶段，其性行为表现为一种幼稚、不成熟的儿童性取乐行为，如玩弄生殖器、暴露阴茎、偷看异性洗澡等。

（2）象征行为：精神分析学派认为，象征行为在于消除心理上的压抑，使想表达而又无法表达的思想可以自由表达出来。例如，性施虐障碍者的攻击行为是由早年受到异性惩罚、耻笑而产生的仇恨报复心理导致的；性受虐障碍者则是为了摆脱罪恶感而进行自我惩罚的行为；恋物障碍者是由于性冲动通过置换作用转移到不适当的有异性象征性的客体上，如胸罩、女性内裤等。

（3）认同或对抗：精神分析学派认为，在性欲倒错障碍中，他们通过自己的行为表现来认同或对抗某种想法。例如，男性露阴障碍者通过暴露生殖器的行为来显示本人并非女性，本人的男性能力。

精神分析理论是现代心理学的奠基石，对性心理的发展、治疗等提供了一整套理论和方法，有着重要的价值和意义。但它过分夸大了人的本能和自然性，过于强调个体发育早期经验在形成性欲倒错障碍行为中的作用，仅以儿童期经验来解释成年后成熟人格和行为模式是远远不够的，至于早期心理在社会化过程中如何发展变化仍值得探讨。

2. 行为主义学派理论

行为主义学派理论认为，性高潮是先天的，不能通过学习获得，其他与性有关的一切均是通过学习获得的。学习是环境的刺激与学习者的行为反应之间的联结过程，性欲倒错障碍是后天习得异常行为模式。以条件反射为例，一些无关刺激通过某种偶然的机会与性兴奋相结合，由于性快感的强烈体验，使其主动回忆当时情景时仍出现性快感，如此通过对性快感情景的回忆和性幻想强化了无关刺激，于是形成了条件反射，最终形成性欲倒错障碍行为。这些无关刺激往往是早期生活中首次性经验，成了性兴奋的激发因素。拉赫曼于1966年通过实验性条件反射证明恋物者的形成过程：在一位男性志愿者面前反复出现一种女靴的形象图片，紧接着出现一种易于引起性兴奋的妇女图片，经过多次强化后，当只出现女靴图像时也产生了性兴奋，这就是典型的条件反射。

3. 整合理论

整合理论主张把不同心理学派的观点有机结合在一起来研究性欲倒错障碍，认为对性的认知、信念、对性问题的态度和行为方式在性欲倒错障碍的发生发展中均有不可忽视的重要作用。例如，性欲倒错障碍一般起始于儿童早期阶段，但由于性的神秘性，社会和家庭往往是不准许讨论性的，儿童的性倒错行为不能及时与他人讨论，得不到及时帮助与纠正，致使不良性行为持续加深，当逐渐被觉察，往往已经发展成根深蒂固的"沉疴"而难以纠正。有的性欲倒错障碍者行为初现时可能有某种程度的罪恶感，但由于侥幸心理和强烈的性快感，逐渐改变原有的正确认知和观念，形成错误而偏执的观点，认为他们的行为是合情合理的，甚至认为别人是同意或欢迎的。

（三）环境因素

人类性观念的形成需要相当长的时间，在个体社会化、家庭、社会等各方面因素综合作用下逐渐形成的，如早期生活中的首次性经验、对别人性偏离行为的模拟、儿童早期的性虐待、家庭和社会性教育欠缺或不当方式、社会文化的不良影响、个体性观念的形成和不良性行为等。其中，童年期和青春期是形成正常性观念的关键时期，需要家庭和社会环境正确性观念的规范和引导，才能正常发展。否则，他们的性欲可能偏离了社会约定俗成的性观念，就会导致性欲倒错障碍。

家庭环境因素是儿童性欲和性心理发育的主要后天影响因素。儿童性欲和性心理各时期的发育主要是在家庭环境中完成的，家庭是儿童成长的第一社会环境。家庭的各种环境因素，如家庭成员的文化结构、性观念、角色行为、养育态度、养育方式等对孩子的性生理、性心理的发育和性观念的形成影响很大。在早期的性别教育中，错误的性别角色规范教育与性别不一致有明显相关性。例如，据调查若母亲常呈两性人格，有抑郁性精神状态，对孩子过于溺爱，自幼以女孩打扮男孩，则容易使男孩逐渐形成精神上的女性性格；若女孩的家庭环境相反，则容易形成精神上的男性性格。

社会环境因素对儿童的性心理发育也有很大的影响。社会环境提供不适宜的性刺激会导致儿童性心理发育发生偏差，进而可能促进性欲倒错障碍的发生。例如，性刺激过度或不良性信息诱惑，会使儿童性欲发育异常，性观念发生错乱，容易导致少年性罪错的发生，也容易引起成年后性紊乱；但如果社会的性压制过强，儿童最初的性欲过分压抑，则可能使其性欲发泄改变方向，从而可能促进异常性行为方式的出现。此外，不正确的性教育导向、性知识的片面教育、性伦理道德的不恰当教育，也可能导致各种性问题产生，促成性欲倒错障碍的出现。

总之，在社会化过程中，良好的社会环境和家教可引导孩子学会社会期待的正确行为，反之，不良的社会环境和家庭管教失当可能诱发非社会化的不当行为，出现性欲倒错障碍。

五、性欲倒错障碍的治疗

性欲倒错障碍种类较多，发病原因较为复杂，治疗也较为困难，目前尚缺乏根本性防治措施。性欲倒错障碍者一般不会主动求医，他们认为自己的行为是自然的、个人的、与他人无关，同时，刚出现障碍倾向时，其行为往往较为隐秘，或只表现为正常性行为的某些过分现象，一般不易引起人们的重视，导致错过最佳治疗时机。等情况继续发展而引发严重不良影响时，治疗的难度就大得多。因此，性欲倒错障碍的治疗强调早期、及时、彻底治疗。

性欲倒错障碍治疗效果的好坏与患者的救治动机和欲望、病程长短、严重程度等有关。若患者有强烈的治疗欲望，能积极配合治疗，治疗效果则会好得多。目前对性欲倒错障碍的治疗主要包括性心理健康教育、精神分析治疗、行为治疗、药物治疗与特殊治疗、行政司法处理等。若针对病因对症治疗往往可收到较好的效果。

（一）性心理健康教育

性心理健康教育是一种辅助治疗措施，起到使患者增强信心、更易于接受治疗或增强治疗效果等作用。给患者普及相关知识，减少他们心理压力，指出性欲倒错障碍可能带来的危害性，如可能违反现行法律道德、单位制度，不符合所在社会文化的风俗习惯，可能给自己的学习、生活、工作等带来困难，引导患者克服其性偏离倾向，减少其精神上的巨大痛苦，减少或避免其社会功能障碍。

（二）精神分析治疗

精神分析治疗是主要的治疗方法。通过精神动力学理论分析，发掘患者潜意识内的致病情结，并把这些情结带到意识领域，通过阐释和释梦使患者领悟。

（三）行为治疗

可以将厌恶疗法和系统脱敏疗法等结合起来进行交互抑制治疗，用厌恶疗法排除其异常性偏好时的性兴奋幻想、性冲动或性行为，用系统脱敏疗法建立对异性的性兴趣、性冲动或性行为，并鼓励其正常的异性恋行为。在患者主动配合下，行为治疗可改变患者的异常性行为。

（四）药物治疗与特殊治疗

可以针对症状采用一些药物治疗，如应用氯米帕明或氟西汀进行抗强迫治疗，应用诺雷德进行去势治疗，易性症者多要求通过手术改变其性别。但这样的治疗必须按国家规定要求在专科医生的指导下进行。值得注意的是，药物治疗仅发挥对症治疗或辅助精神治疗的作用，一般需要与精神治疗和行为治疗等结合使用。电抽搐与精神外科治疗收效甚微。

（五）行政司法处理

性欲倒错障碍有悖于法律与社会道德，但与一般的性犯罪不同。性欲倒错障碍在实施违法犯罪行为时，应根据其有无辨别控制能力、性欲倒错障碍类型、犯罪类别、情节是否恶劣、受害人及社会危害程度等因素综合进行司法鉴定，评定责任能力等级，进而判定是否需要承担刑事责任，或从轻减轻处罚，或不负刑事责任。但行政司法处理往往不能从根本上解决其障碍心理和行为，依然需要对症进行心理、行为、疏导等综合治疗，以期取得较好疗效。

第二节　性欲倒错障碍各论

本书基于ICD-11中文版的标准，结合我国实际情况，对性欲倒错障碍进行分类和描述。

一、露阴障碍

露阴障碍（exhibitionistic disorder）是指反复多次在不适当的环境中、在毫无准备的陌生异性面前裸露自己的生殖器，引起对方紧张情绪反应，从中获得性满足或性快感的一种性欲倒错障碍。该障碍几乎仅见于男性。露阴障碍应排除在当事人同意下发生的两相情愿的露阴行为以及社会认可的露阴行为。临床上有两种类型：① 温和型，他们可能多次与自己的露阴冲动作抗争，“露阴行动”后有罪恶感。② 攻击型，他们显露勃起的生殖器还要不停地抖动和手淫，这类人可能伴有反社会人格障碍。

诊断标准：① 至少6个月期间反复或持续地向陌生人（通常是异性）暴露自己生殖器，几乎总是伴有性唤起及自慰；② 没有与“暴露对象”性交的意愿或要求；③ 此性幻想、性冲动或性行为造成精神上重大痛苦，或形成明显的社会功能障碍（给工作、生活、学习带来明显的影响）。

露阴障碍者往往选择僻静地方，如冷僻小巷、房角、大树后等，当异性走来时，突然暴露自己勃起的生殖器，甚至在异性面前手淫，使对方恐惧、害怕、羞辱难耐、惊叫逃跑，以此来满足自己的性欲。他们一般在引起对方惊恐之后离去，极少发生进一步侵犯猥亵行为，也不一定有图谋不轨的心理，只是从异性的强烈情绪反应中得到性满足。相反，大部分露阴者性功能低下或缺乏正常性功能，有的明确表示对性交不感兴趣。

露阴者的行为动机是使自己相信自己是一个健康的男性，有一个坚硬、有力和能够使女性产生深刻印象的阴茎。他们必须通过不断显露自己的性器官，以引起异性的惊叫、恐惧或紧张来证明自己的“能力”和“价值”。所以，这种行为的发生常常是不由自主的。没有这种行为来“证实”，他们往往会感到焦虑，怀疑自己的“能力”。如果在他显露阴部时遭到别人的耻笑和嘲弄，或者别人完全不理睬，那他会感到自己“无能”，感到无比难过。

露阴障碍发生的原因尚不完全清楚，精神分析学家认为，童年的发育障碍和成年后的心理创伤，使其本能冲动控制能力减弱，在行为上出现退化，导致童年幼稚行为的复出。露阴障碍者多为性羞胆怯之人，且在发育方面存在幼稚性，他暴露冲动实际上是对自己性格的一种强烈的逆反。他们是用儿童的心理去观察、揣度成年人的心理，在暴露性器官时，他们均认为女性愿意看，尽管每次对方都表示厌恶，但他们认为她们的内心是愿意的。

露阴障碍者虽然大多不直接侵犯对方身体，但严重败坏社会风气，妨碍社会治安，故其应负有行为责任。由于他有精神心理异常，需要进行司法精神病学鉴定，以便与流氓行为分开来，往往减轻其责任。但是，惩罚往往无法彻底解决其露阴行为。迄今，尚无一种方法可作为适用于大多数病例的可靠疗法，目前常用的方法有：① 认知感悟疗法，采取交谈方式，引导患者回忆童年的有关生活经历，寻找露阴产生的根源，然后分析露阴行为产生的机制及其危害性，使他们逐渐认识并领悟到他们的病态感情和行为是幼稚的、非理性的，从而矫正其不良行为。② 行为疗法，将厌恶疗法和脱敏疗法结合起来，用厌恶疗法排除露阴的性兴奋幻想、性冲动或性行为，用系统脱敏疗法建立对异性的正常性兴趣、性冲动或性行为。③ 药物治疗，目前治疗多选用氯米帕明和氟西汀等药物。

二、窥阴障碍

窥阴障碍（voyeuristic disorder）又称窥淫障碍，是指持续、反复偷窥他人性活动、亲昵行为或异性裸体来获得性兴奋和性满足的一种性欲倒错障碍。可当场手淫或事后通过回忆与手淫达到性满足。窥阴障碍者以男性多见。他们往往冒着极大的风险到浴室、厕所偷看异性裸体，或偷看他人性活动，以此产生性兴奋或性满足，并无接近异性或与之发生性活动的愿望。对公开的或公众性的异性暴露，如游泳、体育艺术表演等却无明显的性兴趣，对自己性配偶的裸露也无多大兴趣。也就是说，他们要在冒险下窥视异性裸体或他人性行为才能得到性满足。故他们常因此而被抓获。他们对自己的行为也深感痛恨、自责和苦恼，但往往难以控制、无法纠正。

值得注意的是，窥阴障碍行为是一个持续、集中和强烈的性唤起模式。窥视欲望在人生的各阶段均可出现，只不过正常人的道德感和控制力较强，即使有这种欲望也不一定付诸行为。儿童、青少年因性好奇的窥阴活动是冲动或机会刚好，而不是性唤起的反复模式，常被以后直接参加的性活动所取代，很少发展成为窥阴障碍。喜欢观看色情画面或裸体表演者或在被观察者同意下两相情愿的窥阴行为不属于窥阴障碍。

诊断标准：① 至少持续6个月，反复偷窥异性裸体或他人性活动，从而激起性幻想、性冲动或性行为；② 这种性幻想、性冲动或性行为产生了临床上明显的痛苦烦恼，或在社交、职业或其他重要方面的功能障碍。

窥阴障碍只满足于窥视，对异性很少有进一步的性要求，这与流氓犯罪行为是有区别的。但其严重妨碍社会的正常秩序，影响社会的安定，因此预防和治疗窥阴障碍有重要现实意义。

在预防窥阴障碍方面，儿童在成长中的某一个阶段，产生以了解异性为目的的窥视欲望是婴儿期进展到成年期性欲的一种自然现象。发育中的儿童通过观察同性或异性的身体，了解异性身体上的秘密，有助于他们心理的正常发育。家长或老师不应责骂或恐吓，而应采取理解和疏导的态度，用适当的方式使他们得到满足，同时不失时机地对他们进行正确的引导教育。这样，就不易产生心理发育方面的障碍。此外，净化社会风气，禁止儿童和青少年接触色情文化，鼓励他们积极参加集体活动，建立正常的人际关系；对青少年进行科学的性教育，消除他们对性的神秘感，使他们能科学地对待自己的性冲动；家庭中保持适当的性开放度，防止儿童窥视父母的性活动或给予适当解释疏导等均有助于防止窥阴障碍的出现。

窥阴障碍的治疗以心理治疗为主、采用综合治疗的方法效果较好，但缺乏系统的实验报告和统计，效果尚无定论。① 支持疗法：通过心理咨询，让心理医生与患者建立良好的医患关系，从精神上给予患者理解和支持，帮助患者树立起治疗窥阴障碍的信心，调动起患者治疗的积极性。② 行为疗法：通过厌恶疗法和系统脱敏疗法相结合治疗（具体见前文露阴障碍部分内容）。③ 认知领悟疗法：启发患者回忆幼年生活，找出与此症相关的经历，以及引起窥阴障碍的原因根源。然后，心理医生根据病因向患者进行解释分析，使患者领悟，从而达到治疗的目的。④ 性治疗：针对再婚者，通过重建他们的性行为模式，改善夫妻关系，可望控制或纠正患者的窥阴行为；对于男性患者，通过正常的恋爱结婚建立和谐的性关系对其窥阴行为有很好的控制作用，不少患者可转化为潜在的窥阴者或基本痊愈。

三、恋童障碍

恋童障碍（pedophilic disorder）指反复通过与儿童进行性接触（或以这种活动的幻想）而获得性满足或引发性兴奋的一种性欲倒错障碍。恋童障碍者多为成年男性（年龄为16岁及16岁以上），他们常将性发育未成熟的同性或异性儿童（年龄在13岁及13岁以下）作为性行为的对象以获取性的满足（患者至少比被害人年长5岁，他们并不一定都要追求性交行为，常常不和儿童发生真正的性交行为），对成年对象缺乏性兴趣，且大多数患有勃起功能障碍。双方均未成年或一方刚刚成年而与年龄相近的少年恋爱而发生的性接触不属于恋童障碍。

诊断标准：① 至少6个月以来，持续、反复多次以与未发育儿童（一般在13岁以下）的性活动（非性交）来激起性幻想、性冲动或性行为；② 这种性幻想、性冲动或性行为使他们产生了临床上明显的痛苦烦恼，或在社交、职业或其他重要方面的功能缺损。这一诊断不适用于年龄相近的青春期前或青春期后儿童之间的性唤起和性接触。

恋童障碍者主要追求的是心理上的性满足和性快感，他们常常通过窥视或玩弄儿童的生殖器来达到性满足，性接触往往未达到性交的地步就中止了。但随着时间的延长，这种接触次数的增多，心理满足可能会演变成生理满足，即出现以露阴、抚摸、口交或性交等形式来猥亵儿童。如果行为人对儿童实施了猥亵等性侵害行为，法律上为保障儿童身心健康，一般都根据受害儿童的年龄和性别给予恋童障碍者相应法纪惩处。

对恋童障碍者常采用集体心理治疗和行为治疗，近期疗效略有改善，但远期疗效不佳。另外，也有通过药物治疗，如给患者使用抗雄激素来限制他们的性欲，有一定疗效。一些国家对男性恋童障碍者采用化学睾丸切除（chemical castration）进行处理，但争议较大。

四、强制性性虐待障碍

强制性性虐待障碍（coercive sexual sadism disorder）是指持续、反复多次以向性爱对象施加非自愿的虐待或接受对方虐待作为性刺激主要来源或获取性满足不可或缺手段的一种异常性行为偏好。其手段主要有通过捆绑、鞭打等造成对方肉体上的伤害行为和通过侮辱等造成对方精神上的痛苦的行为。按其行为的不同可分为性施虐障碍和性受虐障碍两种。性施虐障碍（sexual sadism disorder）是指在性活动中通过折磨他人的肉体或精神以达到性满足。在非施虐情况下，他们难以达到性高潮。轻者可能通过幻想强奸、谩骂、羞辱和抓咬等行为达到性满足，严重者把凶残伤害性伴作为性满足的方式，甚至淫乐杀人。性受虐障碍（sexual masochism disorder）是指在性活动中需要通过被羞辱或被伤害才能得到性刺激和性满足。轻者幻想被人强奸、谩骂、羞辱，或要求对方抓咬自己，重者则要求对方摧残自己或自我伤害，非要极大的痛楚才能在心理上得到一种特殊性满足。

诊断标准：① 至少6个月以来，反复多次以使对方或以自身受到心理或躯体痛楚（包括羞辱）而感到性刺激，从而激起性幻想、性冲动或性行为；② 这种性幻想、性冲动或性行为，产生了临床上明显的痛苦烦恼，或在社交、职业或其他重要方面的功能缺损。

基于双方自愿发生的较为轻微的施虐和受虐一般不归类为强制性性虐待障碍。例如，虐恋（sadomasochism，SM）已经逐渐被支配和服从（domination and submission，简称D/S）取代，是指在双方自愿的情况下，一方扮演控制者，另一方扮演服从者，只是将这种性情景作为激发性欲、增加性快感的方式之一，是他们双方自愿选择的使性关系更美好的一种探索方式，一般不会造成严重伤害或痛苦。

强制性性虐待障碍的病因可能是多方面的，主要有以下几种：① 与童年生活经历有关。精神分析学派认为，性施虐障碍可能在童年期与父母关系中存在爱与恨（攻击）体验的重叠，性受虐障碍则是性唤起与疼痛联系在一起的结果。家庭教育环境中的某些因素使儿童从小形成对性关系的错误认知定式。② 对权威的反抗或对挫折的自我防卫。行为主义学派认为，生活中受到过他人欺凌打击，尤其是遭受过异性的拒绝、侮辱，形成强烈的报复与反抗心理，借在异性身上施虐而显示自己的力量与征服，从中获得快感。③ 对过度自卑感的补偿。有些人对自己个人能力、生理素质、社会地位等方面深感自卑，通过对异性实施伤害，以发泄被压抑的性本能和紧张心理，在控制和伤害异性的过程中试图来彰显自己的优越。

对于强制性性虐待障碍，最好的处理方法是提前预防，要重视童年教育和家庭、社会环境的影响。治疗方法包括心理动力治疗、交互抑制治疗、认知疗法、医学干预等。其疗效因人而异。若确定存在有对他人形成侵犯的危险或对他人造成严重伤害行为的，必须依法严肃处理。

五、摩擦障碍

摩擦障碍也称为摩擦症（frotteurism，frottage），是指反复在拥挤场所乘人不备故意用身体某一部分（通常是性器官）摩擦或触摸他人身体，并可伴有射精或通过自慰行为来达到性满足。一般多见于男性，被摩擦者通常为陌生女性，一般不会骚扰熟人。当事人同意下发生的自愿触摸或摩擦不属于摩擦障碍。

诊断标准：① 至少持续6个月，反复多次以与不同意此行为者做触碰及摩擦，从而激起性幻想、性冲动或性行为；② 这种性幻想、性冲动或性行为使其产生了临床上明显的痛苦烦恼，或在社交、职业或其他重要方面的功能缺损。

摩擦障碍者往往有以下表现：① 具有计划性和目标选择性。他们往往选择公共汽车、地铁、剧院、商店等人多拥挤的地方，选择年轻漂亮的异性作为摩擦对象。② 当摩擦对象有明显反应时，患者通常会中止有关行为，并且装出一副若无其事的样子。但是，如果对方默然避开或默许，常常又会继续有关行为。③ 患者进行摩擦的部位多为性器官，被害人被触摸摩擦的部位多为手臂、乳房、臀部、会阴部及腿部等地方。大多数情况下是隔衣进行接触摩擦。④ 可出现性高潮。不少患者在摩擦行为中有性高潮出现（射精），大部分患者将精液射在自己的裤子内，也有个别人将精液排泄在被害人衣服上。⑤ 反复发作。多数患者有持续、反复发作情况，往往冲动战胜理智，无法控制自己的行为，有屡教不改的倾向。

由于患者反复出现这种行为，担心被抓而又无法戒除，从而会产生痛苦和烦恼。他们由于骚扰他人而构成对治安的危害，患者常受到处分，但单纯的惩罚往往不能戒除其摩擦行为，必须依靠治疗。只要患者确有求治的动机和意愿，遵从医嘱坚持治疗，采用精神分析疗法、系统脱敏疗法、厌恶疗法、认知疗法和婚姻疗法等都有良好的疗效。

六、涉及非自愿对象的其他性欲倒错障碍

涉及非自愿对象的其他性欲倒错障碍（other paraphilic disorder involving non-consenting individuals）是指反复多次以与那些无法抗拒或不能同意的其他人（包括动物或物品）发生性行为或将其作为性刺激，以达到性兴奋的一种非典型性唤起模式，但未列入其他性欲倒错障碍的类型。其包括恋物障碍、恋尸障碍、恋兽障碍。

（一）恋物障碍

恋物障碍（fetishistic disorder）是指在强烈的性欲与性兴奋的驱使下，反复收集异性使用的物品，并直接从无生命的物品或异性身体及衣饰的一部分获得性兴奋的一种性偏离。临床上并非罕见，但几乎仅见于男性。他们对性的兴趣集中在没有生命的物品上，所恋物品均为直接与异性身体接触的东西，如异性的内裤、内衣、胸罩、头巾、丝袜等；或是把兴趣和性欲专门指向异性身体的某一部分，如头发等，而无法对异性的整个身体及性器官产生兴奋。一般通过抚摸嗅闻这类物品伴以自慰来获得性满足，或在性交时自己或要求性对象持此物品来获得性满足（即所恋物体成为性刺激的重要来源或获得性满足的基本条件）。有报道，一名40多岁的男性，在5年时间内偷了2 000多件女性的胸罩。恋物障碍应排除短暂（6个月以内）的境遇性恋物倾向、对女性衣着特别喜爱的异装障碍和专门为刺激生殖器而设计的物品（如性器具）的爱好。

诊断标准：① 持续6个月以上反复出现强烈性兴奋和幻想、性冲动或行为，但性指向的内容是无生命的物品；② 此幻想、性冲动或行为造成精神上极度痛苦，或形成明显的社会功能障碍（如给工作、生活、学习等带来明显影响）；③所爱恋之物是极其重要的性刺激来源，或为达到性满足所必需的。

正常人在热恋时，对恋人身体的某一部分（如头发、眼睛等）产生一种特别的依恋之情；或对恋人习惯穿着的衣物和日用品等有一种特殊的感情，这种恋物只要在一定的限度之内，他的生活并没有受到影响，就属于正常心理，应与恋物障碍区分开来。但如果这种恋物心理超过一定的限度，以致成为性恋的专一对象，甚至单靠这些物品来达到性满足，或对其社会活动造成困扰时，则是一种性欲倒错障碍。

大多数恋物障碍者心理冲突十分强烈。一方面，强烈地希望与异性亲昵，甚至想发生性关系；另一方面却又害怕与异性交往。当他们与异性交往时，显得羞怯、紧张，只好通过偷窃等手段千方百计地去获取所眷恋的物品，以得到心理满足，严重的以暴力方式夺取自己钟爱之物。然而，他们也意识到自己的行为可能受到社会的斥责和行政处分，但又无法控制自己的行为，内心往往十分矛盾。

恋物障碍者常被认为是流氓而受到处分，并因此失去了治疗的机会。对于恋物障碍者，重要的在于预防。进行科学的性教育，促进异性间的正常交往，有助于消除大部分恋物障碍的发生。当出现恋物倾向时，应进行正面引导，鼓励并帮助他们建立正常的人际关系和正常的异性交往，把这种倾向消灭在萌芽状态。对恋物障碍者，则应在专门的治疗机构进行正规治疗。一般通过精神分析疗法、行为疗法（厌恶疗法）和系统脱敏疗法纠正恋物行为的效果较好。

（二）恋尸障碍

恋尸障碍（necrophilia，necrophilic disorder）是指以反复与尸体发生性接触获得性兴奋和性满足的唯一方式的一种性欲倒错障碍。事实上，恋尸障碍极为罕见，常见于男性，多发生在与尸体有职业性接触的人中，也可见于未婚青年、残疾人、丧偶者，有些精神发育迟滞者或精神病患者。对刚死的女性偶尔发生奸淫行为不足以确诊。在DSM-5中，对尸体产生反复的、强烈的性兴趣，在重要的功能领域引起明显的痛苦或损害，可以被诊断为其他特定的性欲倒错障碍。

恋尸障碍可分为不杀人奸尸障碍、杀人奸尸障碍、假奸尸障碍、幻想型奸尸障碍、迷恋型奸尸障碍等几种。不杀人奸尸障碍是最为常见的奸尸行为。这种人只是利用各种机会与死去的人性交，并不去杀人；杀人奸尸障碍是最危险的奸尸行为。其杀人的目的就是要与尸体性交；假奸尸障碍并不真与尸体性交，而是要求性伴侣装成死人并与之性交；幻想型奸尸障碍也不真与尸体进行性交，甚至根本不进行任何真实的性交行为，他们只是在自己的想象中完成奸尸行为，并从中获得性快感和性满足。迷恋型奸尸障碍可能也会与尸体进行性交，但是他们似乎更为迷恋尸体的某些器官（如乳房和生殖器），通过观看或触摸这些器官从中获得性快感或性满足。

恋尸障碍者往往是极度缺乏自尊和有根深蒂固的自卑感，需要拥有一个不抗拒和不排斥的性伴侣来证明自己的能力和控制力。此外，可能还有其他动机，如与浪漫伴侣重聚、尸体对其有性吸引力、试图获得安慰或克服孤立感、试图通过对尸体的绝对控制来获得自尊、对女性恐惧的补偿、执行一系列破坏性行为、需要进行无限的性活动。

（三）恋兽障碍

恋兽障碍（zoophilia，zoophilistic disorder）是指反复以动物为性恋对象或唯一达到性兴奋性满足方式的一种性欲倒错障碍。但兽奸或与动物性交并非仅见于恋兽障碍者，历史上某些宗教传统或仪式中可见到这种活动。在无法取得正常性生活的人群中也时有发生。男性恋兽障碍者多与羊、牛、猪、狗等温顺家畜动物进行性交，部分患者通过对动物有明显施虐色彩的非性交性行为获得性满足；女性恋兽障碍者则多从与动物摩擦或令动物舐其外生殖器而获得性满足，甚至定期与其性交。有报道牧童与母牛或羊反复发生性交，并取得性满足。也有报道有些长期单身居住女性与所养宠物发生性关系。

七、涉及自身或自愿对象的性欲倒错障碍

涉及自身或自愿对象的性欲倒错障碍（paraphilic disorder involving solitary behaviour or consenting individuals）是指反复多次将通过自身或与自愿对象发生极易造成重大伤害或死亡风险的行为作为性刺激，以达到性兴奋的一种非典型性唤起模式，但未列入其他性欲倒错障碍的类型。

诊断必须具备以下两个条件之一：① 个人对唤醒模式的本质感到明显的痛苦，痛苦不仅仅是因为他人拒绝或害怕他人拒绝唤醒模式；② 性欲倒错行为的性质涉及对个人（如窒息或通过限制呼吸实现性唤起）或对个人伴侣（例如，双方同意的虐待障碍，导致需要医疗救治的伤害）造成伤害或死亡的重大风险。其主要类型是性窒息障碍。

性窒息障碍（sexual asphyctic disorder）是指独自一人在偏僻隐蔽的地方，采用缢、勒颈项等控制呼吸的方式，造成大脑缺氧状态，刺激增强其性欲以达到性高潮的一种性欲倒错障碍。也有人认为性窒息障碍是性受虐障碍的一种极端类型。由于实施过程中很容易发生意外，这种行为有很大风险会导致窒息性死亡。在少数情况下，可能发生涉及两人的性窒息行为。

性窒息障碍通常是男性青年，他们常把自己捆绑起来，并用绳子套住颈部，在体重的作用下使绳索勒紧气管，逼住呼吸，或用面罩等罩住口鼻，造成窒息状态，进行手淫。患者在窒息挣扎中获得性快感，甚至射精。待性高潮后，患者再松开绳索，自行解救。由于这种反常性行为大多选择安静无人的时候和隐蔽场所，在不少情况下，发生意外时很难被及时发现，难免窒息过度，无力自救而造成死亡，因此极具危险性。

八、强迫性性行为障碍

强迫性性行为障碍（compulsive sexual behaviour disorder）是指持续地无法控制强烈、反复的性冲动或性欲，出现反复的性行为，导致明显的痛苦和伤害。在ICD-11清单中，强迫性性行为障碍被列入冲动控制障碍之中，而非性欲倒错障碍，即在以上所列的各种性欲倒错障碍之外。有人称之为性瘾，但目前仍不清楚其与毒瘾或赌瘾是否相似，因此，世界卫生组织并未把这种精神疾病与吸毒或赌博等成瘾混为一谈，认为需要进行更多研究才能把这种疾病称为成瘾性疾病。强迫性性行为障碍被列为精神疾病，将使这一疾病向合法化迈出了一步，将促使人们就该病及其流行情况及如何确定最有效治疗方法开展更多研究，确保受其影响的人可以得到帮助，同时也让这些人知道自己“确实患病”，并寻求治疗。

强迫性性行为障碍可能表现为多种行为，包括与他人的性行为、手淫、使用色情、网络性行为、电话性行为及其他形式的重复的性行为。

诊断标准：① 持续6个月以上无法控制强烈、反复的性冲动，并有以下一种或多种表现，

反复性行为已成为个人生活的中心焦点，以至于忽视了健康和个人护理或其他兴趣、活动和责任；曾多次尝试控制或显著减少反复性行为，但均未成功；尽管存在不良后果（例如，由于性行为导致的婚姻冲突、经济或法律后果、对健康的负面影响），但仍继续出现反复性行为；即使从中很少或没有获得满足感，但仍继续出现反复性行为。② 这种行为导致个人、家庭、社会、教育、职业或其他重要功能领域的明显痛苦或严重损害。③ 这种行为排除其他精神障碍（如躁狂发作）或其他医疗状况，也不是某种物质或药物的影响。

思考题

1. 名词解释：性欲倒错障碍　露阴障碍　窥阴障碍　恋童障碍　强制性性虐待障碍　摩擦障碍　恋物障碍　恋尸障碍　恋兽障碍　性窒息障碍

2. 性欲倒错障碍形成的主要原因有哪些？如何预防和治疗性欲倒错障碍？

第八章

性功能障碍

第一节 概 述

一、性功能障碍的概念

性功能障碍是一种综合征，目前尚无完全一致的概念。这里所指的性功能障碍（sexual dysfunction）是一组与生理、心理、人际、社会和文化等因素密切相关的性活动过程中的某一方面或某几方面发生改变，从而影响性生活进行的性生理障碍。性功能障碍症状的表现必须是持续存在或反复存在的（一般持续至少3个月），并因此不能进行自己所希望的性生活、对日常生活或社会功能造成影响，给患者的生活带来明显的痛苦。偶尔的、一过性的性功能出现的问题不能诊断为性功能障碍。

二、性功能障碍的类型

性功能障碍可根据不同的划分标准进行分类。ICD-11按障碍发生在性活动的不同环节将性功能障碍分为性欲低下障碍、性唤起障碍（包括女性性唤起障碍、男性勃起功能障碍）、性高潮障碍、射精功能障碍（包括男性早泄、男性射精延迟）、其他特指的性功能障碍、未特指的性功能障碍、性交疼痛障碍和性交困难等。按发病原因可将其划分为器质性性功能障碍和非器质性性功能障碍。器质性性功能障碍是由于身体发生生理病变所引起的性功能障碍，而非器质性性功能障碍又称为精神性（心理性、功能性）性功能障碍，是由心理、社会等因素引起的性功能障碍。按开始出现的时间可将其划分为原发性性功能障碍和继发性性功能障碍。原发性性功能障碍又称终身性性功能障碍，是自首次性活动时就存在的性功能障碍；继发性性功能障碍又称为获得性性功能障碍，是有过一段正常的性生活后才开始出现的性功能障碍；按出现情境可将其划分为完全性性功能障碍和境遇性性功能障碍。完全性性功能障碍又称为广泛性性功能障碍，出现于任何伴侣或任何性活动中；境遇性性功能障碍又称为情境性功能障碍，往往只存在于特定类型、刺激、情境或伴侣之中。

三、性功能障碍的病因

（一）器质性原因

身体某些生理变化或病变所引起的，如解剖结构异常、神经性病变或损伤、血管性因素、内分泌异常、全身性慢性疾病、药物性因素或术后并发症等。

（二）非器质性原因

心理、社会等因素引起的性功能障碍，主要由以下几个原因造成：① 与性心理和性行为因素有关，如消极的性态度、过去不良的性经历与性创伤、不良的性角色适应、不良的躯体形象、不良的睡眠卫生习惯、劳累过度的工作等，抑郁、焦虑、认知障碍以及精神、行为或神经发育障碍等。② 与缺乏性知识或性经验有关，如性知识缺乏、某些性谣言、传统文化或宗教的影响导致对性的认知错误，性经验不足导致性活动异常。③ 与人际关系因素有关，如对性伴侣的怨恨或抵触、缺乏浪漫依恋、对方失去性吸引力、没有亲近感、欲望水平差异和性爱好不一致等，性伴侣情感不和谐引起焦虑、内疚、自责、紧张、恐惧、悲伤和忧虑等。④ 与文化因素有关，如受到传统文化的影响产生不良性观念，影响或抑制对性活动的期望和性快感的体验。⑤ 与使用精神活性物质或药物有关，如长期使用催眠镇定药、抗高血压药、抗精神病药及不良嗜好（如酗酒、吸毒、吸烟等）。⑥ 其他因素，如对自己的健康和疾病过于担心、过于疲劳、生活压力过大、过度兴奋或紧张、环境不适宜等。

可见心理、社会、疾病、药物及外科手术等因素都可能使性功能发生障碍，但大部分的性功能障碍是属于非器质性性功能障碍，即使是器质性性功能障碍患者，也往往有广泛和严重的心理影响。据推测，各种心理、社会紧张因素通过患者的主观评价，引起情绪体验，会激活下丘脑释放促激素释放因子或抑制因子，从而影响神经内分泌的改变，进而导致性功能障碍。鉴于此，我们把性功能障碍一章放在中篇“性心理学教育”中讲解。

近年来，医学领域得到了长足的发展，传统单纯的生物医学模式已经被打破，生物－心理－社会医学模式应运而生，加强了医学与相关学科，特别是心理学和社会学的交叉渗透。现代医学把身体分为身体、心理和社会适应三大部分，人们开始重点研究由心理、社会因素导致的机体疾病。

以下参考ICD-11中的性健康相关情况，结合我国实际情况对一些典型的性功能障碍进行分析。

第二节　男性性功能障碍

男性性功能障碍可发生在与性行为相对应的各个不同层次上，如性欲低下、性厌恶、性欲亢进、勃起功能障碍、男性早泄、男性射精延迟、逆行射精等。下面就几种常见的男性性功能障碍进行讲述。

一、勃起功能障碍

勃起功能障碍(erectile dysfunction, ED)是指成年男性虽有性欲,但阴茎不能勃起或勃起不坚,不能维持足够的硬度和时间以完成性交,简单说,就是不能获得和维持性交所需要的阴茎勃起。它是男性常见的一种性功能障碍,俗称阳痿(impotence)。但"勃起功能障碍"比"阳痿"更能准确反映出这种性功能障碍的实质。实际上,有近一半的男性经历过偶尔短暂的勃起功能障碍。偶尔发生的、暂时的不能勃起属于正常现象,不应过于紧张,更不能以此作为诊断的依据。因为这种情况多半是由疲劳、心情紧张、焦虑、醉酒、疾病等引起的。但如果长期不能勃起(一般超过半年),则说明有可能是勃起功能障碍,需要进一步诊断。

男性勃起功能障碍可分为以下4种类型。① 原发性完全性勃起功能障碍:指从性相关的性活动一开始患者就一直在任何性刺激的情况下都不能勃起。② 原发性境遇性勃起功能障碍:指从性相关的性活动一开始,患者就一直在某些情境下(如某些伴侣或某些刺激)无法勃起,而在其他情境下能正常勃起。③ 继发性完全性勃起功能障碍:指原本勃起功能正常的男性在任何刺激下都不能勃起。④ 继发性境遇性勃起功能障碍:指原本勃起功能正常的男性在某些情境下(如某些伴侣或某些刺激)无法勃起,而在其他情境下能正常勃起。

引起勃起功能障碍的原因是多方面的,而且往往是综合作用的结果。心理、内分泌、血管和神经等因素中的一种或几种均可造成。根据病因可将其分为非器质性和器质性两大类。其中,非器质性勃起功能障碍占多数,据报道占80%以上。但随着研究的深入,诊断技术的发展,研究发现器质性勃起功能障碍所占的比例越来越高。

(一) 非器质性勃起功能障碍

非器质性勃起功能障碍多由精神心理因素造成,无生理疾病,发病往往较急、较为突然,而且是间歇性或选择性勃起功能障碍。有时勃起很好,但在一些情况下则不能勃起。

引起非器质性勃起功能障碍的原因主要有以下几个方面。

1. 心理方面

在成长过程中,由于缺乏正确的性教育或接受了错误的性教育,患者心理压力过重而引起。例如,父母和家庭对性问题的消极回避,以致性被认为是神秘的、不光彩的,甚至是肮脏的;或担心自己的阴茎太小,无法满足妻子要求,缺乏自信心;或性生活环境不佳,怕别人看见或听见,心理压力过重而无法专心致志;或害怕怀孕、害怕染上性传播疾病等而疑虑重重。

2. 情感方面

夫妻关系紧张,性生活不协调,对性交对象缺乏感情、害怕或厌恶;初次性交失败导致心理创伤;离异、丧偶等精神创伤难以愈合等也可导致勃起功能障碍。

3. 社会方面

工作压力过大、过度疲劳、事业受挫、生活失意等不良刺激引起情绪低落、抑郁或思想负担过重均可引起勃起功能障碍。

（二）器质性勃起功能障碍

器质性勃起功能障碍多为全天候持续性、渐进性病情加重，从而导致勃起功能差或完全不能勃起，即使在夜间或晨起也不能充分勃起或无勃起。一般器质性勃起功能障碍者年纪均偏大，多在50岁以上。勃起功能障碍的器质性病因是多方面的，包括解剖学异常、内分泌异常、神经系统异常、其他全身性疾病、药物和不良嗜好、年龄因素、手术因素等诸方面。

1. 解剖学异常

隐睾症、小睾丸、阴茎海绵体硬结致使阴茎弯曲，生殖系统炎症，阴茎创伤性离断或钝性损伤、折断，动脉硬化或发育不全导致动脉供血不足等均可导致勃起功能障碍。特别是各种因素引起动脉硬化导致的勃起功能障碍是器质性勃起功能障碍的最常见原因。

2. 内分泌异常

雄激素是促进青春期发育、维持男性性功能的物质基础。雄激素水平降低可减弱勃起功能。外伤、化疗、放疗、隐睾症、下丘脑病变、垂体前叶功能障碍等均可影响睾酮的正常生成，进而影响勃起功能。

高泌乳素血症常伴有血清黄体生成素水平下降。80%患者可出现勃起功能障碍。

甲状腺功能亢进既可引起雌二醇合成增加，又可使其代谢清除减少，导致血清中雌二醇水平升高，使雌激素与雄激素比例失调，并促使雄激素转化为雌激素，进而影响性功能；甲状腺功能低下时，可诱发促甲状腺激素释放激素的调节或对内源性促甲状腺激素释放激素反应增强，导致血清泌乳素水平升高，也可产生勃起功能障碍。

3. 神经系统异常

颅脑疾病（如大脑颞叶受损或脑外伤、脑血管意外、阿尔茨海默病、帕金森病等）可引起勃起功能障碍。脊髓横断患者，倘若骶段未受累，仍保留反射性勃起功能。但一些脊髓疾病（如脊髓灰质炎）或外周神经系统病变（如骶神经损伤）可引起勃起功能障碍。

4. 其他全身性疾病

勃起能力是身体代谢能力和健康状况的重要标志，代谢能力出现障碍或存在一些全身性疾病，几乎总会减弱甚至消除勃起能力。慢性病症是引起器质性勃起功能障碍的最主要的危险因素。例如，约52%高血压患者有勃起功能障碍，其中26%是完全性的；约61.4%缺血性心脏病患者有勃起功能障碍，其中38.1%是完全性的；约76%外周血管疾病患者有勃起功能障碍，其中56.8%为完全性的；约64%糖尿病患者有勃起功能障碍，其中34.4%是完全性的；约40%慢性肾衰竭患者有勃起功能障碍；25%～70%肝衰竭者有勃起功能障碍；约53%阿尔茨海默病患者有勃起功能障碍。此外，体质极度虚弱、营养不良、维生素缺乏等均可影响男性性功能，并可导致勃起功能障碍。

5. 药物和不良嗜好

长期服用作用于中枢神经系统的药物（如催眠镇静药）、抗高血压药（如胍乙啶、硝苯地平、螺内酯、噻嗪类利尿药等）和抗精神病药（如吩噻嗪、阿米替林、氟哌啶醇等）以及不良嗜好（如酗酒、吸毒、吸烟等）均可导致勃起功能障碍。

6. 年龄因素

据国内零星抽样调查报告显示，成年男子勃起功能障碍的发病率约为10%。勃起困难可发生于任何年龄的男性。从进入青春期开始，到性功能高峰期的成年，或是已丧失生育能力的老人都可能发生勃起功能障碍。不过，年龄越大，发病率越高。有调查显示，25岁年龄组勃起功能障碍的发病率为0.5%，35岁年龄组勃起功能障碍的发病率为2%，55岁年龄组勃起功能障碍的发病率为10%，75岁年龄组勃起功能障碍的发病率则高达75%。可见，年龄也是影响勃起功能障碍的重要因素，虽然它不是一种病理现象。老年人血浆睾酮水平降低，血管阻塞性病变可能是主要原因。

7. 手术因素

前列腺全切术、膀胱全切术、直肠全切术、腹膜后淋巴结清扫术、交感神经切除术等也可造成勃起功能障碍。

从以上分析可见，男性勃起功能障碍的原因是多方面的。对于非器质性勃起功能障碍，应针对病因，主要采取心理治疗。去除心理和精神方面的病因就可以使其恢复正常性功能。对于器质性勃起功能障碍，需要请专科医生进行全面检查，明确病因，对症施治，方可取得良好疗效。此外，器质性勃起功能障碍往往存在着不同程度的心理障碍，在进行医学治疗的同时，也应积极进行心理治疗和心理调适。只有两者相互配合、相互促进，才能起到事半功倍的疗效，促进早日痊愈。

二、男性早泄

男性早泄（male early ejaculation）又称射精过早，俗称早泄，是指成年男性有稳定的性生活半年以上后，持续地发生性交时过早射精导致性交不满意，或阴茎未插入阴道就射精，是最常见的男性性功能障碍之一，但也是最难诊断的一种性功能障碍，因为国际上尚无统一的标准定义。射精的快慢存在很大的个体差异，它与性生活情境、性生活经验、夫妻感情、性交频率、配偶性高潮出现的快慢、体质及年龄大小等有很大的关系。国际性医学会对早泄的推荐定义为不能控制射精时间，从初次性交开始，射精往往或总是在阴茎插入阴道前或插入阴道后约1 min内发生（原发性早泄），或者原本射精正常的男性在阴道内射精潜伏期显著缩短，通常小于3 min（继发性早泄），进而产生消极后果（如苦恼、忧虑、挫折感或避免性生活）。

导致早泄的原因包括心理、精神和生理等方面，其中多数是由精神或心理因素引起的，持续存在的心理因素也可能加重潜在器质性因素而导致早泄。主要有以下几方面原因。

（1）缺乏自行控制射精能力。多见于具有很高性冲动但还未学会控制射精能力的年轻人。有些人急于追求性高潮带来的舒适感，性交时不间歇地连续抽动，往往在1 ～ 2 min即射精。

（2）婚前或初婚，由于环境关系，不得不采取快速射精来结束性交。这些男子由于紧张或怕被别人发现，在第一次性体验中就确立了一种快速射精模式，在以后的类似经历中不断得到加强，从而形成射精过快的习惯。

（3）夫妻关系不和或对对方的性生理、性反应不够了解也容易造成早泄。丈夫不了解妻子的性反应，不顾妻子的愿望，只顾自己满足，把性交当成释放性能量的例行公事，而妻子往往又不愿性交，把性交当成不得已的事，应付了之，催促丈夫快点完事，久之则引起或加重早泄。

（4）男性包皮过长容易导致早泄。有调查研究发现，包皮过长者的龟头皮肤比正常男性龟头的皮肤要细嫩，且敏感性高，容易引发性兴奋而射精。

（5）生殖器炎症和神经系统病变。生殖器的炎症，如后尿道炎、前列腺炎等容易引起早泄。近来有专家认为，继发性早泄（即曾具有良好射精控制能力而后来发展为早泄）患者有必要进行泌尿学和神经病学的检查。因为这种射精失控可能是可治愈的或是严重疾病的征兆。控制性高潮的反射机制——脊髓和脑神经中枢的病理改变或任何退行性变化等都可能造成射精功能的失控，如多发性硬化或脊髓肿瘤、癫痫、血管意外等大脑器质性损伤。

在过去20年时间里，一些科学家提出了许多生物学因素来解释早泄，包括5-羟色胺神经递质紊乱、阴茎头敏感性过高、遗传变异、甲状腺疾病等。但这些病因均没有大规模的研究来证实。

在一些情况下，偶然出现一次或几次早泄，不能认为是病态。例如，新婚夫妇由于缺乏经验或精神过于紧张，新婚第一次性交出现早泄；已婚夫妻久别重逢后第一次性生活，由于感情激动和过于急切，也容易发生早泄；婚前性生活，环境因素和害怕被发现等原因，也容易尽快射精结束性交，这些均属于正常现象，不必过于担心，以免产生更大的心理压力，形成恶性循环。但长期严重的早泄则应分析原因，进行有针对性的治疗。

三、男性射精延迟

男性射精延迟（male retarded ejaculation）是指性交时阴茎能够勃起并进入阴道，尽管有足够的性刺激和射精愿望，但依然不能在阴道内射精或射精潜伏期过长，达不到性高潮。这是男性性高潮障碍的一种具体表现。由于射精延迟，阴茎可较长时间勃起，往往是性伴侣要求中止性交，或最后失去性交兴趣，阴茎逐渐疲软而结束性交。

根据不同的分类标准，可把男性射精延迟分为几种不同类型。从第一次性活动开始就出现射精延迟的称为原发性射精延迟；出现过射精，而目前却无法达到射精的称为继发性射精延迟。在某些情况下可以射精，而在另一些情况下却无法射精的，则称为境遇性射精延迟；而在任何场合都不能射精的，称为完全性射精延迟。

与勃起功能障碍和早泄相比，由于本病私密性强和一些错误观念的影响，射精延迟的发病率并不确切。患者也很少因射精延迟求诊，而是多由于婚后不育就诊。

（一）非器质性原因

射精延迟多由心理因素所致，心理因素者约占病例的90%。主要有以下几个影响因素。

1. 性刺激不够，性兴奋不强

性刺激包括视觉、听觉、触觉等，是诱发性兴奋的必要条件，性交前缺乏语言交流或肌肤接触等调情活动，感受刺激不强，性兴奋较低，或阴茎进入阴道后抽动频率、幅度和时间不够，不能达到兴奋射精中枢的程度；也有的人在性交中注意力不集中、精神分散而减弱性的兴奋性。

2. 错误性知识，缺乏性技巧

有些男性自认为精液是人体最精华的物质，“一滴精十滴血”，射精会对身体有害，故按照古训“动而不泄，还精补脑”；有的男性不知性交是怎么回事，对处女膜破裂等怀有畏惧心理；有的人认为性交是罪恶的行为，阴道是污秽之处而抑制自己的性欲；有的男性害怕性交会引起妻子疼痛不适等；女方因为害怕疼痛，在性交中限制阴茎抽动摩擦；也有的男性性交时姿势不佳，不利于阴茎在阴道内的抽动、摩擦。

3. 环境干扰大，兴奋受抑制

居室条件差或环境不适，外界干扰，使心情紧张，性兴奋受到抑制；双方作息时间不同或睡眠习惯不同，导致性生活不协调。

4. 长期频繁手淫，射精阈值提高

长期手淫使射精中枢需要在手淫的强烈刺激下才会兴奋，这样提高了射精的阈值。正常性生活中的性刺激强度（阴道对阴茎的刺激强度）达不到手淫对阴茎的刺激强度导致不易发生射精。

5. 过度疲劳，压力过重

男方由于工作等过度疲劳或压力过重，特别是性生活过度容易导致射精延迟。一般情况下，两次性生活时间间隔越短，射精越慢，甚至导致射精困难。

（二）器质性原因

器质性原因较少，只占射精延迟的10%左右。如果男子从来没有在任何情况下射精，那么射精延迟就很可能是器质性原因引起的。器质性因素包括局部、神经性、内分泌和药物性等。

1. 局部因素

膀胱松弛，精阜肥大，阴茎外伤、硬结、纤维化或极度弯曲，严重尿道下裂，前列腺钙化和射精管阻塞等均可造成精液量显著减少或射精延迟。

2. 神经性因素

大脑功能异常或兴奋未能传到中枢均可能导致无性高潮或无射精动作。例如，大脑侧叶病变、腰骶髓内射精中枢功能紊乱或损伤等均可导致射精延迟；神经本身的病理变化或损伤也可导致患者丧失射精能力。

3. 内分泌因素

一些内分泌功能紊乱等代谢疾病及慢性疾病也可引起射精延迟，如糖尿病、垂体功能低下、甲状腺功能亢进或低下等。

4. 药物性因素

具有抗交感活性的治疗高血压、神经症（如抑郁症）、精神病的药物以及抗雄激素类药物和镇静剂等常常有抑制射精功能的副作用。例如，苯二甲胍和胍乙啶（肾上腺素能神经阻断剂）可导致75%的服药者出现射精延迟。此外，某些成瘾性嗜好，如酒精、尼古丁、大麻、可卡因和吗啡等也可能导致射精延迟。

射精延迟的病因是复杂的，也是多方面的，治疗时，也应辨证施治才能收到良好的疗效。功能性射精延迟较为多见，有夜间射精、手淫射精、性知识缺乏或有过心理创伤等，应考虑是否是功能性原因引起的；有外伤、手术、糖尿病或长期服药史者则应多考虑器质性病因。

因疲劳、性交过度等偶尔射精延迟属正常现象，不必为此担心。只要适当休息，调整性生活的频率，一般会很快恢复到正常水平。

非器质性射精延迟应以心理疏导为主进行治疗。应给予夫妻双方必要的相关性知识的指导（如性解剖、射精生理、性交方式等），同时双方应密切配合，消除顾虑、恐惧和各种心理压力，循序渐进进行治疗。此外，还应加强身体锻炼，保持精力、体力充沛。若是器质性原因引起的射精延迟，则应在医生的全面检查下，针对原发病进行治疗。

四、逆行射精

逆行射精（retrograde ejaculation）是指性生活时随着性高潮而有射精感，但精液未从尿道口排出体外，而是逆行排入膀胱，可表现为射精后的初次尿液中可见精子和果糖成分。逆行射精的流行病学数据较少，但在临床上并不少见，在男性不育中占有一定的比例。

逆行射精多由器质性原因造成，病因较为复杂，多由于膀胱颈（膀胱内括约肌）解剖异常和局部神经病变等因素造成，包括解剖学、神经性、机械性和药理学等因素。

（1）解剖学因素：先天性疾病如尿道瓣膜症、膀胱憩室、先天性脊柱裂等，以及精阜肥大、后尿道狭窄等，使得膀胱颈部关闭不全或尿道膜阻力增加，导致逆行射精。

（2）神经性因素：某些手术、疾病可导致相关支配的神经功能障碍、缺失而引发逆行射精。手术如交感神经切除术、腹膜后淋巴结切除术、盆腔淋巴清扫术、直肠癌切除术、前列腺电切术等，以及疾病如脊髓损伤、脊髓发育不良、糖尿病自主神经病变、多发性硬化病等，都可导致支配膀胱颈的神经功能失常、神经损伤或神经根切除，使膀胱颈关闭不全而发生逆行射精。

（3）机械性因素：外伤性及炎症性尿道狭窄导致尿道阻力增加而引发射精受阻。长期排尿困难亦可使膀胱颈部张力下降而导致关闭无力。

（4）药理学因素：一些药物可阻断交感神经的功能而引起逆行射精，如α-肾上腺素能受体阻滞剂、抗高血压药和抗精神病类药物等。

第三节　女性性功能障碍

女性性功能障碍通常表现在性欲产生障碍、性兴奋障碍和性交困难等几个方面。具体说主要包括女性性欲减退、女性性唤起障碍、女性性高潮障碍和阴道痉挛等。据国外统计，女性性功能障碍的发生率为35%～60%，其中女性性欲减退和女性性高潮障碍最为普遍。由于受到社会、家庭、性知识和自身传统观念等方面的影响，女性性功能障碍常得不到应有的重视，即使意识到自己的性功能有问题，患者也往往不能像对待其他疾病一样对待性功能障碍，导致不能积极治疗或不主动配合治疗。随着性知识的普及和人们对性态度的转变，女性性功能障碍必将越来越会得到全社会的关注。

一、女性性欲减退

女性性欲减退（female hyposexuality）是指持续反复地对性表达不感兴趣或缺乏积极的性感受，伴有明显的个人痛苦，或对伴侣关系产生困扰，是女性性功能障碍的一种常见类型。女性性欲减退与社会心理、夫妻生活不协调、身体机能状态、疾病和药物作用、器质性因素有关。

1. 社会心理因素

由于社会、宗教、传统文化等因素的影响，长期接受保守或错误的性教育，部分女性对性生活没有正确的认识，认为性是肮脏、不道德的行为，认为性享受是男人的事，女性只能被动接受性生活，主动追求性的享乐便是放荡、下贱、轻浮的表现。这种消极的观念和条件反射都会造成对性生活的抵制心理，导致其性欲低下。

有的女性缺乏自信心，对自己的外貌或体形不满意，从而感到自卑、内疚或羞愧，也会导致其对性生活形成消极态度，进而影响正常的性欲。

在儿童期或青春期遭遇到的不良性创伤经历，如强奸、乱伦、性骚扰等会在她们的脑海留下消极的记忆，导致其对性生活反感、害怕甚至厌恶，性欲自然就会低下。

2. 夫妻生活不协调

性生活是夫妻双方共同参与并从中共享欢愉与快感的过程，它需要双方的共同努力和相互协调才能实现。遗憾的是，夫妻间经常因为各种原因而无法共同分享性生活的乐趣。夫妻缺乏性知识，不懂男女性的性生理和性心理特点，一些男性只顾自己发泄性欲，忽略了性交前的性前戏和性交后的性温存，未激发起女性的情欲，使妻子在性生活中不能体验到性快感和性高潮，无法充分调动妻子在性生活中的积极性和主动性，久而久之，就会对性生活不感兴趣。

夫妻间缺乏沟通和交流，每次性生活都遵循相同的程序，性技巧缺乏新意，性交姿势单调，也会造成对性生活缺乏新鲜感和吸引力，性生活对于她们来说，就可能成为一种不得已的义务，对性生活的兴趣自然就会下降。

夫妻间感情不和，除了性生活外，似乎没有任何共同语言，甚至给唯一的“共同语言”——性生活还附加了某些条件。这样，就不可能是一个建立在平等关系之上的性生活，夫妻双方怀着不同的心态进行性生活，就不可能全身心投入，出现性生活不和谐在所难免。不和谐的性生活就会降低其对性的兴趣，甚至引起反感，以致性欲减退。

3. 身体机能状态

工作过于劳累、精神压力过重、抚养孩子、家务负担沉重等，会影响女性性欲，导致性生活没有了吸引力，无法激起其性兴趣；妊娠期担心性生活对胎儿的影响，产褥期因产后疼痛、恶露等而使其性欲减退；更年期后，由于卵巢功能下降，性激素分泌减少，也会导致女性性欲减退。

4. 疾病和药物作用

许多身体疾病，如糖尿病、甲状腺功能低下、垂体功能减退等会使其体质虚弱、内分泌失调，导致性欲减退；降压药、镇静药和镇痛剂等药物也会使性欲减退。例如，女性长期服用安眠药或镇静药（如巴比妥类），会降低中枢神经、周围神经、骨骼肌、平滑肌的兴奋性，使感觉迟钝，在性交中不易感受到性快感和性高潮，进而导致性欲低下。

5. 器质性因素

生殖器官的器质性病变（如阴道先天畸形、生殖器的急慢性损伤、子宫脱垂、妇科肿瘤及生殖器的手术创伤）、内分泌系统疾病（如性腺、甲状腺、肾上腺和胰腺的器质性病变）、神经系统疾病（如脑卒中、瘫痪等）以及其他器质性病变（如心血管系统、呼吸系统、消化系统、运动系统等的病变）均可对性功能产生不同影响。

在评价或治疗性欲低下前，要首先了解疾病、药物等因素的影响，然后采取一些适宜的治疗措施。若是疾病引起的，要针对病因治疗原发性疾病；若是由药物引起的，应适当调整或停止服用可能影响性欲的药物。不过生理因素的存在并不能排除引起性欲低下的心理和社会因素的影响，两者很可能共同发挥作用。因此，即便是器质性性欲低下，也应注意心理治疗和调适，否则单纯的临床治疗可能达不到应有的效果。

当然，多数性欲低下是由心理和精神因素引起的，治疗时就更应该以心理治疗为主、药物治疗为辅。治疗的目的主要是对引起障碍的心理因素进行有针对性的调节，解除精神压力，消除心理障碍。

二、女性性唤起障碍

女性性唤起障碍（female sexual arousal disorder）是指女性在足够强度和持续足够时间的性刺激下，仍不能激发性兴奋，引起性冲动。性唤起障碍的女性在性活动的过程中，从激发性冲动开始直至性活动完全结束，仍然部分或完全没有达到性兴奋的程度，没有性兴奋时所具有的阴道润滑、生殖器充血肿胀等性兴奋的生理反应，也没有心理上的欣快感。

女性性唤起障碍可根据不同的分类标准进行分类。从病情的严重程度来分，从轻到重分为四级。① Ⅰ级：女性在性生活中有时或在某些特定境遇下出现阴道润滑不足或反应较慢的表现。② Ⅱ级：女性经常出现阴道润滑不足或反应过慢的现象，对性生活有一定影响。③ Ⅲ级：阴道润滑不足或反应很慢，导致明显焦虑、不安或不适。④ Ⅳ级：阴道润滑严重不足或几乎没有润滑反应，给性生活造成很大困难，也令自身或对方很不满意。

从发病的时间和情境来分，女性性唤起障碍可分为四种。① 原发性完全性性唤起障碍：患者从一开始就在任何情境中与任何性伴侣从未体验过性快感的乐趣。② 原发性境遇性性唤起障碍：患者从一开始仅在一些特殊情况下对性刺激无反应，而在其他情况下则正常。③ 继发性完全性性唤起障碍：患者曾经对性刺激做出某种程度的反应，并从中获得性乐趣，而以后在任何情境中与任何性伴侣均丧失性快感和性乐趣。④ 继发性境遇性性唤起障碍：患者曾经对性刺激做出某种程度的反应，并从中获得性乐趣，而以后仅在一些特殊情况下对性刺激无反应，而在其他情况下则正常。

女性性唤起是一种由自主神经控制下的内脏反应，其实质是控制生殖器血管口径的平滑肌舒张，引起生殖器血管扩张和充血，随后发生阴唇、会阴、阴道周围组织的肿胀。此外，阴道和子宫平滑肌反应引起阴道内2/3扩张和子宫升高。任何妨碍以上反应的因素都可能导致女性性唤起障碍。常见病因包括非器质性和器质性因素，而以非器质性因素为多。

1. 非器质性因素

主要来自情绪的影响，如紧张、不安、焦虑、忧郁、不信任、畏惧、羞怯、内疚、厌恶、悲哀、敌意等情绪均可减少生殖器的血流量，从而导致性反应的缺失。

2. 器质性因素

性唤起的生理反应依赖于血管和神经系统的完整性，这两个系统的任何损伤都可能造成性唤起困难。例如，盆腔血管疾病可以导致阴道润滑减弱；糖尿病和多发性硬化的外周神经损伤也可以影响性唤起进程；哺乳期、围绝经期、绝经期或卵巢切除等导致激素水平的下降，特别是雌激素水平下降，会使阴道干燥，有可能导致性唤起困难。

三、女性性高潮障碍

女性性高潮障碍（female orgasmic dysfunction）是指性欲正常的女性，在性活动时即使受到足够强度和有效性刺激，并能出现正常性兴奋期反应（如生殖器肿胀和阴道充分润滑），但仍持续、反复地缺乏性高潮的体验，并引发心理痛苦。只能获得低水平的性快感，很少或很难达到性满足。这是女性最常见的一种性功能障碍，尤其是在青年新婚妇女中较为普遍。在国外，据马斯特斯和约翰逊报道，在371例女性性功能障碍患者中有342例为性高潮障碍，约占92%；另据国外报道，100个新婚女性中，仅4人开始便享受到性高潮，50人在经过数周、数月甚至数年后，才获得性高潮体验；还有资料显示，夫妻性生活中每次都出现性高潮的只占10%，经常出现性高潮的占48%，从未出现过性高潮的占11%；有的学者认为，在我国，从来没有获得过性高潮的已婚妇女约占1/3。一般说，只有19%的女性在新婚一年内能够经历性高潮，而在5年内约有60%的女性可感受到性高潮。因此，一般以结婚（有稳性配偶）半年后持续出现性高潮缺失6个月以上，并造成心理痛苦和人际关系困难为诊断主要标准。

根据不同的分类标准，可把女性性高潮障碍分为几种不同类型。从来没有以任何手段体验过性高潮的称为原发性性高潮障碍；过去获得过性高潮，而目前却无法达到性高潮的称为继发性性高潮障碍。在某些情况下可以获得性高潮，而在另一些情况下却无法获得性高潮的，称为境遇性性高潮障碍；而在任何场合都不能获得性高潮的，称为完全性性高潮障碍。

女性性高潮障碍的主要原因有以下几个方面。

1. 错误的性观念，缺乏性知识

性观念对人的性行为和性心理有很大的影响。性观念的形成又受到家庭、社会环境的影响。家庭或社会舆论的不恰当引导可导致她们的性观念出现偏差，认为女性在性活动中应该处于被动、顺从地位，主动就是放纵，积极就是淫荡。这样，她们在性生活中就会有意无意控制着自己的感情，抑制自己的冲动，进而抑制了性高潮反射。此外，缺乏性知识也是性高潮障碍的一个重要原因。夫妻简单地把性生活理解为性交，而忽略了性生活的情感成分，忽略了性生活的健康和享乐功能。他们往往认为性快感只来源于阴茎在阴道中的摩擦。因此，在性生活中没有充分发挥视、听、触等各种感觉的综合作用，在性交前很少或根本没有抚摸行为，或只是程序式的敷衍了事，走过场，迫不及待地进入目的性行为，没等充分兴奋就已完事。结果导致妻子难以体验到性高潮的乐趣。

2. 缺乏性交流，不当性刺激

夫妻之间的性生活是双方之间的事，需要怎样的性刺激，需要怎样的性技巧等，只有在性生活中充分交流、慢慢磨合的基础上才能达成默契。在性生活过程中，夫妻间应该进行交流，表达自己的性需求和性感受，既可以用语言，也可以用非语言方式暗示对方，让对方知道你的需求。只有这样，对方才能在以后的性生活中，有意识地给予最有效的性刺激，才能给对方最快乐的享受。许多发生性高潮障碍的女性不好意思或不愿与丈夫谈论这些性问题，作为丈夫往往只能凭自己的感受来进行性刺激，但由于男女性生理、性心理和性反应等方面的差异，丈夫的这种感觉往往是不准确的或是错误的。这样，双方就不能很好地协调和适应，性生活也就不能默契进行，自然就会影响到妻子性高潮的产生和性的满足。

3. 紧张的心理，疲惫的身体

一些女性担心自己的身材（如乳房发育不良），对自己没有信心，或者环境安全感差，以致性交时心理紧张，不能全身心投入性生活中，就无法充分体验到性感受，影响到性兴奋的发展和性高潮的获得。夫妻感情不和谐，幼年期或青春期受到过严重心理创伤等也均可能影响到女性性高潮的体验。此外，工作生活压力过大、过于劳累、人际关系紧张、精神压力过重、抚养孩子繁忙、家务负担沉重、经济困难等，均会不同程度地影响到性高潮的获得。

4. 器质性因素，药物性影响

临床上器质性因素导致的性高潮障碍并不多见，主要见于生殖泌尿系统的疾病，如外阴、阴道、子宫及附件、膀胱、尿道的疾病和盆腔炎、肿瘤等，性交时会引起疼痛和不适，因而也就抑制了性高潮的出现。全身其他系统的疾病如激素水平异常、糖尿病、心脏病、高血压等，都会不同程度地抑制和干扰性反应，破坏性高潮的获得。长期服用抗抑郁类药物也可导致女性性高潮障碍。

女性性高潮障碍的治疗主要是针对以上引起性高潮障碍的因素进行的。除了器质性因素需要在医生的指导下进行诊治外，其他心理性原因均可以通过夫妻间的共同配合得到解决（当然，在心理医生的指导下，会更容易取得疗效）。

首先，夫妻双方应建立正确的性观念，把性看成与饮食等一样，是夫妻间一件很正常的事情，这样就能进行良好的沟通交流，这对培养夫妻对性生活的兴趣和性生活的和谐是非常重要的。性生活的兴趣和性生活的和谐是女性达到性高潮的必要条件。

其次，夫妻双方应学习一些相关的性知识，了解男女性反应的一些特点，这样在性生活中，就能够进行一些有意识的调整，使夫妻双方的性反应同步发展。同时，还应了解男女性器官的解剖结构和性敏感区，掌握一些性技巧，这对女性性欲的唤起和性兴奋的发展具有重要的推动作用。

四、阴道痉挛

阴道痉挛(vaginismus)是指女性在性交时阴道和盆底肌肉不自主地剧烈而持续收缩,使勃起的阴茎无法插入,或虽能插入,但在性交时或性交后,阴道口或深部产生剧烈疼痛及不舒适,引起个人痛苦。在ICD-11中,阴道痉挛归类于性交痛障碍(sexual pain disorder),是性交痛-插入障碍(sexual pain-penetration disorder)的一种类型。

大多数阴道痉挛是精神心理因素引起的,也有极少数是器质性因素引起的,有时则是混合性因素引起的。任何年龄的女性都可发生阴道痉挛。引起阴道痉挛的因素大体上有以下几方面。

(一)非器质性因素

1. 精神心理因素

精神心理因素是引起阴道痉挛最常见的因素。① 过去因被性侵害而产生了严重的精神心理创伤,幼年时有过严重的损伤性性生活史,性生活中的剧烈疼痛(如男性动作过于粗暴)等,造成对性交有极端恐惧、厌恶的心理,可能产生保护性条件反射。② 错误地认为性交是一种肮脏、罪恶和羞耻的行为,从而对性产生强烈的抵触心理。③ 女性性观念不正确,性知识匮乏,对性生活缺乏正确认识,产生对男性或阴茎的畏惧、对阴道容纳能力的担忧,导致过度紧张,或有强烈的怕刺破处女膜、怕性交、怕外物冲击阴道等焦虑恐惧心理。④ 夫妻长期不和睦,妻子对性生活十分厌恶。

2. 性生活前缺少准备动作

性生活前女性没有充分兴奋,阴道口干涩,而男性强行性交,动作鲁莽、粗暴,使女性因疼痛、厌恶、恐惧,而产生阴道痉挛。

3. 体位、方式等不当

性生活时体位不当,过度压迫阴道前壁,尤其是尿道,可引起疼痛而致阴道痉挛。这样的情况反复发生,可形成女性精神心理上的病态发展,以致性交时发生阴道痉挛。

总之,非器质性因素引起的阴道痉挛主要是对性交恐惧造成的,因此有时也称为性交恐惧综合征。

(二)器质性因素

器质性因素主要有子宫内膜异位症、生殖器感染(如子宫颈炎、阴道炎、畸形、肿瘤等)、处女膜闭锁或坚韧、阴道先天性狭窄、阴道会阴手术瘢痕和分娩时损伤等。

对于精神心理因素造成的阴道痉挛,要通过心理疗法和适当的阴道松弛训练来加以治疗。心理疗法等治疗手段主要目的是消除患者的精神和心理压力。阴道痉挛大多是由恐惧心理造成的,因此治疗时首先要解除患者的恐惧心理,一旦患者能较平静地接受曾令她恐惧的场面,她的心理压力也就得到缓解。阴道松弛训练主要是改善阴道和骨盆肌肉的功能状态和自我控制能力。首先,让患者骨盆肌和阴道进行收缩、松弛训练,达到能够自我控制的能力；接着将一个手指轻柔地插入阴道，进行同样的舒缩训练，达到能顺利、自如插入的程度；然后，增加一个手指和两个手指，当两个或三个手指能自如插入时，就可进行性交实践了。也可用阴道扩张器，从小到大的型号依次循序进行训练。这样，既可消除患者对插入的恐惧和回避心理，达到系统脱敏的目的，又可以使阴道及其周围肌肉得到松弛，阴道痉挛就能得到有效的缓解，甚至痊愈。

思考题

1. 名词解释：性功能障碍　勃起功能障碍　男性射精延迟　女性性欲减退　阴道痉挛
2. 男性性功能障碍有哪些主要类型？
3. 哪些因素容易导致男性勃起功能障碍？
4. 女性性功能障碍有哪些主要类型？

下　篇

性社会学教育

第九章

人口与生育调节

第一节　人口与计划生育

一、人口

2022年11月15日，联合国宣布世界人口已达到80亿。从2011年到达70亿至今，11年时间里增加了10亿人。联合国预计，到2030年，全球人口将增长至85亿左右，2050年达到97亿，21世纪80年代达到约104亿的峰值，并保持这个水平到2100年。全球人口增长归功于公共卫生、营养、个人卫生及医药的改善，使人类寿命逐渐延长。另外，一些国家的高生育率也推动了人口快速增长。世界人口达到80亿是一个重要的里程碑，它标志着一个人口快速增长的时代已结束。虽然世界人口增长速度相对放缓，但地区发展极不平衡。目前越来越多的国家，特别是一些发达和部分发展中国家已在经历人口零增长或负增长。未来全球人口的增加将主要来自发展中国家和地区，它们将处在人口转变的微妙平衡中。预计到2050年，全球新增人口中超过一半将集中在刚果（金）、埃及、埃塞俄比亚、印度、尼日利亚、巴基斯坦、菲律宾和坦桑尼亚8个国家。

80亿人口及未来人口的发展变化趋势将会使人类社会面临更大的严峻挑战。一是，持续延长的预期寿命与下降的生育率叠加，将加剧人口老龄化。全球65岁以上人口占总人口比例，2022年为10%，到2050年将升至16%。这将带来生产力下降、医疗保健、养老等一系列问题。二是，人口增长将使有限的资源变得更为紧张。未来几年甚至几十年，大部分经济增长将发生在低收入和中等收入国家，其中许多国家还将经历持续的人口增长。在这样的背景下，人类面临的另一个非常棘手的问题，是如何使所有国家都能在经济发展的同时，减少对包括水在内的各种资源的压力；如何使农业和渔业更具可持续性，以便能够继续养活全球人口，而不会导致生态系统崩溃。三是，人口增长将使我们应对气候变化变得更加困难。尽管低收入国家的人们造成的全球二氧化碳排放量远低于富裕国家，但他们也同样受到气候危机带来的影响，甚至会遭受更为严重的后果。例如，气候变化带来的海平面上升、持续干旱等问题，可能使亚洲和非洲的一些地区在未来不再适合人居住。由气候变化所带来的影响，就可能使我们人类所面临的不平等现象进一步恶化。四是，未来人口增长大部分集中在最不具备应对能力的地区，而这种增长加上气候变化问题将可能引发一系列“次生灾害”——包括大规模移民、地区冲突及政治动乱等。此外，战争、瘟疫、环境污染和粮食安全等，都是人类不容忽视的问题。

人类要如何面对这些共同的挑战？人口问题归根到底是人的生存发展及共生问题。为此，人类的可持续发展，要在地球文明有机体和人类命运共同体中寻求答案。我们要构建人类命运共同体、让人类共同树立“只有一个地球”“和谐地球”的理念，摆脱弱肉强食的丛林法则，提升人的道德和文明水平。对世界资源占有、布局或者分配不均的格局，通过全球合作得到有序改善，全面构建对弱势群体进行人道关怀的社会机制。

二、我国计划生育政策的变迁

实行计划生育是我国的一项基本国策。《中华人民共和国宪法》第二十五条规定：“国家推行计划生育，使人口的增长同经济和社会发展计划相适应。”第四十九条规定：“夫妻双方有实行计划生育的义务。”2021年8月20日全国人民代表大会常务委员会通过了新修订的《中华人民共和国人口与计划生育法》，强调：“为了实现人口与经济、社会、资源、环境的协调发展，推行计划生育，维护公民的合法权益，促进家庭幸福、民族繁荣与社会进步，根据宪法，制定了本法”。计划生育（family planning）包括两方面的含义：一是对一个国家或一个地区而言，就是要对全国的或全地区范围内的人口发展进行有计划的调节，使人口发展同经济和社会的发展相适应；二是对一个家庭或一对育龄夫妇来说，就是要有计划地安排生育子女，以适应家庭和社会的需要。

我国历次人口普查情况见图9-1。2020年第七次全国人口普查显示，我国人口共141 178万人，年均增长率为0.53%。2022年末统计显示，我国人口首次出现负增长，比2021年末减少85万人。人口问题是我国社会主义初级阶段长期面临的重大问题，是制约我国社会和经济发展的关键因素。但随着社会发展，人口老龄化的到来，原有的计划生育政策又需要进行一些调整，以适应社会发展。因此，我国计划生育政策会根据我国人口状况、经济情况、生产力水平等综合国情的变化而进行适当调整。

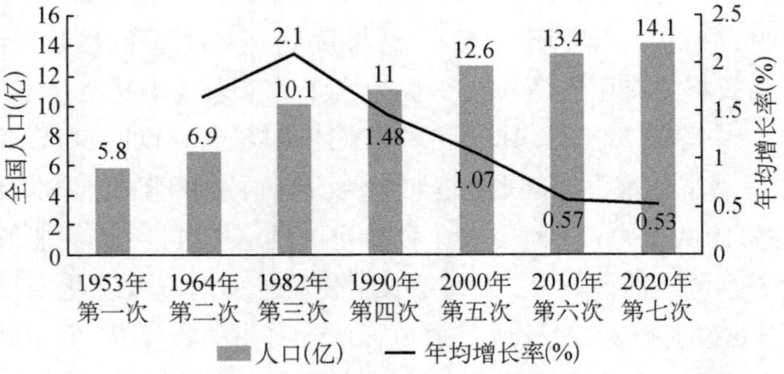

图9-1 全国历次人口普查与年均增长率

1949年，中华人民共和国刚刚成立，百废待兴，社会主义建设需要大量人才，鼓励人们多生育。从1954年开始，国家开始支持避孕，1960年支持晚育，1971年的“一个不少，两个正好，三个多了”，到提倡“一对夫妇只生育一个孩子”，从“单独二孩”政策顺利落地，到全面实施一对夫妇可生育两个孩子，我国的生育政策从诞生的那一天起就始终在实践中不断调整和完善。

1971年，国务院批转《关于做好计划生育工作的报告》，强调“要有计划生育”。在当年制定“四五”计划中，提出“一个不少，两个正好，三个多了”，这被认为是我国计划生育政策的开始。

1973年12月，第一次全国计划生育汇报会提出“晚、稀、少”的政策。“晚”指男性25周岁、女性23周岁以后结婚，女性24周岁以后生育；“稀”指生育间隔为3年以上；“少”指一对夫妇生育不超过两个孩子。

1978年3月，第五届全国人民代表大会第一次会议通过的《中华人民共和国宪法》第五十三条规定“国家提倡和推行计划生育”。计划生育第一次以法律形式载入《中华人民共和国宪法》。为完成在20世纪末把人口总量控制在12亿以内的目标，1978年，中央下发《关于国务院计划生育领导小组第一次会议的报告》，明确提出“提倡一对夫妇生育子女数最好一个，最多两个”。

1980年9月25日，党中央发表《关于控制我国人口增长问题致全体共产党员、共青团员的公开信》，提倡“一对夫妇只生育一个孩子”。

1982年，计划生育政策被列为我国的基本国策。《中共中央、国务院关于进一步做好计划生育工作的指示》，提出照顾农村独女户生育二胎。

1984年，中央批转国家计生委党组《关于计划生育工作情况的汇报》，提出“对农村继续有控制地把口子开得稍大一些，按照规定的条件，经过批准，可以生二胎；坚决制止大口子，即严禁生育超计划的二胎和多胎”，即“开小口、堵大口”。

2002年9月施行的《中华人民共和国人口与计划生育法》明确规定，国家稳定现行生育政策，鼓励公民晚婚晚育，提倡一对夫妻生育一个子女；符合法律、法规规定条件的，可以要求安排生育第二个子女，开始了“双独二孩”政策。

进入21世纪后，我国人口形势发生了重大变化。劳动力持续问题、老龄化问题、人口结构性问题等开始显现。14个省份相继取消了生育第二胎的生育时间间隔等。

2012年末，我国15～59岁劳动年龄人口比上年末减少345万人，这是改革开放以来我国劳动力人口首次下降。截至2013年，我国60岁以上老年人已经达到2.024 3亿人，比上年增加853万多人，在总人口中占比接近15%，上升了0.6个百分点。

2013年11月，党的十八届三中全会审议通过《中共中央关于全面深化改革若干重大问题的决定》。该决定提出，坚持计划生育的基本国策，启动实施一方是独生子女的夫妇可生育两个孩子的政策，逐步调整完善生育政策，促进人口长期均衡发展。即开始了“单独二孩”政策。

同年12月，中共中央、国务院印发《关于调整完善生育政策的意见》，明确了生育政策调整的重要意义和总体思路。

2015年10月29日，党的十八届五中全会公报提出，促进人口均衡发展，坚持计划生育的基本国策，完善人口发展战略，全面实施一对夫妇可生育两个孩子政策，积极开展应对人口老龄化行动。即开始了“全面二孩”政策。

2016年12月30日，国务院发布《国家人口发展规划（2016—2030年）》，提出的人口总量目标是：总和生育率逐步提升并稳定在适度水平，2020年全国总人口达到14.2亿人左右，2030年达到14.5亿人左右。这是我国首次对人口预期提出要达到的最低目标。

2021年5月31日，中共中央政治局审议《关于优化生育政策促进人口长期均衡发展的决定》提出，进一步优化生育政策，实施一对夫妻可以生育三个子女政策及配套支持措施，有利于改善我国人口结构、落实积极应对人口老龄化国家战略、保持我国人力资源禀赋优势。标志着三孩生育政策的开始。

2021年7月20日，中共中央、国务院随即公布了《中共中央　国务院关于优化生育政策促进人口长期均衡发展的决定》，就"实施一对夫妻可以生育三个子女政策，并取消社会抚养费等制约措施、清理和废止相关处罚规定，配套实施积极生育支持措施"提出要求，部署了三大类10个方面40余项配套支持措施。各有关部门也已经行动起来，相继成立工作小组，就相关配套支持措施进行研究，已经或即将推出系列措施，解决生育、养育、教育难题。7月29日，国家卫生健康委员会出台关于贯彻落实《中共中央、国务院关于优化生育政策促进人口长期均衡发展的决定》的通知，指出：依法实施三孩生育政策，取消社会抚养费，清理和废止相关处罚规定，将入户、入学、入职等与个人生育情况全面脱钩。8月20日，第十三届全国人民代表大会常务委员会第三十次会议通过关于修改《中华人民共和国人口与计划生育法》的决定，提倡适龄婚育、优生优育，一对夫妻可以生育三个子女，对与最新计划生育政策不相适应的条款进行修改。8月25日，国务院常务会议审议通过《中国妇女发展纲要（2021—2030年）》和《中国儿童发展纲要（2021—2030年）》，其中指出要完善三孩生育政策配套支持措施，落实产假制度和生育津贴，探索实施父母育儿假，依托社区发展普惠托育服务，推动将3岁以下婴幼儿照护服务费用纳入个人所得税专项附加扣除，加强住房等支持政策，多措并举减轻家庭生育、养育、教育负担。

三、三孩生育政策及配套支持措施解读

三孩生育政策是指实施一对夫妻可以生育三个子女政策及配套支持措施，取消社会抚养费，清理和废止相关处罚规定，将入户、入学、入职等与个人生育情况全面脱钩。

这次优化生育政策，不仅仅是简单地从二孩到三孩的数量调整，更重要的是全面部署配套支持政策。这些政策措施，聚焦群众关切，坚持问题导向，将婚嫁、生育、养育、教育一体考虑，将切实解决群众的后顾之忧，释放生育潜能，促进家庭和谐幸福。

三孩生育政策并不意味着全面放开生育，虽然生育政策在逐渐放宽，但是计划生育作为人类文明进步的产物，还是要继续坚持。实施三孩生育政策，体现了国家指导和家庭自主生育相结合的精神，并赋予计划生育新的内涵。一对夫妻可以生育三个子女，微观上讲，能够满足绝大多数家庭的生育意愿，家庭可以有计划、负责任、科学自主地安排生育时间、生育间隔和生育数量等；大而言之，也较好地体现了我国人口发展的基本国情。

当前，进一步适应人口形势新变化和推动高质量发展新要求，实施三孩生育政策及配套支持措施，具有重大意义。有利于改善人口结构，落实积极应对人口老龄化国家战略；有利

于保持人力资源禀赋优势，应对世界百年未有之大变局；有利于平缓总和生育率下降趋势，推动实现适度生育水平；有利于巩固全面建成小康社会成果，促进人与自然和谐共生。

四、优化生育政策促进人口长期均衡发展的主要目标

到2025年，积极生育支持政策体系基本建立，服务管理制度基本完备，优生优育服务水平明显提高，普惠托育服务体系加快建设，生育、养育、教育成本显著降低，生育水平适当提高，出生人口性别比趋于正常，人口结构逐步优化，人口素质进一步提升。

到2035年，促进人口长期均衡发展的政策法规体系更加完善，服务管理机制运转高效，生育水平更加适度，人口结构进一步改善。优生优育、幼有所育服务水平与人民群众对美好生活的需要相适应，家庭发展能力明显提高，人的全面发展取得更为明显的实质性进展。

第二节 避孕与节育

为了实现人口与经济、社会、资源、环境的协调发展，推行计划生育，维护公民的合法权益，促进家庭幸福、民族繁荣与社会进步，我国把实行计划生育确定为国家的基本国策。目前，计划生育的首要任务是国家采取综合措施，调控人口数量，提高人口素质，推动实现适度生育水平，优化人口结构，促进人口长期均衡发展。为此，《中华人民共和国人口与计划生育法》指出，公民有生育的权利，也有依法实行计划生育的义务，夫妻双方在实行计划生育中负有共同的责任。国家提倡适龄婚育、优生优育，一对夫妻可以生育三个子女。国家创造条件，保障公民知情选择安全、有效、适宜的避孕节育措施。实施避孕节育手术，应当保证受术者的安全。育龄夫妻自主选择计划生育避孕节育措施，预防和减少非意愿妊娠。

避孕是指用科学的方法阻止和破坏受孕过程中的某些环节，避免怀孕，防止生育。如果用人工的方法破坏受孕过程的某些环节，达到永久不能生育的目的，称为绝育。

一、原理

避孕和节育是执行计划生育的重要手段。没有一定的科学技术和方法就无法达到避孕和节育，也就无法执行计划生育。

生殖过程必须同时具备正常的性功能、正常发育的精子和卵子、正常受精、正常妊娠和分娩。如果对其中任一环节用人工的方法进行阻断，就可以达到避孕或节育的目的。避孕和节育就是基于这一原理设计的。

随着科学水平的不断发展，避孕途径也日趋多样化，目前主要有以下几个方面。

1. 抑制排卵

主要是临床上应用多年的复方型避孕药，如女用短效避孕药、女用长效避孕药及皮下植入剂等，它们具有抑制卵巢排卵的作用。卵细胞的发育和成熟受下丘脑和脑垂体的内分泌活

动的影响，这类避孕药是通过阻断下丘脑-垂体-卵巢轴中的某一个环节或对下丘脑、垂体发生负反馈而抑制卵巢排卵，从而达到避孕目的。

2. 阻止精子产生或成熟

应用性激素等干扰促激素分泌，继而抑制睾丸功能，阻碍精子的生成，或直接抑制精子发生。例如，男用口服避孕药棉酚可抑制精子的生成。温热、超声、微波等也有不同程度的抗生精作用。但这些方法都有明显的缺点，不能广泛推广应用。

干扰精子成熟是运用一些药物干扰精子在附睾内成熟。这种方法由于不减少精子的生成而仅影响精子的功能，故又将此途径称为功能性不育途径。其优点是此途径节育引起致畸胎与致突变的可能性很小，既不减少精子的生成又可不影响内分泌及性功能，同时起效快，停药后恢复生育力快。

3. 阻止精卵结合

（1）通过阻止精卵运行使精卵不能相遇：临床上应用这一原理避孕的主要方法有阴道隔膜、避孕套、体外排精法、尿道压迫避孕法、各种男性和女性的绝育术及安全期避孕法等。避孕套、阴道隔膜可阻止精子进入阴道或子宫腔；放在阴道内的外用避孕药能杀死进入阴道的精子；孕激素探亲避孕药或速效避孕药可以在短时间内改变子宫颈黏液的性能，使黏度增加，拉力变小，从而使精子不易进入子宫；安全期避孕法则通过控制性交时间，避免在排卵期性交，使精子和卵子错过相遇机会；体外排精法和会阴尿道压迫法使精液不能进入阴道；男女绝育术则阻止精卵排出或阻止精卵结合而达到永久避孕的目的。

（2）干扰精子获能：多种女用甾体避孕药、某些阴道局部用药，均可干扰精子的获能过程。

4. 阻止受精卵着床

着床的关键在于胚泡的发育和子宫内膜的同步性变化，而子宫内膜转变为蜕膜要接受黄体酮的影响。因此，从胚泡、子宫内膜和黄体着手，破坏或干扰受精卵着床过程的任一环节，便可达到抗着床的目的。改变输卵管蠕动力可使胚泡发育与子宫内膜变化不同步，使之不易着床；在子宫内放置节育器或服用各种探亲避孕药均可使子宫内膜发生变化，阻止受精卵着床和发育。

5. 抗早孕

如果以上各种方法不及时或不恰当，使受精卵在子宫内着床发育，最后的补救措施是通过人工的方法使受精卵或胎儿排出宫外，即所谓的人工流产。但其副作用较大，如胚胎排出可能不全及阴道流血时间较长。

可通过以上的一种或一种以上避孕方法达到避孕目的。

二、避孕、绝育方法及选择

现行的避孕方法有很多种，各种方法有各自的优缺点和不同的适用对象，应根据自身的实际情况，选择适合的避孕方法。目前，根据避孕原理和手段，避孕、绝育方法大致可分为以下几类。

（一）用具节育

主要目的是杀灭精子、阻止精卵结合、阻止着床等。在男性，一般使用的是避孕套。在女性则有多种方法，如女用避孕套、宫内节育器（放环）等。

1. 避孕套

避孕套（condom）分为男用避孕套和女用避孕套。男用避孕套是世界上最早使用以及使用最为普遍的一种男用避孕工具。避孕套为大、中、小3种型号，按其开口部直径分：大号为35 mm，中号为33 mm，小号为31 mm。按套体宽度分（拉开后摊平，测量其中段的宽度）：大号为55 mm，中号为52 mm，小号为49 mm。避孕套一般由优质乳胶制成。性交前将其套在勃起的阴茎上，射精时精液排在套内，阻止精液流到女性的阴道内，达到阻止精子与卵子相遇的目的。

它是一种简便、有效的避孕防病工具，但如果存放或使用不当，容易造成避孕失败。其具有有效期，使用前应该认真查看。平时应将其放在阴凉处，避免高温和强光，避免将其与坚硬、尖锐的物品一起存放，且应避免过于挤压。

男用避孕套的正确使用方法是：选择型号适合的避孕套，从外包装的边缘小心撕开，取出避孕套，观察有无破损，每次性交前将其戴在勃起的阴茎上，不要等到射精前才用。戴前先用手捏瘪套子前端小囊，挤出空气，同时将卷好的避孕套放在阴茎头上，边推边套，直到阴茎根部（注意避孕套的正反面，其卷曲部分应朝外，以便顺利下推使其套住勃起的阴茎）。射精后，在阴茎尚未完全疲软之前，按住套子上口与阴茎一起从阴道拔出，以免精液外溢或避孕套滑落在阴道内。最后将取下的避孕套打上死结以防精液漏出，用卫生纸包好后丢入垃圾桶。性交后还应检查避孕套是否有破损，如有则应及时采取补救措施。男用避孕套的避孕效果较可靠，而且可以降低阴茎对刺激的敏感性，可以延长性交时间，更适合早泄患者。一定程度上还可以防止交叉感染。但男用避孕套在防止怀孕与防止性传播疾病方面并不是100%有效，而有一定的失败概率，应多加注意。

随着观念变化和科技发展，20世纪80年代中期首次出现女用避孕套，现在许多国家已有商品供应。女用避孕套由透明的聚氨酯塑料制成，柔软且坚韧，两端各有一塑料环，封闭端的内环用于帮助插入阴道把避孕套固定在子宫颈。开口端的环较大，在外阴之外展开，同时覆盖女性阴道入口和男性阴茎基部。由于是为女性独特设计，且材料特殊，女性可以自主掌控避孕，还极大限度地防止了性传播疾病（包括艾滋病）的传播。

女用避孕套的使用方法是：打开包装袋，取出女用避孕套（注意不要用力拉扯包装袋，也不要用锐器打开包装袋），找到一个舒适的姿势，挤压封闭端的小环，将其沿着阴道后壁放入阴道，握住避孕套外侧的封闭端，用食指将避孕套推入阴道，直到它靠在子宫颈上，避孕套会自然膨胀，确保避孕套没有扭曲变形，将外环保留在身体外部，覆盖阴道开口，即可开始性交。取出女用避孕套时，轻轻扭动外环，然后将其从阴道中拉出。最后扭转大环以防精液漏出，然后用卫生纸包好，将避孕套扔进垃圾桶。注意不要重复使用女用避孕套。

女用避孕套可于性活动前数小时放入，也可即时使用。与男用避孕套不同的是，它不需要男性勃起的阴茎作为避孕套置入取出的辅助，从而不会使性爱过程产生停顿或中断，同时也缓解了以往男性对戴避孕套的抵触情绪。

2. 宫内节育器

宫内节育器（intrauterine device, IUD）又称节育环，是一种放置在子宫内的避孕装置，在20世纪30年代传入我国，1957年开始在我国推广使用。经30多年的临床实践证实，宫内节育器是一种安全、有效、简便、经济、生育能力可恢复性强的避孕方法，同时不影响内分泌功能，不影响夫妻性生活，很受群众欢迎，现已成为我国农村使用最多、最受欢迎，也是最主要的一种节育措施，目前有多种类型的宫内节育器可供选择。

节育器主要通过以下几个方面达到避孕目的：一是它在子宫腔内占据一定的空间，机械地阻止受精卵着床；二是它刺激子宫内膜产生一种轻微的无菌炎症反应，改变子宫内环境和子宫内膜的生化和物理特性，不利于受精卵着床，又可刺激子宫内膜产生前列腺素，促使子宫收缩和输卵管蠕动亢进，以致受精卵提前1～2天进入子宫腔，与子宫内膜的发育不同步，从而影响着床；三是带铜的节育器能不断缓慢释放铜离子，起到抑制子宫内膜发育和杀伤受精卵的作用；四是带黄体酮的节育器能缓慢释放孕激素，既可使子宫内膜发育不良，不利着床，又可使子宫颈黏液变得黏稠，不利精子通过子宫颈管进入子宫腔。因此其妊娠率仅为2%～4%。

宫内节育器的优点：避孕效果好，避孕率可达96%～98%；长效可逆，一次放置有效期可达5年或更长，且一旦取出，避孕作用即消失；不影响内分泌腺的激素分泌水平，不影响性交；价格低廉，经济实惠。但也有其不足之处，如需要由医务人员在无菌条件下放置或取出，长期未取出可能导致节育器嵌入子宫肌肉中，不能有效预防性传播疾病的传播。

常规放置节育器的时间是在月经干净后3～7天。但值得注意的是，节育器避孕应注意定期回访。因为有时会发生节育器脱落现象，导致掉环怀孕或带环怀孕。

3. 阴道隔膜

阴道隔膜（diaphragm）又称子宫帽，是一种女用避孕工具，为一浅的橡皮帽，边缘有一圈细的金属环。其作用是阻止精子进入子宫腔。

根据金属环的直径，阴道隔膜的大小分为50、55、60、65、70、75和80等7种型号，我国妇女常用65、70和75等3种型号。使用时应该选择适当的规格。放置前，将隔膜的两面及边缘涂上避孕药膏，然后一手分开大阴唇，另一手的拇指和中指将隔膜捏成椭圆形，凸面向着子宫颈，沿阴道后壁向后上方轻轻送入，直达阴道后穹隆顶端，让隔膜遮盖全部子宫颈。隔膜在性交之前放入，性交后6～8 h可以取出，最迟不超过24 h。只要正确放置，避孕成功率一般可达90%以上。

（二）药物节育

药物节育（drug birth control）是指用药物来节育避孕的方法。凡能起到避孕作用的药物都称为避孕药。药物节育的作用主要是抑制受精卵产生、成熟、排放或阻止着床。目前节育药物主要是女用避孕药，分为内用药和外用药。

内用药主要成分是人工合成雌激素和孕激素，包括短效口服避孕药、长效口服避孕药、长效避孕针、速效口服避孕药（也称探亲药）等。不同内用药的使用方法和剂量等各不相同，应按医生吩咐或产品说明使用。只要按要求使用,均可获得理想的避孕效果,避孕率可达99%以上。内用药(口服类)有一定的副作用,如类早孕反应、突破性出血(服药期间阴道突然出血)、月经周期改变、月经过少或闭经、白带增多、肝功能异常、色素沉积等症状。嗜烟者(年龄大于35岁)、哺乳期、肝炎、肾炎、高血压、心脏病等人群不宜服用这些口服避孕药,长效避孕针是通过肌内注射达到避孕的一种避孕药。不同种类避孕针避孕有效时间不同,一般为1～3个月。适用于40岁以下需要长期避孕的女性,其副作用与口服避孕药类似。

外用药主要作用是杀死精子或阻止精子进入子宫腔。目前常用的外用药有外用避孕膜、外用避孕药片、避孕栓和避孕膏等几种。有些外用药与用具、节育器联合使用可明显提高避孕效果。在性生活前,将外用药放置在女性阴道深处,10 min后即可性交。其避孕效果持续约1 h左右。性生活后6 h内避免冲洗阴道。外用药使用方便,容易掌握,不干扰人的内分泌功能和月经周期,不影响健康。但其作用时间短(一般维持1 h左右),避孕效果不如内用药。若使用不当,容易导致避孕失败。此外,它是在性交前临时使用,可能影响性生活的气氛。

皮下埋植避孕法(hypodermic contraceptive implantation)是一种新型的避孕方法,我国于1984年引进。其原理是将一定剂量的孕激素放在胶管中,将它埋藏于皮下,让其缓慢释放孕激素,通过改变子宫颈黏液的黏稠度从而阻止精子进入子宫腔、抑制子宫内膜生长、抑制卵巢排卵等多方面来达到避孕效果。皮下埋植避孕法具有许多优点,如避孕作用效果好,避孕时间长(植入24 h后即可见效,有效时间一般长达5年。两年内的妊娠率为0.1%,三年内的妊娠率为0.24%),药物反应少(只含孕激素,不含雌激素,副作用小),生育能力可恢复性强(胶管取出后,很快恢复生育能力)。但有约20%的妇女使用初期会出现月经不准、经期延长、经血增多等现象,个别还会闭经。一般多在半年后逐渐好转。

(三)紧急避孕

紧急避孕(emergency contraception)又称事后避孕,是在没有采取避孕措施或避孕失败的性生活后,为了避免受孕而采取的应急补救措施。例如,性生活中避孕套破裂或脱落、体外排精不及时等,都可能受孕,应尽早采取补救措施以免怀孕,造成麻烦和痛苦。

紧急避孕有物理法和化学法两大类。物理法是在性生活后在宫腔内放置节育器,阻止受精卵着床和发育。但实际中很少应用。化学法则是性生活后服用避孕药(紧急避孕药)达到避孕目的。其作用是通过抑制排卵、阻止精卵结合、使子宫内膜生长不同步3个途径来实现的。这类避孕药主要有雌激素类、孕激素类、雌激素和孕激素配伍复合类药物等。雌激素类药用药剂量大,副作用和并发症较多,故不常用;雌激素和孕激素配伍复合类药、孕激素类药服用次数少,副作用少,目前广泛使用。不同种类的紧急避孕药的服用方法有所不同,请谨遵医嘱或按说明书服用。例如,市面推广使用的紧急避孕专用药——毓婷,就是重要的一种。毓婷是世界卫生组织和我国计划生育部门开展的一个项目。服用方法是性生活后72 h内服用第一片,间隔12 h服用第二片,即可达到避孕目的。避孕率可达98%以上。服用剂量小,用药时间短,且偶尔用药,所以几乎无副作用,偶尔有头痛、恶心等症状,但也很快消失。但毓婷不能作为常规避孕药,只能作为事后补救措施偶尔用之。服用后3个月到半年内,最好不要再次服用。经常服用毓婷可导致经期紊乱、总失败率上升或宫外孕概率增加,甚至可能导致卵巢早衰。同时,毓婷仅用于上一次无防护性生活之后,对下一次无防护性生活不起作用。

总之,避孕失败是难以预料的事,因此在采用常规方法避孕的同时,最好准备一些紧急避孕药。但任何紧急避孕药或多或少都有副作用,容易引起一些不良反应,故不能常用,根本的方法是做好避孕措施。

(四)终止妊娠

在妊娠28周以前,采用人工方法,把已经发育但还没有成熟的胚胎和胎盘从子宫内取出来,达到终止妊娠目的的方法称人工流产(artificial abortion)。它是避孕失败后的一种补救措施。按妊娠月份大小可把人工流产分为早期人工流产和中期引产。妊娠在14周前做人工流产称早期人工流产;妊娠在14～28周做人工流产称中期引产。通常在妊娠12周内做人工流产较安全,称低危人工流产。妊娠10周内做人工流产最为适宜,越早做人工流产,手术越简单、越安全。

1. 早期人工流产

早期人工流产(early artificial abortion)有药物流产和手术流产。药物流产适用于妊娠35～49天的孕妇;手术流产有吸宫术(负压吸引术)和钳刮术,前者适用于妊娠10周以内的妇女,后者适用于妊娠10～14周的妇女。妊娠超过14周就不能做上述早期人工流产,而需要住院做引产手术。

(1)药物流产法:若妊娠不足49天,传统的吸宫术容易造成漏吸,在此情况下,采用药物流产最适合。药物流产可避免施行手术,既减少对孕妇的身体伤害,又解除孕妇的思想顾虑,是一种值得推广的人工流产方法。药物流产表现为类似月经来潮一样的阴道流血现象。目前用于流产的药物有前列腺素类药物和孕激素受体拮抗剂两大类。前列腺素类药物作用的原理是引起妊娠子宫平滑肌强烈收缩,从而将胚胎排出体外;孕激素受体拮抗剂主要作用于子宫内膜受体,对内源性孕激素产生竞争性抑制,一旦孕激素的作用受阻,便导致流产。

米非司酮是一种孕激素受体拮抗药,可与内源性孕酮竞争受体而达到拮抗孕酮的作用,具有抗着床、终止早孕、诱导月经和促进子宫颈成熟的作用。可作为紧急避孕药,用于无保护(未采取避孕措施)性生活或避孕失败后(如避孕套破损或滑脱等)72 h内预防意外妊娠的补救措施;也可单独或与前列腺素类药物序贯合并使用,可作为早期人工流产药物,用于终止49天内的妊娠。米非司酮为处方药,避孕的目的不同所使用的剂量和服用次数也不相同,务必在医生的指导下正确用药。

(2)吸宫术:又称负压吸引人工流产,是利用负压装置吸出早期妊娠胚胎,适用于妊娠10周以内的人工流产。手术中反应轻,出血少,时间短,术后休息1～2 h就可以回家。术后恢复较快,对身体影响较小。胚胎吸出后要检查胚胎及绒毛是否完整,确定流产是否完全。

(3)钳刮术:它是采用钳子和刮匙或电吸相结合的方法将妊娠的胎儿和胚胎组织清除,适用于妊娠10～14周的妊娠妇女。该手术难度较大,出血较多,恢复也较慢,对身体有一定影响。

2. 中期引产

中期引产(medium-term induction of labor)是用于终止14～28周的妊娠。其原理主要

是通过手术或药物使子宫肌收缩，子宫颈肌肉松弛，从而将胎儿排出体外。中期引产可分为药物引产和手术引产两大类。药物引产常用的药物有乳酸依沙吖啶、前列腺素、芫花萜、天花粉等；常用的引产手术有水囊引产术和经腹剖宫取胎术。终止中期妊娠手术较困难，并发症发生率高，甚至有可能引起孕妇死亡。因此，应尽量减少中期引产，不具备一定技术和设备的医疗单位也不宜施行中期引产。

3. 人工流产对身体的伤害

人工流产虽然是小手术，但如果不注意，可能会引起一些并发症或后遗症，甚至影响到以后的生育能力，对健康产生不利影响。

（1）人工流产综合征：少数孕妇在施行负压吸引或钳刮人工流产过程或手术结束时，出现心跳减慢、心律失常、血压下降、面色苍白、全身冷汗、头晕、恶心、呕吐及胸闷等症状，严重者可发生昏厥、抽搐。

（2）月经不调：人工流产可能引起月经不调。其原因有：① 过分紧张、恐惧、劳累和手术等，能通过神经内分泌抑制下丘脑、脑垂体、卵巢、子宫的功能，导致月经异常；② 人工流产后胎盘绒毛膜促性腺激素骤然消失，使卵巢一时不能对垂体前叶分泌的促性腺激素做出反应，也会引起月经不调；③ 人工流产损伤子宫内膜的基底层，需要一段时间的修复，若损伤过多，子宫内膜可能不能再生，导致长期闭经。

（3）不孕：人工流产不当，可能还会引起不孕。若细菌被带入宫腔，引起输卵管炎，造成输卵管阻塞，则会阻碍精子与卵子相遇；若手术损伤了子宫颈管和子宫内膜，引起子宫颈粘连阻塞或子宫腔缩小，则精子就无法通过子宫颈管进入子宫腔；若子宫内膜基底层受到严重破坏，则内膜无法再生，受精卵也就无法着床。此外，人工流产还会导致以后自然流产率的上升。

近年来，随着青年男女恋爱的普遍，婚前性行为也日益增多。由于缺乏避孕知识，没有避孕或避孕不当，未婚先孕现象时有发生。有些女性担心事情败露，不敢到正规医院流产，而求助于游医或私下买药堕胎，甚至听信一些民间偏方打胎，造成严重后果，可能终身不孕，甚至付出生命的代价。因此，一旦非意愿妊娠，应尽早到正规医院请医生处理，避免造成人为伤害。

4. 人工流产注意事项

在人工流产的整个过程中，应做好思想上和身体上的准备。

（1）术前准备：避免着凉或感冒；手术当天早晨禁食或喝点糖水。

（2）术中要求：注意精神放松，避免过分紧张，与医生密切配合。

（3）术后注意：手术后应在医院观察1～2 h，观察阴道流血和腹痛情况，没有特殊反应即可回家休息；一般休息2周左右，不要从事重体力劳动或剧烈运动，多吃些富含营养的食物，使身体尽快恢复；保持外阴部清洁卫生，每天用温开水清洗1～2次，勤换卫生巾和内裤；两周内或流血未干净时不坐浴；1个月内禁止性生活。若出现发热、腹痛或阴道分泌物有异常气味，要及时就医。术后也不宜过早再次受孕。因为此时子宫内膜不同程度受损，需要一个恢复过程；母体也较为虚弱，若过早受孕，难以维持着床或胎儿发育，容易造成自然流产。

（五）手术绝育

手术绝育的目的主要是阻止精卵结合。它是一种永久性避孕方法，可以达到终身不育或不孕。目前，主要是进行男性的输精管和女性的输卵管结扎。这种绝育方法在农村普遍使用。对不想再生育的夫妇而言是一种简单、方便、有效的绝育手段。但手术绝育后复通是极其困难的，并且成功率随结扎时间的延长而逐渐下降。

1. 输精管结扎术

输精管结扎术（vasoligation）是一种男性的永久性节育措施，通过输精管切断、结扎，从而阻断了精子的输出而达到避孕的目的。局部麻醉下，在阴囊两侧皮肤上各做一个小切口（也可在阴囊中间做一小切口），游离输精管，在稍远离附睾处剪断，分别结扎两断端，并包埋，再缝合皮肤即可。输精管结扎后，精子不能通过输精管随精液排出，因而射出的精液中不含精子，也就不能受精。滞留在附睾中的精子最终被消化和重吸收。需要强调的是，人的性行为主要受睾丸产生的性激素、神经系统和心理状态等方面因素的影响和支配，输精管结扎并不会影响雄激素的分泌和精液量，因而不会影响正常的性欲和性功能。在现实生活中，有些男性结扎后性功能出现减退现象，主要是由于他们对输精管结扎缺乏科学全面的认识，产生精神和心理方面的压力所致的。但也正由于这种神经和心理方面的因素，有些人的性欲和性能力反而增强，那是由于他们再也不必考虑避孕，再也不用担心非意愿妊娠。

随着科学技术的发展，出现了输精管注射黏堵术和输精管可复性注射栓堵术等男性避孕法。这两种技术均采用阴囊皮肤穿刺法，将化学黏堵剂或栓堵剂（常温下均为液体）注入输精管，凝固后阻塞输精管，从而阻止精子通过，达到绝育目的。这两种手术既不开刀，又不切断、结扎输精管，操作方法简便，同时群众心理接受程度高，很受欢迎。

输精管结扎及黏堵后如需复通，恢复生育能力，可将结扎处或黏堵处的输精管切除一部分，然后将两个断端吻合即可。输精管栓堵术复通手术更简单，只要切开输精管，取出栓子就行，复通率极高。

2. 输卵管结扎术

输卵管结扎术（tubal ligation）是目前我国应用最早、最广泛的一种女性绝育手术。在全麻或脊椎麻醉下，在下腹部做一个2～3 cm的小切口，通过切口在子宫两侧找到输卵管，并切除一小段，然后将两断端结扎即可。结扎后既不影响月经周期，也不影响性欲和性功能。

此外，女性绝育手术除输卵管结扎外，还有输卵管硅胶塞绝育术、输卵管药物黏堵绝育术、输卵管可复性注射栓堵术等绝育手术。

（六）其他避孕法

除以上各种避孕绝育方法外，还有一些其他避孕方法。但这些方法失败率高，还可能带来心理压力和夫妻性生活不和谐等问题，不推荐使用。以下分析这些方法的原理和不良影响。

1. 安全期避孕法（自然避孕法）

安全期避孕法（rhythm method）是指在女性排卵期间避免性交以达到避孕的方法。安全期避孕法除了正确选择性交时间外，不需要其他任何避孕措施，故也称自然避孕法。

一般可以通过以下方法达到自然避孕的目的。

（1）月经周期法：从避孕角度看，可将女性的每个月经周期划分为月经期、排卵期（危险期）和安全期。女性的排卵日期一般在下次月经来潮的前14天左右，又由于卵子排出后存活1～2天，精子在女性生殖道内可维持2～3天的受精时间，故在排卵的前后几天里性交容易受孕。具体计算是：先推算出下次来月经的日期，在此日期的前14天即为排卵日期。一般认为，在排卵日期的前5天至后4天这10天内最易受孕，称排卵期或危险期，在此期间应避免性生活或采取其他避孕方法。除去这10天和月经期外，其余的日期即为安全期。在此期间性交不必采取避孕措施。

这种避孕方法仅适用于月经周期一向规律的女性。对于月经周期不规则的女性因无法推算出下次月经来潮的日期，也就无法推算排卵日和排卵期。有些女性会因健康情况、环境改变及情绪波动等使排卵推迟或提前，这样按月经周期推算出来的排卵期就不够准确，采用月经周期法避孕容易失败。因此，安全期并非绝对安全，月经周期不规律者、探亲期女性及生活环境改变的女性等应避免使用此方法。

（2）基础体温法：成年女性在月经周期中，体内激素水平变化会导致基础体温发生周期性变化，基础体温排卵前较低，排卵后升高并一直持续到下次月经来潮前才开始下降，每个月经周期周而复始（图9-2）。因此，可以根据基础体温的变化来指导避孕。基础体温是指人体处在清醒而又非常安静，不受肌肉活动、精神紧张、食物及环境温度等因素影响时的体温。具体方法是，每日清晨醒后（或每次睡觉4～6 h醒来时），不活动不说话，测口腔体温，把每天测量到的基础体温记录在一张体温记录单上，并连成曲线，就可以看出月经周期前半期体温较低，月经周期后半期体温上升的双相型体温曲线。排卵一般发生在体温上升前或由低向高上升的过程中。在基础体温升高（一般在0.3～0.5℃）3天内为易孕期，从第4天起直到下次月经来潮前即为排卵后安全期。基础体温测量法仅能提示排卵已经发生，而不能预告排卵在何时发生，因此它只能确定排卵后安全期，不能确定排卵前安全期。月经周期正常的女性，这样持续测定3个月，就可测出较准确的排卵日期和安全期，从而有目的地指导生育与避孕。

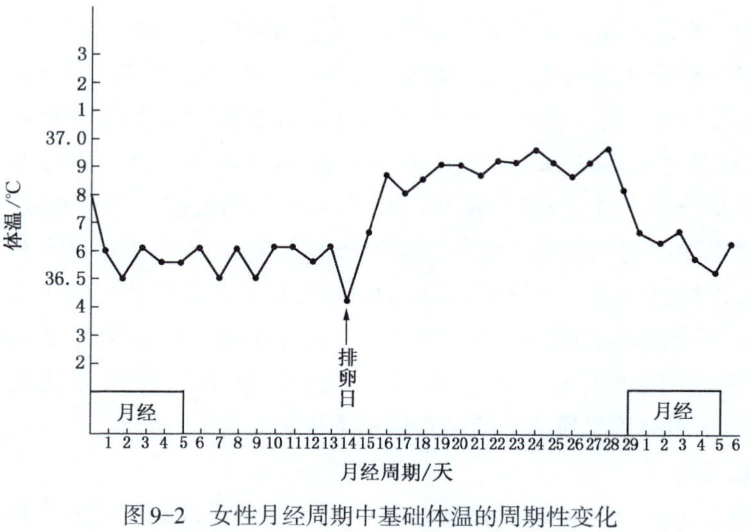

图9-2　女性月经周期中基础体温的周期性变化

但是，体温可能因疾病等发生变化。故此法也并非一种理想的方法，不能普遍推广，仅适合部分人。

以上这两种避孕方法并不是完全可靠，失败者较多，妊娠率为20% ～ 40%。一方面，精子可以在女性的生殖管道内存活一定时间；另一方面，排卵是综合因素作用的结果，精神刺激、情绪变化、生活与环境的改变、身体健康状态或疾病等因素，都对卵巢排卵有一定的影响，这些因素可使排卵日期提前或延迟，也可能发生额外排卵。

2. 体外排精或会阴尿道压迫法

（1）体外射精法（coitus interruptus）：指男女双方在进行性活动时，当快要进入性高潮，即将射精的一瞬间中断性交，迅速抽出阴茎，将精液排在阴道外，以达到避孕目的一种方法。简单说就是中断性交，体外射精。体外射精法虽然简便，不需要花费，但并不可靠，失败率较高，妊娠率可达12% ～ 40%。原因有以下几个方面：一是神经质超前射精。男性并非只有射精时才排出精子，在射精动作之前，出现性兴奋的过程中，积存于输精管内的精液（特别是尿道球腺液和前列腺液），会伴随输精管的收缩而溢出。精子一旦外溢，便可能受孕。即使有很好自控力的人，也无法完全控制这种外溢现象。二是射精失控。体外射精不容易掌握，许多男性不能很准确地把握时机，在射精来临时，无法及时把阴茎从阴道内抽出，使小部分精子排入女性的生殖道内。而最初的小部分精液中精子的含量最高，故极易受精怀孕。体外射精法是性交中断避孕法，经常采用此法可能带来一些负面影响：第一，容易引起性神经衰弱。男女双方思想负担很重，老是提心吊胆，怕出意外。在进行性生活时思想高度紧张，并且在性交出现高潮时突然中断，这样会影响性高潮的出现，达不到性满足，大有余兴未尽之感，必然会对性心理造成不良影响。有人会引起腰背酸痛，出现疲劳、失眠、头昏、头痛等性神经衰弱症状，有些男性可发生性功能障碍，如早泄、勃起功能障碍等。第二，这种强行抑制射精的情况长期反复发生，会引起中枢神经和腰部射精中枢的功能障碍，导致不能射精或不能在阴道内射精等功能性射精障碍。第三，在性兴奋的初期，阴茎勃起不完全，易受外界干扰或情绪变化而消退。长期体外射精会干扰阴茎正常勃起，直接影响勃起功能，导致偶尔勃起功能障碍或早泄，而这又加重了患者的精神负担，形成恶性循环。第四，可能导致夫妻性生活不和谐，女性出现性冷淡。和谐的性生活可增进夫妻间的感情，而在性交中突然中断，女方就无法体验到性高潮，无法得到性满足，给夫妻性生活蒙上阴影。同时，性心理受到抑制，对性生活没有太多渴望，甚至导致反感，久而久之，容易导致女性性冷淡。所以，体外射精避孕法并不可取。

（2）会阴尿道压迫避孕法（urethro-perineal oppression）：指在性交过程中，男方将要射精时向会阴方向紧紧压迫尿道，使尿道暂时关闭，从而迫使精液逆行射入膀胱，达到避孕目的。此法要求避孕者熟知会阴部尿道的解剖位置和压迫方法，一定要在射精前将尿道完全压迫，直到阴茎从阴道内抽出为止。如果压迫部位不准确、压迫不及时或压迫不完全，可能会有部分精液进入阴道，导致避孕失败。而在实际生活中很难准确做到这几点，故失败率较高，不宜使用。此外，经常采用会阴尿道压迫法避孕还可能使男性和女性产生心理压力，负面影响类似体外射精，同时还可导致射精无力或逆行射精等现象。

3. 子宫颈黏液法

子宫颈黏液法（cervical mucus method）是根据子宫颈黏液的变化来推算排卵时间，从而避开排卵期性交以达到避孕的方法。雌激素会促进子宫颈黏液分泌，使黏液分泌量增多、变薄、清晰透明并拉丝，羊齿状结晶增多；而孕激素则可使黏液分泌量减少、变稠，透明度下降，结晶消失，出现椭圆体等特性。卵巢分泌的这两种激素与月经周期是相吻合的。因此，可以根据子宫颈黏液的变化来推算排卵的时间，鉴别易受孕期和不易受孕期，进而避开易受孕期，就可以达到避孕的目的。

女性一般在月经期后有数天的“干燥期”，随着卵泡生长发育，雌激素水平增加，子宫颈黏液量增多，女性会感觉到阴道口潮湿，出现溢液，量逐日增多。至排卵期子宫颈分泌的黏液量多而稀薄、透明、易拉伸。用两个手指取阴道口黏液，分开手指观察黏液的拉伸度。当看到黏液的拉丝可长达6 ～ 10 cm时，作为黏液高峰日，性交易受孕。此后，受孕激素的影响，黏液分泌量逐渐减少，质地黏稠而混浊、拉丝度差、易断裂。有黏液期为易受孕期，不宜性交或应采取其他避孕方法；“干燥期”或黏液高峰期以后3天才可进行性生活。有些女性月经后即出现黏液，没有“干燥期”，也应属于易受孕期。由于不同女性的子宫颈分泌液的情况不尽相同，加之许多女性没有经过专门培训，分辨能力较弱，容易导致判断错误而导致避孕失败。一年内意外妊娠率高达20% ～ 40%，甚至40%以上。

总之，安全期避孕法、体外射精法、会阴尿道压迫法和子宫颈黏液法等虽然在现实生活中较为常用，但失败率均较高，还可能使其产生较大心理压力，导致夫妻生活不和谐。同时，这些方法均不能预防性传播疾病的传播。因此，尽可能避免使用这些方法避孕。

第三节 不孕与不育

一、不孕、不育的概念

按我国的政策，计划生育除了采取各种措施避孕外，还包括治疗不孕或不育。无法妊娠与非意愿妊娠同样会给家庭造成很大的压力。据统计，已婚夫妇不孕或不育的占10% ～ 15%，其中病因约40%来源于男方，约50%来源于女方，约10%的患者病因不明（主要是免疫引起的不育）。对已婚不孕或不育夫妇而希望生育子女者，可进行治疗，有望使之生育。

不孕和不育是两个相互联系，但又有区别的概念。不孕或不育是指育龄男女双方一年以上未采取任何避孕措施，性生活正常而女方没有成功妊娠。如果能受孕，但均发生流产、早产或死产而不能获得存活的婴儿，则称不育。在自然情况下，不孕肯定是不育，但可孕也不一定是可育。习惯上，把女性病因引起的不孕称女性不孕，男性病因导致配偶不孕者称男性不育。

二、女性不孕

女性不孕（female infertility）是以育龄期女子婚后或末次妊娠后，同居一年以上，男方生殖功能正常，未避孕而不受孕为主要表现的疾病。其主要原因有以下几方面。

1. 排卵障碍

排卵障碍是女性不孕的重要原因。精卵结合是生育的最基本条件，卵巢不排卵，就不可能受精。而排卵障碍和闭经的原因是多方面的。主要有以下几个因素。

(1) 下丘脑-垂体-卵巢轴系统障碍：下丘脑-垂体部位的肿瘤、炎症、外伤等使下丘脑分泌的促性腺激素释放激素不足，血中的卵泡刺激素、黄体生成素水平降低或泌乳素抑制因子分泌不足使血液催乳素水平过高均可导致排卵障碍；若垂体门脉系统形成血栓，可导致垂体组织变性坏死及功能减退。

(2) 原发性或继发性卵巢功能减退或衰竭：因染色体异常而导致卵巢发育不全可致不孕，如卵巢退化症，核型为45，XO型。缺少一条X染色体，外貌女性，但卵巢发育不全，第二性征不全，无生育能力，智力低下；因放射、手术或炎症破坏卵巢组织而引起继发性卵巢功能减退或衰竭导致闭经。

(3) 全身性疾病：如过度肥胖、过度消瘦、内分泌异常（如肾上腺皮质功能障碍）、精神神经因素（如环境性闭经、精神性厌食、精神病、假孕、自主神经系统功能紊乱等）、糖尿病、肝功能障碍等均可造成排卵障碍或闭经。

2. 性交障碍

由于精神心理因素或器质性疾病可引起性交疼痛或阴道痉挛等而导致性交障碍，甚至无法性交。其中大多是由于精神心理因素造成的。有些女性由于性知识贫乏，对性缺乏正确的认识，对性交产生过分紧张、恐惧，甚至出现抗拒的态度，从而导致性交时，阴道口和阴道外1/3肌肉群发生不随意痉挛反射，形成一个环状肌肉收缩，使阴道口紧紧关闭，以致性交无法进行。无法性交则精子就无法进入女性生殖道与卵子结合。此外，器质性疾病也是性交障碍的原因之一，主要是由于外阴及阴道畸形或有病变、生殖系统发育不良等疾病引起的。

3. 生殖道炎症与输卵管阻塞

严重的阴道炎会使大量的白细胞渗出，白细胞可吞噬精子，降低精子活力；子宫颈炎引起的带菌性脓液有杀精作用，降低受孕率。

盆腔炎（广义是指妇女盆腔内的子宫、输卵管、卵巢或其周围组织的炎症，狭义上指输卵管炎）分急性和慢性，急性盆腔炎若治疗及时、彻底则可以痊愈。但若治疗不彻底则可转为慢性，多表现为双侧输卵管炎症，久而久之可使输卵管内膜粘连，使管腔变窄、阻塞或闭锁，也可使输卵管开口，特别是输卵管伞部分或全部闭锁。严重的还可使子宫和其周围器官组织变硬，特别是输卵管失去蠕动能力，变得僵硬、扭曲，管腔完全阻塞，达到无法医治的程度。输卵管炎引起输卵管阻塞是女性不孕的重要原因。

性传播疾病也严重威胁着女性的生育能力。例如，一旦淋球菌进入输卵管引起盆腔炎，可能会妨碍精子和卵子的运行和受精，即使受孕也可能是宫外孕（异位妊娠）。梅毒早期妊娠也可能导致死胎或先天性梅毒儿（胎儿内脏病变、中枢神经病变和骨髓炎等）。

当然，也有一些患者因精神过度紧张或自主神经系统功能紊乱引起输卵管痉挛，导致管腔狭窄或阻塞，或蠕动停止，影响精卵受精和受精卵通过。

4. 免疫因素

据估计，在所有引起不孕的原因中，免疫学因素所致的不孕占10%～20%。与不孕有关的自身抗体分两类：非器官特异性自身抗体和器官特异性自身抗体。前者指针对存在于不同组织的共同抗原的抗体，如抗磷脂抗体（antiphospholipid antibody，APA）、抗核抗体（antinuclear antibody，ANA）、抗DNA抗体等；后者指只针对某个特异性器官组织自身抗原的抗体如抗精子抗体（antisperm antibody，AsAb）、抗卵巢抗体（antiovary antibody，AoAb）、抗子宫内膜抗体（antiendometrium antibody，AemAb）和抗绒毛膜促性腺激素抗体等。目前，对非器官特异性自身抗体针对的抗原性质比较了解，检测抗磷脂抗体和抗核抗体的技术也较为成熟和标准，临床资料丰富；而器官特异性自身抗体针对的抗原成分复杂，检测的标准化程度低，它们与不孕的关系亦因检测数据分析、统计困难而不易明确，从而影响对自身抗体阳性的不孕患者的处理。

有研究发现，约80%的免疫性不孕是体内有抗精子抗体。在不孕或不育患者中，16%的男性患者和29%的女性患者体内有抗精子抗体，女方较男方发生率高，强阳性者较多。

5. 习惯性流产

流产是一种常见现象。妊娠28周以前，有15%～20%的孕妇可能发生流产，俗称小产。其中，自然流产发生在妊娠12周以前，称早期流产（约占小产的86%）；若流产发生在妊娠12周以后则称晚期流产。习惯性流产是指连续发生3次以上自然流产。习惯性流产与基因异常、激素调节紊乱、子宫、子宫颈的畸形和感染、母婴血型不合等有关。

6. 不明原因不孕

一对不孕夫妇所检查的各项指标都正常，而不孕原因又无法解释的时候，即诊断为不明原因不孕。随着医疗水平的提升和科学的发展，一些不明原因不孕症逐渐找到了发病原因，如免疫因素引起的。推测不明原因不孕症的病因可能有以下几方面，如腹膜巨噬细胞功能异常、腹腔液中抗氧化功能受损、黄素化不破裂综合征、黄体功能不足、输卵管伞端拾卵功能缺陷、输卵管的蠕动功能不良、子宫内膜异位症、子宫内膜对早期胚胎的接受性较差、不良的子宫颈分泌物影响、精子和卵子受精能力受损等。

三、男性不育

男性不育（male infertility）是指以婚后女方正常，有正常性生活未避孕而一年以上不能生育为主要表现的男科疾病。主要是精子的产生、成熟、运输或射精能力缺陷等所引起的不能生育的总称。男性不育可能由睾丸、输精管阻塞、性功能障碍、免疫反应等因素造成。在不孕或不育中，因男性引起不育的约占40%，且有上升的趋势。因此，对男性不育的诊断与治疗也应得到重视。

男性不育的病因有以下几个方面。

1. 睾丸先天异常

一般与染色体异常有关。例如，克兰费尔特综合征，这种病在青春期后表现出来，通常为两条或更多的X染色体，最常见的为47，XXY型，多为母亲年龄较大生育所致。其外貌为男性但睾丸发育不全，无生育能力，智力差，有女性特征，在男性不育中约占7%。又如，XYY综合征，其染色体核型为47，XYY型，外貌男性，智力差，多数不育，性情粗暴、孤僻。再如，睾丸女性化综合征，染色体为46，XY型，但睾丸女性化患者，外貌女性，有女性第二性征，但无子宫、输卵管，无法生育。其原因是X染色体上的雄激素受体基因由显性*Tfm*变成隐性*tfm*，不能产生受体，雄激素不能正常发挥作用，表现出女性的一些特征，即女性化。

2. 内分泌疾病

由下丘脑-垂体-性腺轴功能紊乱引起促性腺功能低下导致性腺功能减退症，如促性腺功能低下的性腺功能减退症（有垂体性巨人症、侏儒症、肢端肥大症等）和原发性睾丸发育不全症；糖尿病、甲状腺疾病和肾上腺的某些疾病等也可引起不育。

3. 生殖道阻塞

精子离开睾丸后，经附睾、输精管、射精管及部分尿道排出，任何部分发生阻塞皆可影响精子的排出。输精管道感染、附睾或前列腺的一些原发性肿瘤等造成管腔狭窄或闭锁，不仅影响精子的排出，还可改变精液成分，影响精子的生存而致不育；有时局部手术时，无意中切断输精管也会导致精子无法排出；男性先天性输精管和附睾畸形也是引起不育的原因之一。

4. 男性性功能障碍

与不育有关的男性性功能障碍表现为精子不能进入阴道，即射精障碍。临床上，射精障碍大致可分为心理性、器质性、药物性和先天性四大类，其中以心理性占首位，其次是器质性。早泄是最常见的射精障碍之一，常与性交时焦虑、恐惧、紧张等精神因素相关；此外，还有射精延迟、逆行射精等也与不育有关。

5. 理化因素和疾病导致不育

其包括营养缺乏、药物、射线、温度、污染物、感染和某些机械性损伤等。

（1）营养缺乏与药物：某些特殊的饮食嗜好可使机体内热量急剧消耗，从而影响精子的生成；食用粗制的棉籽油，因棉籽油含大量的棉酚，可导致精子数目减少、活力受限，长期食用可造成不育；缺锌会影响男性性器官第二性征发育，影响精子的活力和性功能，但过量的锌也会抑制精子的糖酵解从而影响精子活力，雷公藤等会影响生精细胞产生精子；镇静剂和降压药会减少精子的生成，并使射精困难；性交时使用的润滑剂会降低精子的活动度。

（2）射线：X射线和 γ 射线是最早被确认能使睾丸生精功能受损的射线。因为精原细胞对这类射线很敏感，少量照射就可使精子数量降低。

近年来发现，无线电波、红外线、紫外线、超声波、激光均能影响男性的生育功能。因为射线一方面在体内转化为热能，使睾丸受累（睾丸怕热）；另一方面射线会改变生殖细胞的生物电，影响其功能。

（3）温度：睾丸位于35～36 ℃的阴囊内才能产生正常的精子。阴囊感受周围环境温度变化，并通过舒缩来维持阴囊内一定的温度。隐睾症是男性不育症的重要原因之一，隐睾症是睾丸未能降入阴囊或下降不全，体温比阴囊内温度高，因此导致生精上皮变性，严重影响精子的生成。约有3%的新生儿在出生时有隐睾，但在一岁内大多自然下降，在6～10岁时睾丸的发育已达正常。若睾丸一直无法降入阴囊，则为隐睾症。单侧隐睾造成不育的发生率为30%～50%，双侧隐睾造成不育的发生率则高达50%～100%。隐睾症患者应尽早就诊。目前发现在2岁时隐睾就有病理学变化，因此一些学者认为2～4岁是手术的最佳时机。另外，常穿紧身裤（如牛仔裤）、常洗蒸汽浴、长时间静坐及长期高温作业等均可使阴囊散热不良或无法散热，导致睾丸温度过高而产生不正常的精子，甚至影响睾丸的正常生理功能。

（4）污染物：随着社会的发展，环境中的各种污染物越来越多，有些污染物已被证明会影响生育功能，有些污染物的危害还在观察中。生殖系统对环境中的毒害物质（主要是工业三废）比较敏感，甚至是极微量的毒物即可对生殖功能产生很大的威胁。镉能破坏睾丸与血液之间的血睾屏障，造成生精上皮和间质细胞损伤和死亡，还能抑制精子的运动；铅能使精子活动无力、数目减少、畸形率高，经常接触高浓度铅或铅蒸气的男性常因铅中毒而不育；铜会抑制糖酵解和氧化代谢途径，从而导致精子生存和运动所需的能量无法得到保证而丧失活力或死亡。

此外，农药、烷化物及一些有机化合物等也可对男性的生殖功能造成损害。例如，油漆中含有的大量甲醛、苯类化合物会影响生育能力，家用的一些含磷洗涤剂和芳香剂等也会损伤男性的生育功能。据报道，男子的精子含量平均以每年1.5%的速度在下降，欧洲每年的下降量更高达3.1%，主要与以上的污染有关。

（5）感染：一些慢性感染，如性传播疾病、结核会导致生殖器炎症而致使不育；急性睾丸炎会引发生殖上皮永久性损害；附睾炎、精囊炎、前列腺炎等会造成输精管道狭窄、阻塞，引起无精症；前列腺炎还会使精子畸形率增高而致使不育。

青春期后因腮腺炎引起的睾丸炎的发病率较高，达20%左右，其中双侧睾丸受累者占15%～30%，单侧受累者占70%，有50%的患者睾丸有不同程度的萎缩，因此腮腺炎应及时得到治疗。

（6）机械性损伤：严重的睾丸挫伤或裂伤将会影响生精功能；一些手术损伤了睾丸的血液供应也会对睾丸的生精上皮带来严重影响。

6. 精索静脉曲张

精索静脉曲张是由精索静脉血流淤积所致的精索蔓状静脉丛迂回扩张造成的，多见于青壮年，发病率为10%～15%。国外报道由此引起男性不育的高达39%，国内报道比例较国外低，为14.2%，但也仍居男性不育病因的首位，应引起高度重视。精索静脉曲张症状为阴囊部坠痛和胀大，90%发生于左侧，站立过久或行走劳累后症状加重，平卧后可缓解。症状严重者可出现头痛、无力、性功能障碍。站立检查时，阴囊可见到或找到蚯蚓状曲张的静脉团，平卧后一般缩小或消失。如有上述症状应尽早就诊。

7. 免疫因素

与女性相似。

总之，女性不孕和男性不育的影响因素很多，可以是自身的，也可以是由环境因素造成的；可以是心理和精神因素，也可以是器质性因素；还可以是男女性之间的免疫反应造成的。不孕或不育首要病因诊断依次是排卵障碍、精液异常、输卵管异常、不明原因不孕、子宫内膜异位症和其他如免疫学不孕。女性不孕主要以排卵障碍、输卵管因素和子宫内膜容受性异常为主，男性不育主要以生精异常及排精障碍为主。对于不孕或不育的治疗，应针对病因和病情，采用不同的方法进行治疗。进行不孕或不育检查，需要男女双方都去检查。一般女性需要在月经干净后3天去检查比较好，男性在检查前3～5天禁止性生活。一般女性需要做的检查主要包括妇科检查、内分泌检查、排卵监测、输卵管造影等。男方主要做的检查包括精液常规检查、精浆生化检查、相关微生物检查等。

第四节　优　　生

一、概述

遗传病是指生殖细胞或受精卵的遗传物质（染色体和基因）发生突变（或变异）引起的疾病，具有种类多、发病率高、先天性、终身性和遗传性的特点，对人类的危害特别严重。目前，大部分遗传病还不能及时有效地得到治疗，只能控制和缓解临床症状，但不能改变患者生殖细胞中的致病基因，也无法阻断疾病向后代传递。我国人口基数大，患遗传病的人相应就多。在我国人口中，估计有20%～25%的人患有各种遗传病，其中患各种单基因病者占3%～5%，患多基因病者占15%～20%，患染色体病者占0.5%～1%。根据一些地区抽样调查，我国严重的出生缺陷患儿约占1.3%，仅此一项，我国每年将出生20万有严重缺陷的患儿。估计我国有1 500万～1 800万智力低下者，仅智力障碍者就有100万～200万人，这不仅是国家的负担，也使家庭的经济和精神负担加重。因此，优生是计划生育必不可少的内容。贯彻预防为主，提倡优生，是提高人口素质最切实可行的办法。优生不仅有利于人类的进化和民族的强盛，也必造福于家庭和国家。

优生（aristogenesis, improve prenatal care）是通过健康教育、健康检查和现代医学手段等措施，避免出生缺陷，促进生育健康的素质优良的后代。优生学（eugenics）指应用遗传学的原理和方法，研究改善人类的遗传素质，提高人口质量的科学，是英国生物学家高尔顿（Galton）于1883年提出的。它不仅与遗传学、医学关系密切，而且与社会学、伦理学、人口学、法学等也密切相关，是一门多学科相互渗透的综合性学科。优生分为消极优生和积极优生两大方面。

二、消极优生

消极优生（negative eugenics）又称为预防性优生（preventive eugenics）或负优生，主要目的是采取各种方法尽可能防止和减少不利表型个体的产生，如遗传病、先天缺陷等。其防范措施主要有避免近亲结婚、婚前检查、适龄生育、妊娠期保健、产前检查、产前诊断、围产期保健和胎教等。

（一）优选配偶

青年男女为了生育一个健康聪明的宝宝，必须从婚前教育入手，从择偶开始就要有优生意识。择偶不应只注意外貌、经济、地位，更重要的是要重视人的素质，包括身体素质和精神素质，要注重对象的健康体魄和高尚的品德。具体讲：近亲（即直系血亲或三代以内的旁系血亲）、有遗传病者不选，要性格协调、年龄合适，适当考虑文化程度、工作性质、生活方式、兴趣爱好、理想等因素。

《中华人民共和国民法典》第一千零四十八条规定："直系血亲或者三代以内的旁系血亲禁止结婚。"直系血亲是指有直接血缘关系的亲属，即指生育自己和自己所生育的上下各代亲属。旁系血亲是指除直系血亲外，在血缘上和自己同出一源的亲属。三代以内旁系血亲是指从本身这一代算起向上、向下、向父系、向母系都推三代的亲属，包括伯、叔、姑、姨、舅、兄弟、姐妹、堂兄弟、堂姐妹、表兄弟、表姐妹、侄儿、侄女、外甥、外甥女。我国古代就有"男女同姓，其生不蕃"的说法，说明古人对近亲结婚的危害有了朦胧的认识。从现代科学角度看，禁止近亲结婚是完全必要的。按遗传学原理，隐性遗传病只有隐性基因是纯合子时方是患者，而有血缘关系的人的后代，具有相同的等位基因（即纯合子）的概率比没有血缘关系的人的后代大，血缘越近，概率越大，发病率也越高。一般情况下，近亲结婚中隐性遗传病的发生率比随机婚配者约高6倍以上，以半乳糖血症隐性遗传病为例说明，据估计，在一般人群中，每150人中有1人带有此病的隐性致病基因。在随机婚配的情况下，夫妇刚好都是此病隐性致病基因的携带者的概率是$1/150 \times 1/150 = 1/22\ 500$。由于携带者间婚配所生的子女有1/4发病，因此，随机婚姻情况下子女的发病率应是$1/22\ 500 \times 1/4 = 1/90\ 000$。但是，如果是表兄妹结婚，则都是此病隐性致病基因的携带者的概率大增，应是$1/150 \times 1/8 = 1/1\ 200$，而其子女的发病率则为$1/1\ 200 \times 1/4 = 1/4\ 800$。显然表兄妹结婚后代出现半乳糖血症的发病率是非近亲结婚的18.8倍。又如，一种肝豆状核变性的遗传病，自然发病率为1/4 000 000，而此病在表兄妹结婚的后代中的发病率高达1/64。此外，近亲结婚还使子代多基因遗传病及先天畸形的发生率增高。

近亲结婚还会使新生儿及婴幼儿死亡率增高。据世界卫生组织的调查，非近亲结婚所生子代的婴儿死亡率为24‰，而近亲结婚者则为81‰，比非近亲结婚者高2倍多。而且存活的后代中约有1/3具有各种严重畸形。此外，近亲结婚妊娠的死胎率、流产率也增高。

婚前检查也是优生的一个重要环节。婚前检查不仅能发现一些男女性解剖生理方面的缺陷及一些暂时不宜结婚的疾病，并使之能得到及时的治疗，而且还可能发现遗传病和遗传缺陷方面的问题，对他们婚姻和生育做具体指导和忠告，以防遗传给下一代。婚前体格检查包括全身检查、生殖系统检查、实验室检查或其他特殊检查，必要时还要进行性传播疾病检查。重点要检查影响婚姻健康的精神病、性传播疾病、麻风病、法定传染病、遗传病、重要脏器和泌尿生殖系统疾病和智力发育障碍等。

（二）优选妊娠时机

1. 妊娠前调整好健康使身体处于最佳状态

准备妊娠之前，夫妇双方应对自身健康情况有足够的了解。避免各种影响优生的疾病（如肝炎、糖尿病、心脏病、甲状腺功能亢进、性传播疾病等），避免长期接触对胎儿有害的各种物质（如镉、铅、射线等），避免避孕停药后马上受孕（长期服用避孕药者，停药半年以上才可受孕），避免马上再次妊娠（曾妊娠并足月分娩，再次妊娠前至少间隔1年；曾经流产，至少间隔半年再受孕；曾经流产、早产、宫外孕、畸胎及其他产科并发症，应在医生的指导下受孕），加强锻炼以增强体质（主要进行有氧运动，坚持3个月以上），妊娠前3个月至整个妊娠早期可遵医嘱补充叶酸，夫妻双方忌烟酒（最好3个月以上），只有这样才能为受孕做好生理上的充分准备。

2. 受孕的最佳时机

宝宝的健康聪明，既与遗传有关，也受后天培养的影响，但在“十月怀胎”这个特殊时期，影响是巨大的。因此，选择最佳受孕时机有重要的现实意义。

（1）最佳受孕年龄：《中华人民共和国民法典》规定男性22岁、女性20岁是法定结婚的最低年龄，但并不是最佳生育年龄。从女性生理发育特点看，20岁的女子实际上身体并未完全发育成熟。骨骼的钙化一般要到22岁才完成，其他系统的发育到此时也才完善。因此，母亲年龄在22～29岁时，身体条件最佳，生育力尤其旺盛，是生育的最佳年龄。但女性的育龄最好不要超过35岁，超过35周岁生育的妇女称为高龄产妇，胎儿的畸形率将增加，新生儿感染率、窒息、早产和难产的发生率也大大增加。生育年龄越大，胎儿的畸形率越高。男性生育年龄可以适当延迟，最佳生育年龄一般在25～35岁。

（2）最佳受孕季节：季节本身与妊娠和胎儿的生长发育并无直接的关系，但不同季节的气候、环境、饮食情况等因素对妊娠则有一定的影响。这些环境因素往往因时因地而异，不同年代、不同地区、不同民族习惯又有各自的季节条件。所以不应强求某一季节受孕。更重要的应考虑当时、当地在不同季节中的环境对妊娠和胎儿生长的影响。一般考虑温度适宜、环境稳定、各种疾病发病率低、营养丰富充足的季节条件受孕较佳。

（3）最佳受孕环境：一般说来，受孕的佳境应是周围环境相对封闭，不受外界干扰，心理上有安全感，同时卧室要洁净卫生、空气新鲜、床褥干净。避免在露天荒野、阴寒潮湿、肮脏污秽、胁迫强奸等情况下受孕，否则有损母体身心健康，也达不到优生目的。

（4）最佳受孕时间：计算好女性的排卵期，尽可能在最接近排卵日的时间性交，若过早或过迟，会导致精子或卵子由于等待时间过久而质量下降，不利于优生。此外，应节制性交频率，过频或过疏性交均不利于受孕。一般在排卵期性交前节欲3～5天，以保证足够数量和质量的精子进入女性的生殖道内，使容易受孕。

（5）最佳受孕的身心状态：从生理角度，父母的体质对子女的素质有很大的影响。酒后过度疲劳、身体过胖过瘦或病期应避免受孕；从心理角度，性交时要保持精神愉快、心情舒畅，排除一切思虑忧郁和烦恼。根据现代心理学和人体生物钟理论，当人体处于良好的情绪状态时，精力、体力、智力、性功能都处于高峰，精子和卵子的质量也高，此时性交易于受精着床，胎儿先天素质也较好，有利于优生。

（6）避免“坐上喜”：即避免新婚期间受孕。大量的事实证明，新婚时期，两性在性生活方面还未和谐和稳定，性生活较频繁。同时，此时生活还没有规律（如应酬多等），体力和精力消耗较大，精卵质量有所下降，如果马上受孕有许多不利因素，会影响受精或影响受精卵在子宫着床的环境，降低胎儿质量，不利于优生。所以，新婚期间应采取避孕措施，不要急于要孩子。婚后经历一段时间，夫妻性生活逐渐协调和稳定后，再考虑是否要孩子。一般可在结婚半年以后安排生育，此时双方生活经验较为丰富，精力充沛，有能力抚育好下一代。

（三）孕产期最优护理

传统上，都很重视妊娠后母体的护理，就有人总结出八字规范：衣宽、食淡、行缓和居安。按现代科学要求，必须具体做好以下几方面。

首先，要对早期妊娠做出诊断，如月经过期（有性生活，且月经超期，特别是两周以上者）、出现早孕反应（恶心、呕吐等）、乳房胀满等，应尽早检测，有条件的可测血或尿中的人绒毛膜促性腺激素（即早孕检测），以确定是否妊娠。

其次，确定妊娠后，要避免接触射线，避免过度劳累和剧烈运动；尽可能避免接触有毒有害化学物质和物理因素（如噪声、震动等）；不吸烟饮酒；避免感染疾病（如流感、风疹、弓形虫病、感染巨细胞病毒等），若感染，应在医生的指导下用药，切不可滥用药物；不同房（特别是妊娠的早期和晚期）；切忌玩猫（否则易感染弓形虫病而致死胎或严重先天性疾病）。

最后，要讲究科学营养。孕妇的营养直接关系到胎儿和婴幼儿体格、智力的全面发展。妊娠期间，孕妇摄入的营养，不仅要满足孕妇和胎儿的需要，还要保证子宫、胎盘、乳房的发育，因此所需营养要比平时多得多。但总体上，孕妇合理营养应遵循丰富充足、平衡饮食的原则。即每种营养素的供给不能过少，也不能过多，而且要多样化，按一定的比例适当搭配，不可偏食。此外，由于孕妇和胎儿在不同时期的不同生理变化，妊娠各期的饮食也有所不同：妊娠的头3个月，所需的营养与平时差不多，注意克服恶心、呕吐等早孕反应，坚持进食，并保持心情舒畅；妊娠的第4～7个月，孕妇食欲大增，可以一日多餐，多吃水果蔬菜、脂肪和蛋白质类食物，适当增加些粗粮，饮食宜淡不宜咸，以适应胎儿生长的加快和防止孕妇异常；妊娠的后3个月，要多吃些优质的动植物蛋白，补充充足的钙、磷、铁、锌和维生素等，并适当增加脂肪和糖类的摄入量，以适应胎儿的营养储备及产后哺乳的需要。

（四）产前检查

产前检查（prenatal examination）是妊娠期妇女定期到医院接受的一般性健康检查，如测身高、体重、血压、骨盆大小，观察胎动、听胎心、化验等。它对了解孕妇健康和监察胎儿发育情况等有重要意义。产前检查的时间和次数，在妊娠的早、中、晚期各不相同，还应结合胎儿的发育、孕妇有无并发症等情况而定。初查安排在妊娠的84天（即3个月左右），妊娠4个月做第一次复查。在妊娠的5～7个月，可每个月到医院检查一次。后2～3个月（即7～9个月），可每半个月检查一次。以后每周检查一次，共做9～15次检查。

近年来，围生医学发展迅速，我国不少地方开始推广了妊娠图等以监测胎儿在宫内的发育情况，及早发现发育迟缓，以便分析造成发育迟缓的病因，并及时进行处理。此外，还可用胎心听诊计数，结合羊水中胎粪污染情况，进行诊断。电子监护仪监测的优点是可以持续观察和自动记录胎心的变化，同时还可观察胎动、宫缩对胎心的影响。

（五）产前诊断

产前诊断（prenatal diagnosis）是在遗传咨询的基础上，通过遗传学检测和影像学检查，对高风险胎儿进行明确诊断，可以尽早发现异常胎儿，通过对患胎的选择性流产来降低人群中遗传病和先天畸形的发病率。这些疾病目前暂没有有效的治疗方法，既给家庭带来不幸，又给社会带来沉重的负担，目前应对这一现状的办法唯有阻止这些患儿的出生。因此，产前诊断就显得特别重要。特别是对于有遗传病者或在遗传病的高发地区具有重要的意义。但产前诊断不同于产前检查，它是有选择地对母体内的胎儿进行先天性、遗传性疾病的特别诊断，不是每个孕妇都要进行的。一般是高龄产妇（35岁以上），生育过先天畸形儿或遗传病儿的孕妇，夫妇一方有染色体异常者，家族中有伴性遗传的孕妇，有习惯性流产史、早产史或死胎史的孕妇，妊娠早期患过风疹或感冒而乱服药或接触过致畸因素（如服用四环素等），夫妻一方长期饲养宠物者，长期在放射性或污染环境下工作，吃过发芽的土豆，精神受过特别重的刺激者均需要进行产前诊断。可以采用母血筛检、绒毛膜取样和羊膜穿刺，对血液绒毛膜细胞、羊水、羊水细胞进行遗传学分析，以判断胎儿的染色体或基因是否正常，以预防遗传病患儿的出生。母血筛查一般在妊娠第8～9周进行，绒毛膜取样在妊娠第10～12周进行，而羊膜穿刺一般在妊娠第16～20周进行。

（六）围生期保健

围生期（perinatal stage period）是指围绕女性生孩子前后的一段时间。具体说，就是妊娠满28周至产后1周这段时间。这期间的胎儿和新生儿称为围产儿。

围生期的孕妇容易患一些直接影响胎儿，甚至导致早产或死胎的疾病。如产前出血、妊娠高血压、糖尿病、心脏病、严重贫血、难产等，应予以特别关注。对新生儿来说，出生后1周内，他们的适应力、抵抗力特别脆弱，是生命存活的关键时期。要降低婴儿的死亡率和病残率，立足点应放在围生期范围内的胎儿和新生儿上，即围生儿上。围生期保健的目的是要努力减少妊娠及产后并发症，降低围生儿的死亡率，提高胎儿、新生儿和产妇的健康水平。围生期保健有以下几方面：首先，通过咨询，了解妊娠情况，高危产妇需要住院监护治疗，安全度过妊娠期，直至平安分娩。其次，应加强孕妇营养，特别是妊娠后期的3个月，要给予丰富、多样、合理的营养，预防胎儿营养不良和出生后母乳喂养困难。再次，还应注意产后产妇保健。自然分娩后6～8 h可以坐起，24 h可以下床适当活动，以后逐渐增加运动，以促进子宫收缩与复原；但剖宫产妇在产后6 h内应绝对卧床休息。加强营养，以适应产后体力恢复和哺乳需要；注意卫生，勤换内衣、床单、卫生巾等，哺乳前、饭前便后要注意洗手。最后，要注意新生儿护理，特别是早产儿的护理。应尽早进行母乳喂养，注意保暖。早产儿由于尚未发育完全，容易夭折，应加强护理，注意保暖（24～27 ℃恒温）、保湿（相对湿度为60%～65%），改善呼吸，供应氧气（产后几小时内继续吸氧）。

（七）胎教

胎教（foetus education）是指对母体内的胎儿进行的超早期教育。从广义上讲，胎教要求孕妇有良好的心理卫生、内外环境及衣食住行等，避免一切不良刺激对胎儿的影响。同时，还要创造一切有利条件使胎儿的体质和智力充分发育。狭义上的胎教是根据胎儿各感觉器官生长发育的实际情况，有针对性地、积极主动地给予适当合理的信息刺激，促进其大脑功能、躯体运动和感觉功能的成熟，最大限度发掘胎儿智力潜能，以达到提高人类素质的目的。目前，医学界和科学界对胎教的研究较少，胎教对胎儿发育的影响知之甚少。但普遍认为，在妊娠期间进行胎教，可以促进母亲和胎儿的关系，有助于孩子在出生后和母亲建立安全型的依恋关系。在养育孩子的期间，母亲给予孩子充分的爱和尊重，也可以和孩子建立安全型的依恋关系，对孩子未来的生活、职业、心理状态等，都有一定的好处。

1. 孕妇应保持良好的情绪

孕妇的情绪对胎儿有着不可忽视的影响。悲伤、忧愁、抑郁、恐惧、大怒、大喜、过度惊吓等都对胎儿有着损伤性或毁灭性的打击。妊娠早期，孕妇过度紧张可能导致胎儿唇裂；妊娠后期，孕妇精神状态骤变，可能引起子宫出血或胎盘早期剥离，造成死胎；若母亲长时间情绪紊乱，胎儿也会有持续较多的胎动，新生儿则体重较轻，躁动不安，喜欢哭闹。因此，孕妇必须控制好自己的情绪，学会调节自己的情绪。

良好的心理素质是培养良好情绪的内在因素。孕妇要学会以宽容、坦诚的态度对待别人，融洽家庭内部或同事之间的人际关系，使自己保持一种稳定、舒畅、愉快的精神状态。

良好的生活环境是孕妇维持良好情绪的重要外部因素。居室环境要整洁雅观、通风透气、舒适安静，创造一种轻松、和谐的格调，有利于孕妇心情舒畅。例如，室内挂些活泼可爱的婴幼儿照片，可使孕妇产生美好的遐想，形成良好的心理状态。避免刺激性大的音响和嘈杂的声音。这些声音会使孕妇心烦意乱，不利于胎儿的身心发育。

回归大自然是孕妇放松情绪的重要手段。孕妇可以到附近一些风景秀丽的山川河流、森林绿地去观光游览，这些地方充满绿色，充满生命的气息，充满希望，而且空气清新，各种污染少，既可陶冶情操，又可放松紧张的心情，使人心旷神怡，还有利于胎儿发育。平时可以经常到一些风景优美的公园等处去散步、散心。当然应该避免长途跋涉，过度劳累。

2. 胎教

现代医学对胎儿发育进行了较多的研究。结果表明：在妊娠的第4周，胚胎刚形成神经管时就能对直接或间接的刺激做出反应。妊娠第7周时，胎儿就开始活动了。妊娠第8周的胎儿，大脑皮层开始分层，脑细胞发育迅速，对母亲传来的信息较敏感。约在妊娠第21周（第5个月），孕妇就会有明显的胎动。到妊娠第23周，胎儿大脑皮层的沟回逐渐增多，到出生前，脑细胞分裂基本完成，脑发育基本定型（一个人的大脑皮层大约有140亿个神经细胞，绝大部分是在胎儿时期形成，只有少部分在出生后6个月内形成）。到第34周（即约8个月）时，胎儿能睁眼、打呵欠、吸吮拇指。到最后几周，胎儿的感官功能表现明显，会随音乐转动脑袋，使耳朵靠近声源。

可见，胎儿在体内可以感受到母亲的言行举止。胎儿对内外环境的变化十分敏感，孕妇在妊娠期间的情绪、行为都可直接影响到胎儿出生后的性格、习惯、智力等各方面。因此，孕妇有必要在有可能的情况下进行胎教，促进健康、聪明的宝宝的出生。

（1）提高孕妇的修养：孕妇可以选读一些优美的文学著作，欣赏一些著名的美术作品或天真活泼的儿童作品，通过阅读、欣赏不仅可以使孕妇本身得以充实丰富，陶冶自己的情操，调适自己的心情，同时也熏陶了腹中的宝宝，让他也感受到诗一般的语言、画一般的美景，这极有利于孕妇和胎儿的身心健康。

（2）与胎儿进行交流：准父母可以通过动作、语言等与腹中的胎儿进行交流，增强彼此的感情联系。通过轻柔的动作和呢喃的语言可以使胎儿得到安全感、愉快感和舒适感，还能促进胎儿心理及生理的发育。出生后也容易与外部环境相适应。可以通过轻柔的抚摸或专门的胎教体操进行锻炼，也可以通过自言自语式的谈话与胎儿进行交流。

（3）音乐胎教：胎儿发育至24周左右时听觉功能已经建立，因此音乐胎教一般从24～26周开始。音乐可以作为一种最有益的、也是最有效的刺激来促进胎儿各方面的健康发育。首先，音乐对胎儿的智力开发有积极意义。音乐能刺激胎儿大脑皮层，促进脑细胞的发育及脑功能的发展。人的左右大脑半球具有不同的功能，左半球侧重于逻辑思维，右半球侧重于形象思维，在胎儿时期，用音乐刺激来开发右脑，使左右大脑半球平衡发展，对出生后的智力发展有重要意义。其次，音乐可直接影响母体的情绪和胎儿的发育。对孕妇而言，优美的音乐能调节孕妇的情绪，调节妇女的神经内分泌，起到调节血流量和神经细胞兴奋性的作用，从而改善胎盘供血状态，有助于胎儿发育；对胎儿而言，轻松活泼的音乐能激发胎儿对声波的敏感性，维持稳定的情绪，促进胎儿身心健康。

但是，音乐使用不当，也会产生不良后果。首先应该选择噪声较小、节奏优美的乐曲。例如，孕妇听的音乐以宁静、优雅、轻松愉快为原则，胎儿听的音乐应以轻松活泼为主。若噪声或节奏感太强，不但会使母亲与胎儿产生不安情绪，还会损害胎儿的听觉，甚至造成生理上的缺陷。其次，听音乐的时间不宜过长（每次不超过20分钟，每天1～2次），音量以中低音量（音量在60分贝以下）为宜。父母亲自我陶醉式的轻声哼唱也不失为一种好办法，不仅可以使夫妻关系和谐融洽，精神愉快，还可加深亲代与子代之间的感情联系，使胎儿得到音乐的熏陶。

三、积极优生

积极优生（positive eugenics）又称为进取性优生或正优生，它的目的是提高人类群体中有利基因表现的频率，促进体力和智力优秀的个体的出生。其措施有人工授精、试管婴儿等。其实，积极的优生最初的目的是治疗不孕或不育。目前，全世界不孕或不育的占已婚人口的10%左右。不孕或不育会给家庭造成巨大的压力。俗话说“山重水复疑无路，柳暗花明又一村”，积极优生方法的出现，给许多不孕或不育夫妇带来福音。

人类辅助生殖技术是指运用医学技术和方法对配子、合子、胚胎进行人工操作，以达到受孕目的的技术，分为人工授精技术、体外受精－胚胎移植技术（试管婴儿）及相关衍生技术。我国近年来辅助生殖技术快速发展，每年服务总周期数超过100万，出生婴儿数超过30万，为促进家庭幸福和社会和谐做出了积极贡献。

（一）人工授精

人工授精（artificial fertilization）是指用人工方式将精液注入女性体内，以取代性交途径使其妊娠的一种方法。它对性功能障碍、生殖道畸形、有免疫反应或精子质量不佳者较为适合。1790年，英国医生首次人工授精成功。至2021年6月底，我国已有539家医疗机构获准开展人工授精等人类辅助生殖技术。现今，人工授精已被确认为一项安全的、合乎逻辑并行之有效的治疗不育症的方法。

（二）试管婴儿

试管婴儿（test-tube baby）又称体外受精－胚胎移植，就是采用人工方法让卵细胞和精子在体外受精，并进行早期胚胎发育，然后将早期胚胎移植到母体子宫内发育而诞生的婴儿。

1978年7月25日23时47分，第一例试管婴儿在英国诞生，她的名字叫路易丝·布朗。1987年北京医科大学第三医院开始试管婴儿的研究，1988年3月10日8时56分，中国大陆第一例试管婴儿成功诞生。试管婴儿一诞生就引起了世界科学界的轰动，甚至被称为人类生殖技术的一大创举，也为治疗不孕不育症开辟了新的途径。至今全世界约有十几万试管婴儿诞生。鉴于此技术对人类的贡献，被称为“试管婴儿之父”的英国生理学家罗伯特·爱德华兹因首次创立体外受精技术而获得2010年诺贝尔生理学或医学奖。

试管婴儿步骤的实质是体外受精和胚胎移植。具体过程是：运用一些助孕药，促进几个卵同时成熟，然后在超声波的监测下取卵；在体外，卵与优选的高活力的精子同育12～24 h，观察受精情况；若受精，则在分裂到2～8细胞期时，把胚胎植入子宫，让其受孕。

为规范人类辅助生殖技术，我国于2001年发布的《人类辅助生殖技术管理办法》第三条规定：“人类辅助生殖技术的应用应当在医疗机构中进行，以医疗为目的，并符合国家计划生育政策、伦理原则和有关法律规定。禁止以任何形式买卖配子、合子、胚胎。医疗机构和医务人员不得实施任何形式的代孕技术。”

根据我国人口与生育的实际情况，我国《人类辅助生殖技术配置规划指导原则（2015版）》《国家卫生计生委关于规范人类辅助生殖技术与人类精子库审批的补充规定》《人类辅助生殖技术应用规划指导原则（2021版）》《人类精子库管理办法》《国家卫生计生委关于加强人类辅助生殖技术与人类精子库管理的指导意见》《辅助生殖技术随机抽查办法》等一系列文件相继发布，旨在以维护和促进群众生殖健康为核心，以保障医疗安全和服务质量为前提，不断加强辅助生殖技术管理。通过严格准入、规范实施、强化监管，努力建设供给和需求更加匹配、服务质量更有保障的辅助生殖技术服务网络，推动辅助生殖技术持续健康发展，满足群众生殖健康服务需求。

（三）克隆

克隆（clone）是指通过无性生殖而产生的遗传上均一的生物群，即具有完全相同的遗传组成的一群细胞或者生物的个体。自从1997年英国科学家克隆出第一只多莉羊以来，克隆技术得到空前的应用。目前，科学家不仅通过克隆得到了包括马、牛、羊、猪等大型家畜，还得到了小鼠、大鼠、兔、猫、狗等多种哺乳动物。值得一提的是，在2017年11月27日和12月5日，中国分别成功克隆诞生了“中中”和“华华”两只克隆猴，在国际上首次实现了非人灵长类动物的体细胞克隆。该成果是中国科学院神经科学研究所研究团队改进了猴体细胞核移植的显微操作技术，并通过表观遗传学修饰，促进体细胞重编程，显著提高猴体细胞胚胎囊胚质量和受孕率，成功突破了非人灵长类体细胞克隆这个世界难题，标志着我国率先在国际上开启以猕猴作为实验动物模型的新时代。

克隆不是一个新名词，早在1963年就已被提出。克隆是利用细胞的全能性，运用体细胞进行繁殖的一种方法。植物界的克隆已非常常见，如植物的扦插等。但克隆在动物界中的运用才是最近的事情。动物克隆的基本过程是：先将含有遗传物质的供体细胞的核移植到去除了细胞核的卵细胞中，利用微电流刺激等使两者融合为一体，然后促使这一新细胞分裂繁殖发育成胚胎，当胚胎发育到一定程度后，再被植入动物子宫中使动物受孕，便可产下与提供细胞核者基因相同的动物。

现在，克隆人类自身已无多大技术上的问题，克隆人类的最大的障碍是伦理道德方面障碍和存在的各种潜在风险。我国禁止生殖性克隆人，《中华人民共和国刑法》第三百三十六条之一规定了非法植入基因编辑、克隆胚胎罪（详细内容请参见第十一章“性道德与性法律”）。

四、生殖技术面临的挑战

现代的生殖技术给人们带来希望的同时，也带来了一系列的负面影响。特别是积极优生技术的出现面临许多社会、法制、道德、宗教和伦理等方面的问题。

（一）人的生殖已不完全是自然的

现代生殖技术的出现，使得人们的生育已不再是完全自然的了。生育后代已不再完全是爱情的结晶。目前，全世界通过人工授精出生的人数已达十万，试管婴儿也达数万人。社会上开始出现“代孕母亲”“借腹怀胎”“借精”“借卵”“借子宫”等，一些国家还建立起精子库。

人工生殖技术的出现，使婚姻与生育职能分开，削弱了家庭成员间的血缘纽带。

（二）多胞胎呈明显的上升趋势

双胞胎的自然发生率约为1%，三、四胞胎的发生率分别为千分之一和七万分之一。但由于现代生殖技术中促排卵药物的广泛使用，多胞胎的比例已明显上升。试管婴儿的多胞胎率高达30%～40%。医疗技术不过关者，多胞胎率则更高。1997年美国的博比生下七胞胎；国内也报道了多起多胞胎，如北京的五胞胎、南京的四胞胎、宁波的四胞胎、连云港的四胞胎等中国于2001年3月规定严禁医疗机构将促排卵药物用于生育多胞胎。

从优生角度看，多胞胎不利于母子的健康。对母体而言，多胞胎会影响母体的健康，容易造成营养不良、肝肾功能不全、重度贫血、高血压等，会引起早产或大出血；还容易导致“过度排卵综合征”，出现腹痛、恶心、胸腔积液、腹水等，有些女性从此无正常的排卵功能，导致不孕。国外已有引起死亡的报道。对胎儿而言，也不利于其正常发育成长。首先，多胞胎容易导致胎儿先天质量低下，体重过轻（有的仅有几百克），免疫力低下，成活率低。其次，胎儿的畸形率较高。对社会和家庭都会造成很大的经济和精神压力。此外，多胞胎生育的费用极其昂贵。美国的博比生下七胞胎时，接生组由40多位专家组成，费用高达50多万美元，这对于一个普通的中国家庭是很难承受得起的。

（三）家庭和社会关系变得复杂

1995年有一个《她替女儿生孩子》的报道：克莉斯塔在15岁体检时发现无子宫，结婚后施行“借腹生子术”，她的母亲自告奋勇替女儿妊娠生子，结果生下一对双胞胎。此时，家庭关系就变得复杂了。小孩如何称呼他的母亲和外婆呢？如果克隆人成功，那么克隆出的人与供细胞核的人又是什么关系呢？

（四）涉及立法和伦理道德

由于现代生殖技术的快速发展，各国的法律还无法跟上它的要求，很容易导致无法可依，导致生殖犯罪，引发抚养权、继承权的纠纷，甚至阻碍计划生育的执行。更有些人专门“出租”子宫，通过代孕来获取利益。

思考题

1. 名词解释：计划生育　不孕症　消极优生　积极优生　胎教　人工授精　试管婴儿　克隆
2. 我国执行三孩生育政策有什么意义？
3. 如何理解我国计划生育政策随着社会发展而不断调整？
4. 避孕的原理是什么？
5. 避孕和绝育有哪些主要方法？
6. 应该如何正确使用避孕套？
7. 人工流产对女性身体有哪些危害？
8. 女性妊娠时，应该如何保健？
9. 试管婴儿是如何产生的？
10. 什么是克隆？克隆的原理是什么？

第十章

性传播疾病

第一节　概　　述

一、概念及种类

性传播疾病（sexually transmitted disease, STD）简称性病，传统的性病（venereal disease, VD）是指以性接触为主要传播途径的，具有生殖器明显损害症状的全身性疾病。主要包括梅毒、淋病、软下疳、性病性淋巴肉芽肿和腹股沟肉芽肿等5种。近几十年来，随着医学水平的发展，特别是社会条件及性行为的一些变化，性传播疾病的种类明显增多。为此，1975年世界卫生组织确定用“性传播疾病”一词代替原来的“性病”一词，把凡是通过性接触、类似性行为及间接接触传播的疾病统称为性传播疾病。临床上仍简称为“性病”。性传播疾病已成为性病的专用术语，其范围大大扩大了，除包括性行为引起的性器官直接接触传染的疾病外，还包括性行为时性器官以外的皮肤对皮肤、皮肤对黏膜、黏膜对黏膜的直接接触传染的疾病。目前，世界范围内已知的性传播疾病涵盖范围已扩展包括至少50种致病微生物感染所致的疾病。除上述几种外，还有非淋菌性尿道炎、尖锐湿疣、阴道滴虫病、生殖器疱疹、传染性软疣、性病性念珠菌病、阴虱病、疥疮、艾滋病等。随着时间的推移，其种类还可能继续增多。

《中华人民共和国传染病防治法》中规定，艾滋病、病毒性肝炎、淋病、梅毒属乙类传染病。《性病防治管理办法》中所指定的性传播疾病为淋病、梅毒、生殖道沙眼衣原体感染、尖锐湿疣、生殖器疱疹以及卫生部根据疾病危害程度、流行情况等因素确定需要管理的其他性传播疾病等。艾滋病专门纳入《艾滋病防治条例》中进行管理。在学术及临床上，一般也将阴部念珠菌病、滴虫病、细菌性阴道炎、阴部传染性软疣、性病肉芽肿（腹股沟淋巴肉芽肿）、阴虱病、巨细胞病毒感染归入性传播疾病范畴。

二、现状

性传播疾病是世界范围的传染病，流行非常广泛，已成为世界上社会、经济和公共卫生的严重问题。据世界卫生组织报道，估计世界每年新增可治愈的性传播疾病患者3.57亿人，每天约有一百万人受到感染。平均而言，全球25人中大约有1人感染至少1种性传播疾病，目前，占前四位的性传播疾病是衣原体感染、淋病、梅毒和滴虫病。并指出：性传播疾病发病率在各地都有所增加，特别是在青少年中发病率上升更加迅速。目前，亚洲、非洲的许多发展中国家，由于社会环境、性观念、生活条件等的改变，特别是“性旅游业”的崛起，各种性传播疾病的发病率显著上升。性传播疾病已不只是一个医学问题，而更重要的是一个社会问题，社会制度、法律、道德观念、精神状态、经济水平、医疗条件等社会因素对性传播疾病的影响起着重要的作用。

中华人民共和国成立前，性传播疾病流行十分严重，据解放初的调查报告，很多城市的患病人数占人口总数的5%以上。梅毒患者在一些少数民族地区高达10% ～ 48%，某些大城市为4.5% ～ 10%。中华人民共和国成立后，党和政府十分重视性传播疾病防治工作，动用大量的财力和精力，采取一系列有效措施，如封闭妓院、取缔暗娼以及对妓女给予免费治疗，并对其进行技能培训，使她们能自食其力，生活有了保障，铲除性传播疾病的传染源。同时，成立性传播疾病防治机构，制定防治规划，开展大规模的性传播疾病防治工作。经过十几年的努力，在1964年我国政府郑重宣布，我国已基本消灭了性传播疾病，受到国际社会的广泛赞扬。

随着国家间交往越来越频繁和旅游业蓬勃发展，西方国家的“性自由”“性解放”等性观念和生活方式通过入境人员、黄色书刊、影视等进入国内，严重败坏了社会风气，腐蚀着一些人的心灵，使卖淫、嫖娼等一些丑恶现象重新抬头，性传播疾病再度席卷而来，并迅速蔓延。性传播疾病已成为我国第二大常见传染病，有七成以上女性性工作者（主要指卖淫女）感染各种性传播疾病。目前，我国要求重点防治的性传播疾病是梅毒、淋病、生殖道沙眼衣原体感染、尖锐湿疣、生殖器疱疹及艾滋病。

性传播疾病对人体危害十分严重，不仅可以引起生殖器官病变，还可侵犯其他脏器和组织，能引起各种并发症与后遗症，甚至导致患者残废或危及生命。不仅给患者的精神带来极大痛苦，经济上带来沉重负担，而且还会通过性交或生活中密切接触等方式在家庭成员中传播，殃及整个家庭，对人们的身心健康和家庭构成严重威胁。同时，它传染性极强，很容易在社会上广泛流行，不仅败坏社会风气，污染社会环境，而且还会给国家带来巨大的经济负担，危及国家的繁荣昌盛。必须引起全社会的高度重视。

第二节 艾 滋 病

艾滋病全称为获得性免疫缺陷综合征（acquired immunodeficiency syndrome, AIDS），是一种由逆转录病毒引起的人体免疫缺陷传染病。其病毒为人类免疫缺陷病毒（human immunodeficiency virus, HIV），俗称艾滋病病毒。从1981年美国首次报道了5例艾滋病以后的短短的20多年时间里，其已席卷全球几乎所有的国家和地区。1988年，为了唤起人们对艾滋病的重视，世界卫生组织把每年的12月1日确定为“世界艾滋病日”（World AIDS Day）。每年的艾滋病日都有一个明确的宣传主题，并围绕主题，联合国艾滋病规划署、世界卫生组织及其成员国都要开展各种形式的宣传教育活动。其目的是，让人们知道艾滋病在全球范围内是能够加以控制和预防的；预防艾滋病要从自身做起，每个人都要对自己的行为负责；唤起人们对艾滋病患者的同理心；希望人们支持各自国家制定的防治艾滋病的规划，唤起全球人民行动起来共同对抗艾滋病。

一、艾滋病的流行分布

1981年6月5日，美国疾病控制与预防中心首次在《发病率与死亡率周刊》上简要介绍了他们发现5例艾滋病患者的过程。1982年，其正式将此病命名为艾滋病。在此之后的短短20年里，艾滋病在世界范围内迅速蔓延。20世纪90年代以前，艾滋病主要集中在欧美等发达国家。20世纪90年代后，流行趋势发生了一些变化，发达国家的发病率较为稳定或略呈下降趋势，而发展中国家则呈急剧上升之势。艾滋病从美洲、欧洲迅速向澳大利亚、非洲和亚洲扩散。在过去20年里，中东和北非是全球艾滋病发病率增速最快的地区，增加了31%。

艾滋病一直是一个主要全球公共卫生问题。截至2021年底，估计有3 840万HIV感染者，其中2/3（2 560万）在非洲区域。到目前为止艾滋病已造成近4 010万人死亡。目前，有2 870万艾滋病患者得到治疗，但只有52%的感染HIV的儿童得到治疗。

艾滋病距离我们也并不遥远。在我国，艾滋病从沿海、沿边地区向广大的内陆和中西部地区蔓延扩散。至1998年6月，艾滋病已遍及全国31个省（自治区、直辖市）。截至2021年10月底，我国报告现存艾滋病感染者约114万人。2022年全年报告52 709例艾滋病感染者，死亡19 210人。疫情总体控制在低流行水平，但流行态势复杂，流行模式多样化，艾滋病流行的危险因素广泛存在，防控形势依然严峻，防治任务依然任重道远。目前，我国艾滋病传播呈现以下几个新特点：① 以性接触传播为主。在2006年时，吸毒传播占我国艾滋病传播途径的34.1%，性传播占30%；此后，性传播比例逐年上升，到2015年，吸毒传播占比不到5%，但性接触传播比例已将近96%；近几年，性接触传播比例一直维持在97%左右。② 男男同性性行为传播呈明显上升趋势。近几年来，男男同性性行为传播比例上升明显，并持续维持在较高水平，占25%～30%。特别是在高校青年学生HIV感染者的群体中，有80%左右是通过男男同性性行为感染的。③ 青年人感染者最多，青少年和老年人感染人数明显上升。25～45岁人群依然是感染HIV的主要人群，但青少年和老年人的感染比例明显增加。15～24岁青少年近年来以约30%的比例增长，其中高校已经成为感染HIV的重灾区；65岁以上老年人感染比例已经与40～45岁人群的感染比例相当，老年人已经成为感染HIV的新群体。

二、艾滋病的传播途径

（一）性接触传播

艾滋病最早是在同性恋中发现的，尤其是在美国和欧洲一些国家和地区，随着同性恋的蔓延，感染艾滋病的人数不断增加，这种性行为是早期艾滋病传播的最主要方式。目前，男男同性性行为传播比例呈逐年上升趋势。直肠的结构不同于女性的阴道，阴道黏膜为复层扁平上皮，而直肠黏膜为单层柱状上皮，其弹性低于阴道，抵抗力也较女性阴道脆弱。因此，他们在进行肛交时，极易使薄而脆弱的直肠黏膜损伤，使精液中大量的病毒（精液中HIV的浓度可达10^7～10^8个/mL，而人类精子的浓度只约为2×10^8个/mL）很容易通过细微的创伤进入血液循环，使机体感染艾滋病。

随着艾滋病的传播，后来发现在双性恋中和男女正常的异性恋中也可以传播艾滋病。目前，全世界90%以上的艾滋病感染者是通过性行为传播的。性接触传播已成为艾滋病最主要的传播方式，特别是在性乱人群中（如卖淫、嫖娼）呈簇状暴发。相对女性而言，男性发生危险性行为的概率较大，这也是目前男性艾滋病感染者多于女性的主要原因。但联合国艾滋病规划署的调查结果显示：由于男女生殖器官的结构不同，男性将HIV传给女性的概率是女性传给男性的两倍。坚持正确使用安全套可以有效降低感染和传播艾滋病的风险。

（二）血液传播

1. 血液与血制品传播

由于艾滋病感染者的血液中含有大量的HIV，输入了含有HIV的血液或血制品均可能引起感染。全球有3%～5%的感染者是由输血造成的。由于儿童接受血液和血制品的概率远大于成年人，因而通过血液传播的艾滋病也较多，约有20%的儿童是由此感染艾滋病的。在非洲，由于医疗条件的限制，由此感染艾滋病的儿童和妇女分别高达25%和20%。

保证用血安全的最重要措施是推行无偿献血，应大力提倡无偿献血。同时，国家应建立合理规范的采、供血体系，严格进行血液检测，提倡临床合理用血（逐步推广自体输血法），尽可能减少经血液传播病毒的风险。此外，我国已于1985年决定禁止进口除人血白蛋白以外的血液制品，有效阻止了国外的HIV通过血液和血制品进入国内。

2. 注射医疗器械传播

被感染而消毒不严的针头或针管或其他医疗器械等也可传播艾滋病，特别是在一些医疗卫生较差的国家和地区，这种传播占有一定的比例（如非洲）。医疗器械的严格消毒和推广使用一次性注射器可以有效防止交叉感染。

3. 吸毒

吸毒，尤其是静脉注射吸毒是艾滋病的高危行为。在一些地区的吸毒人群中，艾滋病呈簇状暴发。

吸毒者很容易感染艾滋病，其主要原因有以下几方面。

（1）共用注射器。吸毒容易上瘾，毒瘾很难戒除，吸毒者往往以静脉注射毒品来满足要求，吸毒的违法性又注定吸毒者吸毒环境的隐蔽性，“毒友”间反复共用注射器，病毒可以通过注射器直接穿过人体的第一道防线进入血液循环，结果造成HIV在吸毒人群间的相互感染。

（2）吸毒损害人体免疫系统，降低自身免疫力。吸毒后，机体的免疫力和抵抗力受到很大的损害，为病毒进入体内感染创造有利条件。

（3）吸毒导致性紊乱，增加感染机会。吸毒者吸毒后产生暂时的兴奋，就可能要求通过性行为来发泄，而一些吸毒者为了获得毒品或金钱而出卖自己的肉体。这样，吸毒者间的性滥交现象极为严重，这些参与卖淫、嫖娼等危害健康的不良行为就会使艾滋病在性伴侣间广泛传播。

因此，目前认为静脉滥用毒品是最危险的传播方式，减少吸毒人群是切断艾滋病传播的重要措施。

(三)母婴传播

患有艾滋病或携带HIV的孕妇可能通过母婴间的垂直感染传给胎儿或新生儿。母婴传播是婴幼儿感染HIV的最主要来源,婴幼儿感染者中80%以上是由母亲传播的。病毒可以在产前、产中和产后传给后代。由于HIV颗粒较小,当胎盘还未发育完善时,病毒很可能通过胎盘进入胎儿体内而使胎儿感染;在出生过程中,由于产道出血,胎儿经过产道时也可能受感染;由于母乳中也含有大量的HIV,出生后通过授乳也可能使新生儿感染上艾滋病。

所有被HIV感染的婴儿,其母亲均是血清学试验阳性的病毒携带者;而在父亲带有病毒,母亲不带病毒的家庭中,到目前为止,尚未发现艾滋病婴儿。说明艾滋病感染总是来自母亲而不是父亲。但是否可以说父亲感染艾滋病对以后的后代不影响呢?其实并非如此,在多数情况下,往往是父亲感染后,通过性行为传给母亲,继而母亲传染给婴儿,导致一人得病全家遭殃。

婴幼儿感染HIV后,发病早,死亡率极高。因此,1997年艾滋病防治宣传运动日的主题是"艾滋病与儿童",呼吁全社会都来关心保护妇女、儿童的健康。1995年,我国首次报道了母婴传播的病例,至此,三大传播途径在我国均已出现。

此外,器官移植(被病毒污染的器官)、人工授精(含病毒的精液)、医源性感染(如手术器械消毒不严)或未经严格消毒的刺破皮肤的美容、检查或治疗(如消毒不严的穿耳、文身、美容、打针、拔牙、针灸等)和与艾滋病患者接触的职业人员(如有皮肤破损的医务人员、理发师、殡葬人员等)均有可能染上艾滋病。

虽然艾滋病传播途径很多,但必须同时具备以下两个条件才可能得病。

(1)病毒必须通过人体的第一道防线(皮肤或黏膜)进入体内,才可能感染。若皮肤或黏膜有细微的破损,HIV就很容易侵入体内。

(2)要有足够数量的活的HIV才能造成感染。虽然在艾滋病患者或艾滋病感染者的血液、精液、阴道分泌物、唾液、乳汁、泪液、尿液、汗液等中均可分离到HIV,但从流行病学上看,不是所有这些途径都能传播艾滋病。

世界卫生组织报告指出,目前没有任何迹象表明HIV可以通过唾液、泪液、尿液、汗液、餐具或昆虫传播,也就是说,礼节性的接吻、握手、拥抱、共餐、游泳、共用马桶等日常生活接触不会传播艾滋病;HIV也不会通过空气、衣服、被褥、货币等途径传播。

许多人对蚊子叮咬是否会传播艾滋病感到困惑,其实蚊子叮咬是不会传播艾滋病的。其原因主要有以下几方面:① 蚊子是吸血而不是注血。蚊子叮人吸血并不将自身或刚吸来的血注入被叮咬者,只是注入唾液作为抗凝剂,以利吸血。② 蚊子并不是HIV的中间宿主,HIV在蚊子体内存活时间很短,不能复制,而是被消化掉(注:登革热病毒、疟原虫、寨卡病毒等蚊媒病原体可在蚊子体内复制),蚊子吸血后一般并不会马上再去叮第二人,要等血液消耗得差不多再叮咬人。③ 蚊子口器上的残血量极少,不足以传播给他人(有人估计口器带血量仅为0.000 4 mL,照此计算,必须要有约2 800只口器上携带HIV的蚊子同时叮咬一个人才能将足够的HIV传播给该人)。④ 临床也证实蚊子叮咬不会传播HIV。一些孩子长期与HIV携带者共同生活,蚊子不可避免会交叉叮咬,但孩子依然健康。综上所述,蚊子叮咬不会传播艾滋病。

只要我们了解和掌握了艾滋病的传播途径，就不必“谈艾色变”“闻风丧胆”“草木皆兵”，可以有的放矢地对艾滋病加以有效预防。

三、人类免疫缺陷病毒结构与特性

（一）人类免疫缺陷病毒结构特点

1986年7月25日，世界卫生组织发布公报，将引起艾滋病的病毒称为人类免疫缺陷病毒（HIV），通常称为艾滋病病毒。已经确定它是一种逆转录病毒。HIV呈袋状球形，直径为100～140 nm，主要结构包括包膜、病毒衣壳和核心3个部分。包膜是一层单位膜（即脂质双分子层构成），具有抗原性，上面镶嵌有许多糖蛋白，包括识别蛋白gp41和结合蛋白gp120，能识别CD4分子并与之结合。在包膜之内是一层病毒衣壳，由蛋白质构成的壳微粒组成。最中间为核心，核心为中空的锥体形。外有核心外壳（蛋白质膜）包绕，内含逆转录酶和两条单链的RNA（图10-1）。

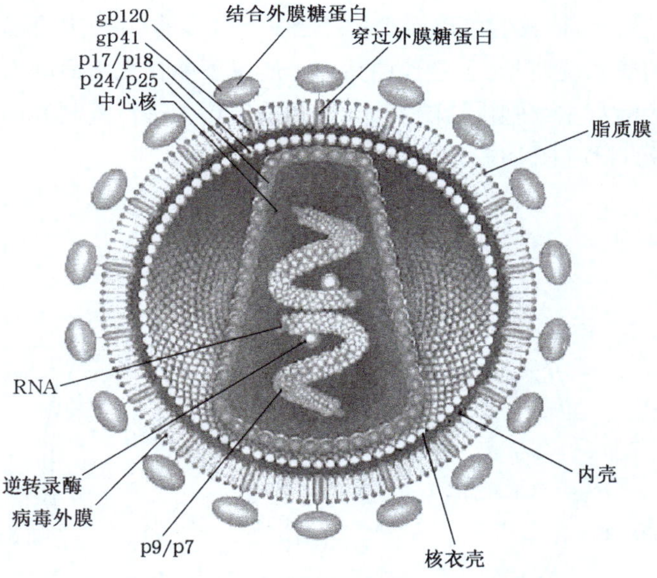

图10-1 人体免疫缺陷病毒（HIV）的结构

HIV具有易变性特点。其RNA中有10%的碱基序列不同，病毒极易发生变异，从1959年非洲发现的第一例含HIV的血液以来，已经筛选出两型（HIV-1型和HIV-2型）100多种变异株，这也是预防艾滋病的一大困难。

此外，人类是HIV的易感种群。HIV感染没有明显的年龄界限、性别界限和种族界限，也就是说不分种族、不分肤色、不分贵贱、不分男女老少，均对HIV敏感，均可感染HIV。

在一些欧洲人中，由于携带*CCR5-Δ 32*的突变基因（即*CCR5*编码序列中段有32个核苷酸缺失），导致$CD4^+$T细胞表面的CCR5受体缺失或结构发生改变，HIV无法与其识别结合，

HIV就不能进入CD4⁺T细胞内，也无法进行增殖，因此，HIV很难在其体内复制。

（二）人类免疫缺陷病毒抵抗力

HIV对不同的物理、化学因素的抵抗力是不同的。HIV是一种相对耐寒冷而不耐高温的脆弱病毒。HIV可以在−75 ℃下存活3个月；但在56 ℃下30 min就可破坏其酶系统，在80 ℃下30 min即可灭活，高温煮沸20 min可完全杀死病毒。HIV不耐酸、消毒剂和去污剂。在pH 3的溶液中10 min，其滴度可下降4个对数；75%的乙醇、2.5%的碘酊、10%漂白粉、2%戊二醛、4%福尔马林、35%异丙醇、0.5%煤酚皂溶液和0.3%过氧化氢等消毒剂处理10 min均可灭活HIV。但HIV对一些物理因素有较强的抵抗力和耐受性，如电离辐射、紫外线等射线不易杀灭病毒。

总之，只要了解了HIV的一些特点，抓住其抵抗力的薄弱环节，做好消毒工作，就能有效地预防和阻止HIV的扩散与传播。

四、人类免疫缺陷病毒的增殖与发病机制

从上面HIV的形态结构我们可以看出：它是一类微小的、非细胞形态的生命形式，没有细胞器，缺乏完整的酶系统，没有独立代谢活力。所以不能在无生命的人工培养基中生长增殖，必须依靠易感的活宿主细胞供给酶系统、能量及原料等进行复制和增殖。下面我们就先来探讨一下它的增殖过程（图10−2）。

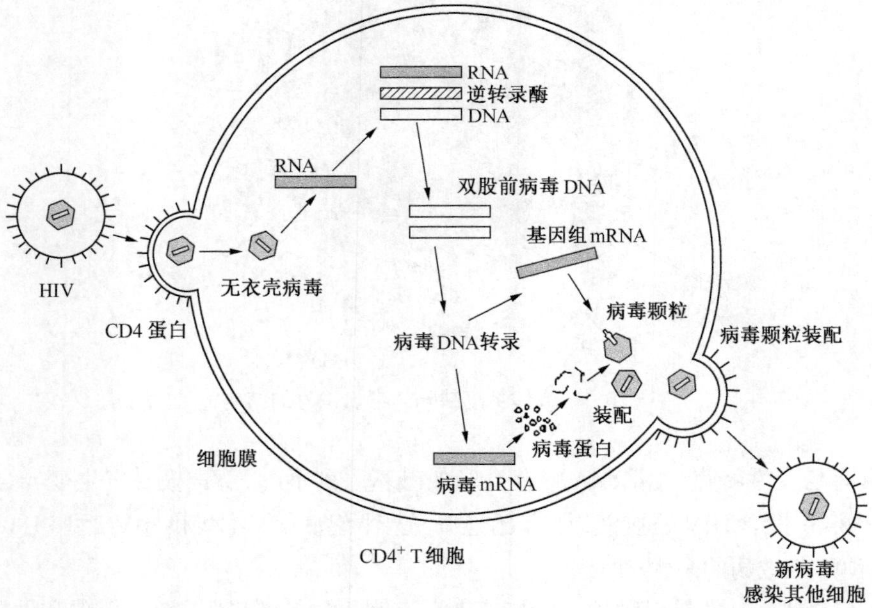

图10−2　HIV的复制过程

HIV表面的一种糖蛋白质gp41能识别T细胞中的CD4⁺T细胞表面的CD4分子，并通过结合蛋白gp120选择性地与之结合。结合后，病毒包膜与细胞膜融合，脱去包膜进入CD4⁺T

细胞内，$CD4^+$T细胞胞质中的溶酶体释放蛋白酶，把病毒衣壳和蛋白膜（核心外壳）溶解，释放出病毒RNA。病毒RNA在逆转录酶的作用下，依靠宿主细胞的能量、原料等合成前病毒DNA，进而合成双股DNA，后者再整合到$CD4^+$T细胞的DNA上，使之成为感染细胞。这样病毒的基因就成为寄主细胞遗传单位的一部分。转录时，利用寄主细胞的酶系统、能量和原料合成大量的病毒基因组mRNA和病毒RNA。病毒RNA能通过翻译形成病毒蛋白，基因组mRNA作为新病毒的遗传物质，两者装配形成病毒颗粒，在通过寄主细胞膜时，外面套上包膜，形成新的完整的病毒，破$CD4^+$T细胞而出，释放进入体液（主要是血液），再去感染新的$CD4^+$T靶细胞。

可见，HIV是一种逆转录RNA病毒，是营细胞内寄生的一类微小生物，直至它进入靶细胞之前，它既不增殖，也不产生任何损伤作用。但一旦进入靶细胞，则可以大量增殖。简单说，它是通过识别结合、注入整合和复制释放3个步骤进行增殖的。

HIV进入体内，通过逆转录整合到寄主细胞的DNA以后，可以两种状态存在：一种是随寄主细胞生活而生活，不进行复制，也不干扰细胞的正常活动，这种状态可持续多年。因此艾滋病的无症状期可以很长。但当受到一些条件（如酗酒等导致抵抗力减弱时）激活后，病毒就进入活跃状态，利用寄主细胞的各种条件合成大量的新病毒，破$CD4^+$T细胞而出，导致$CD4^+$T细胞死亡。而新释放出来的病毒又去感染新的$CD4^+$T细胞，这样形成恶性循环，造成$CD4^+$T细胞不断减少直至极度耗竭。$CD4^+$T细胞在免疫系统中起着核心的调节作用，能调节其他免疫细胞的活性，通过细胞免疫和体液免疫起到对抗外来抗原的作用。所以，$CD4^+$T细胞耗竭会引起各种免疫活性细胞功能障碍，整个依赖于它调节的各种免疫反应就遭到破坏，造成继发性免疫功能缺陷，抗感染和预防癌症的能力下降，为二次感染（或称机会感染、条件性感染）创造机会。因此，把艾滋病称为获得性免疫缺陷综合征。

从以上可以看出，发病的机制是病毒导致$CD4^+$T细胞耗竭，使机体免疫缺陷，最后导致机会感染而发病。发病的直接原因是$CD4^+$T细胞的耗竭。艾滋病的发病或死亡不是HIV本身，而是二次感染引起的，二次感染是主要的临床表现和死因。一些正常人不易感染或危害不大的疾病，对于艾滋病感染者而言，却由于免疫缺陷而对患者造成致命的打击，导致发病和死亡。

五、艾滋病的临床表现

艾滋病临床分期分为三期，即急性感染期、无症状期和艾滋病期。但需要注意，并不是每个感染者都会完整地出现三期临床表现，并且三期不同的临床表现是一个渐进的、连贯的过程。

（一）急性感染期

通常发生在首次感染HIV后2～4周，约有70%的人会表现为急性感染症状，常以发热为主，同时伴有头痛、咽痛、四肢肌肉酸痛、淋巴结肿大、皮疹等类似流感的症状，一般持续3～14天后自然消退。但因其类似流感而常被忽视。也有人感染HIV后并不出现任何急性症状。

从HIV侵入体内到能够检出HIV抗体的这一段时间称为艾滋病窗口期。在窗口期，HIV感染者的血液检测查不到HIV抗体，因此抗体检测结果呈阴性。但是，患者体内已有HIV，可以通过HIV核酸检测查到，因此，处于窗口期的人也可传播HIV。窗口期一般为2～12周时间，最长的可达6个月，但极其罕见。随着检测手段的升级和发展，艾滋病窗口期在逐渐缩短，现在广泛采用第三、四代双原夹心法、酶联法及化学发光法等检测手段，艾滋病的窗口期可以缩短到14～21天。需要注意的是，每个人的检测窗口期时间长短各有不同，在高危行为后如果检测阴性，可以等到8周或12周后再进行抗体检测。一般情况下，如果12周内没有再发生高危行为，也没有检测到HIV抗体，则可以基本排除HIV感染。

（二）无症状期

无症状期是指从患者血清抗HIV抗体转阳开始到出现疾病临床症状和体征的一段时间。此阶段有人又称为HIV感染期、无症状潜伏期、潜伏期等。感染HIV后无症状期较长，一般为半年到5年才演变成艾滋病。此期长短随年龄、健康状况、传播途径、感染剂量及病毒种类不同而不同，成人平均潜伏期为29个月，儿童为12个月。血液传播的潜伏期较短，一般为6个月至5年；性接触传播的潜伏期较长，为6～8年，最长可达数十年。此期尽管往往没有明显症状，感染者甚至自己都不知道感染HIV，但体内含有HIV，因此是HIV传播的最大传染源。

此期大部分HIV感染者免疫功能基本正常，可进行正常的工作生活，可以多年甚至终身不发展为艾滋病，或仅有慢性淋巴结病综合征。有的可出现全身性淋巴结肿大。有危险行为者，如发现除腹股沟外有两个以上直径在1 cm以上的淋巴结肿大，且持续3个月以上查不出原因者，应考虑是否感染HIV。

（三）艾滋病期

艾滋病期是感染HIV后的最终阶段，进入艾滋病期后，免疫功能全线崩溃，$CD4^+$T细胞的计数水平低，大多低于200个/μL，血浆中HIV的病毒载量明显升高（具有很强的传染性），出现艾滋病相关症状、体征，以及各种机会性感染和肿瘤。常见的相关症状和体征有：① 持续1个月以上发热超过38℃；② 持续1个月以上腹泻（大便次数大于3次/天）；③ 6个月内体重持续下降达10%以上；疲乏无力、盗汗；④ 神经精神症状，如记忆力减退、精神淡漠、性格改变、头痛、癫痫、痴呆等；⑤ 出现持续性全身性淋巴结肿大，除腹股沟外有两个或两个以上部位的淋巴结肿大，直径大于1 cm，持续3个月以上；⑥ 同时伴随有真菌感染、细菌感染、原虫感染、病毒感染、肿瘤等症状。最终往往由于机会性感染和恶性肿瘤而导致死亡。

HIV可引起人体的不同系统病变，出现以下几种临床表现。一个艾滋病患者可以有以下一种临床症状，也可以同时具备以下几种症状。

1. 肺部症状

出现持续性干咳，继而呼吸困难、胸痛，X线检查肺部有弥漫性浸润。组织病理检查有大量的肺囊虫。支气管灌洗液或气管内膜活检中均可找到病原虫。此外，军团菌、隐球菌、弓形虫等可引起肺炎。多数患者死于本病。欧美也以此病多见。

2. 中枢神经系统症状

HIV具有嗜神经性，可侵犯神经系统，能感染脑、脊髓和周围神经细胞。中枢神经系统中的单核细胞和巨噬细胞是HIV的重要储存细胞，可产生病毒，并不断侵犯其他的T细胞，使得中枢神经系统的症状与各种条件性感染引起的症状并存。常见的神经障碍是亚急性脑炎（艾滋病脑病或痴呆），临床上表现为疲乏无力、智力减退、表情淡漠、共济失调、性欲减退等。疾病后期可发展为痴呆、意识不清、大小便失禁、部分瘫痪，有些患者甚至出现癫痫样发作，最后出现昏迷、抽搐，直至死亡。这些症状和体征可单独出现，也可与艾滋病其他症状同时出现。

脑CT检查，无局灶性病变，但有脑室扩大，脑活检或尸解为非特异性炎症，常伴有脱髓鞘病变，但找不到致病原。HIV对中枢神经系统的损害是HIV感染极其重要的一方面，可以形成急性、亚急性及慢性过程，对健康影响极大。

3. 胃肠症状

主要表现为大量的水样腹泻，用于消化道感染的药物对这种腹泻无效，从而导致进行性体重下降20%～40%，严重者可出现营养不良等症状，最后导致脱水死亡。大便浮聚和肠黏膜活检可见阿米巴、隐孢子虫、贾第鞭毛虫和空肠弯曲杆菌等。非洲多见此症状。

4. 发热原因不明症状

因病原体感染，常出现持续性体温升高，可达38～40 ℃，延续几周以上，并出现盗汗。最高体温可达人体的极限体温42 ℃。

此外，多数艾滋病患者易患各种皮肤黏膜感染：最常见的有口腔黏膜念珠菌病（表现为舌和颊黏膜上的白斑，可引起严重的吞咽困难）、单纯疱疹性口腔炎、皮肤真菌感染（如由念珠菌或毛癣菌引起的甲癣病）、溃疡、脂溢性皮炎等。同时，还伴有恶性肿瘤的发生，如卡波西肉瘤、恶性淋巴瘤、皮肤鳞状细胞癌、基底细胞癌、色素瘤等。

六、艾滋病的预防

艾滋病在世界范围内持续蔓延，死亡率高，危害严重，许多国家都致力于寻找有效的治疗药物和治疗方法。目前在全世界范围内仍缺乏根治HIV感染的有效药物。现阶段的治疗目标是：① 最大限度和持久地降低病毒载量；② 获得免疫功能重建和维持免疫功能；③ 提高生活质量，减少HIV传播；④ 降低HIV相关的发病率和死亡率。艾滋病强调综合治疗，包括一般治疗、抗病毒治疗、恢复或改善免疫功能的治疗及机会性感染和恶性肿瘤的治疗等。例如，华裔美籍学者何大一博士的高效抗反转录病毒治疗（又称“鸡尾酒疗法”），以及新近出现的“哈特疗法”和配伍疗法等均有一定的作用。通过科学合理的抗病毒治疗，可以大大降低体内病毒载量，甚至可降至无法检测水平，预期寿命可与正常人相当。因此，现在普遍认为艾滋病已经成为一种慢性传染性疾病，可以作为一种慢性病症得到控制和管理。目前，全世界有2 870万HIV感染者接受抗病毒治疗，但只有52%感染HIV的儿童得到治疗。

目前，也有一些研究团队试图通过干细胞移植来治愈艾滋病，并取得了一些可喜的成果。例如，通过*CCR5-Δ32/Δ32*基因突变的造血干细胞移植实现“功能性治愈”的“柏林患者”和

"伦敦患者"，通过移植*CCR5-Δ32/Δ32*基因突变的脐带干细胞移植"功能性治愈"的"纽约患者"等。这些方法可为艾滋病的治疗带来新思路。但由于移植手术组织配型成功率极低、供体需要携带*CCR5*纯合基因突变、受体原有免疫系统必须事先被摧毁等原因，造血干细胞移植本身概率很低，而且存在很大的风险。因此，干细胞移植治疗在临床上并不是常规治疗手段。

为了预防控制艾滋病的发生与流行，保障人体健康和公共卫生，国务院专门出台了《艾滋病防治条例》，指出我国艾滋病防治工作坚持预防为主、防治结合的方针，建立政府组织领导、部门各负其责、全社会共同参与的机制，加强宣传教育，采取行为干预和关怀救助等措施，实行综合防治。

艾滋病的预防与控制和其他的传染病一样，需要从保护易感人群、切断传播途径和管理传染源等3个方面考虑。

（一）保护易感人群

1. 加强宣传教育

进行广泛宣传教育，做好预防工作是预防艾滋病传播的基础。地方各级人民政府及有关部门应当通过各种方式向各类人群开展艾滋病防治的宣传教育、提供艾滋病防治咨询和指导，在高等院校、中等职业学校和普通中学组织学生学习艾滋病防治知识，树立健康安全意识，提倡健康文明的生活方式，营造良好的艾滋病防治的社会环境。实现到2030年艾滋病全人群感染率控制在0.2%以下。

2. 疫苗研制

疫苗的研制是预防艾滋病最有前途的一种方法，也可能成为最有效的预防手段之一。但由于HIV具有高度的变异性，而且它是从细胞到细胞的感染，逃避了抗体等的发现。因此疫苗的研制难度很大，应该谨慎行事。目前，许多国家都在研制艾滋病疫苗，并且已经有了一定的成果，但疫苗走向临床仍需要很长的路。

3. 建立健全防治机构，加强疫情监测研判

世界卫生组织已建立起防治艾滋病的国际合作中心，2004年我国也成立了艾滋病防治委员会和专家委员会。我国还建立了一个警戒系统——艾滋病哨点监测系统。以上这些能更科学、有效地监测世界及我国的艾滋病的流行趋势，为制定防治规划提供准确的信息；此外，全国各地还设立了防治艾滋病的咨询热线，对于宣传艾滋病知识、加强预防起到了一定的作用。

（二）切断传播途径

1. 加强血液及血制品管理

严格加强采供血机构及用血单位的监督管理，确保血制品安全。严禁一切采供血环节上的违法违规操作，加强血站组织制度、技术设备建设，对献血人员要严格执行健康管理和监测制度，依法对血制品实施预防性监督监测，严厉打击非法采供血活动。

2. 严格消毒，避免医源性传播

医务人员或与艾滋病患者密切接触者，应避免直接和患者的血液、体液、污染物接触。医院的医疗器械应进行严格的消毒。患者的衣物及物品可用1∶10的含氯石灰或1∶10次氯酸钠液消毒。患者尸体需要用塑料袋包裹后火化。

3. 加强治安管理

各地公安机关、治安部门要切实加强娱乐服务场所治安管理工作，做到积极预防、及时发现、有效打击卖淫嫖娼，对查获的卖淫嫖娼的组织者、策划者、骨干分子及参加人员要依法予以处罚，对明知自己是HIV感染者或艾滋病患者而故意将病毒传播给他人的，要依法严惩。

4. 着力控制性传播

采取医学、心理、社会、文化等手段，探索适合我国国情的综合干预策略。加强易感染艾滋病危险行为人群的警示教育和法制宣传，促使其避免和减少感染艾滋病危险行为。全面落实公共场所摆放安全套有关规定，采取措施提高安全套可及性和使用率。男男同性性行为人群相关危险行为减少10%以上，其他性传播危险行为人群感染率控制在0.5%以下。对夫妻一方感染艾滋病家庭全面实施综合干预措施，降低家庭内传播，使传播率下降到1%以下。

5. 拒绝毒品

毒品是全世界的一大公害，它不仅损害了个人的免疫力和抵抗力，而且还败坏了社会风气，造成社会不安定因素的增加。静脉滥用毒品是最危险的艾滋病传播途径，减少吸毒人群是切断艾滋病传播的重要措施之一，应该加大力度打击毒品走私、贩卖以及加强对吸毒人员的管制力度。每年的6月26日为“国际禁毒日”，号召大家拒绝毒品，珍爱生命。目前全国的许多地方都已建立了强制戒毒所，对于毒品的流行起到重要的控制作用，也有效地防止了性病和艾滋病的流行。

6. 阻断母婴传播

母婴阻断是指感染HIV的妇女妊娠后，通过孕妇用药、婴儿出生时用药及人工喂养等方法阻断HIV由母亲传给孩子。具体办法是：一是使用抗病毒药。HIV阳性的母亲在妊娠28周（3个月）时就开始使用抗HIV的药物，在新生儿出生后，母亲和孩子继续用药。二是实施产科干预。对于病毒载量>1 000拷贝/毫升以及未接受抗病毒治疗病毒载量未知的孕妇，择期剖宫产可有效预防艾滋病的母婴传播。三是采用合理的喂养方式。对已感染HIV的妇女而言，不能喂养本人母乳，选择品质优良与安全的母乳替代品、采用人工喂养法以避免产后艾滋病经由母乳传播。

我国政府高度重视预防艾滋病传播工作，积极履行“消除儿童感染艾滋病”的国际承诺。2021年，我国艾滋病母婴传播率从干预前的34.8%下降到3.3%。同时，国家卫生健康委员会组织制定了《消除艾滋病、梅毒和乙肝母婴传播行动计划（2022—2025年）》，指出到2025年，在国家层面实现艾滋病母婴传播率下降至2%以下，在2/3以上省份实现以上指标基础上，实现孕产妇艾滋病检测率达到95%及以上，艾滋病感染孕产妇及所生儿童治疗率达到95%及以上。

（三）管理传染源

1. 对艾滋病感染者和艾滋病患者加强管理

由于早期对艾滋病的认识不够，对艾滋病的舆论宣传也发生一些偏差，导致社会上“谈艾色变”，对艾滋病患者存有很大的偏见，对艾滋病产生极大的恐惧、害怕心理。这些都对艾滋病患者产生极大的心理压力，使他们不敢面对现实，也就无法积极配合治疗和积极预防。因此，不但应该对艾滋病患者加强宣传教育，而且更应该对社会大众加强宣传教育。艾滋病患者并不是坏人，更不是罪人，而是患者；不能歧视艾滋病患者，而应给他们多一些宽容、理解、支持和关爱。只有这样，才有利于对传染源的管理，使患者和其他社会大众以正确的心态面对艾滋病，这样对预防艾滋病会起到立竿见影的作用。

2. 全力推进抗病毒治疗工作

要对有意愿且无治疗禁忌证的感染者和患者实施抗病毒治疗，定点医疗机构要严格执行相关诊疗指南，规范治疗管理，加强耐药检测和病情检测，及时更换药物和处理药物不良反应，提高治疗质量与效果。全面实现符合治疗条件的感染者和患者接受抗病毒治疗比例达90%以上，治疗成功率达90%以上。

3. 对重点干预人群进行密切监测

对于男男同性性行为者、双性性行为者、静脉吸毒和共用针具者、血友病患者和多次接受输血及血制品者、HIV女性感染者所生的婴儿、性工作者和嫖客、与艾滋病患者或与HIV抗体阳性者密切接触的人都是艾滋病的重点干预人群，应加强重点检测。

艾滋病防治是一项复杂的社会系统工程和长期任务。中国政府非常重视艾滋病的防治工作，并采取了一系列有效措施控制艾滋病的蔓延。在坚持“四免，一关怀”政策基础上，认真贯彻落实“五扩大，六加强”防治措施。

“四免”指：① 对农村居民和城镇未参加基本医疗保险等保障制度的经济困难人员中的艾滋病患者免费提供抗病毒药物。② 为自愿接受艾滋病咨询检测的人员免费提供咨询和初筛检测。③ 为感染HIV的孕妇提供免费母婴阻断药物及婴儿检测试剂。④ 对艾滋病患者的孤儿免收上学费用。“一关怀”指将生活困难的艾滋病患者纳入政府救助范围，按照国家有关规定给予必要的生活救济。积极扶持有生产能力的艾滋病患者。避免对艾滋病感染者和患者的歧视。“五扩大”指：① 扩大宣传，重点人群，针对性宣传；反对歧视。② 扩大检测，多检测，早检测。③ 扩大治疗，多治疗，早治疗。④ 扩大干预，检测作为预防措施，治疗作为预防措施，最大限度地管理感染者，最大限度地推广安全套。⑤ 扩大母婴阻断。“六加强”指：① 加强血液管理，保障临床用血安全。② 加强医疗保障，减轻HIV感染者和艾滋病患者医疗负担。③ 加强关怀救助，提高HIV感染者和艾滋病患者生活质量。④ 加强权益保护，促进社会和谐。⑤ 加强组织领导，落实工作职责。⑥ 加强防治队伍建设，提高工作积极性。

对于个人而言，预防艾滋病应遵循ABCD原则。① A：禁欲（abstinence），只要人们能克制性欲，坚持洁身自好，不发生性行为，感染艾滋病的风险就会大大降低。② B：忠诚（be faithful），对难以禁欲的人，性伴侣双方要做到互相忠诚专一，不与除对方之外的人发生性行为，能有效预防感染艾滋病的可能。③ C：安全套（condom），科学正确使用安全套能有效降低感染艾滋病的风险。④ D：药物（drug），使用药物进行暴露前预防或暴露后预防。暴露前预防（pre-exposure prophylaxis，PrEP）指未感染HIV的人在发生易感染HIV行为之前，遵从医嘱服用特定的抗病毒药物（如恩曲他滨替诺福韦、拉米夫定等），以预防HIV感染。暴露前预防最常用的用药方案为每天服药一次；对于性行为频率不高者（如每周不超过1次），可用“按需用药方案”（即2-1-1方案，易感行为前2 ～ 24 h服用2片，首次用药后24 h和48 h各服用1片），若严格按计划服药，可使HIV感染概率下降90%以上。暴露后预防（post-exposure prophylaxis，PEP）指尚未感染HIV的人发生有可能感染HIV的危险行为后，要在医生指导下，72 h内尽早使用阻断药（在高危期接触后2 h内，最好不要超过24 h，72 h内服用也有一定成功的概率），并需要连续服用28天，不可间断或提前终止。暴露后阻断的成功率与首次服药及时性及服药依从性有关，暴露后越早服药，阻断成功率越高，成功率一般在80%以上。此类阻断药物首选方案为“替诺福韦+恩曲他滨+拉替拉韦”，或其他整合酶抑制剂。需要提醒的是，此类抗病毒药物有一定的副作用，同时并不能100%预防HIV感染。因此，只能在不得已的情况下使用。若前面的各种预防措施都不使用，而又有高危行为者，最终很可能就会以感染艾滋病而终结。

第三节　其他常见性传播疾病

一、梅毒

梅毒（syphilis）是由梅毒螺旋体引起的一种症状复杂、病程很长、危害严重的性传播疾病。早期主要侵犯皮肤和黏膜，晚期可侵犯身体的许多脏器，特别是心脏和中枢神经系统。

（一）梅毒螺旋体结构及其特性

梅毒的病原体是一种螺旋体，称为梅毒螺旋体（*Microspironema pallidum*）或苍白密螺旋体。它是一种小而纤细的呈螺旋状的微生物，长度为5 ～ 20 μm，直径约0.2 μm。梅毒螺旋体由6 ～ 12个螺旋组成，最多可达20个螺旋。其前端有4 ～ 6根鞭毛样细纤维束，其末端呈卷曲状，在没有外界干扰时，螺旋是规则的。

梅毒螺旋体是一种厌氧菌，很难在自然界和体外生存；但在体内活动性强，可长期生存并繁殖，只要条件适宜，便以横断裂方式一分为二进行繁殖，繁殖一代只需要30 ～ 32 h。梅毒螺旋体对理化因素十分敏感。在高温、干燥、阳光照射下迅速死亡，在41 ℃时仅可存活2 h，加热至50 ℃仅半小时可使其丧失感染力，至100 ℃时立即死亡；但对低温有较强的耐受力，在0 ℃可存活48 h，在−78 ℃保存数年仍具传染力；在潮湿的环境中可存活数小时；一般消毒剂（如升汞、苯酚、乙醇等）和热肥皂水可在短时间内使其死亡。

（二）传播途径

1. 性接触传播

性接触传播是最主要的传播途径，有90%以上的患者是由这一途径被感染的。患者的黏膜等损伤表面有大量的梅毒螺旋体，与患者有性接触的人很容易通过擦伤的或有细微损伤的皮肤与黏膜而感染。故此病早期主要侵犯皮肤和黏膜，如阴部、口唇、乳头、手指等。晚期可侵犯肝、脾、骨髓、心脏、中枢神经系统等。未经治疗的梅毒患者在感染后的一年内最具传染性，随着病期的延长，传染性越来越小。

2. 胎传

患梅毒的孕妇可以通过胎盘将梅毒螺旋体传染给子宫内的胎儿，而使胎儿受到感染，这种称为胎传梅毒或先天梅毒。这种感染主要发生在妊娠4个月后。未经治疗的梅毒妇女，如果病期超过4年，虽然通过性接触基本上无传染性，但妊娠时仍可传给胎儿。病期越长，传染性越小。有学者认为，患早期（一期、二期）梅毒的孕妇传染性很强，可导致40%的先天梅毒和20%的早产；晚期梅毒的孕妇，虽然性接触的传染性很小，但仍可导致10%的先天梅毒。患早期先天性梅毒的婴儿，一般都有营养不良、皮肤皱纹多、贫血或肝脾大，严重者呈老人样面容。

3. 血液传播

早期梅毒患者血液中含有大量梅毒螺旋体，很容易通过输血传给他人。

4. 密切接触传播

早期梅毒患者的糜烂和溃破处含有大量螺旋体，传染性很强，到了晚期，病损处表面干燥后，其传染性则较弱。因此，梅毒除通过性接触传播外，还可通过一些密切接触而传播。例如，接吻、授乳、握手或婴儿经过产道时直接感染；还可通过毛巾、剃刀、烟嘴、被褥、门把、衣服、玩具、坐式便器、医疗器械而间接传染。

（三）临床表现

根据传播途径，梅毒可分为先天梅毒（胎传梅毒）与后天梅毒（非胎传梅毒或获得梅毒）；根据其有无传染性，各自又可分为早期梅毒与晚期梅毒。

1. 先天梅毒

先天梅毒是由子宫内感染革兰氏阴性菌梅毒螺旋体而引起的疾病，传播方式为垂直传播。由于感染发生在胎儿期，会导致胎儿流产或死胎。有的会生出存活的梅毒患儿。患儿一般到出生后3周才出现临床症状。婴儿营养不良，消瘦，形似小老头。梅毒性鼻炎为最常见的早期症状，可引起呼吸与哺乳困难。鼻分泌物呈脓性或血性，含有大量的梅毒螺旋体；喉炎可造成声音嘶哑，表现为失声性啼哭；口腔内有黏膜斑，可出现贫血、肺炎、淋巴结肿大、肝脾大、睾丸肿大；软骨骨炎引起四肢疼痛而不能活动（称梅毒性假性麻痹）。

皮肤症状可在出生时或在出生后数月出现，可以有各种损害。梅毒性先天疱疹常为先天梅毒的严重表现，具有特征性，后天梅毒无此表现。此外，还可出现甲周炎与甲床炎，指甲无光泽，脆弱易脱落，毛发弥漫或成片脱落，骨骼或骨膜出现炎症。

晚期先天梅毒多发生于2～3岁，主要表现有：① 基质性角膜炎，一侧或双侧眼角膜周围发炎，以后弥漫混浊，视力减退，常可引起失明；② 上腭门齿发育不良，呈“螺丝刀”样，称为哈氏（Hutchinson）齿；③ 关节积水，关节炎；④ 到青春期，前庭蜗神经障碍引发神经性耳聋，或并发前庭器官障碍。

2. 后天梅毒

梅毒螺旋体侵入人体后，根据病程发展过程，一般分为三期，即一期梅毒、二期梅毒和三期梅毒。一期梅毒和二期梅毒合称早期梅毒，传染性大；三期梅毒称晚期梅毒，传染性小。

（1）一期梅毒：主要症状是硬下疳，大部分发生于生殖器部位。梅毒螺旋体侵入体内

2～3周，初次进入皮肤或黏膜部位（通常是外阴部）时引起的局部炎症反应，称硬下疳。开始时为一丘疹或米粒大小的红斑，以后隆起，形成豆大至指头大硬结，多为单发，很快破溃糜烂，有浆液性渗出。渗出液内含大量的梅毒螺旋体，故传染性较强。硬下疳出现数天后，一侧或两侧腹股沟淋巴结肿大。

由于机体产生免疫反应，不利于梅毒螺旋体的生存，故硬下疳如不及时治疗，经3～4周也会自然消失。但病变并未痊愈，未被消灭的少数螺旋体潜伏下来，进入血液循环而传布全身，处在进入第二期梅毒的潜伏期阶段，到一定时期，可引发二期梅毒。若此时能及时得到正规的彻底的治疗，可迅速达到彻底治愈的目的，一般预后良好。

（2）二期梅毒：发生在感染后7～10周或硬下疳后6～8周，梅毒螺旋体播散全身，传染性最强。以皮肤黏膜损害为主，亦见骨骼、感觉器官及神经损害。发疹前常有低热、头痛、疲乏、肌肉骨骼酸痛等类似流感样症状。

出现皮肤黏膜损害等上述症状3～4天后，出现全身性、对称性、广泛性分布稠密的棕色斑疹，即玫瑰疹，相互间不融合，呈卵圆形，比黄豆略大，边缘鲜明，大小较一致，无痒无痛，伴全身性淋巴结肿大，可于数日或数周后消失。此外，还可表现为丘疹性梅毒疹、脓疱性梅毒疹等。黏膜损害表现为黏膜白斑（常见于口腔黏膜或生殖器）、潮湿丘疹（在黏膜白斑的基础上增殖肥厚形成）、扁平湿疣（发生于肛门或女性外生殖器）、弥漫性红斑性咽炎。

（3）三期梅毒：发生在感染后2～4年，多为皮肤黏膜及骨骼的损害。感染10～20年后可侵犯心血管和神经系统等重要器官。三期梅毒的特点是传染性很小，但对组织的破坏性很大，严重时可危及生命。

晚期皮肤黏膜梅毒损害发病率高，约占晚期梅毒的50%，常在感染后3～5年，甚至10年后发生。损害特点是局限性、孤立性、浸润性结节或斑块，不对称，发展缓慢，破坏性大，愈后留有瘢痕。常见的有结节性梅毒疹。树胶样肿常侵犯口腔黏膜及鼻黏膜，可破坏悬雍垂和扁桃体，鼻中隔穿孔；破坏鼻骨使鼻梁塌陷形成鞍鼻；舌部树胶样肿破溃后，导致发音不清。

此外，还会损害许多重要器官。例如，损害骨，表现为骨膜炎、骨炎、骨髓炎、关节炎、滑囊炎等；侵犯眼，发生眼睑、泪腺、角膜、结膜、虹膜及睫状体、脉络膜、视网膜及视神经梅毒；损害心血管，出现单纯性动脉炎，主动脉瓣闭锁不全、主动脉瘤、冠状动脉口狭窄等，严重时发生充血性心力衰竭，导致死亡；侵犯神经系统，发生脊髓痨、全身性麻痹、脑膜炎、血管神经梅毒及无症状性梅毒等。各种晚期梅毒中，神经梅毒由于其发生率极高，预后甚差，发生于壮年人为多，治疗复杂困难，故显得最为重要。

（四）预防

同预防其他传染病一样，预防梅毒应从保护易感人群、切断传播途径和管理传染源等三个方面入手。

1. 保护易感人群

首先应加强卫生宣传教育，了解和掌握梅毒的传播途径和一般特点，做好预防工作；树立自我保护意识，自觉遵守社会的性道德行为规范，反对不正当的性行为，提倡健康文明生活方式。

2. 切断传播途径

梅毒最主要的传播途径是性接触传播。因此，防止性不洁行为是阻止梅毒大范围传播的最有效的途径。应全面落实公共场所摆放安全套的有关规定，避免不安全的性行为，特别是卖淫嫖娼等性乱行为；未治愈前，绝对不能有性生活；患病未治愈的女性，最好不要生育，应等完全治愈后再考虑生育后代。

3. 管理传染源

对可疑者均应进行预防检查，做梅毒血清学试验，以便早期发现并及时治疗；对于梅毒患者必须强迫进行隔离治疗，患者的衣物及用品，如毛巾、衣服、剃刀、餐具、被褥等，要在医务人员指导下进行严格消毒，杜绝传染源；追踪患者的性伴侣，包括患者自报及医务人员询问的，查找患者所有性接触者，进行预防检查，追踪观察并进行必要的治疗；对可疑患梅毒的孕妇，应及时给予预防性治疗，以防止将梅毒传染给胎儿；未婚男女患者，治愈前不能结婚；由于梅毒的复发率较高，即使最早期最彻底的治疗，其复发率仍有5%，未经治疗或治疗不彻底者则复发率更高，因此对已接受治疗的患者，应给予定期追踪治疗。

二、淋病

淋病（gonorrhea）是当前患病人数最多的性传播疾病之一，是一古老而又常见的性传播疾病，它是由淋球菌引起的一种泌尿生殖系统传染病。淋病几乎可以发生于任何年龄阶段，目前临床上淋病患者主要为性生活比较活跃的中青年，特别是青年。男性高发年龄组为20～24岁，女性为15～19岁。

由于出现了耐青霉素的淋球菌菌株，某些患者治疗困难，危害严重。全球范围内，淋病患者也有明显增加趋势，淋病成为性传播疾病的主要发病病种。

（一）淋球菌的结构特点

淋球菌又称淋病奈瑟球菌（*Neisseria gonorrhoeae*），是一种需氧的革兰氏阴性球菌。该菌呈肾形，两个凹面相对，大小一致，长约0.7 μm，宽0.5 μm；无鞭毛、无荚膜、不形成芽孢。它最适合在潮湿、温度为35 ℃、含2.5%～5%二氧化碳的环境中生长。对外界理化条件的抵抗力差。在干燥环境中1～2 h即可死亡；在高温或低温条件下易致死；对各种化学消毒剂的抵抗力也很弱。

（二）传播途径

1. 性交传播

人是淋球菌的唯一天然宿主。淋病患者是其传染源，性接触是淋病主要传播方式。成人特别是男性，淋病99%～100%属于性交传染。各国调查资料也表明，在淋病患者中男女一次性交感染率为22%～35%；男性易于传染给女性，一次性交男性传染给女性的概率为50%～90%，女性传染给男性的概率为25%～50%；感染率还与性交次数成正比，男性与女性患者性交感染率平均一次为19%～25%，两次为35%，三次为49%，四次为57%。

2. 非性接触传播

主要是接触患者含淋病双球菌的分泌物或污染用具，如有分泌物的毛巾、脚布、盆子、衣裤、被褥、床单、浴盆、大便纸，甚至马桶的坐板等均可传染。特别是女性（包括幼女），其尿道和生殖道短，很容易感染。

上海市性传播疾病防治中心曾对浴室内淋病双球菌模拟污染实验进行了流行病学调查，对实验组及对照组使用过的浴巾、垫巾、毛巾、更衣柜、浴缸、拖鞋及水龙头分别采样48件。实验组24件中，淋病双球菌阳性5件，阳性率为20.83%。对照组22件，淋病双球菌检测结果均为阴性。另据报道，淋球菌在潮湿毛巾上可存活10～24 h，在厕所座位上可存活18 h左右。结果表明，淋病患者淋浴时污染明显存在，且其使用过的物品阳性率也较高。如果健康人在其淋浴后半小时内接触污染物，则易于感染上淋病。

3. 产道感染

淋病患者的产妇，分娩时产道内的淋病双球菌就可传染给新生儿。

（三）临床表现

淋病潜伏期为2～10天，一般为3～5天。男性淋病多表现为急性尿道炎。初期表现为尿道口红肿、发痒及轻微刺痛；继而有稀薄黏液流出，严重者有轻度肿胀，引起排尿困难。24 h后症状加剧，红肿发展到整个阴茎头及部分尿道，尿道黏液性分泌物增多，冲出尿道口外溢。感染数日后，淋球菌侵及整个前尿道，尿道口溢脓、外翻。尿道疼痛可轻或重，排尿时疼痛加剧。同时，可伴有腹股沟淋巴结肿大、炎症或压痛。若不及时治疗，病变可上行蔓延至后尿道，引起急性前列腺炎、精囊炎、附睾炎、精索炎和尿道狭窄等并发症，还可有腰酸、腰痛、会阴及附睾剧烈疼痛、射精痛，甚至血精等症状。严重者可伴有全身寒战、发热、食欲下降、头痛等症状。此外，还可出现性欲减退、勃起功能障碍、阳痿、早泄及神经衰弱等症状。

由于女性尿道短而排尿较畅通，其症状大多并不严重，有50%～70%的女性淋病常无自觉症状，故经常忽视或发生漏诊而延误治疗。但也正由于女性的泌尿生殖系统解剖结构上的特点，即阴道口的邻近有尿道、尿道旁腺、前庭大腺等，且尿道短而直，较男性易于扩张，女性淋病患者一开始时，常有数个器官同时发生病变。

女性淋病多表现为急性尿道炎或子宫颈炎。主要表现为：① 外阴红肿、发炎和糜烂；② 尿道口红肿、有浆液或脓性分泌物、尿频、尿急、尿痛、排尿困难或血尿；③ 子宫颈口糜烂，白带有血丝或呈脓血性白带，有恶臭气味；④ 有1/5～1/4的患者可出现前庭大腺红肿、疼痛；⑤ 并发生殖系统感染（如淋菌性盆腔炎），严重者可导致不孕。此外，还可出现全身性症状，如发热、恶心、呕吐、食欲下降、下腹痛、腰痛等，严重者可引起输卵管、卵巢脓肿破裂或化脓性腹膜炎等症状。

另外，孕妇染上淋病后，易发生胎膜早破，胎盘、胎膜、脐带、胎儿等羊膜腔内感染，以及早产、产后败血症等，增加新生儿的死亡率。新生儿通过产道时也易受子宫颈淋球菌的感染而患新生儿淋菌性结膜炎，使新生儿在出生后2～3天出现眼睑水肿、发红，有脓性分泌物，一旦延误治疗，可导致角膜穿孔而失明。

（四）控制与预防

首先，应加强宣传教育，注意个人卫生。通过性健康教育，使广大群众对此病都有所了解，掌握必要的卫生保健知识，提高个人性健康水平。例如，在公共场所不随便使用他人的衣物、器具；淋病患者在未治愈前应自觉不去公共场所，如公共浴室等；被淋病患者污染的物品应及时消毒处理；淋病患者应禁止与儿童，特别是幼女同床、共用浴盆和浴巾等。

其次，应加强治安管理，规范社会主义性道德。在全社会范围内，加强治安管理，坚决取缔卖淫嫖娼活动，严肃查处留客卖淫的宾馆、旅社、歌舞厅和酒吧等地的不洁性行为。同时进行性道德教育，要求大家自爱、自尊、自律，自觉遵守性法律和性道德规范，不发生不安全性行为，这是预防性传播疾病在我国蔓延的最重要也是最有效的手段之一。

此外，还应加强疫情管理，及时治疗，预防传播。国家应加强对淋病疫情的管理，做好监测工作，为制定预防措施提供科学、准确的信息。发现患者，应及时进行正规的彻底的治疗，对已治愈者要定期进行追踪复查和必要的复治，以求根治，防止复发。夫妻一方一旦感染了性传播疾病，应避免性交，治愈后再进行性生活。为防止无症状性淋病传播，导致晚期病变，在必要时应进行预防性治疗。

三、尖锐湿疣

尖锐湿疣（condyloma acuminatum）是由人乳头瘤病毒感染引起的以疣状病变为主的性传播疾病。

人乳头瘤病毒（human papilloma virus，HPV）属于DNA病毒，外面是由壳微粒组成的衣壳排列成立体对称的20面体，中心为DNA。DNA与衣壳组成核衣壳，即成为无包膜的裸露型病毒体，直径为50 ～ 55 μm。HPV有100多种病毒亚型，其中有十余种亚型与尖锐湿疣的生殖器感染有关。病毒在上皮细胞内生长，温暖潮湿的环境下更容易繁殖。因此，泌尿生殖器和肛门等处是尖锐湿疣的好发部位，它会导致生殖器、会阴、肛门等皮肤黏膜交界部位的表皮瘤样增生。

尖锐湿疣具有很强的传染性，它主要是通过性接触传播。与患有尖锐湿疣的人发生性接触后，约有2/3的性伴侣会受到感染。调查资料表明，尖锐湿疣多发生在有婚外或婚前不洁性乱史的20 ～ 30岁的青年人中。本病也可通过非性接触传播，如食物、生活用具（被污染的浴巾、内裤、浴盆等）或手的自身接触而散播。孕妇患有尖锐湿疣后，可通过胎盘、血液、分娩或出生后密切接触而传染给胎儿或婴儿。

尖锐湿疣的潜伏期一般为1 ～ 12个月，通常为3个月左右。临床表现多种多样，常在皮肤黏膜部位出现多发性乳头瘤样或疣状损害，即主要在外生殖器及周围出现典型的疣状丘疹。初发时，为少数微小淡红色丘疹，逐渐增大、增多，融合形成乳头状、菜花状或鸡冠状增生物，有的根部有蒂，有的形成大的斑块。表面呈皮肤色、粉红色或污灰色。可自觉有痒感，偶有糜烂、渗液，散发恶臭。常因瘙痒而引起细菌继发感染。

男性尖锐湿疣常见于冠状沟、包皮、龟头、系带及尿道口，有时可见于阴茎体及周围皮肤。

同性恋者可发生在肛门和直肠。女性则好发于大阴唇、小阴唇、阴蒂、阴道前庭，其次为阴道、子宫颈，偶可发于腋下、腹股沟、乳房等潮湿部位，也可出现在口腔黏膜处。

近年来，大量资料证明，HPV与某些恶性肿瘤有一定的联系。美国疾病控制与预防中心数据表明，99.7%的宫颈癌、91%的肛门癌、69%的外阴癌、75%的阴道癌和63%的阴茎癌与HPV有关。2006年首支HPV疫苗在美国上市，HPV疫苗大幅降低了HPV感染率和癌前病变发生率。目前，国际上有多种HPV疫苗可供选择。二价HPV疫苗主要用于预防HPV16型、HPV18型病毒，预防宫颈癌概率达70%。四价HPV疫苗能预防HPV6型、HPV11型、HPV16型、HPV18型病毒，预防宫颈癌、阴茎癌、肛门癌、外阴癌、阴道癌及生殖器湿疣等。九价HPV疫苗预防HPV6型、HPV11型、HPV16型、HPV18型、HPV31型、HPV33型、HPV45型、HPV52型和HPV58型病毒，能预防90%的宫颈癌和尖锐湿疣，以及上述其他癌症。世界卫生组织和其他权威机构强调，在适龄人群中尽早接种疫苗，将大大降低相关癌症的发病率。

四、非淋菌性尿道炎

非淋菌性尿道炎（nongonococcal urethritis）是指有尿道炎症状，但尿道分泌物涂片或培养检查时，查不到淋球菌的一类疾病。目前，非淋菌性尿道炎在英国、美国等西方国家发病率已超过淋病，居性传播疾病的首位，在我国也是最常见的性传播疾病之一。

30% ～ 50%的非淋菌性尿道炎由沙眼衣原体引起，20% ～ 30%由解脲支原体引起，尚有部分原因不十分肯定。衣原体是严格的细胞内寄生性微生物，有特殊的发育周期，一种为原体，具有感染力，但不能繁殖；另一种是始体，不具感染力，但能够大量繁殖。衣原体对理化因素十分敏感，在56 ℃下5 ～ 10 min即可死亡；0.1%甲醛、0.5%苯酚等可在短期内将其杀死。解脲支原体有分解尿素形成氨的性能，对细胞有毒害作用；支原体没有细胞壁，对通过干扰细胞壁达到杀菌或抑菌的抗生素（如青霉素等）有耐药性；但对热抵抗力差，56 ℃下5 ～ 15 min即可死亡；苯酚、煤酚皂溶液等也易将其杀死。

非淋菌性尿道炎主要通过性交感染，好发于性活跃的青年人。分娩时可能通过产道传染给新生儿，引起新生儿结膜炎或肺炎。

非淋菌性尿道炎的潜伏期一般为1 ～ 3周，然后逐渐表现出症状，主要侵犯泌尿生殖系统。

男性非淋菌性尿道炎往往表现为尿道瘙痒和排尿疼痛，少数伴尿频，晨起后尿道口有少量稀薄黏液性分泌物或仅有痂膜封在尿道外口，或发现内裤有少许污秽分泌物。与淋菌性尿道炎相似，但程度轻。此病中有10% ～ 20%患者同时患有淋病（即双重感染），淋病症状往往掩盖了非淋菌性尿道炎的症状。此外，还常并发其他症状，如附睾炎（多为单侧，由沙眼衣原体引起，表现为附睾肿胀、疼痛、下坠感，有明显压痛），前列腺炎（可出现会阴疼痛和阴茎痛）和瑞特（Reiter）综合征（表现为尿道炎、多发性关节炎、眼结膜炎综合征）等，部分患者（20% ～ 50%）可无症状。

女性非淋菌性尿道炎多以子宫颈为中心扩散到其他部位。表现为白带增多，子宫颈水肿或糜烂，但临床症状不明显；尿道灼热感，或尿频、尿道口充血微红，挤压尿道有分泌物溢出，但不少患者无任何不适，约占70%。

有沙眼衣原体感染的孕妇分娩的新生儿容易患结膜炎或肺炎。有40%～50%的新生儿多在出生后5～14天出现结膜炎；一些新生儿在出生后2～3周出现衣原体性肺炎。

五、生殖器疱疹

生殖器疱疹（genital herpes）又称阴部疱疹，是由单纯疱疹病毒（herpes simplex virus，HSV）感染泌尿生殖道及肛门周围皮肤黏膜而引起的一种常见的性传播疾病，具有慢性、易复发等特点。在国外，生殖器疱疹的发病率在性传播疾病中仅次于淋病和梅毒，居性传播疾病的第三位，在由病毒引起的性传播疾病中居第一位。近年来，在世界范围内，生殖器疱疹的患病人数不断增加，特别在15～45岁性活跃人群中，约有30%的人患过生殖器疱疹，尤其是在青年人中，该病的发病率比淋病还高。我国生殖器疱疹的患者人数也呈逐年上升趋势。

单纯疱疹病毒为DNA病毒，直径为120～150 μm，由含有DNA的核位于中间，向外依次由包膜、体被、衣壳3种同心结构组成。衣壳表面为162个壳微粒组成的3：2：2轴对称的20面体，体被由纤维质构成，包膜有时来自细胞核，有时来自细胞膜，细胞膜内含有脂质成分，所以单纯疱疹对乙醚及脂溶剂特别敏感。在高温和低pH环境都不稳定，湿热50 ℃及干燥90 ℃ 30 min即可灭活，但在低温下可生存数月。

单纯疱疹病毒可分为Ⅰ型和Ⅱ型两种。Ⅰ型单纯疱疹病毒主要通过呼吸道、皮肤、黏膜密切接触传播，感染腰部以上部位的皮肤黏膜和器官。例如，引起口唇黏膜、鼻前庭、眼结膜、咽喉部的炎症及疱疹。Ⅱ型单纯疱疹病毒主要存在于女性子宫颈、阴道、外阴皮肤及男性阴茎、尿道等处，是引起生殖器发炎和疱疹的罪魁祸首。90%的生殖器疱疹是由Ⅱ型单纯疱疹病毒引起的，10%的生殖器疱疹由Ⅰ型单纯疱疹病毒引起。

人类是单纯疱疹病毒的唯一自然宿主，10%的患者可无症状。本病主要通过性器官接触传播，患者和无症状的带病毒者是主要传染源。单纯疱疹病毒的传染性极强，与患有阴茎疱疹的男性发生一次性接触的女性，有60%～80%概率可被感染。此外，单纯疱疹病毒还可通过母婴传播传给后代，如通过产道感染或羊膜早破而感染。

经性器官接触单纯疱疹病毒后，潜伏期为2～20天，平均6天。患病部位先有烧灼感，很快在红斑基础上出现3～10个成群的红色丘疹，伴有瘙痒，丘疹很快变成水疱，3～5天后变成脓疱，破溃后形成糜烂或溃疡，自觉疼痛，最后结痂。整个病程可持续20天左右。发病期间患者可出现发热、头痛、全身不适、颈项强直、脑膜炎和骶神经功能不全等症状。

男性好发于龟头、冠状沟、尿道口、阴茎、阴囊、大臂和臀部等处。女性则好发于阴唇、阴阜、阴蒂、肛周及阴道，约90%的人还可同时侵犯子宫颈，出现阴道分泌物增多或下腹痛，可并发子宫颈炎和子宫炎。大多数男女患者双腹股沟淋巴结肿大，后期炎症波及尿道、膀胱时，可出现排尿困难、尿痛、尿频、尿潴留等现象。此病患者女性多于男性，症状也较男性严重。

六、软下疳

软下疳（chancroid）是由杜克雷嗜血杆菌（*Haemophilus ducreyi*）所致的生殖器痛性多发性溃疡。常伴有腹股沟淋巴结炎。软下疳主要流行于热带及亚热带某些地区，特别是海员出入较多的性传播疾病流行港口。男性多于女性，男女患病之比约为10 ∶ 1。

杜克雷嗜血杆菌又称链锁状杆菌，是一种兼性厌氧性革兰氏阴性菌。短而细小，呈短棒状，两端较为钝圆，长约1.5 μm，宽约0.5 μm，往往双平行排列成双链状，无鞭毛，不形成芽孢。大多数细菌在细胞外呈链状排列，人是它的储存宿主。对湿度的敏感性很高，不耐热，38 ℃条件下很快死亡，干燥条件下65 ℃时可迅速死亡，但耐寒性较强。

软下疳绝大多数是通过性接触传播。在性交过程中，通过直接接触患者的开放性破损处的分泌物和溃疡的脓汁而感染，一些患者伤口虽已愈合，但仍是带菌者，与之性交同样可以染上此病。有时也因消毒隔离不严，接触患者伤口而感染。但一般性的接触不会传染软下疳。

杜克雷嗜血杆菌侵入机体后，潜伏期一般为3 ～ 7天，引起生殖器官的接触部位发生单个或多个疼痛的坏死性溃疡。初发为外生殖器感染部位发生炎症性红斑、丘疹，1 ～ 2天后形成脓疱，破溃后形成痛性溃疡，直径为1 ～ 2 cm，边缘薄而不齐，基底软，有污秽脓性分泌物覆盖，周围有炎性红晕，有触痛。初发为1 ～ 2个，可因自身接种而多发，一般溃疡经3 ～ 8周自愈，遗留浅瘢痕。男性好发于包皮、冠状沟、龟头，女性常见于大小阴唇、子宫颈、肛门。发病1 ～ 2周伴有单侧腹股沟淋巴结肿大疼痛，可化脓破溃，称软下疳性横痃。1 ～ 2个月才能形成瘢痕自愈。

七、阴道毛滴虫病

阴道毛滴虫病（trichomoniasis vaginalis）又称滴虫阴道炎（trichomonal vaginitis，TV），是由阴道毛滴虫引起的以阴道和尿道炎症为主的一种常见的性传播疾病。它主要通过性交传播，但也可通过坐式马桶、浴盆、脚盆、内衣、卫生巾、被褥等间接传播。毛滴虫主要侵犯女性阴道，也可因性交使男性泌尿系统感染。

阴道毛滴虫体部呈梨形，长10 ～ 30 μm，宽10 ～ 20 μm。前端有4根鞭毛，鞭毛约有2/3虫体长，用于爬动和探路。虫体腹面可波动使虫体做螺旋式运动。虫体的前1/3处有细胞核，静止时为椭圆形，有明显的核膜，并有轴柱伸出尾部。毛滴虫仅有滋养体期而无包囊期，以二分裂或多分裂方式繁殖。毛滴虫的伸缩力很强，常能改变形体做阿米巴运动穿过阻碍物。在室温的外界环境中，活动能力很强，低温时（3 ～ 5 ℃）活动力明显减弱，但可存活21天，干燥时易死亡。阴道毛滴虫只能寄生于人类的阴道、尿道或膀胱等处。

女性阴道毛滴虫病发病率为5% ～ 10%。但有些妇女阴道内虽然有阴道毛滴虫寄生，但可以完全没有临床症状。当身体因抵抗力降低、阴道内pH增大等各种原因变成碱性时，阴道毛滴虫可大量繁殖而出现临床症状。

女性阴道感染毛滴虫后，一般要经过4 ～ 28天的潜伏期。临床表现为阴道、外阴瘙痒和灼热感等，对刺激不能忍受；白带增多，呈泡沫状，稀薄，脓性灰黄色，有腥臭味，严重时白带可混有血液；也可引起尿频、尿痛、尿急，甚至间歇血尿等。症状往往于月经前后，妊娠、疲劳或性交后加重。检查时，可发现外阴发炎、糜烂、阴唇水肿、尿道炎等，严重患者阴道壁和子宫颈有出血点和糜烂。

男性尿道也是感染滴虫的主要地方，但无症状的占50%～90%。引起尿道炎者表现为尿痛、尿频，50%～60%患者有尿道分泌物增加现象，为脓性或黏液性分泌物，量很少，仅于晨间在尿道口有一微滴，因而极不易引起注意。

八、生殖器念珠菌病

生殖器念珠菌病（genital candidiasis）是由白色念珠菌引起的女性阴道、男性包皮龟头的急性、亚急性或慢性炎性疾病。其他念珠菌和球拟酵母也可导致本病。可通过性接触而直接感染本病，也可通过受污染的浴盆、浴巾、游泳池、衣物等间接感染本病。

女性被感染后，往往表现为阴道黏膜发红、水肿，有白色凝乳状或片块状薄膜黏附，易剥离，剥下后可露出潮红糜烂面，白带多呈水样或脓性，混有大小不等的干酪样白色块状物或豆腐渣样物。自觉阴道瘙痒和烧灼感，重者不能忍受。分泌物自阴道流出后刺激并感染外阴引起外阴炎，表现为大阴唇、小阴唇、阴阜、会阴、腹股沟处皮肤潮红、糜烂，表面有湿润性白色鳞屑，周围出现丘疹、丘疱疹，自觉明显瘙痒。

男性患者临床表现为龟头包皮潮红、丘疹、脓丘疱疹，严重时糜烂包皮囊外出现黏液性分泌物。严重者累及阴茎体、阴囊、腹股沟，患者自觉阴茎发痒。

九、细菌性阴道病

细菌性阴道病（bacterial vaginosis）是由加特纳菌和一些厌氧菌等混合感染引起的女性生殖道性传播疾病。加特纳菌为革兰氏染色阴性的球样短杆菌，主要通过性接触传染。

患者自觉阴道瘙痒和烧灼感，白带增多呈均质状，灰白色或灰绿色，有鱼腥样臭味，pH高达5.0～5.5，分泌物镜检可找到线索细胞（一种上皮细胞，因表面附有大量加特纳菌，外观呈点彩状、毛状而得名）。

十、阴虱病

阴虱病（pediculosis pubis）是由阴虱寄生于阴毛引起的一种以瘙痒为主要症状的皮肤接触性传染性寄生虫病。常由性交直接传染，也可通过内裤、床垫等间接感染，但间接感染概率很小。阴虱分雌雄两种，雌大雄小，有足3对，前足细长，后2对有钩形巨爪，紧抱于阴毛根部，头深入毛囊内。雌虱每日约产卵3个，附着于毛干上，呈点状灰白色物。

患者自觉阴毛区及附近刺痒、奇痒难忍。皮肤出现丘疹，有抓痕、血痂，甚至因搔抓引起皮肤红斑、丘疹、糜烂、渗液。偶可发生青斑，直径0.5 cm，灰青或淡青色，按之不褪色。患者常发现内裤有棕红色小点及污秽物，阴毛上可见阴虱成虫及白色虫卵。

十一、衣原体淋巴肉芽肿

衣原体淋巴肉芽肿（chlamydial lymphogranuloma）是由革兰氏阴性菌沙眼衣原体感染引起的一种腹股沟淋巴疾病。这种疾病的特征是生殖器溃疡、腹股沟淋巴结炎、腹股沟脓肿、血便、里急后重或结直肠炎。通过性接触传播。可通过检测血液样本中沙眼衣原体或聚合酶链式反应试验进行确认。

十二、腹股沟肉芽肿

腹股沟肉芽肿（granuloma inguinale）是一种由肉芽肿荚膜杆菌引起的性传播疾病。它通常表现为与感染性伴侣接触后的无痛性生殖器溃疡。10 ～ 40天的潜伏期后出现小而无痛的结节；随后结节破裂，形成开放的、肉质的、渗出的溃疡，并逐渐扩展，使感染组织受损。损伤发生在接触部位，通常在生殖器（阴茎、阴囊、外阴、子宫颈）、腹股沟或肛门上。目前国内已基本消灭此病。

十三、传染性软疣

传染性软疣（molluscum contagiosum）是一种由传染性软疣病毒引起的传染性皮肤病，临床上以蜡样光泽性脐状丘疹为特征，多见于儿童、青少年和免疫功能低下的群体。潜伏期为1周至6个月，发病率呈逐渐上升趋势。目前占门诊皮肤病的20%左右，可通过皮肤直接接触感染或自身感染本病，也可通过性接触、被污染的衣物或公共设施（如浴室、泳池）等感染。

十四、疥疮

疥疮（scabies）是由疥螨引起的一种传染性皮肤病，临床表现为丘疹、小疱和剧烈瘙痒（尤其在夜间），皮疹可遍布全身（头面部一般不累及），也可局限于某些部位，如手指缝、肘部、生殖器等。可通过性接触或密切接触传播，易在家庭及集体中流行。

思考题

1. 性传播疾病主要有哪些种类？
2. 艾滋病有哪些传播途径？
3. 艾滋病临床表现有哪些？
4. 艾滋病的发病机制是什么？
5. 应该怎么预防艾滋病？
6. 淋病、梅毒的主要传播途径有哪些？

第十一章

性道德与性法律

道德是社会调整人与人之间以及个人与社会之间关系规范的总和。它是一种社会意识形态，是人们共同生活及行为的准则与规范，以善与恶、正义与非正义、公正与偏私、诚实与虚伪等概念来评价人们的各种行为，并调整人们之间的关系；通过各种形式的教育和社会舆论的力量，使人们逐渐形成一定的信念、习惯、传统而发生作用。任何道德都具有历史性，随社会的发展而发生相应的变化，没有永恒不变且适用于一切社会的、一切阶级的道德。法律是在人类发展至阶级社会才产生，体现统治阶级意志，由国家行使立法权的机关依照立法程序制定，由国家强制力保证执行的行为规则。道德的作用范围比法律的作用范围要广泛得多。但法律的强制力要比道德强得多，凡违法犯罪，都会被依法惩处。

在人类社会中，道德和法律调节着社会中人与人之间、人与社会之间的关系，维护社会生活的正常运转。人类的性行为，作为人类行为的重要组成部分，需要由社会性道德规范、性道德观念和性有关法律加以制约，以使其控制在社会法律和道德允许的范围之内。

第一节　性　道　德

人类的性在本质上具有社会属性和自然属性，两种属性相互区别、相互补充、相互制约，并在此基础上构成人类特有的丰富多彩的性道德现象。人类是自然界进化的产物，他是自然界中最复杂、最有生命力的一种高等生物，人类的性必然要受到生物规律、自然规律的支配。人类又是社会性的动物，人的性是作为各种社会关系一种表现，作为各种社会关系的实际体现而存在，人类的性又受到社会文化制度宏观规律的制约。人类的性本质只有在社会关系的基础上才能表现出性的自然属性。人类能够根据一定的道德原则或准则来权衡并调整自己的性行为，从而使复杂的性关系具有人性。因此，人类性关系的发展客观地反映了文明的一个方面。这两种属性在不同的社会发展时期的影响力是不同的，也就是说性道德在人类的不同发展阶段，它的内容是不同的。

一、性道德的历史演变

性道德（sexual morality）是指人类调整两性性行为的社会规范的总和，是人们在性关系方面应该遵守的外在社会规范或规则以及在此过程中形成的内在心理品质。性道德是一种社会意识，是人类社会生活的产物。它由一定的社会经济关系所决定，社会制度与政治制度的不同，性道德规范也就不同，所以它的内容随社会历史的发展而发展。

作为衡量人类文明的重要尺度的两性关系，其发展历程是漫长和曲折的，人们对两性之间的道德关系的认识也是一个渐进的过程。人类的性道德规范集中反映在婚姻制度上，它伴随着婚姻家庭形式的产生而产生、发展而发展。

（一）原始社会的性道德

性道德起源于原始社会，在当时主要表现为性禁忌。

人类形成距今大约已有300万年的历史。在很长的一段时间里，由于生产力水平的低下，人们只有聚集成群才有可能生存下去。那时的性行为，在很大程度上是为了繁衍后代，因此，男女双方的婚姻缔结是一群男子和一群女子互为配偶，执行杂乱性交的集团婚姻，即群婚制（communal marriage）。此时的性关系不受任何限制，一切男子属于女子，一切女子属于男子。现代社会中的一切禁忌在那时根本不存在。没有私有观念、嫉妒心理、排他心理和羞耻心理。性交可随时随地、不分辈分、血缘、毫无隐瞒地进行。此阶段的两性关系更多的是显现出生物色彩。大约在170万年前，人们的性关系开始有了限制，称为性禁忌（sexual taboo）。

乱伦禁忌是原始社会中最早出现的禁忌。在向氏族公社过渡阶段，首先出现的是血缘婚（consanguine marriage）。血缘婚又称内婚制，仍为群婚，但有了血缘上的限制，即按辈分划分性交对象。在同一群体中，同一辈可以有性关系，而不同辈分的男女之间则禁止发生性关系。血缘婚是人类第一个婚姻形态。随后，又发展为外婚制，或称伙婚制。外婚制是指同一氏族内男女禁止通婚，只能在外氏族同辈分男女间选择配偶的婚姻制度。这样，在隔代不能性交的性禁忌之外，又多了一个在同一群体内部不能通婚的性禁忌。在这种婚姻关系中，同一群体中男女之间已没有直接的血缘关系，符合自然选择的法则，有利于人类的优生和繁衍，同时也加强了各通婚氏族之间的联系，促进了人类的性心理由自然性向社会性的发展。同一群体内部不能通婚的性禁忌一经确立，小群体也就向氏族社会演化。

到了原始社会的母系氏族时期，群婚制逐渐解体，出现了由一男一女在或长或短的时间内保持相对稳定的偶居生活的对偶婚（pairing marriage）的婚姻形式。在对偶婚制下，一个男子在许多妻子中有一个主妻，而他对于这个女子来说，也是许多丈夫中的一个主夫。对偶婚的缔结是以方便和需要为基础的，以女子为中心，实行男嫁女，但其结合很不巩固，任何一方提出离异，皆可达到同居关系的终止。这种婚姻制度还带有群婚制的特点，但配偶的范围缩小了，关系也相对稳定，主夫与主妻之间能有较长时间的同居生活，同时也有了一定的排他性，具有一夫一妻的雏形。因此，对偶婚制是从群婚制向一夫一妻制发展的过渡形式，它为后来的父系氏族和一夫一妻制的产生准备了条件。原始社会末期，随着社会生产力的进一步提高，社会财富有了更多的积累，私有制开始产生。男性由于生理条件有利于生产劳动，在生产发展中起重要作用，从而使之在经济生活中占据越来越重要的地位。于是，母权制被推翻，转变为父权制。随着父权制取代母权制，单偶婚开始形成，并代替对偶婚而广泛流行，这就是一夫一妻婚姻制度的开始。

原始人的第二个性禁忌是月经禁忌，即在月经期内禁止性交和许多生产活动。这种禁忌源于原始人对女性经血的神秘感和恐惧感。尽管月经禁忌客观上有利于妇女的身体健康，但是与现代文明人自觉避免在月经期性交有本质的区别。

性禁忌中还有场景禁忌，即除了性交庆典中的集体活动外，都应该离开群体，到隐蔽的地方去性交。此外，还有对性交频率的某些限制，即在某些时间或时期内不得性交。

性禁忌是一些关于禁止性关系的规定，这些规定是基于生活经验自发形成的。因此性禁忌是性道德的雏形，是尚未理性化的性道德。然而，尽管性禁忌表现为原始的性道德，甚至于不能称为完全意义上的性道德，但它也是人类社会长期发展的结果，为以后性道德的形成奠定基础。

（二）奴隶社会的性道德

随着生产资料私有制的产生，奴隶社会取代了原始社会。男性由于生理条件更适合当时的原始农业劳动，在生产中起到更重要的作用，掌握着大量的私有财产。为了使私有财产有明确的继承者，保证妻子所生的子女是出自丈夫本人，于是产生了一夫一妻的婚姻制度。一夫一妻制中女性作为男性的奴役，因而一开始就具有它的特殊性，即只对女性而不是对男性的一夫一妻制。在性道德上要求女性守贞、忠诚，不能与丈夫以外的其他任何人发生性关系。而对于男性而言，只要他的经济实力足够雄厚，想占有多少个女性都可以。奴隶主占有全部生产资料和劳动者——奴隶，可以任意强占女性。奴隶主的性行为，在很大程度上是为发泄性欲，奴隶则没有任何自由和权利。所以奴隶社会的一夫一妻制实质是排除性爱成分的奴隶主统治，是父权与夫权统治下的一夫一妻制。

奴隶社会中不平等的一夫一妻制，尽管在性道德上是不完善的，但它仍不失为人类性关系的一个进步，其道德意义在于，它要求排除杂乱的两性关系，要求夫妻间保持忠贞守一的性生活，它标志着人类对自己性生活提出了更为严格的限制，为人类提供了发展爱情的必要条件。

（三）封建社会的性道德

随着社会的发展，到了封建社会，原先的性活动已完全发生了变化。男权统治得到进一步巩固与发展，两性关系越来越不平衡。两性关系的道德秩序演变为“男尊女卑”“性即罪恶”“性即淫秽”，且其成了这一时期的主旋律。性欲被当成罪恶，要求人们必须抑制，性行为仅仅是为了繁衍后代，为了传宗接代。然而过分的压抑更增加了人们对它的兴趣。因此，性禁欲与性享乐在封建社会并存。

封建社会里人们的性关系是更严格的一夫一妻制，但完全是针对女性的不平等的性道德要求。法律上一般是禁止多妻的，但并不禁止多妾。男性是一家之主，在有些家庭中妇女仅仅是为男性而活，仅仅是男性泄欲和生儿育女的工具。封建社会倡导的是“男主女从”“三从四德”“长幼有序”“父子不同席，叔嫂不通问，男女不杂坐”“男女授受不亲”等封建礼教。男子可以休妻另娶，可以一妻多妾。妇女则只能“为夫守节，从一而终”“一女不嫁二夫”“饿死事小，失节事大”。妇女守节、守寡被当作社会的性道德典范而被大加褒扬，并为她们隆重建造“贞节牌坊”，如安徽歙县的忠孝节义牌坊群中就有贞节牌坊（图11-1）等。婚姻由“媒妁之言，父母之命”来决定，没有婚姻自由。不仅如此，还规定“女子要绝对服从男子”“在家从父，出嫁从夫，丧夫从子”“嫁鸡随鸡，嫁狗随狗”等道德。因此，封建社会家庭中实行的是父权与夫权相结合的家长制统治，妇女仍处于无权的地位。

图11-1 安徽歙县忠孝节义牌坊群

综上所述，中国封建社会在性上存在许多矛盾现象：既实行严厉的性禁锢，又公开执行养妓豢娼；既要求女性贞节操守，又放任男子纵欲。体现出封建社会的性道德是复杂矛盾的。最突出的是它的双重性，即进步性和反动性。一方面，由于确立一夫一妻多妾婚姻制度，强化婚姻稳定性，对于巩固封建制度、繁荣经济具有积极作用，体现了人类性道德进步的一面；另一方面，封建社会中的极端禁欲主义严重扭曲人性、残害女性，制造无数惨绝人寰的人间悲剧，又显示了其反动的一面。

（四）资本主义社会的性道德

14世纪开始于欧洲的资产阶级文艺复兴运动，使人们从中世纪禁欲主义和教会的虔诚、信仰中摆脱出来，开始把自己作为个体看待，把自身的感性、愿望和冲动看成是自然本性，人文主义者大力歌颂人性的完美与崇高，提出解放个性，要求性自由，随之艺术、文学和日常生活等都从性压抑中解放出来，使人们的性道德观念发生一场深刻革命。

文艺复兴时期的“性自由”实质上是向封建主义发起的一次革命冲击，是对中世纪性禁忌主义的挑战，是对性道德传统的再反思、再评价和再调整。它包含的内容主要有以下几个方面：肯定人类性欲的正当性；肯定性行为本身的价值；肯定男女之间的性爱是一种高尚的情感。

这种性道德观念对破除封建传统的性道德观念起着一定的推动作用，具有必然性与合理性。但发展到现代资本主义社会，它走向了另一个极端。鼓吹“性本能以追求快乐为原则”“不生育的性结合与社会无关”“情欲远胜于理智”等性观念。主张两性性行为中，情欲的满足是第一位的，极力推崇性行为中的高度自由，主张性与婚姻、性与生育分离。认为只要双方自愿,就不应指责和限制。

发达资本主义社会一般废除了一夫多妻制,规定一夫一妻制。资产阶级虽然提出了男女平等、婚姻自由的口号,但在金钱决定一切的社会里,资产阶级的性关系本质上是由金钱、财产和地位所决定的。资本主义商品经济和资产阶级的极端个人主义、利己主义思潮的泛滥,导致资产阶级在性生活方面的极端堕落。实际上存在着秘密的、隐蔽的多妻制、多夫制,主要表现为通奸、卖淫等,这在当时十分盛行。

"性解放""性自由"思潮在西方资本主义社会的兴起和泛滥,把性关系引向空前的混乱。实践证明,这种性关系至今并没有为人类社会带来美好前景,只不过是对历史的一种反动,因此必然要为更新的性道德所取代。

(五)社会主义社会的性道德

在社会主义社会,其经济制度的基础是生产资料的社会主义公有制,它消灭了剥削制度和剥削阶级,这就从根本上改变了历史上形成的男尊女卑、婚姻不自由、一夫多妻及漠视女子利益为特征的旧制度的经济基础。社会主义社会主张两性平等,主张和保护恋爱、结婚自由;认为离婚、改嫁是符合社会主义社会的性道德;反对任何形式的通奸、卖淫。性关系要以爱情为基础和动力,婚姻不是一方对另一方的占有,而是男女双方在感情基础上的自愿结合。把一方作为自己发泄性欲的对象,是与社会主义社会性道德相悖逆的。性生活以合法的婚姻为前提,任何一切婚外性生活、婚前性生活都是不符合性道德的。这些不道德的性行为既是对双方爱情的玷污,对各自人格的亵渎,也是对社会利益和社会道德的不尊重。性爱双方必须对性行为的社会后果承担法律义务和道德责任。因此,社会主义社会的性道德是人类性道德发展中高一级阶段的崭新形态。也只有在社会主义制度下,才能实现真正的一夫一妻制,给男女带来真正的平等。

然而随着改革开放的不断深入,引进西方先进技术设备和管理水平的同时,西方国家的一些性观念也通过各种渠道不断渗入。一些人,特别是年轻人认为西方的性观念就如其科学技术一样先进,是社会发展的趋势,并视之为行动的指南,盲目崇拜和效仿。导致他们原本就不牢固的性观念开始动摇,性道德开始西化,盲目追求性享乐与性自由,大有重蹈资本主义覆辙之势。这是社会的倒退,应予以足够的重视。在引进西方国家先进文化的同时,如何"取其精华,去其糟粕""他山之石移为己用"是摆在社会主义国家面前的一个重要课题。

二、性道德的基本原则

性道德原则是性道德规范体系中的骨干性准则,可分为性道德基本原则和性道德普遍原则。性道德基本原则是一定社会、一定阶级的性道德对人们性意识、性行为的最基本要求,是处理两性关系的根本指导准则。男女平等是在社会主义性道德体系中的基本原则。性道德普遍原则是指人类两性关系长期发展过程中所形成的调整两性关系的一般性、普遍性、概括性的指导原则。当代中国性道德应遵循以下性道德普遍原则。

（一）禁规原则

基于优生学的理论和性伦理观念，禁止近亲结婚是古今中外法律的通例。但关于禁止近亲结婚的范围，各国法律规定则不尽相同。各国法律都有直系血亲间不得结婚的规定，对于旁系血亲间的禁止结婚的规定则宽严不等。我国现阶段的性伦理学原则同《中华人民共和国民法典》所规定的禁止结婚条件是一致的。《中华人民共和国民法典》规定直系血亲或者三代以内的旁系血亲禁止结婚。它的实际意义在于禁止出自同一祖父母、外祖父母的表兄弟姐妹间的婚姻。其目的在于提高人口质量，保障下一代和民族的健康。

此外，有严重的传染病、精神病、性传播疾病者，以及有遗传病者隐瞒其病情与健康人发生性行为的，也是不道德的。《中华人民共和国民法典》第一千零五十三条对隐瞒疾病的婚姻也做出了可撤销婚姻的规定，即一方患有重大疾病的，应当在结婚登记前如实告知另一方；不如实告知的，另一方可以向人民法院请求撤销婚姻。请求撤销婚姻的，应当自知道或者应当知道撤销事由之日起一年内提出。

（二）生育原则

作为当代伦理学基本原则之一的生育原则包含生和育两方面，即生殖和养育。其核心内容是“调控人口数量，提高人口素质”，具体包括计划生育、优生优育和生男生女都一样等内涵。它是人类科学进步的重大成果和人类性伦理变革的鲜明标志。

生殖的先决条件就是具备生育功能的男女间性的结合。这种结合，不单纯是自然的生理现象，而是具有社会因素的。社会对于生殖的制约，最为突出的是表现在两性结合的社会形式——婚姻上。在生殖过程中，后代与父母亲的身体状况、母体能提供的环境条件及情绪等有密切关系。父母亲的身体状况和情绪变化等又受到经济生活、劳动条件以及当时政治、文化、风俗等方面的影响，而且与社会的医疗条件也有密切的关系。

养育是生育过程的一个更重要的环节。作为性伦理道德的生育原则十分关注对子女应负的道德责任。中国自始就有“生不如养”的说法，说明养育的重要性。一个婴儿，从降生那时起，就以独立的个体参与复杂的社会生活。他就是社会的一分子，而不能简单理解为子女只是家庭内部的事。父母应该承担起抚养、教育的责任。在当前社会中，特别是在一些重男轻女思想严重的地区，往往出现不平等的养育观念。生了一个男孩，当成宝贝，百般呵护；生了一个女孩，则随便应付，甚至出现极个别弃婴现象，这是社会主义性道德所不容许的，严重者还可能触犯法律。其实，从生物学角度看，生男生女都一样，女儿也是传后人。重男轻女是观念上的问题，应该加以纠正。可喜的是，目前社会上，特别是城市的一些人已经意识到男女应该平等，他们经常说“生男孩是名气，生女孩才是真正的福气”。

（三）婚姻原则

婚姻原则就是性行为应建立在依法缔结的婚约基础上，把性关系限制在婚姻关系之内，即只有夫妻之间的性交关系才合乎规范。按照社会的道德标准，两性之间若未结婚就不应该发生性关系，包括婚前性关系、婚外性关系。因此，在现代社会中，婚姻原则似乎顺理成章地成为调节性关系或是调节两性关系的基本伦理道德规范。

婚姻是产生家庭的前提，家庭是缔结婚姻的结果。男女两人通过了合法的结婚手续结成夫妻，组成家庭，从此在性生活、社会生活及经济等方面保持着共同生活关系。他们的关系得到社会和法律的认可，那么他们之间的各项关系也就得到法律的保障和社会道德舆论的支持。因此，婚姻原则也是男女平等的重要保证。

如果男女两人未经合法登记结婚而发生婚前或婚外性关系，那么他们的行为就无法得到法律的保障，很容易引起纠纷。同时，这种行为也损害了社会的性道德，会受到社会舆论和道德规范的谴责。

（四）性爱原则

性爱是指男女双方在性接触基础上产生的相互倾慕，企求亲近的一种性意向。性爱具有较强烈的生物本能特征，在较大程度上有其自然属性，但它又不完全是为了追求性欲的满足，而是生理需要与心理需要结合的一种社会现象，而且在现代社会中，这种心理需要显得越来越重要。

性欲可以引起产生性爱，性爱反过来又会加强性欲。但性欲并不是性爱的全部。体态的优美、亲密的交往、融洽的志趣等可以引起异性的性欲，但这种性欲是肤浅的、短暂的，只有通过恋爱，通过复杂的情感交流，这种性欲才能人格化，从此产生性爱。也只有当性的快乐被性爱这种精神心理因素所维系时，人类的性爱才具有了动物所不具备的持久性。如果肉体结合的欲望不是由爱激发的，其结果只不过是短暂而放荡的结合而已，与动物的性欲也就没有本质的区别。实践证明，没有爱的性并没有为人类社会带来美好的前景，带来的是种种危害和家庭危机，它只不过是对历史的一种反动。

我国强调的性、爱、婚姻的统一，即在婚姻保障的前提下，实现性和爱的和谐美满。

（五）私事原则

私事原则包括以下3个层次的含义。

私事原则的第一层含义是性交行为的非公开准则。性行为不仅是两人生理上的结合，也是两人心理精神上的交融、体验和感受，是两者生理、心理上融为一体的一种独特享受。因此，它不宜公开，不允许受到外界的干扰，而是秘密进行的。同时，应尊重对方的人格和隐私，不得泄露性行为中的相关隐私信息。这种非公开性是人类进化的结果，也是人类共通的事实。

私事原则的第二层含义是性关系的自由自愿准则。这里的自由准则是针对封建社会的两性关系而言的，绝不是西方所提倡的性自由。它重点突出的是恋爱自由、自愿，男女平等。性自由主权是人的基本权利之一，性行为应在不违反社会公德的前提下，双方自愿进行的。非自愿下的性行为，是对他人的粗暴侵犯，可能会给被害人造成肉体和心灵上的巨大创伤和严重破坏社会公序良俗。例如，在性关系中，男性有提出性行为要求的自由，而女性也有拒绝对方性要求的权利。即使是在合法的婚姻之内，男女之间也要自愿平等相待。在性行为中，不仅要满足自由的生理和心理需要，也应顾及对方的意愿。任何一方若不考虑对方的需求和感受，而把自己的性欲强加给对方，便违反了性关系的自由自愿准则。现代社会中一些家庭的暴力与夫妻间的性行为有一定的联系。

私事原则的第三层含义是自律准则。恋爱自由绝不是在恋爱问题上可以随意、轻浮和轻率，更不是朝秦暮楚、飘浮不定、玩弄异性甚至乱搞两性关系，而是在自尊、自重和社会道德支配下的对性本能欲望的合理节制。自由恋爱应该是男女双方自愿、自觉，经过一段时间的接触逐渐产生的爱情。它具有神圣性和严肃性。那种打着“恋爱自由”的幌子，到处山盟海誓，表示忠诚，但其背后往往隐藏着肮脏动机的行为是极不道德的行为。相反，那种认为两人一旦恋爱就必须结婚，不顾其他一切条件，要求恋爱对象从一而终的观点也不是恋爱自由。这是一种对恋爱自由的根深蒂固的封建道德观念，是对恋爱神圣性和严肃性的歪曲理解，应予以批判。如果两人经过一段时间的恋爱，认为对方确实不能和自己很好相处，那么两人就应该坦诚相待，理智地分手。因为没有爱情的婚姻是人生的一大不幸。

（六）无伤原则

无伤主要是指两人之间的性行为不伤害对方或他人的健康和幸福，不给社会带来不良影响。在性行为过程中，要讲究性卫生，使之不会损害自己或对方的身心健康。婚外性行为尽管是自愿的，但它伤害了自己的妻子或丈夫，伤害了孩子，也给社会安定团结带来不良影响，因此婚外性行为违背了无伤原则，是不道德的性行为。婚前性行为虽是双方自愿的，也不直接伤害他人，但实际上会在社会上形成不良风气，无疑有悖于社会主义的性道德。卖淫和嫖娼也是双方自愿的，不伤害对方，但它同样极大地败坏了社会风气，给社会的治安和发展带来很大的不稳定因素，是对社会性道德的亵渎。

（七）成人原则

性行为的双方应该都是成年人，是生理和心理都发育成熟的双方，而不应该是未成年人。由于未成年人的智力发育和身体发育尚处于不成熟状态，思想和行为容易受到他人或环境等因素的影响而做出不利于自己的决定，对他们的身体和心理可能造成持久而巨大的创伤。与未成年人发生性关系不仅是不道德的行为，更可能触犯到相关法律从而受到制裁。

三、性道德的调控手段

道德是正确处理人与人之间关系的行为规范或准则。它通过社会舆论、道义、传统习惯和个人信念，用倡导、教育、评价等方法来规范人们的行为，调节人与人之间的关系，从而维护社会的安定团结，促进社会的文明进步。

性道德是社会道德的一个重要组成部分，性道德水平是衡量一个民族文明程度的重要标志。个人的性道德水平是衡量一个人是否成熟的重要指标。一个人性道德的形成，是通过整个社会的教育、舆论、评价和榜样示范等加以辨别和认同，成为自己的信念，然后通过自我的各种调节手段，指导自己的性行为。

性道德之所以能够在人类社会中较为稳定地按一定规范延续，在种种不道德的性行为中树立自己一定的规范，是因为人类具有各种生理、心理情感错综复杂的调节手段。性道德也同样需要用各种手段来加以调节、制约。一个人性道德的调控，最终是通过性羞耻感、性道德感、性义务感、性责任感、性良心感、性嫉妒感及性贞洁感来实现的。而这些是人们在长期的社会生活中逐渐形成的，是对自己思想和行为所做的一种约束。

（一）性羞耻感

羞耻感是一个人对自己的行为或他人的行为感到害羞与耻辱的一种感觉。在对待性行为中，羞耻感更为突出和特殊。

动物是没有性羞耻感的，性羞耻感是人类所特有的。对人类来说，性羞耻感也并非天生的，而是随着在家庭、社会中成长，受文化背景的影响而逐渐形成的。例如，幼儿对裸体无羞耻感，随后在社会生活中，逐渐产生了羞耻感。正因为在性实践中有性羞耻感的存在，才有人的尊严和人类文化的发展。否则，人类则无异于动物。

性羞耻感是性行为正常进行的保证。人类的性行为、性道德由于有性羞耻感的调节，才对性器官有一种隐私和隐藏的要求，对性行为有一种自私和个人的认识，才使性活动在一个特定的、安全的、隐蔽的、个人的场所中进行。试想人们若无性羞耻感，人类的性行为就陷入混乱状态。人类性行为具有普遍性、重要性、长期性、隐蔽性、冲动性、排他性和严肃性等特征，而性羞耻感对上述特征的大部分具有保障和促进作用。因此，性羞耻感犹如一道堤坝，可以阻挡性泛滥的洪水，可以大大减少两性活动中的各种轻佻、下流、放荡行为。它使人们能够自觉节制自己的行为，如不过分暴露自己的肉体；不在大庭广众之下做出各种过分亲昵和不雅动作。然而，社会上的各种色情文化、卖淫、通奸等行为犹如洪水，长期浸泡着性羞耻感的堤坝，在一些薄弱环节可能首先冲出决口，从而全线摧毁人的性羞耻感，淹没人的心灵，危害整个社会的风气。因此，对社会上的不良风气、不良现象应予以坚决的、及时的抨击和清除。

（二）性道德感

性道德感是两性关系上表现出来的性道德情感。在两性关系表现出来的性道德感与个人的信仰、追求和对幸福的理解等多种因素有关。不同的社会阶段人们的性道德感也不相同。有个连环漫画画得很有意思：原始社会人类只用树叶、毛皮遮盖人体，到封建社会则衣宽裤肥遮盖无隙，后来又可穿短裤短衣，以至发展到比基尼三点式泳衣，在裸露程度上又恢复到原始程度，而人们的道德标准也分别予以承认。另外，不同民族、不同国家、不同地区的风俗习惯，可使人们的性道德感有所不同，例如，有的民族允许婚前的性开放，有的民族允许“试婚”，有的民族流行“抢婚”。除此之外，一个人的品德修养程度、是否具有性科学知识甚至宗教信仰等都与性道德感有关。

具有良好性道德感的人，能正确处理好人的自然属性和社会属性之间的关系，控制好自己的性本能；在两性关系上出现困惑，或一时发生差错时，能理智对待，妥善处理。

（三）性义务感

性义务感是指结婚的两性分别具有对对方在性生活、社会生活上应尽义务的自觉性。这包括性生活的相互满足，婚姻关系的相对稳定，在经济、疾病、灾害方面的相互扶助等。性义务感具有一种自我控制的调节作用。社会不同，男女两性的性义务感也不相同。譬如在封建社会，女子的性义务感是充当男子的泄欲工具，或作为繁衍子女传宗接代的工具，而男子的义务感则是作为女子经济上的依靠，即使作为一般老百姓的男子汉也以“养家糊口”为己任。但是，有的男女之间的性义务感是建立在金钱关系上的相互玩弄而已。男女两性的性义务感只有建立在男女平等这一基本原则上才是正确的。男女个人在对性爱的要求和获得过程中，也充分注意使对方得到性爱的获得与满足。所以，性义务感又必须以性爱为基础，以婚姻为标志。没有婚姻缔约的义务感，失去法律与道德的维系，这种义务感是脆弱的，不可靠的，难以持久的。

（四）性责任感

责任感是人的道德品质的重要部分。性责任感和性义务感并不相同。性义务感指男女两性相互承担的义务，而性责任感则指男女两性的性活动，不但要相互负责，而且还要对家庭、对社会负责。人是社会性的动物，他的活动会对社会产生一定的影响，那么，他就应该承担一定的社会责任。两性活动不是一个个体能够单独完成的，必须在他人的参与下进行，那么他也就必须承担一定的责任。择偶、恋爱涉及另一方，那么就必须对对方负责；结婚组成了家庭，那么他就必须对家庭负责；性交有可能生儿育女，那么他就必须承担抚养后代的责任。此外，两人之间的关系又是在整个社会的环境下进行的，因此他们还必须顾及对社会的影响。如果只强调人的性本能，为了满足个人的性欲，玩弄、奸污异性，则毫无社会责任感。恋爱期间发生婚前性行为是一种失去理智一时冲动下的行为，他们没有考虑到将要履行的社会责任，是缺乏性责任感的表现。因此，时刻保持性责任感有利于自己性行为的控制，同时也有利于社会秩序的稳定。

（五）性良心感

性良心感是个人道德意识最基本的调节手段，用以调节在各种道德背景条件下复杂的道德关系。男女之间的两性关系较为复杂和多变，其道德关系更需要凭借个人的良心来调节。当两性关系处于难以解决的冲突时，如喜新厌旧、重金钱地位轻感情等，性良心感就是一种内在的、自己心中的道德法庭。它可以衡量自己的性行为是否符合道德要求，可以控制自己的性欲在一定程度和范围内，以抵御色情的、利己的性动机。年轻人正处在恋爱阶段，对待性关系一定要慎重，否则，将会受到良心的谴责。因此，如果我们注重性良心感在两性道德中的调控作用，那么就可以大大减少未婚先孕、始乱终弃及怨夫弃妇等现象，保证婚姻美满顺利地发展，得到幸福的性生活。

（六）性嫉妒感

性嫉妒感在一般道德关系中是一种消极的调节手段，但在性活动中，性嫉妒感则具有两重性质或两种嫉妒感。一种是积极的性嫉妒，一种是消极的性嫉妒。积极的性嫉妒是指通过正当的、合理的竞争方式战胜对手而获得所爱异性的认可和承认。消极的性嫉妒是采取各种不正当手段，通过打击、中伤、残害竞争对手的做法来实现。我们主张在两性生活实践中，在恋爱与结合的过程中，应具有适当的积极嫉妒感。积极的嫉妒感可使男女的两性关系向深化方向发展，使爱情维系在个体的、特定的两个异性之间，不能有其他第三者的插足。任何第三者的插足都会导致被插足一方强烈嫉妒心的产生，这种嫉妒心会促使他采取行动以维护自己的爱情。所以，积极的嫉妒感是衡量爱情的标尺，爱得越深，嫉妒得也越深。如果发现自己对所爱的异性失去嫉妒感，那意味着对他的爱也就消失了。

（七）性贞洁感

社会中之所以有些青少年对性行为采取放纵态度，除了以上若干调节手段的缺如外还有一种重要的调节手段，即性贞洁感的缺乏。提到贞洁，我们会想到封建社会礼教对女性的压抑和束缚，所谓"饿死事小，失节事大"，是旧社会对女性贞洁的要求，它要求女性不失身，在婚姻上从一而终，不能离婚和改嫁，甚至还得殉葬。我们固然要摒弃封建社会的贞洁观，但更应该建立与社会主义时代相适应的高度文明的新型贞洁观。这种贞洁观是建立在男女平等的基础之上的，植根于真挚的爱情中，它要求恋人间感情专一，保持婚前性贞洁（纯洁），婚后夫妻互敬互爱，互守忠贞共担责任。一般说，女性对自己的贞洁大多是重视的，性贞洁感成为女性最高的道德标准。现在有些女子的贞洁感有所降低，甚至完全忽视，结果导致"性自由""性解放"的混乱局面。同时，性贞洁感不能只针对女性，男子同样有贞洁问题。有的男子自己可以胡搞乱搞，却对爱人严格要求"贞洁"，这实际是把女方当作自己的奴仆和工具，毫无道德可言。至于有些毫无性贞洁感约束的男男女女，他们的行为造成了社会两性关系的混乱和性行为的变异失调，是极为不道德的。

总之，人类的性道德之所以得以维系并发展，除了社会性道德原则的规范外，人类本身还通过文化、历史、宗教、社会等各种因素的共同作用，在内心产生各种性道德调节手段，从主观角度对自己的性行为加以控制、约束、调整。所以，性道德是一个虽不具有强制性，但其作用的产生、影响的范围、导致的结果都是极其复杂、极其广泛、极其重要的。我们在道德修养中，必须注重性道德的培养，才能使自己的恋爱、婚姻幸福美满。

四、性道德规范

正如前面所述，性道德是由一定的社会经济所决定，社会制度与政治制度不同，性道德的规范与内容也不相同。杂乱性交在原始社会并不存在性道德问题；赤身裸体在古希腊、古罗马时代也不会被认为是不道德的；封建社会的男子休妻另娶或纳妾并不违反性道德；在当代的某些西方国家，仍允许有合法、公开的妓院存在，嫖娼与卖淫在那里自然是他们性道德所容许的。因此，性道德不能离开人们所在的社会，不能抽象、笼统地谈性道德的内容。下面我们所讨论的是在当前社会主义条件下的性道德问题。

（一）两性交际中的道德

人类的一切活动都是在社会中进行的。离开了社会，人们不仅无法从事政治、经济、科技、体育等各种活动，也无法获得生命所必需的各种生活资料。可以说，任何个人的生存和发展总是以社会的存在为前提的。在现代社会中，由于社会分工越来越细，人与人之间必然要进行交往，而这种交往就形成了复杂的社会关系。为了使社会关系稳定，人们必须在交际中，对自己的思想观念加以适当的调整，对个人的行为加以必要的约束。社会是一个由男女两性角色合演的舞台，在男女两性交际中，就应该注意道德问题。

男女两性在交际中，要求各自在人格上自尊、自爱、自强，要求男女平等，互相尊重，互相爱护，遵守必要的行为规范。只有自尊、自爱、自强的人，才有可能得到加倍的尊重和爱护。正确的自尊、自爱、自强是一个人有无性道德的重要标志。对于女性，端庄自重是人类的高尚品德，对维护完美的人格形象和良好的社会风尚起着积极的作用，也是人类都应具备的情操；不轻易失身是妇女保护自己人格尊严的一种道德武器，它最大限度地保护妇女的身心健康。对于男性，应该有一个恰当的自我评价，不盛气凌人，也不低三下四；应该尊重女性，爱护关心女性，要在两性人格平等的基础上建立交往关系。有的人，特别是青少年，由于生理和心理的急剧变化，而自身的思想修养还未成熟，性道德观念还未形成或定型，在性问题上很容易受到外界环境干扰，迷恋那些色情文学或影视作品；向往异性间的抚摸、拥抱、亲吻；为取悦异性而过于卖弄风骚；开一些下流玩笑或做一些下流动作；等等，这都是不懂得自尊、自爱和自强的表现，都不符合交际中的道德规范。

（二）择偶中的道德

择偶是从众多异性中选择一个作为共同生活的伴侣或专一的性爱对象的过程。人类的择偶不同于动物的性选择，它不仅受生理成熟、性激素分泌等自然条件的制约，还要受社会文化、风俗习惯、道德规范及个人主观愿望的支配。真正的情投意合不仅包括肉体的结合，还包括心灵的结合。因此，正确择偶是决定婚姻美满与否的关键。然而，金无足赤，人无完人，要寻找一个完美无缺的对象既不可能，又不现实。人总是既有优点与长处，又有缺点与短处。这就要求我们辩证地看待现实生活中的每一个人，理智地选择自己的恋爱结婚对象。

选择配偶最重要的标准是品德。高尚的爱情，不仅仅是异性间的吸引，更重要的是品德、理想的一致与和谐。卢梭曾说："我们之所以爱一个人，是因为我们认为那个人具有我们所尊重的品质。"只有把品德作为择偶的首要条件，双方才能建立正常的恋爱关系，建立起来的爱情才会牢固、持久，才有可能结成终身伴侣。

气质、情操、爱好等也是婚姻能否和谐的重要因素。气质、性格本身并无好坏之分。不管两个人的气质、性格差异多大，只要他们能够协调好，就不失为最佳组合。在情趣、爱好上一般要求相似或一致，有共同的语言。

此外，可以适当考虑对方的知识修养、年龄、身材和宗教信仰等。知识修养不是只看文凭，更重要的是看其知识结构和表达能力。如果两个人的文化、知识修养差异过大，今后的情感交流和婚姻生活就可能大打折扣。爱美之心，人皆有之。追求美是人类的一般心理需求，也是符合性道德要求的。但如果把外貌美作为选择爱人的唯一条件或首要标准，那就过于片面了。卢梭在指导爱弥儿选择爱人时说："首先引起我们注目的是相貌，然而我们应当放到最后考虑的也是相貌。当然，我们不能因此就说外貌好不好是无关紧要的。"美可分为外表美、气质美和心灵美等不同层次。只有把三者统一起来，才是真正意义上的美，才体现出我们对美的标准的全面认识。

总之，在择偶时，要仔细观察，冷静思考，不可凭一时冲动草率行事，只有本着对自己负责，也对他人认真、谨慎、严肃的态度，才是道德的。

（三）恋爱中的道德

恋爱是男女双方从不熟悉到熟悉，从熟悉到爱慕的过程。人的整个爱情生活中都存在一个道德问题。

尊重对方情感，平等履行义务，保持感情专一是恋爱得以巩固和发展的重要道德基础。第一，在确定恋爱关系之前，应该经过一段时间的交往，对对方有一个全面的了解和认识，不应出于一时的情感冲动或其他片面印象而盲目求爱。即使在确定恋爱关系之后，直至缔结婚姻之前，还应该进行更深入的了解，考虑能否结为终身伴侣。第二，爱情关系的建立，必须出于当事人双方共同的意愿，强迫、诱骗另一方接受自己的爱是不道德的。第三，男女双方一旦确定恋爱关系，就必须共同承担恋爱关系所包含的各种义务，对自己的行为负责。第四，男女双方应当保持真诚的关系，彼此不互相欺骗，做到胸襟坦荡、光明磊落，把自己的各方面情况实事求是地告诉对方，以便对方全面衡量。若只在对方面前展示自己的优点和长处，而把自己的缺点和短处以及身体上的缺陷都隐瞒起来，这也是一种欺骗的不道德行为。第五，在确定恋爱关系之后，就必须互相忠贞专一，不应同时有其他的情侣，或轻率转移爱的对象。即使发现对方不宜将来和自己共同生活，也应当通过适当方式与对方中断爱情关系，之后才能重新选择新的情侣。

高尚的情操和健康的交往是恋爱道德中的另一重要方面。恋爱是一男一女以两性结合为目标的一系列情感和行为的互动过程，它从一开始就关系到恋人双方的利害关系。恋爱并不必然导致两性的婚姻结合，但从发展上看，恋爱确实孕育着婚姻和家庭。所以恋爱的道德性质决定着未来婚姻的道德性质，恋爱行为需要受到性交往道德规范的制约，恋人相处时的爱情生活是否文明、健康，反映了不同的道德境界。道德水准高的人，总是把恋爱生活放在情投意合与志同道合的追求上，而不只是陶醉于轻浮的两性相依和过分的亲昵。

爱情关系确定后，两性间往往要通过较多的交际和交往来加深爱情。但在交往中，必须具有高尚的情操和健康的方式。只有这样的爱情生活，才能使人从中“发现新的引人入胜的东西”“使一个人成为真正意义上的人”，从而使恋人双方的人格更加完美崇高。热恋中的男女，由于语言的投机、心理的相容和环境的影响，很容易产生情欲的萌动。在互相表露爱意而被对方接受的时候，更容易因兴奋而产生性冲动，出现拥抱、接吻或加以适当的爱抚，甚至产生性交的欲望，这种亲昵动作在所难免，是恋人表达感情、交流感情的正常方式，不能认为其是龌龊或不光彩的行为。但是恋人间应该把握一定的尺度，即一定的亲密距离，如果没有达到明确爱情关系的程度就鲁莽地跨越时间和界限，急于各种亲昵行为，显然是很不适宜的。

性永远是窥视人格的重要窗口。我们应该把重视贞操的观念作为性道德规范的重要方面，不应放纵感情和情欲。现在，有些热恋中的情人，迫不及待地向对方提出希望发生性关系的要求，甚至错误地认为只有性才能证明忠贞。有些女性陶醉在爱河中，认为自己“反正迟早都是他的人，这种事情总是要发生的”；也有些女性担心不答应恋人提出的性要求，会被恋人认为是不忠贞，从而影响双方的感情，不利于爱情的巩固和发展，于是不计后果地以身相许，把献出贞操看成是忠于爱情的一种表白。结果使恋人交往过程中的性欲冲动支配了爱情，从此爱的光华骤然暗淡，爱情纯洁遭受亵渎和践踏，人格也随之降低。

能否正确对待失恋也是恋爱中的一个重要道德问题，它反映出一个人的道德素养水平。失恋是痛苦的，但失恋不等于失败，失恋不能失志，更不能失德。有些人失恋后存有报复心理，这是不道德的，甚至会导致犯罪。爱情不可强求，只有用道德和理智规范自己，总结经验和教训，培养高尚的人格道德，树立远大的理想，将来就一定能得到真正属于自己的爱情。

（四）婚姻关系中的道德

婚姻是在爱情的基础上，通过对对方的全面了解后，男女双方结为夫妻的过程。婚姻自由是社会主义婚姻制度的基本原则之一。婚姻自由包括结婚自由和离婚自由。结婚是男女双方完全自愿，不许任何一方对他人加以强迫或任何第三者加以干涉。买卖婚姻、利用对方存在的某些困难（如家庭方面、经济方面或工作方面等）使对方非自愿地勉强或被迫结婚均是不道德的行为，应受到舆论的谴责，严重者甚至违法或犯罪，应受到法律的制裁。如果夫妻的感情确实已经消失，他们感到与对方在一起不能带来愉悦和幸福，这种离异是符合社会主义婚姻道德的，法律也保护正当的离婚。离婚后，双方都有再婚的自由。

婚姻是爱情与义务的统一。只强调爱情而忽视义务，或只强调义务而无视爱情，都是片面的。

一方面，婚姻必须以爱情为基础，没有爱情的婚姻是不道德的。恩格斯说过：“如果说只有以爱情为基础的婚姻才是合乎道德的，那么也只有继续保持爱情的婚姻才合乎道德。”以爱情为基础的婚姻，夫妻间应该互相尊重、互相信任、互相关心，夫妻间应平等相待。如果夫妻间非自愿性交，甚至一方不自愿时另一方暴力地与其强行性交；或者在性生活中只强调自己一方，而不顾及对方；或者夫妻间那种带有经济目的的“床上交易”，而不是基于爱情的性生活；不顾及对方身体健康状况的性交（如一方有病或女方处于月经期等）；不愿配合避孕的性交；等等，都不是以爱情为基础的性行为，都是违反性道德的行为。因此，没有性行为，婚姻就无从谈起，然而，有了婚姻，夫妻间的性行为未必都是道德的。

另一方面，义务和责任又是以爱情为基础的婚姻的先决条件。以爱情为基础的婚姻意味着夫妻双方必将为对方承担自己的义务和责任。只有这样，婚姻才具有持久性、稳定性和排他性。缔结了婚姻关系的夫妻双方要遵守爱情专一和一夫一妻制的基本原则，有义务和责任忠实于自己的配偶，保持性生活的专一性。这种义务甚至具有特殊的强制性，即无论双方是否自觉、自愿，都必须要履行，否则就会受到相应的道德谴责或法律制裁。如夫妻中的一方人格低下，风流放荡，勾引其他异性寻欢作乐，或喜新厌旧，见异思迁，与第三者鬼混、姘居等，都应该诉之于法，束之于道德。

在婚姻生活中，还有些人片面强调爱情或义务，或把两者孤立起来，都是对婚姻道德的片面理解，是极有害的。有些人，对自己打着“没有爱情的婚姻是不道德”的幌子，把自己打扮成追求真正爱情的勇士，为自己的婚外性行为辩护；而对于自己的爱人，则片面强调婚姻中的义务因素，要求对方绝对忠诚于自己。这是对婚姻道德的歪曲理解、玷污和亵渎。"没有爱情的婚姻是不道德的"的内在含义为：无视婚姻的义务和社会道德规范的随心所欲的"爱情"同样也是不道德的。

总之，在婚姻中，只有切实做到爱情与义务的统一，做到性、爱与婚姻的统一才符合社会主义婚姻的客观要求，才是道德的。

（五）性行为与社会关系上的道德规范

人类的性行为，并不只是两个人之间的事，它会对社会带来一定的影响。无论是夫妻之间违背性道德的行为，还是婚外性行为，如卖淫、嫖娼、乱搞男女关系等，都会对社会造成不良影响。它污染社会环境，败坏社会风气，毒害周围的人，特别是毒害青少年的身心健康。不但如此，它还会带来一系列的社会问题，如家庭破裂、性犯罪、传播性传播疾病等。它除了对当事人身心健康造成伤害外，对家庭、子女、亲属也会造成不容低估的创伤，从而破坏了社会的安定。有人认为，只要两性关系不伤害他人的利益，就是符合道德规范的，这种说法是错误的，因为凡是有伤风气的种种性行为，必然要对社会产生破坏性影响，何况许多非婚及婚外两性关系，事实是都会不同程度地直接或间接伤害他人的利益，因而是不符合性道德规范的。

五、性道德的社会价值

人类道德体系对于社会稳定、和谐和可持续发展具有重要意义。性道德是人类道德体系的重要组成部分，其社会价值主要体现在以下几方面。

（一）促进男女平等，保障妇女权益

随着社会经济、文化和观念的发展变化，男女平等已经成了社会的共识，男女在两性关系中地位日趋平等。例如，在两性交往中，男女平等、相互尊重、相互爱护是最基本的行为规范和准则；在择偶中，应本着负责任的态度冷静思考、谨慎决定；在恋爱中，尊重对方情感，平等履行义务，做到真诚负责、忠诚专一；在婚姻关系中，婚姻是爱情与义务的统一，结婚自由，离婚自由。

（二）促进优生优育，维护家庭稳定

性道德的优生优育价值体现在对近亲结婚和乱伦的禁忌上。直系血亲或者三代以内的旁系血亲禁止结婚，可以减少不良个体的出生，提高人口质量，保障下一代和民族健康，也能更好地维护家庭稳定和谐。另外，子女的健康成长和夫妻双方的事业发展也有赖于家庭的稳定。而家庭的稳定需要夫妻两性关系及情感和谐，这就需要夫妻相互忠诚专一、情感恩爱。社会谴责一切可能破坏婚姻关系的婚外情和婚外性行为，以维护家庭稳定。

（三）防止性传播疾病传播，保护人类健康

性行为不完全是一个人的私事，一般涉及两个人的关系，即涉及他人的利益。因此，实现

自己性快乐必须以不伤害他人为前提，包括不违背他人意志而强行与其发生性关系，也包括减少非意愿妊娠和不传播疾病给他人。《中华人民共和国民法典》规定了可以撤销隐瞒重大疾病的婚姻，是为了减少疾病传播，保障他人和人类的健康。

（四）促进社会和谐，提升社会文明

性道德是人们在性关系方面应该遵守的外在社会规范或规则，他是在社会发展中不断完善和发展的，生活在其中的人们在此过程中逐渐内化为内在的心理品质，即性道德影响并规范着每一个人的观念和行为。相反，每个人也都是社会中的人，他们的观念和行为也会潜移默化影响着整个社会的性道德规范。因此，良好的性道德氛围有助于提升人们的性道德素养，促进人际关系和谐；而人们的性道德素养的提升和规范的性行为反过来也会提升整个社会的性文明程度，促进社会和谐、文明与进步。

第二节 性 法 律

一、性法律调控的特点

性法律（sexual law）调控是指国家利用各种法律手段，规范人们性行为和性关系的过程。

它通过宣传和解释与两性关系有关的法律知识，运用法律手段来规范两性性行为和性关系的过程。在性问题上，我国强调法治和德治相结合的原则。德治就是通过社会的道德舆论等来规范一个人的行为，一些还未触犯法律的两性关系，应通过德治来进行约束。然而，德治的约束力较法治弱，一些严重的性犯罪行为必须通过法律强制执行。性法律调控具有以下几个特点。

（一）规范性

规范性是指性法律调控的内容由法律条文明确规定的特性。

首先，规范性表现在法律条文明确规定了人们在性行为和性关系方面的权利和义务，具有规范、指导人们的性行为和性关系的作用。只要不违反法律条文的规定，就不会受到法律的制裁。反之，就会受到法律的制裁。这样，人们就可根据法律条文预见自己行为的法律后果，事先知道自己行为是否得到法律保护，或是否会受到法律的制裁。

其次，规范性还表现在，法律条文起着评价人们的性行为和性关系是否恰当的标准的作用。国家有关部门衡量某种性行为和性关系是否违法，必须以法律条文为依据，而不能以个人的价值观念和主观意愿等为标准。

再次，规范性还体现在执法上，要求执法人员依照法律规定进行适当的惩罚制裁或量刑定罪，而不能以个人的好恶、情绪等为标准进行处罚。在倡导“依法治国”的社会历史条件下，更需要有关部门严格、规范执行相关法律。

最后，规范性还体现在，它只能规范人们的行为，而不规范人们的思想和观念。虽然法律条文中包含着国家期望人们应具有的观念、思想,通过立法的确也在一定程度上引导人们的思想观念,但从效力上讲,法律条文仅对人们的行为起作用。而人们思想观念方面的引导更多的是通过道德调控手段来进行的。我国在强调“依法治国”的同时,也强调了“以德治国”,就是这个道理。

(二)强制性

强制性是指性法律调控活动是以国家强制力为后盾强制执行的,任何人不得违反。公民必须遵守国家有关的性法律规范,如果违反了这些法律规范,就会受到国家强制机构的制裁。强制性是法律调控与道德调控的重要区别。

(三)普遍性

普遍性是指性的法律调控对于国家领土上的所有人都适用的特性。“法律面前,人人平等”是现代社会文明的重要标志之一,也为人们所普遍接受。普遍性意味着,在国家领土上的所有人,不论是普通公民,还是国家公务人员;不论是本国人,还是外国人,都必须同样遵守国家相关的性法律规范,不能凌驾于法律之上。任何人如果违反了性法律规范,都一样要受到法律的制裁。

(四)多样性

多样性是指国家可以通过多种法律手段调控性行为和性关系的特性。法律具有广义上和狭义上两种含义。狭义上的法律在我国是指由国家立法机关制定经全国人民代表大会常务委员会通过后,以国家主席公布的法律。广义上的法律是指各种法律规范的总称,它除了包含狭义上的法律内容之外,还包括其他的行政法规、地方性法规、行政规章、自治条例等。

此外,多样性还体现在法律内容上,不同类型的法律对不同的性行为和性关系都进行了明确的规定。

二、社会主义性法律的精髓

社会主义性法律的精髓是“婚姻自由、一夫一妻和男女平等的婚姻制度”。

《中华人民共和国宪法》第四十九条规定:“婚姻、家庭、母亲和儿童受国家的保护。禁止破坏婚姻自由,禁止虐待老人、妇女和儿童。”《中华人民共和国民法典》第一千零四十一条规定:“婚姻家庭受国家保护。实行婚姻自由、一夫一妻、男女平等的婚姻制度。”由此可见,婚姻自由是我国法律所规定的公民的一项基本权利,也是我国社会主义婚姻制度的基本内容和主要特征。

婚姻自由包括结婚自由和离婚自由,两者相互补充,缺一不可。婚姻当事人有权按照法律的有关规定,决定自己的婚姻问题,不受任何人的强迫和干涉。《中华人民共和国民法典》规定,结婚应当男女双方完全自愿,禁止任何一方对另一方加以强迫,禁止任何组织或者个人加以干涉。禁止包办、买卖婚姻和其他干涉婚姻自由的行为。禁止借婚姻索取财物。因胁迫结婚的，受胁迫的一方可以向人民法院请求撤销婚姻。《中华人民共和国刑法》第二百五十七条规定："以暴力干涉他人婚姻自由的，处二年以下有期徒刑或者拘役。犯前款罪，致使被害人死亡的，处二年以上七年以下有期徒刑。"因此，凡干涉他人婚姻自由，胁迫结婚，或非法限制他人人身自由的，就是违法行为，若使用暴力进行，则是触犯法律的犯罪行为。

但婚姻自由也绝不意味着两性关系无须社会干涉，也不意味着一个人可以在两性问题上为所欲为。任何以"婚姻自由，两相情愿"为借口，强调婚姻的自然属性，抹杀婚姻的社会属性的做法都是不符合法律规定的。这也是一夫一妻制婚姻的重要体现。山盟海誓并不是法律，海枯石烂也不受法律保护。如果未经结婚登记，提前过性生活，就无法受到法律的保护。即使两人在婚姻登记前已有深厚的爱情，也要用法律把爱情和婚姻加以严格区别，切忌因轻率的两性关系而使爱情蒙上阴影。此外，任何形式的重婚、通奸、姘居都是与一夫一妻制相对立的，应受到道德谴责、行政处分，直至法律制裁。例如，《中华人民共和国民法典》规定，禁止重婚。禁止有配偶者与他人同居。有重婚情形的，婚姻无效。对重婚导致的无效婚姻的财产处理，不得侵害合法婚姻当事人的财产权益。当事人所生的子女，适用本法关于父母子女的规定。婚姻无效或者被撤销的，无过错方有权请求损害赔偿。《中华人民共和国刑法》第二百五十八条规定："有配偶而重婚的，或者明知他人有配偶而与之结婚的，处二年以下有期徒刑或者拘役。"第二百五十九条规定："明知是现役军人的配偶而与之同居或者结婚的，处三年以下有期徒刑或者拘役。"

保障离婚自由是巩固社会主义婚姻关系的客观要求，也是婚姻自由的重要内容。合法的离婚应受到法律的保护。《中华人民共和国民法典》规定，夫妻双方自愿离婚的，应当签订书面离婚协议，并亲自到婚姻登记机关申请离婚登记。婚姻登记机关查明双方确实是自愿离婚，并已经对子女抚养、财产及债务处理等事项协商一致的，予以登记，发给离婚证。夫妻一方要求离婚的，可以由有关组织进行调解或者直接向人民法院提起离婚诉讼。人民法院审理离婚案件，应当进行调解；如果感情确已破裂，调解无效的，应当准予离婚。子女应当尊重父母的婚姻权利，不得干涉父母离婚、再婚及再婚后的生活。子女对父母的赡养义务，不因父母的婚姻关系变化而终止。为了避免夫妻双方在缺乏理智的情况下、冲动的情况下离婚，《中华人民共和国民法典》特别设置了离婚冷静期，第一千零七十七条规定："自婚姻登记机关收到离婚登记申请之日起三十日内，任何一方不愿意离婚的，可以向婚姻登记机关撤回离婚登记申请。"目前，不少人对于离婚、独身、再婚持较大的偏见，这主要是传统的封建思想长期影响的结果。所以，要真正实现婚姻自由，保障当事人，特别是妇女的合法的离婚自由和再婚自由，就必须以法律为武器，排除封建残余思想的干扰，为以男女双方自主、自愿为前提的婚姻提供有效的法律保障。

众所周知，在封建社会下，妇女的权利根本无法得到保证，"在家从父，出嫁从夫""嫁鸡随鸡，嫁狗随狗"的观念根深蒂固，她们没有社会地位，得不到应有的尊重和保护，在家庭中也没有婚姻的自主权。只有到了社会主义社会中，妇女的合法权益才得到保证，实现了真正的男女平等。《中华人民共和国宪法》第四十八条规定："中华人民共和国妇女在政治的、经济的、文化的、社会的和家庭的生活等各方面享有同男子平等的权利。"《中华人民共和国民法典》规定，夫妻在婚姻家庭中地位平等，夫妻双方都有各自使用自己姓名的权利。夫妻双方都有参加生产、工作、学习和社会活动的自由，一方不得对另一方加以限制或者干涉。禁止家庭暴力，禁止家庭成员间的虐待和遗弃。实施家庭暴力或者虐待、遗弃家庭成员，调解无效的，应当准予离婚。夫妻双方平等享有对未成年子女抚养、教育和保护的权利，共同承担对未成年子女抚养、教育和保护的义务。继承权男女平等，夫妻有相互扶养的义务。夫妻有相互继承遗产的权利。夫妻在婚姻关系存续期间所得的下列财产，为夫妻的共同财产，归夫妻共同所有：（一）工资、奖金、劳务报酬；（二）生产、经营、投资的收益；（三）知识产权的收益；（四）继承或者受赠的财产；（五）其他应当归共同所有的财产。夫妻对共同财产，有平等的处理权。同时，为了充分保护妇女的权益，《中华人民共和国民法典》还规定，女方在怀孕期间、分娩后一年内或者终止妊娠后六个月内，男方不得提出离婚；但是，女方提出离婚或者人民法院认为确有必要受理男方离婚请求的除外。

三、性法律调控的手段

（一）行政立法调控

行政立法是指与行政管理有关的法律、法规和行政规章等法律规范的总称。性的行政立法调控是性法律调控中十分重要和常见的调节手段。其主要调控那些社会危害性较小的性行为和性关系，但范围较为广泛，内容十分丰富，涉及文化行政、司法行政、教育行政、卫生行政、工商行政、海关行政等方面的内容，对许多与性行为和性关系有关的问题都加以调控。

与性行为和性关系有关的行政立法主要包括：《中华人民共和国治安管理处罚法》《中华人民共和国行政处罚法》《全国人民代表大会常务委员会关于严禁卖淫嫖娼的决定》《关于认定淫秽及色情出版物的暂行规定》《关于鉴定淫秽录像带、淫秽图片有关问题的通知》《关于部分应取缔出版物认定标准的暂行规定》《关于切实防止出版销售有严重政治问题的音像制品和清理低级庸俗、夹杂淫秽色情内容的彩封及包装的音像制品的通知》《全国人民代表大会常务委员会关于惩治走私、制作、贩卖、传播淫秽物品的犯罪分子的决定》《文化部、信息产业部关于网络游戏发展和管理的若干意见》《艺术品经营管理办法》《网络视听节目内容审核通则》《网络音视频信息服务管理规定》《网络信息内容生态治理规定》《娱乐场所管理条例》等。

例如，关于淫秽物品的处理，根据《中华人民共和国治安管理处罚法》规定，多次发送淫秽、侮辱、恐吓或者其他信息，干扰他人正常生活的，处五日以下拘留或者五百元以下罚款；情节较重的，处五日以上十日以下拘留，可以并处五百元以下罚款。制作、运输、复制、出售、出租淫秽的书刊、图片、影片、音像制品等淫秽物品或者利用计算机信息网络、电话以及其他通信工具传播淫秽信息的，处十日以上十五日以下拘留，可以并处三千元以下罚款；情节较轻的，处五日以下拘留或者五百元以下罚款。有组织播放淫秽音像的、组织或者进行淫秽表演的、参与聚众淫乱活动的，处十日以上十五日以下拘留，并处五百元以上一千元以下罚款；明知他人从事前款活动，为其提供条件的，依照前款的规定处罚。

情节严重，构成犯罪行为的，按照《中华人民共和国刑法》规定的有关罪名进行处罚（详细内容请参见第十一章第三节“性罪错行为”）。

（二）民事法律调控

性的民事法律调控是指利用民事立法规范性行为和性关系的活动。它是以明确的民事立法为基础，通过执法机关的执法活动进行的。这些立法包括国家法律和国务院颁布的行政法规、行政规章及其他规范性文件，如《中华人民共和国民法典》《中华人民共和国人口与计划生育法》《婚姻登记条例》《中华人民共和国妇女权益保障法》《中华人民共和国民事诉讼法》等。性的民事法律调控涉及的内容广泛而复杂，可以概括为对“性权利”和“性义务”的调控。这方面的法律是规范性的，指导人们应该怎样做才能使两性行为合法化，调整和规范人们的性行为。

民事制裁的形式是多种多样的，主要有停止侵害、排除妨碍、消除危险、返还财产、恢复原状、修理、重做、更换、赔偿损失、支付违约、消除影响、恢复名誉、赔礼道歉等。

（三）刑事法律调控

性的刑事法律调控是指利用刑事立法规范性行为和性关系的活动。它是性的法律调控中使用的一类十分重要的手段，具有以下特点。

第一，范围较窄。刑事立法是以明确的刑事立法为基础对性行为和性关系进行调控。在我国最主要的性的刑事立法是《中华人民共和国刑法》。它仅仅调整那些社会危害严重的性行为和性关系。《中华人民共和国刑法》规定为犯罪的，依据《中华人民共和国刑法》的规定定罪处刑；《中华人民共和国刑法》没有规定的，则不能定罪处刑。根据2021年新修改的《中华人民共和国刑法》规定，纳入性犯罪的罪名多达20多项，具体内容请参见第十一章第三节“性罪错行为”。

第二，制裁严厉。性的刑事法律调控是最严厉的法律调控手段，违反刑事法律的性行为人要受到严厉的《中华人民共和国刑法》制裁。根据《中华人民共和国刑法》规定，刑罚分为主刑和附加刑两类。主刑包括管制、拘役、有期徒刑、无期徒刑和死刑；附加刑包括罚金、剥夺政治权利、没收财产等。附加刑可以与主刑同时使用，也可单独使用。

第三节　性罪错行为

性行为和性关系是社会生活的重要组成部分，是最基本的社会行为和社会关系之一。人类的性行为和性关系既具有生物学属性，反映人类的本能特征；又具有很强的心理和社会学属性，反映人类复杂的心理和意志过程。恰当的、适合的性行为能够产生健康、愉悦等多种积极的作用，促进人们的身心健康发展和社会文明进步；而不当的性行为则会产生消极的作用，导致人们生活堕落，助长社会不良风气的出现。因此，在当前社会历史条件下，除了要研究恰当的性行为，发挥性行为的积极作用外，也要研究和控制不当的性行为，抑制其不良影响。

性罪错行为又称为不当的性行为，是指为满足自身生理或心理的需要而实施的有关性方面的错误行为或者违法犯罪行为，按其严重程度可分为以下三个层次：性越轨行为、性违法行为和性犯罪行为。

一、性越轨行为

（一）概念

性越轨行为（sexual deviant behavior）是指违反重要的性社会规范的行为。性社会规范是指社会生活中与性行为和性关系有关的社会准则，如性风俗习惯、性道德规范、性宗教规范、性法律规范等。

狭义上的性越轨行为又称为违规性行为或错误性行为，主要是指违反性风俗习惯、性道德规范和性宗教规范等的行为。广义上的性越轨行为包括所有违反性社会规范的行为，即除了违反狭义上的性越轨行为所包含的性风俗习惯、性道德规范和性宗教规范等行为外，还包括违反性法律规范的行为。在通常情况下，人们对性越轨行为只做狭义上的理解。这种行为违反社会道德规范，破坏正常的两性关系。但是法律和法规并未明文规定或者加以禁止，是性错误，应受到社会舆论谴责，如婚前性行为、未婚同居、婚外恋行为等。

（二）特点

1. 违规性

性越轨行为所违反的社会规范主要是指违反性风俗习惯、性道德规范和性宗教规范等不成文的社会规范，这些行为大多不为社会所承认和接受，社会中的大多数人不认可、不赞成这种行为。当然，这要排除一些社会亚文化群体支持或赞同这类行为的情况。

2. 相对性

性越轨行为的相对性是指性越轨行为的构成受到特定时间、地点等条件的制约。由于性越轨行为所违反的性风俗习惯、性道德规范和性宗教规范等大多是不成文的社会规范，这些规范随不同的时间、地点、条件的要求而有所不同。因此，性越轨行为也就具有一定的相对性。某一性行为在一些时代或某一特定时间、在某一社会或某一场合、在某一条件下可能是越轨行为，但是在其他时代、其他时间、其他场合或其他条件下，可能就不是越轨行为。例如，夫妻在自己的卧室中的裸体行为或观看与性有关的一些资料，不属于越轨行为，但是，如果在公共场所裸体或观看与性行为有关的影片时，就可能被视为性越轨行为。

（三）常见的性越轨行为

1. 婚前性行为

婚前性行为是指男女在履行法定结婚手续之前发生的性行为。婚前性行为的高发人群往往是在校大学生、刚参加工作的青年人和有早婚习俗地区的人（详细内容请参见第五章第三节“青年期性心理”）。随着社会的发展，婚前性行为的形式也不断变化，“一夜情”“约炮”等现象开始出现，应引起社会的高度重视，如何引导学生端正自己的性观念和性行为是目前面临的重要课题。

2. 非婚同居行为

非婚同居行为是指没有婚姻关系的男女双方在一起居住生活的行为。随着人们观念的变化,非婚同居行为有逐渐上升的趋势。

非婚同居者之间有一定的感情基础,他们过着像夫妻一样的家庭式的生活。同居关系的建立往往是以双方产生感情为前提的,而他们的感情状况则是同居关系得以维持的最重要基础。一旦双方感情变得淡漠,或者出现矛盾,同居关系就有可能结束。由于他们没有履行法定的结婚手续,因此,不是合法的夫妻关系,其行为不受法律保护。2003年公布的《婚姻登记条例》从法律层面再次强调,结婚登记是结婚的必经法律程序。不经登记就以夫妻名义同居,事实上就是非婚姻状态,其形式和内容都无法受到法律的有效保护。

3. 婚外恋行为

婚外恋行为是指已经结婚的人与他人产生恋情后发生的性行为。有时,人们也把这种行为称为婚外恋、婚外性行为、婚内出轨或第三者插足等。当然,从严格意义上说,这些名词有一定的区别。例如,婚外恋侧重于"恋",即双方之间有一定的感情基础,双方的关系有一定的持续性,但也往往离不开性行为;婚外性行为更强调的是纯粹的性行为,而较少反映双方的感情联系;婚内出轨强调的是婚姻续存期内一方与他人发生性行为,其属于过错方,将承担相应的法律责任。第三者插足强调的则是第三者对已婚夫妻关系的影响。

婚外恋行为与当事人自身的心理素质、婚姻境遇、社会氛围等因素有关。常见类型有:① 对现实婚姻不满,而与旧日恋人、知己或好友发生婚外恋情的怀旧型;② 夫妻缺乏共同语言或婚后感情交流不足,而另寻知音的情投意合型;③ 夫妻淡漠而寻求婚外抚慰和满足的寻求安慰型;④ 已婚者因感激异性对自己的恩惠而图报的感恩回报型;⑤ 对婚外异性的敬慕而投其怀抱的崇拜型;⑥ 为报复配偶感情转移而与婚外异性产生恋情的报复型等。

二、性违法行为

(一) 概念

性违法行为(sexual injuria)是指违反有关法律规范的性行为。性违法行为也可从广义上和狭义上进行理解。广义的性违法行为是指包括性犯罪在内的一切违反性法律规范的行为;狭义的性违法行为是指除性犯罪以外的其他性违法行为,通常人们所指的性违法行为是狭义上的概念。这种行为比一般的性越轨严重,但又未构成犯罪,如卖淫、嫖娼和性骚扰等,要进行必要的行政处分。

(二) 特点

与性越轨行为和性犯罪行为相比,性违法行为有其自身的一些特点。

首先,性违法行为具有一定的社会危害性。这种社会危害要比性越轨行为严重,但又比性犯罪行为轻。一方面,性违法行为比性越轨行为严重,必须纳入法律调控范围,由国家有关部门加以干预;另一方面,性违法行为所违反的法律是除《中华人民共和国刑法》以外的其他法律,如行政、民事等方面的法律法规,与性犯罪行为相比,它的社会危害性则相对较小,因此不需要国家刑事司法机关进行干预。

其次，性违法行为要受到一定的法律制裁。由于性违法行为违反了相关的法律法规，造成一定的社会危害，因此，必须要受到一定的法律制裁。

（三）常见的性违法行为

1. 卖淫、嫖娼行为

卖淫行为（prostitution）是指为了获取物质和其他方面的利益而自愿与配偶以外的其他人进行的性行为。卖淫的人可以是女性，也可以是男性。

嫖娼行为（whoring behaviour）是指以财物或其他利益交换为条件与配偶以外的其他人发生性行为而获得性满足的行为。

卖淫、嫖娼是一对相互依存的性行为。没有卖淫的人，嫖娼行为就难以进行；相反，没有嫖娼行为，卖淫也就没有市场。

一般而言，卖淫、嫖娼具有以下特点。

（1）非婚姻性：卖淫者与嫖娼者之间不存在婚姻关系，他们之间的关系是非法的。

（2）交换性：卖淫与嫖娼是一种利益交换行为，卖淫者通过卖淫行为获得金钱或其他利益，而嫖娼者则通过与卖淫者发生性行为而获得性满足。

（3）非感情性：卖淫者与嫖娼者之间行为的目的是获取各自的利益，而并非以感情为基础。一般情况下，他们之间是不会发生感情联系的。

（4）自愿性：卖淫者和嫖娼者是自愿进行的，在绝大多数情况下，不存在强迫现象，即嫖娼者一般不会强迫卖淫者与其发生性行为。

为了严禁卖淫、嫖娼，维护社会治安秩序和良好的社会风气，我国进行了相应立法。

《中华人民共和国妇女权益保障法》第四十一条规定："禁止卖淫、嫖娼。禁止组织、强迫、引诱、容留、介绍妇女卖淫或者对妇女进行猥亵活动。禁止组织、强迫、引诱妇女进行淫秽表演活动。"

《全国人民代表大会常务委员会关于严禁卖淫嫖娼的决定》规定，引诱、容留、介绍他人卖淫，情节较轻的，卖淫、嫖娼的，依照《中华人民共和国治安管理处罚法》的规定处罚。

《中华人民共和国治安管理处罚法》规定，卖淫、嫖娼的，处十日以上十五日以下拘留，可以并处五千元以下罚款；情节较轻的，处五日以下拘留或者五百元以下罚款。在公共场所拉客招嫖的，处五日以下拘留或者五百元以下罚款。引诱、容留、介绍他人卖淫的，处十日以上十五日以下拘留，可以并处五千元以下罚款；情节较轻的，处五日以下拘留或者五百元以下罚款。旅馆业、饮食服务业、文化娱乐业、出租汽车业等单位的人员，在公安机关查处吸毒、赌博、卖淫、嫖娼活动时，为违法犯罪行为人通风报信的，处十日以上十五日以下拘留。

以上情节严重，构成犯罪行为的，按照《中华人民共和国刑法》规定的有关罪名进行处罚。

2. 性骚扰行为

性骚扰（sexual harassment）指以性欲为目的、违背他人意愿的以带性暗示的语言、文字、图像、肢体行为、环境设置等方式对他人实施骚扰，导致被害人产生心理上的不悦，引起抗拒反应的行为。简单说就是向他人进行不受欢迎的性挑逗或性刺激，给他人带来烦恼和精神压抑，甚至造成精神损害，但尚不构成强制猥亵和强奸的行为。性骚扰会给被害人带来身心的危害，其影响可能包括损害精神健康、影响人际关系和婚姻关系、造成经济损失、影响职业发展和造成身体损害等。

通常情况下，性骚扰行为会长期存在，但严重的一次性事件有时也可被定义为性骚扰。性骚扰的主体与性别无关，任何性别的人都有可能是性骚扰的被害人，也可能是性骚扰的实施者。性骚扰的主体与权力有关。性骚扰往往是发生在相对的强势者和相对的弱势者之间的事情（不仅仅指职位、辈分、力量的高低）。性骚扰问题之所以很难解决，就是因为强势方对弱势方拥有影响力，使得拒绝或者反抗都非常困难，需要付出代价。

按照行为方式分类，性骚扰可以分为言语性骚扰、行为性骚扰、环境性骚扰等；按照发生场所分类，性骚扰可以分为校园性骚扰、公共场所性骚扰、职业场所性骚扰、家庭性骚扰、网络性骚扰等；按照行为动机分类，性骚扰可以分为权力型性骚扰、游戏型性骚扰、补偿型性骚扰、攻击型性骚扰和病理型性骚扰等 。

从世界范围来看，有35%的女性受到过性骚扰，近年来男性受到性骚扰的比例也逐年提高。性骚扰已经受到国际社会的广泛关注，并已有多个国家或组织通过立法加以禁止，如1985年举行的第三次世界妇女大会上通过的《内罗毕战略》，把“使青年妇女不受性骚扰”列为主要目标之一；在欧洲，原欧共体在20世纪70年代就通过《欧共体就业法》，对性骚扰进行了明确界定，旨在遏制工作场所的性骚扰；在美国，“性骚扰”一词已经进入立法，美国平等就业机会委员会1980年针对性骚扰行为制定了专门法规，性骚扰案件也已经被美国联邦最高法院确认。澳大利亚、加拿大、法国、比利时、瑞典、西班牙、日本等国家在法律中明确规定性骚扰行为属于应予禁止的非法行为。在一些国家，严重的性骚扰行为甚至会构成犯罪，如加拿大、法国把严重的性骚扰行为定为妨害风化罪，西班牙则将其归入侵犯性自由罪。

在性骚扰方面，我国整体发生率为5% ～ 10%，且男性和女性均可能成为被害人。近年来，我国非常重视针对性骚扰的立法，包括非专门性立法和专门性立法。非专门性立法主要有《中华人民共和国宪法》《中华人民共和国民法典》《中华人民共和国治安管理处罚法》《中华人民共和国未成年人保护法》等，其规定涉及各种类型的骚扰行为。专门性立法主要有《中华人民共和国妇女权益保障法》《中华人民共和国未成年人保护法》等，主要针对性骚扰行为。目前我国的立法保护对象主要是妇女和未成年人。

《中华人民共和国宪法》第三十七条规定：“中华人民共和国公民的人身自由不受侵犯。任何公民，非经人民检察院批准或者决定或者人民法院决定，并由公安机关执行，不受逮捕。禁止非法拘禁和以其他方法非法剥夺或者限制公民的人身自由，禁止非法搜查公民的身体。”第三十八条规定：“中华人民共和国公民的人格尊严不受侵犯。禁止用任何方法对公民进行侮辱、诽谤和诬告陷害。”

《中华人民共和国民法典》第一千零一十条规定：“违背他人意愿，以言语、文字、图像、肢体行为等方式对他人实施性骚扰的，受害人有权依法请求行为人承担民事责任。机关、企业、学校等单位应当采取合理的预防、受理投诉、调查处置等措施，防止和制止利用职权、从属关系等实施性骚扰。”

《中华人民共和国妇女权益保障法》规定，国家保障妇女享有与男子平等的人身和人格权益。妇女的人身自由不受侵犯。禁止非法拘禁和以其他非法手段剥夺或者限制妇女的人身自由；禁止非法搜查妇女的身体。妇女的人格尊严不受侵犯。禁止用侮辱、诽谤等方式损害妇女的人格尊严。禁止违背妇女意愿，以言语、文字、图像、肢体行为等方式对其实施性骚扰。学校应当根据女学生的年龄阶段，进行生理卫生、心理健康和自我保护教育，在教育、管理、设施等方面采取措施，提高其防范性侵害、性骚扰的自我保护意识和能力，保障女学生的人身安全和身心健康发展。学校应当建立有效预防和科学处置性侵害、性骚扰的工作制度。对性侵害、性骚扰女学生的违法犯罪行为，学校不得隐瞒，应当及时通知受害未成年女学生的父母或者其他监护人，向公安机关、教育行政部门报告，并配合相关部门依法处理。对遭受性侵害、性骚扰的女学生，学校、公安机关、教育行政部门等相关单位和人员应当保护其隐私和个人信息，并提供必要的保护措施。用人单位应当采取下列措施预防和制止对妇女的性骚扰：(一)制定禁止性骚扰的规章制度；(二)明确负责机构或者人员；(三)开展预防和制止性骚扰的教育培训活动；(四)采取必要的安全保卫措施；(五)设置投诉电话、信箱等，畅通投诉渠道；(六)建立和完善调查处置程序，及时处置纠纷并保护当事人隐私和个人信息；(七)支持、协助受害妇女依法维权，必要时为受害妇女提供心理疏导；(八)其他合理的预防和制止性骚扰措施。妇女的名誉权、荣誉权、隐私权、肖像权等人格权受法律保护。禁止通过大众传播媒介或者其他方式贬低损害妇女人格。禁止以恋爱、交友为由或者在终止恋爱关系、离婚之后，纠缠、骚扰妇女，泄露、传播妇女隐私和个人信息。同时，在法律责任中规定：违反本法规定，对妇女实施性骚扰的，由公安机关给予批评教育或者出具告诫书，并由所在单位依法给予处分。学校、用人单位违反本法规定，未采取必要措施预防和制止性骚扰，造成妇女权益受到侵害或者社会影响恶劣的，由上级机关或者主管部门责令改正；拒不改正或者情节严重的，依法对直接负责的主管人员和其他直接责任人员给予处分。通过大众传播媒介或者其他方式贬低损害妇女人格的，由公安、网信、文化旅游、广播电视、新闻出版或者其他有关部门依据各自的职权责令改正，并依法给予行政处罚。侵害妇女人身和人格权益、文化教育权益、劳动和社会保障权益、财产权益以及婚姻家庭权益的，依法责令改正，直接负责的主管人员和其他直接责任人员属于国家工作人员的，依法给予处分。侵害妇女的合法权益，其他法律、法规规定行政处罚的，从其规定；造成财产损失或者人身损害的，依法承担民事责任；构成犯罪的，依法追究刑事责任。

《中华人民共和国未成年人保护法》第四十条规定："学校、幼儿园应当建立预防性侵害、性骚扰未成年人工作制度。对性侵害、性骚扰未成年人等违法犯罪行为，学校、幼儿园不得隐瞒，应当及时向公安机关、教育行政部门报告，并配合相关部门依法处理。学校、幼儿园应当对未成年人开展适合其年龄的性教育，提高未成年人防范性侵害、性骚扰的自我保护意识和能力。对遭受性侵害、性骚扰的未成年人，学校、幼儿园应当及时采取相关的保护措施。"第五十四条规定："禁止拐卖、绑架、虐待、非法收养未成年人，禁止对未成年人实施性侵害、性骚扰。"第六十二条规定："密切接触未成年人的单位招聘工作人员时，应当向公安机关、人民检察院查询应聘者是否具有性侵害、虐待、拐卖、暴力伤害等违法犯罪记录；发现其具有前述行为记录的，不得录用。密切接触未成年人的单位应当每年定期对工作人员是否具有上述违法犯罪记录进行查询。通过查询或者其他方式发现其工作人员具有上述行为的，应当及时解聘。”第九十八条规定：“国家建立性侵害、虐待、拐卖、暴力伤害等违法犯罪人员信息查询系统，向密切接触未成年人的单位提供免费查询服务。”

《中华人民共和国治安管理处罚法》第四十二条对性骚扰者做出了具体的处罚标准：“有下列行为之一的，处五日以下拘留或者五百元以下罚款；情节较重的，处五日以上十日以下拘留，可以并处五百元以下罚款：(一)写恐吓信或者以其他方法威胁他人人身安全的；(二)公然侮辱他人或者捏造事实诽谤他人的；(三)捏造事实诬告陷害他人，企图使他人受到刑事追究或者受到治安管理处罚的；(四)对证人及其近亲属进行威胁、侮辱、殴打或者打击报复的；(五)多次发送淫秽、侮辱、恐吓或者其他信息，干扰他人正常生活的；(六)偷窥、偷拍、窃听、散布他人隐私的。”同时第四十四条规定：“猥亵他人的，或者在公共场所故意裸露身体，情节恶劣的，处五日以上十日以下拘留；猥亵智力残疾人、精神病人、不满十四周岁的人或者有其他严重情节的，处十日以上十五日以下拘留。”

情节严重的，触犯《中华人民共和国刑法》的，则将受到《中华人民共和国刑法》的制裁(详细内容请参见下文“性犯罪行为”)。

为预防性骚扰，全社会应该行动起来，共同筑起一道防线。首先，国家立法机关应继续加强这方面的立法完善工作，做到有法可依。同时，社会和学校应该加强宣传教育，净化社会环境，营造良好社会氛围，提高全民素质；端正观念和态度，避免对受骚扰者造成二次伤害，让受骚扰者勇于说不、勇于举报；同时，要建立健全防范和应对机制、监督和补全机制。其次，家庭教育也必不可少。家长要从小培养孩子的防范意识，让其能够辨别哪些是性骚扰行为，知道应该如何拒绝性骚扰。对于个人而言，要增强自我保护意识，主动避免遭受性骚扰，如主动远离不良环境，自信端庄，言行举止得体。当面对性骚扰时，尽可能保持镇定，明确表达自己的态度，敢于说不；还可采取适当措施保护自己，如留下相关证据，及时反映给相关单位或部门，寻求法律保护。受到性骚扰是不幸的，但应该认识到自己并没有错，自己仍然能继续快乐生活下去。

3. 制作、复制、出版、贩卖、传播淫秽物品的行为

这类行为主要有：① 以牟利为目的制作、复制、出版、贩卖、传播淫秽物品，情节轻微的行为；② 在社会上传播淫秽的书刊、影片、录像带、录音带、图片或其他淫秽物品的，情节较轻的行为；③ 利用计算机信息网络、电话及其他通信工具传播淫秽信息的；④ 组织播放淫秽音像的、组织或者进行淫秽表演的、参与聚众淫乱活动的，以及明知他人从事这些活动，为其提供条件的，情节较轻的行为；⑤ 不满十六周岁的未成年人传抄、传看淫秽图片、书刊或其他淫秽物品的行为。

根据《全国人民代表大会常务委员会关于惩治走私、制作、贩卖、传播淫秽物品的犯罪分子的决定》和《中华人民共和国治安管理处罚法》的规定，对存在以上第①～③类行为的，由公安机关依照治安管理处罚法的有关规定处罚，处十日以上十五日以下拘留，可以并处三千元以下罚款；情节较轻的，处五日以下拘留或者五百元以下罚款。对于存在第④类行为的，处十日以上十五日以下拘留，并处五百元以上一千元以下罚款。对于存在第⑤类行为的，由家长、学校加以管教。

以上情节严重，构成犯罪行为的，按照《中华人民共和国刑法》规定的有关罪名进行处罚。

除此之外，其他违反有关性行为和性关系的法律和法规、尚不构成犯罪的流氓行为均列为性违法行为。例如，在公共场所露阴的行为、窥视他人裸体和性生活的行为等。

三、性犯罪行为

（一）概念

性犯罪行为（sexual crime）就是违反《中华人民共和国刑法》（后文简称《刑法》）规定并与性行为和性关系有关的犯罪行为，简称性犯罪。在《刑法》中，性犯罪的含义十分明确，所有的性犯罪在《刑法》中都是有明文规定的，只有在进行了《刑法》明文规定禁止的性行为时，才可能构成性犯罪，否则就不构成性犯罪。

性犯罪是最严重的性违法行为，它是基于个人性欲冲动、性需要的满足，而不择手段地侵犯公民人身权利、民主权利，妨害社会管理秩序，破坏人与人之间的关系。这类犯罪行为大多是由行为人故意进行的，在客观上对社会或他人造成危害，需要通过《刑法》制裁加以控制和预防。

（二）性犯罪行为的特点

1. 有违反《刑法》的行为

我国《刑法》明确规定了哪些行为是性犯罪，只有在个人进行了《刑法》规定禁止的性行为时，才会构成性犯罪。如果个人进行了与性有关的不良行为、不道德行为或有害行为，但《刑法》并没有禁止这些行为的话，那么，这个人的行为就不能构成性犯罪，就不能处以刑罚。但若违反了除《刑法》以外的一些法规或制度等，则仍按其他规定处罚。

2. 有违反法律的故意或过失

在我国，一些犯罪是过失造成的，一些则可能是故意构成的。过失是指个人应当预见自己的行为可能发生危害社会或他人的结果，由于疏忽大意而没有预见，或者已经预见而轻信能够避免，以致发生危害社会的心理态度；故意是指个人明知自己的行为会发生危害社会或他人的结果，并且希望或放任这种结果发生的心理态度。大多数性犯罪是故意的，即性行为人在进行性犯罪时，知道自己的行为会造成危害社会或他人的结果，但仍然进行这样的性行为。只有在极少数的情况下，性犯罪才由过失构成，如为他人提供书号出版淫秽书刊罪。

3. 有法律规定的身份

在衡量是否构成性犯罪时，对于行为人或被害人往往有一定的身份要求。例如，《刑法》第十七条规定："已满十六周岁的人犯罪，应当负刑事责任。已满十四周岁不满十六周岁的人，犯故意杀人、故意伤害致人重伤或者死亡、强奸、抢劫、贩卖毒品、放火、爆炸、投放危险物质罪的，应当负刑事责任。已满十二周岁不满十四周岁的人，犯故意杀人、故意伤害罪，致人死亡或者以特别残忍手段致人重伤造成严重残疾，情节恶劣，经最高人民检察院核准追诉的，应当负刑事责任。对依照前三款规定追究刑事责任的不满十八周岁的人，应当从轻或者减轻处罚。因不满十六周岁不予刑事处罚的，责令其父母或者其他监护人加以管教；在必要的时候，依法进行专门矫治教育。"

（三）性犯罪行为的种类及处罚

1. 强奸罪；负有照护职责人员性侵罪

根据《刑法》第二百三十六条规定："以暴力、胁迫或者其他手段强奸妇女的，处三年以上十年以下有期徒刑。奸淫不满十四周岁的幼女的，以强奸论，从重处罚。强奸妇女、奸淫幼女，有下列情形之一的，处十年以上有期徒刑、无期徒刑或者死刑：(一)强奸妇女、奸淫幼女情节恶劣的；(二)强奸妇女、奸淫幼女多人的；(三)在公共场所当众强奸妇女的、奸淫幼女的；(四)二人以上轮奸的；(五)奸淫不满十周岁的幼女或者造成幼女伤害的；(六)致使被害人重伤、死亡或者造成其他严重后果的。"

同时，《刑法》第二百三十六条之一规定："对已满十四周岁不满十六周岁的未成年女性负有监护、收养、看护、教育、医疗等特殊职责的人员，与该未成年女性发生性关系的，处三年以下有期徒刑；情节恶劣的，处三年以上十年以下有期徒刑。有前款行为，同时又构成本法第二百三十六条规定之罪的，依照处罚较重的规定定罪处罚。"

强奸罪的主体（即行为人）属特殊主体，即达到刑事责任年龄具有刑事责任能力的男性均可构成强奸罪。根据《刑法》第十七条规定，已满十四周岁不满十六周岁的人强奸罪的，应当负刑事责任。不满十八周岁的人犯此罪，应当从轻或者减轻处罚。在共同犯罪情况下，妇女教唆或者帮助男子强奸其他妇女的，以强奸罪的共犯论处。与不能正确表达自己意志的女性精神病患者或痴呆症患者非法发生性行为的，不论行为人采取什么手段，被害人是否同意，有无反抗，均应视为违背妇女意志，以强奸罪论处。

强奸罪的客体（即被害人）包括所有女性，即既包括年满十八周岁的成年妇女，又包括年满十四周岁不满十八周岁的未成年少女，还包括未满十四周岁的幼女。此次《中华人民共和国刑法修正案（十一）》[《刑法修正案（十一）》]还特别增加了奸淫幼女犯罪从重处罚的情形，即奸淫不满十周岁的幼女或者造成幼女伤害的。这种加大对性侵未成年人犯罪的打击力度，能更好地保护未成年健康成长。

从主观上讲，行为人具有明确的强行与女性发生性交行为的故意。从客观上看，行为人违背了妇女自愿进行性交的真实意愿，使用暴力、胁迫或者其他手段强行与妇女发生性交行为。

由于幼女在智力发育和生殖器官发育方面都处于不成熟的状态，对于性交的性质、后果缺乏辨认能力，身体对性交也缺乏承受力，所以《刑法》需要对幼女的身心健康进行特殊保护。所谓不满十四周岁的幼女是指幼女的实际年龄未到十四周岁，不包括十四周岁本身，满十四周岁的计算方法是自幼女过完十四周岁生日的第二日起算。在认定强奸不满十四周岁幼女时，应注意以下问题。

（1）自愿与否问题。由于我国《刑法》认定不满十四周岁的幼女对发生性行为的同意在法律上无效。因此，不管幼女同意与否，即不管自愿还是被迫，只要与幼女发生性交行为，就构成强奸罪。这体现了对未成年女性的特殊保护。

（2）奸淫幼女的既遂问题。在认定强奸幼女时，只要行为人的生殖器接触幼女的生殖器，就构成犯罪既遂。这也体现了对未成年女性的特殊保护。在强奸成年人的认定中，阴茎插入阴道才构成强奸既遂。

(3) 未成年人间的性行为与强奸问题。已满十四周岁而不满十六周岁的男性，与不满十四周岁的幼女交往密切，自愿发生性交行为，或者因某些不良影响而与幼女发生性交行为，情节显著轻微、危害不大的，可以根据《刑法》第十七条的规定，不予刑事处罚的，责令其父母或者其他监护人加以管教；在必要的时候，依法进行专门矫治教育。但与数名幼女发生性交行为，情节严重的，可以按照强奸罪认处。

(4) 男性与染有性乱恶习（指主动与多名男性发生两性关系）的幼女的性交行为问题。男性与染有性乱恶习的幼女发生性行为，并且后者主动、情节显著轻微、危害不大的，可不按犯罪论处，建议公安机关进行其他处理。但多次与染有恶习的幼女发生性行为、情节严重的，可以认定为强奸罪。

(5) 恋爱中与早熟幼女的性交行为问题。与不满十四周岁幼女发生性关系是否构成强奸罪的关键在于行为人是否明知对方为幼女。这里的明知包括应当知道、明确知道或者可能知道对方为幼女的情形。男性与身体发育较早、貌似成人，而且虚报年龄的已满十二周岁不满十四周岁的幼女在恋爱和交往过程中，自愿发生性交行为，且男性确实不知女方真实年龄的，可不以强奸罪论处，但应特别严格掌握。

负有照护职责人员性侵罪是《刑法修正案（十一）》新增的规定。依照《刑法》第二百三十六条的规定，对于已满十四周岁的未成年女性，只要其同意发生性关系，一般不认定强奸罪。但在实践中有些人利用了法律对年龄规定的这一漏洞，采取诱骗、哄骗的手段，引导已满十四周岁的女性与自己发生性关系。这些人往往是与被害人比较亲近的人，如父亲、老师、医生等，他们常常利用自己的身份优势和与未成年人长期相处的机会，诱骗或者哄骗未成年女性与其发生性关系，社会影响极其恶劣。基于此，《刑法修正案（十一）》新增了第二百三十六条之一的规定。该项修订是从当前特殊职责人员性侵未成年人犯罪多发的角度出发进行的立法，旨在严厉打击特殊职责人员利用优势关系性侵未成年少女的恶劣罪行，充分体现了《刑法》对侵害未成年人犯罪的打击力度在不断加大，其对于未成年人身心健康的保护及引导全社会关注未成年人健康发展，有着深远的意义。

2. 强制猥亵、侮辱罪；猥亵儿童罪

根据《刑法》第二百三十七条规定：“以暴力、胁迫或者其他方法强制猥亵他人或者侮辱妇女的，处五年以下有期徒刑或者拘役。聚众或者在公共场所当众犯前款罪的，或者有其他恶劣情节的，处五年以上有期徒刑。猥亵儿童的，处五年以下有期徒刑；有下列情形之一的，处五年以上有期徒刑：（一）猥亵儿童多人或者多次的；（二）聚众猥亵儿童的，或者在公共场所当众猥亵儿童，情节恶劣的；（三）造成儿童伤害或者其他严重后果的；（四）猥亵手段恶劣或者有其他恶劣情节的。”

强制猥亵、侮辱罪是侵犯了他人的自由权和隐私权、名誉权，应予以制裁。从被害人来看，是已满十四周岁的自然人，既包括女性，也包括男性。从行为人方面来看，在主观上，具有违背他人意志的本质特征。他们明知自己的行为是强制猥亵他人、侮辱妇女的行为，但仍然违背他人意志，以暴力、胁迫或其他手段强制进行这样的行为；在客观上，行为人实施了强制猥亵他人、侮辱妇女的行为。猥亵是指以刺激或满足性欲为目的，用除性交以外的其他淫秽行为，包括抚摸、搂抱、舌舔、吮吸等行为。侮辱一般是以追求精神刺激为目的，损害妇女声誉的，用除性交和猥亵以外的其他调戏妇女的行为，包括追逐或拦截妇女、在公共场所向妇女显露生殖器或者用生殖器顶撞妇女的身体、偷剪妇女的发辫衣物等、向妇女身体涂抹污物等行为。

猥亵儿童罪是指以性刺激或满足性欲为目的，用性交以外的方法对儿童实施的淫秽行为。行为主体要求是年满十六周岁的人（包括男性和女性）才能构成此罪，不满十四周岁的男童女童都可以作为本罪的受害人或猥亵对象。猥亵的手段包括抠摸、舌舔、吸吮、亲吻、搂抱、手淫等行为。《刑法修正案（十一）》独立列出了猥亵儿童罪从重惩处的具体情形，除了原有规定的聚众或在公共场所当众猥亵儿童外，还增加了猥亵多人或多次、造成儿童伤害或其他严重后果、猥亵手段恶劣或其他恶劣情节等。使猥亵儿童的情形独立出来，不再依附于强制猥亵、侮辱罪，且直接规定了猥亵儿童罪的量刑情节和对应的定刑幅度，有助于司法机关在实际执法过程中统一标准，可操作性更强，加大对猥亵儿童犯罪打击力度，对保护未成年人健康成长具有重大意义。

猥亵行为是犯罪还是一般性的扰乱社会治安秩序问题，存在着较大的争议。《刑法》和《中华人民共和国治安管理处罚法》也均有此类规定。根据我国法律的规定并结合司法实践，建议具有以下猥亵儿童的情形之一的，应当以猥亵儿童罪追究其刑事责任：① 一年内猥亵儿童两次以上或一次猥亵儿童两名以上的。② 采取暴力、胁迫或以之相威胁等方法强制猥亵儿童的。③ 猥亵儿童致使被害人轻微伤以上损伤的。④ 猥亵儿童造成其他严重后果的。例如，严重损害儿童心理健康，造成被害儿童近亲属精神错乱或自杀的。⑤ 通过网络通信工具，实施非直接身体接触的猥亵行为与实际接触儿童身体的猥亵行为具有相同的社会危害性的，可认定构成猥亵儿童罪（既遂）。其他情况下的猥亵行为，可根据《中华人民共和国治安管理处罚法》第四十四条规定进行惩戒。具体规定是："猥亵他人的，或者在公共场所故意裸露身体，情节恶劣的，处五日以上十日以下拘留；猥亵智力残疾人、精神病人、不满十四周岁的人或者有其他严重情节的，处十日以上十五日以下拘留。"

3. 暴力干涉婚姻自由罪

根据《刑法》第二百五十七条规定："以暴力干涉他人婚姻自由的，处二年以下有期徒刑或者拘役。犯前款罪，致使被害人死亡的，处二年以上七年以下有期徒刑。第一款罪，告诉的才处理。"

暴力干涉婚姻自由罪是侵犯他人婚姻自由权利和身体自由权的犯罪行为。本罪在主观方面表现为直接故意，即明知自己的行为就是为了干涉他人的婚姻自由，其目的有的是不准被害人与其所爱的人结婚；有的是强迫被害人必须与某人结婚；有的是强迫被害人不得改嫁或者是不准离婚。该罪在客观方面表现为使用暴力手段干涉他人结婚和离婚自由。所谓暴力，是指对意图结婚或离婚的人实行拳打脚踢、捆绑、禁闭、强抢等人身强制的方法。

根据《刑法》第二百五十七条之规定："第一款罪，告诉的才处理。"说明此案属于自诉案件，即是指被害人要向人民法院提出控告，人民法院才处理。本法规定主要是考虑到暴力干涉婚姻自由案件多数是发生在亲属之间，尤其是父母子女之间，被干涉者往往只希望干涉者不再干涉婚姻自由，不希望亲属关系破裂，更不希望诉诸司法机关对干涉者定罪判刑。因此，要充分考虑被干涉者的意愿，如果被干涉者不控告，司法机关就不要主动干预，这样有利于社会的安定团结。

4. 重婚罪

根据《刑法》第二百五十八条规定:“有配偶而重婚的,或者明知他人有配偶而与之结婚的,处二年以下有期徒刑或者拘役。”

重婚罪侵犯的是我国一夫一妻婚姻制度、公民的婚姻家庭权和社会秩序。必须予以刑事处罚。重婚罪既是自诉案件,但也可以转化为公诉案件(只有在被害人不告诉情况下其他公民向检察机关控告才转为公诉案件)。

重婚罪在主观方面表现为直接故意,即自己有配偶而故意与他人结婚或明知他人有配偶而与之结婚。如果没有配偶一方确实不知对方有配偶而与之结婚或以夫妻关系共同生活的,无配偶一方不构成重婚罪,有配偶一方则构成重婚罪。

从客观上,行为人实施了重婚行为。由于我国对事实婚采取的是限制承认原则,即有条件地承认事实婚的法律效力,只有事实婚具有法律效力时,才能成立事实重婚罪。事实上,根据司法实践经验,重婚行为主要有以下几种类型:① 与配偶登记结婚后,与他人又登记结婚而重婚,也即两个法律婚的重婚。② 与原配偶登记结婚,与他人没有登记却以夫妻名义同居生活而重婚,此即为先法律婚后事实婚型。③ 与配偶和他人都未登记结婚,但与配偶和他人曾先后或同时以夫妻关系同居而重婚,此即两人事实婚的重婚。④ 与配偶未登记而却以夫妻关系共同生活,后又与他人登记结婚而重婚,此即先事实婚后法律婚型。⑤ 没有配偶,但明知对方有配偶而与之登记结婚或以夫妻关系同居而重婚。

《中华人民共和国民法典》第一千零四十二条规定,禁止重婚。禁止有配偶者与他人同居。第一千零五十一条规定,重婚是婚姻无效。第一千零七十九条规定,重婚或者与他人同居,调解无效的,应当准予离婚。第一千零五十四条规定,无效的或者被撤销的婚姻自始没有法律约束力,当事人不具有夫妻的权利和义务。同居期间所得的财产,由当事人协议处理;协议不成的,由人民法院根据照顾无过错方的原则判决。对重婚导致的无效婚姻的财产处理,不得侵害合法婚姻当事人的财产权益。当事人所生的子女,适用本法关于父母子女的规定。婚姻无效或者被撤销的,无过错方有权请求损害赔偿。第一千零九十一条规定,重婚导致离婚的,无过错方有权请求损害赔偿。这体现了对无过错方损害的经济补偿,对重婚者则具有惩罚性。

5. 破坏军婚罪

根据《刑法》第二百五十九条规定,明知是现役军人的配偶而与之同居或者结婚的,处三年以下有期徒刑或拘役。利用职权、从属关系,以胁迫手段奸淫现役军人的妻子的,依照本法第二百三十六条的规定(即强奸罪)定罪处罚。

本罪侵犯的是现役军人的婚姻关系。军人担负着保卫社会主义建设,保卫国家主权、领土完整和安全的重要任务。军人生活的特点往往是无法和配偶经常生活在一起,对军人婚姻实行特别保护有利于维护部队广大官兵的切身利益,有利于消除军人的后顾之忧,有利于维护军队的稳定,符合我国的国情和军情,这也是拥军优属工作的一项重要内容。《中华人民共和国国防法》第六十二条规定:“国家采取有效措施保护军人的荣誉、人格尊严,依照法律规定对军人的婚姻实行特别保护。”可见,对军人婚姻实行特别保护是我国婚姻制度的一个重要特色，对现役军人婚姻做出特殊规定是立法保护军婚的重要举措，是党和国家的一贯政策，也是有关军人婚姻立法遵循的重要原则。

从主观上，破坏军婚的行为是故意进行的。即明知对方是现役军人的配偶而与之同居或结婚。如果现役军人的配偶隐瞒自己的现役军人的配偶身份，使行为人在不知道实情的情况下与之同居或结婚的，不构成本罪。

从客观上，行为人进行了与现役军人配偶同居或结婚的行为。现役军人是指具有军籍的中国人民解放军各兵种部队或人民武装警察部队服役的人，包括指挥人员、战斗人员和技术人员等。虽在军事部门工作，但没有取得军籍的任何人（包括退役军人、转业军人、残疾军人、人民警察及长期参加边疆国防建设的工人等）都不属于现役军人；现役军人的配偶是指与现役军人有合法婚姻关系的妻子或丈夫；这里所说的同居是指与现身军人的配偶在一定时间内姘居且共同生活在一起的行为，包括在较长时间内与其公开或秘密地共同生活，往往有建立起经济上和其他生活方面的特殊关系，具有一定的持续性和稳定性，应结合双方同居时间的长短、同居关系稳定程度、同居频率等诸多因素进行综合考量，从而得出符合客观实际的结论；这里所说的结婚类似于重婚罪的情形，即指使用欺骗等手段办理了婚姻登记手续，或以夫妻名义共同生活。

现役军人的配偶与他人同居或者结婚的，不能成立破坏军婚罪。但是该行为符合《刑法》第二百五十八条重婚罪的，可以重婚罪定罪处罚。

6. 聚众淫乱罪；引诱未成年人聚众淫乱罪

根据《刑法》第三百零一条规定："聚众进行淫乱活动的，对首要分子或者多次参加的，处五年以下有期徒刑、拘役或者管制。引诱未成年人参加聚众淫乱活动的，依照前款的规定从重处罚。"

本罪侵犯的客体是公共秩序，是一种违反社会公共生活中的交往规则，败坏社会风俗习尚的行为。从主观上，从事这种性犯罪的行为人存在着犯罪的故意。他们明知自己的性行为违背了社会环境中的性风俗、性道德，但还通过破坏公共秩序的行为来寻求下流无耻的精神刺激，达到某种精神上的满足。

聚众淫乱罪是指聚集众人进行集体淫乱活动的行为，具体而言，是指纠集三人及以上（不论男女）群奸群宿或者进行其他淫乱活动。而且，参与者必须是自愿的。淫乱，主要是指违反道德规范的性交行为，但除此之外，还应包括其他刺激、兴奋、满足性欲的行为，如聚众从事手淫、口淫等行为。凡年满十六周岁且具备刑事责任能力的自然人（包括男人和女人）均可构成本罪。但构成本罪的仅限于聚众淫乱的首要分子和多次参加者，所谓首要分子，是指召集、唆使、首倡聚众淫乱活动的人；所谓多次参加者，指首要分子以外的参加聚众淫乱活动至少达三次甚至三次以上。

值得注意的是，对于被强迫参加这类淫乱活动的人员和淫乱活动的一般人员（即作为一般的参与者偶尔参与此类活动），其行为可不构成本罪。但他们如果违反了其他法律或法规的，则应按照其他规定进行处理，如可依《中华人民共和国治安管理处罚法》的规定追究责任的，不以犯罪论处。

引诱未成年人聚众淫乱罪，是指引诱未成年人参加聚众淫乱活动的行为。根据《刑法》

第三百零一条规定，引诱未成年人参加聚众淫乱活动的，在五年以下有期徒刑、拘役或管制的幅度内，从重处罚。从主观上，行为人存在着犯罪的故意。他们明知被害人是未成年人，但却引诱他们参加群体性淫乱活动。未成年人是指不满十八周岁的人。如果引诱已满十八周岁的成年人参加聚众淫乱活动的，不构成引诱未成年人聚众淫乱罪，而可能构成聚众淫乱罪。从客观上，行为人进行了引诱未成年人参加聚众淫乱活动的行为。行为人是指年满十六周岁且具备刑事责任能力的自然人（包括男人和女人）。"引诱"是指通过言语、表演、示范、观看影视作品等方式，吸引、诱惑未成年人参加群体性淫乱活动。

7. 盗窃、侮辱、故意毁坏尸体、尸骨、骨灰罪

根据《刑法》第三百零二条规定："盗窃、侮辱、故意毁坏尸体、尸骨、骨灰的，处三年以下有期徒刑、拘役或者管制。"

侮辱尸体、尸骨、骨灰，是指以暴露、猥亵、涂画、践踏、鞭打等方式损害尸体、尸骨、骨灰的尊严或者伤害有关人员感情的行为。

故意毁坏尸体、尸骨、骨灰，是指故意毁损、破坏尸体、尸骨、骨灰的行为。毁坏尸体、尸骨、骨灰的行为也是一种侮辱尸体、尸骨、骨灰的行为。

行为人是已满十六周岁且具有刑事责任能力的自然人。主观上为故意，即明知道是他人的尸体而故意进行侵害。盗窃、侮辱尸体，特别是奸尸行为具有一定的社会危害性，特别是多次奸尸在社会上造成恶劣影响，引起尸主的强烈不满和群众义愤，应追究其刑事责任。

8. 非法进行节育手术罪；非法植入基因编辑、克隆胚胎罪

根据《刑法》第三百三十六条规定："未取得医生执业资格的人擅自为他人进行节育复通手术、假节育手术、终止妊娠手术或者摘取宫内节育器，情节严重的，处三年以下有期徒刑、拘役或者管制，并处或者单处罚金；严重损害就诊人身体健康的，处三年以上十年以下有期徒刑，并处罚金；造成就诊人死亡的，处十年以上有期徒刑，并处罚金。"

《刑法》第三百三十六条之一规定："将基因编辑、克隆的人类胚胎植入人体或者动物体内，或者将基因编辑、克隆的动物胚胎植入人体内，情节严重的，处三年以下有期徒刑或者拘役，并处罚金；情节特别严重的，处三年以上七年以下有期徒刑，并处罚金。"

根据《最高人民检察院、公安部关于公安机关管辖的刑事案件立案追诉标准的规定（一）》第五十八条对非法进行节育手术案应予立案追诉的涉嫌下列情形：① 造成就诊人轻伤、重伤、死亡或者感染艾滋病、病毒性肝炎等难以治愈的疾病的；② 非法进行节育复通手术、假节育手术、终止妊娠手术或者摘取宫内节育器五人次以上的；③ 致使他人超计划生育的；④ 非法进行选择性别的终止妊娠手术的；⑤ 非法获利累计五千元以上的；⑥ 其他情节严重的情形。

非法植入基因编辑、克隆胚胎罪，是《刑法修正案（十一）》增加的罪名，用于规制非法从事人体基因编辑、克隆胚胎的犯罪行为。本罪侵犯的客体是公共卫生安全以及他人的生命、健康权利。这是为了维护国家安全和生物安全，防范生物威胁，规范人体基因、人体胚胎等有关的医学和科研活动，与《中华人民共和国生物安全法》衔接，以遏制具有较大社会危害性的科研不端行为，维护国家科技力量可持续发展。

从主体条件上看，此类犯罪对工具、资金、技术要求很高，单个个体往往很难具备相应条件实施犯罪，因此该罪的主体除了自然人，还应该包括单位。

从主观要件上看，该罪只能是直接故意，即行为人对其行为方式及行为的违法性是明知的，但不要求行为人对其行为的后果有明确的认知，也不要求主观上具有非法牟利的目的。

从客观要件上看，该罪的行为方式有两种：一是将基因编辑、克隆的人类胚胎植入人体或者动物体内；二是将基因编辑、克隆的动物胚胎植入人体内。这里的“植入”是指将体外受精卵或者胚胎移植到子宫内的过程，至于是否着床或植入成功不影响植入行为的完成。根据规定，只有将基因编辑、克隆的人类胚胎植入人体内才构成犯罪，出于试验或者研究目的在体外进行的基因编辑、克隆并不属于《刑法》的规制范围。同时，还要具备情节严重这一要件。司法机关在办理此类案件时，应当从行为人所实施的行为对公众健康、国家安全和社会公共利益的危害性、社会伦理的挑战等方面综合考量其行为是否属于本条规定的“情节严重”。具体来讲有以下判断标准：① 行为对象的人数；② 被基因编辑的婴儿是否实际出生；③ 是否严重损害或影响基因编辑的婴儿或被植入胚胎的人的身体健康；④ 违反人类伦理道德；⑤ 基因编辑的目的是对比实验、数据分析或会损害或削弱身体机能的试验；⑥ 产生恶劣社会影响、负面国际影响或使用暴力、欺骗、隐瞒等其他手段的。

9. 组织卖淫罪；强迫卖淫罪；协助组织卖淫罪

根据《刑法》第三百五十八条规定：“组织、强迫他人卖淫的，处五年以上十年以下有期徒刑，并处罚金；情节严重的，处十年以上有期徒刑或者无期徒刑，并处罚金或者没收财产。组织、强迫未成年人卖淫的，依照前款的规定从重处罚。犯前两款罪，并有杀害、伤害、强奸、绑架等犯罪行为的，依照数罪并罚的规定处罚。为组织卖淫的人招募、运送人员或者有其他协助组织他人卖淫行为的，处五年以下有期徒刑，并处罚金；情节严重的，处五年以上十年以下有期徒刑，并处罚金。”

组织卖淫罪是指以招募、雇佣、纠集、强迫、引诱、容留等手段，控制多人从事卖淫活动的行为。组织卖淫者是否设置固定卖淫场所、组织卖淫人数多少、规模大小，不影响本罪认定。具有以下情形之一的，认定为“情节严重”：① 卖淫人员累计达十人以上；② 卖淫人员中未成年人、孕妇、智障人员、患有严重性病的人累计达五人以上的；③ 组织境外人员在境内卖淫或者组织境内人员出境卖淫的；④ 非法获利人民币一百万以上；⑤ 造成被组织卖淫的人自残、自杀或其他严重后果；⑥ 其他情节严重的情形。

强迫卖淫罪是指违背他人的意志，迫使他人进行卖淫活动的行为。具有下列情形之一的，应当认定“情节严重”：① 卖淫人员累计达五人以上的；② 卖淫人员中未成年人、孕妇、智障人员、患有严重性病的人累计达三人以上的；③ 强迫不满十四周岁的幼女卖淫的；④ 造成被强迫卖淫的人自残、自杀或其他严重后果的；⑤ 其他情节严重的情形。

协助组织卖淫罪是指为组织卖淫的人招募、运送人员或者有其他协助组织他人卖淫的行为。简单说就是为他人实施组织卖淫的犯罪活动提供方便、创造条件、排除障碍的行为。

具有以下情形之一的，应当认定“情节严重”：① 招募、运送卖淫人员累计达十人以上的；② 招募、运送的卖淫人员中未成年人、孕妇、智障人员、患有严重性病的人累计达五人以上的；③ 协助组织境外人员在境内卖淫或者协助组织境内人员出境卖淫的；④ 非法获利人民币五十万以上的；⑤ 造成被招募、运送或者被组织卖淫的人自残、自杀或者其他严重后果的；⑥ 其他情节严重的情况。

从主观上，行为人存在进行犯罪行为的故意。行为人明知自己的行为是组织或强迫卖淫行为，仍然有意组织他人、强迫他人进行卖淫活动或协助他人组织卖淫。行为人应当是已满十六周岁，具有刑事责任能力的人（包括男性和女性）。

从客观上，行为人实施了组织多人进行卖淫活动或强迫卖淫活动的行为。行为人以设立卖淫场所或变相卖淫场所，或通过提供信息、联络等手段组织多人卖淫活动；或利用暴力、胁迫等各种手段迫使被害人进行卖淫活动。

组织卖淫、强迫卖淫和协助卖淫行为，严重侵害了社会道德风尚，扰乱了社会治安管理秩序，应根据《刑法》第三百五十八条规定予以坚决的打击和遏制。对此，最高人民法院、最高人民检察院《关于办理组织、强迫、引诱、容留、介绍卖淫刑事案件适用法律若干问题的解释》对本罪的若干问题进行了具体解释，并明确规定了罚金的数额。即犯组织、强迫、引诱、容留、介绍卖淫罪的，应当依法判处犯罪所得二倍以上的罚金。共同犯罪的，对各共同犯罪人合计判处的罚金应当在犯罪所得的二倍以上。对犯组织、强迫卖淫罪被判处无期徒刑的，应当并处没收财产。

《刑法》第三百六十一条还规定，旅馆业、饮食服务业、文化娱乐业、出租汽车业等单位的人员，利用本单位的条件，组织、强迫他人卖淫的，依照本罪规定定罪处罚。这些单位的主要负责人进行此类行为的，依本罪从重处罚。

10. 引诱、容留、介绍卖淫罪；引诱幼女卖淫罪

根据《刑法》第三百五十九条规定："引诱、容留、介绍他人卖淫的，处五年以下有期徒刑、拘役或者管制，并处罚金；情节严重的，处五年以上有期徒刑，并处罚金。引诱不满十四周岁的幼女卖淫的，处五年以上有期徒刑，并处罚金。"

具有以下情形之一的，应当依第三百五十九条定罪处罚：① 引诱他人卖淫；② 容留、介绍二人以上卖淫的；③ 容留、介绍未成年人、孕妇、智障人员、患有严重性病的人卖淫的；④ 一年内曾因引诱、容留、介绍卖淫行为被行政处罚，又实施容留、介绍卖淫行为的；⑤ 非法获利人民币一万元以上的。具有以下情形之一的，应认定为"情节严重"：① 引诱五人以上或引诱、容留、介绍十人以上卖淫的；② 引诱三人以上的未成年人、孕妇、智障人员、患有严重性病的人卖淫，或引诱、容留、介绍五人及以上该类人员卖淫的；③ 非法获利人民币五万元以上的；④ 其他情节严重的情形。此外，被引诱卖淫的人员中既有十四周岁的幼女，又有其他人员的，分别以引诱幼女卖淫罪和引诱卖淫罪定罪，实行并罪。

引诱、容留、介绍卖淫罪是指以金钱、物质或者其他利益为手段，诱使他人卖淫，或者为他人卖淫提供场所，或者为卖淫的人与嫖客牵线搭桥的行为。任何达到刑事责任年龄、具有刑事责任能力的自然人都可构成本罪。就本罪而言，只要行为人实施了引诱、容留、介绍他人卖淫，即具备了本罪客观方面的全部要件，实际上是否已经发生卖淫或者其他特定的结果，不影响犯罪既遂的成立。换言之，只要他人在行为人的引诱、容留、介绍下，已经着手实施卖淫行为，就应当认定行为人犯罪既遂。他人卖淫行为本身完成与否，与本罪既遂的成立无关。此外，是否以营利为目的，也不影响犯罪的成立。

《刑法》第三百六十一条还规定，旅馆业、饮食服务业、文化娱乐业、出租汽车业等单位的人员，利用本单位的条件，引诱、容留、介绍他人卖淫的，依照本罪规定定罪处罚。这些单位的主要负责人进行此类行为的，依本罪从重处罚。

11. 传播性病罪

根据《刑法》第三百六十条规定："明知自己患有梅毒、淋病等严重性病卖淫、嫖娼的，处五年以下有期徒刑、拘役或者管制，并处罚金。"

"明知"是指以下情形之一：① 有证据证明曾到相关医疗机构就医或检查，被诊断为患有严重性病的；② 根据本人经验和知识，能够知道自己患有严重性病的；③ 通过其他方法能证明行为人是"明知"的。是否实际造成他人患上严重性病的后果，不影响本罪的成立。

行为人必须是患有梅毒、淋病等严重性病。其他性病是否认定为"严重性病"，应当根据《中华人民共和国传染病防治法》《性病防治管理办法》的规定，在国家卫生健康委员会规定实行性病监测的性病范围内，依照其危害、特点与梅毒、淋病相当的原则，从严掌握。

行为人必须实施了卖淫或嫖娼的行为。这里的卖淫、嫖娼行为不仅限于性交方式，还包括手淫、口淫或者其他与性接触有关的行为。

根据最高人民法院、最高人民检察院《关于办理组织、强迫、引诱、容留、介绍卖淫刑事案件适用法律若干问题的解释》第十二条规定，明知自己患有艾滋病或感染艾滋病病毒而卖淫、嫖娼的，依照《刑法》第三百六十条的规定，以传播性病罪定罪，从重处罚。具有以下情形之一，致使他人感染艾滋病病毒的，认定为《刑法》第九十五条第三项"其他对于人身健康有重大伤害"所指的"重伤"，依《刑法》第二百三十四条规定，以故意伤害罪定罪处罚：① 明知自己感染艾滋病病毒而卖淫、嫖娼的；② 明知自己感染艾滋病病毒，故意不采取防范措施而与他人发生性关系的。

传播性病罪行为不仅危害了社会治安，破坏社会道德风尚，而且严重危害公民身体健康和生命安全，进而可能危害子孙后代的健康，对整个国家和民族稳定和健康发展都会产生深远的危害作用。因此，将这种行为定为犯罪加以惩治，具有积极的意义。

12. 制作、复制、出版、贩卖、传播淫秽物品牟利罪；为他人提供书号出版淫秽书刊罪

根据《刑法》第三百六十三条规定："以牟利为目的，制作、复制、出版、贩卖、传播淫秽物品的，处三年以下有期徒刑、拘役或者管制，并处罚金；情节严重的，处三年以上十年以下有期徒刑，并处罚金；情节特别严重的，处十年以上有期徒刑或者无期徒刑，并处罚金或者没收财产。为他人提供书号，出版淫秽书刊的，处三年以下有期徒刑、拘役或者管制，并处或者单处罚金；明知他人用于出版淫秽书刊而提供书号的，依照前款的规定处罚。"

《刑法》第三百六十六条还规定，单位犯本规定的，对单位判处罚金，并对其直接负责的主管人员和其他直接责任人员，依照第三百六十三条的规定处罚。

根据最高人民法院颁布的《最高人民法院关于审理非法出版物刑事案件具体应用法律若干问题的解释》（法释〔1998〕30号），对构成本罪的不同情节规定了三个不同档次的刑罚。区别"一般情节""情节严重""情节特别严重"主要根据行为人制作、复制、出版、贩卖、传播淫秽物品的数量、次数、造成的影响以及在犯罪中所起的作用而定。具体内容如下：

以牟利为目的，实施《刑法》第三百六十三条第一款规定的行为，具有下列情形之一的，以制作、复制、出版、贩卖、传播淫秽物品牟利罪定罪处罚：① 制作、复制、出版淫秽影碟、软件、录像带五十至一百张（盒）以上，淫秽音碟、录音带一百至二百张（盒）以上，淫秽扑克、书刊、画册一百至二百副（册）以上，淫秽照片、画片五百至一千张以上的；② 贩卖淫秽影碟、软件、录像带一百至二百张（盒）以上，淫秽音碟、录音带二百至四百张（盒）以上，淫秽扑克、书刊、画册二百至四百副（册）以上，淫秽照片、画片一千至二千张以上的；③ 向他人传播淫秽物品达二百至五百人次以上，或者组织播放淫秽影、像达十至二十场次以上的；④ 制作、复制、出版、贩卖、传播淫秽物品，获利五千至一万元以上的。有上述行为之一的，处三年以下有期徒刑、拘役或者管制，并处罚金。

以牟利为目的，实施《刑法》第三百六十三条第一款规定的行为，具有下列情形之一的应当认定为制作、复制、出版、贩卖、传播淫秽物品牟利罪"情节严重"：① 制作、复制、出版淫秽影碟、软件、录像带二百五十至五百张（盒）以上，淫秽音碟、录音带五百至一千张（盒）以上，淫秽扑克、书刊、画册五百至一千副（册）以上，淫秽照片、画片二千五百至五千张以上的；② 贩卖淫秽影碟、软件、录像带五百至一千张（盒）以上，淫秽音碟、录音带一千至二千张（盒）以上，淫秽扑克、书刊、画册一千至二千副（册）以上，淫秽照片、画片五千至一万张以上的；③ 向他人传播淫秽物品达一千至二千人次以上，或者组织播放淫秽影、像达五十至一百场次以上的；④ 制作、复制、出版、贩卖、传播淫秽物品，获利三万至五万元以上的。有上述行为之一的，处三年以上十年以下有期徒刑，并处罚金。

以牟利为目的，实施《刑法》第三百六十三条第一款规定的行为，其数量（数额）达到前款规定的数量（数额）五倍以上的，应当认定为制作、复制、出版、贩卖、传播淫秽物品牟利罪"情节特别严重"。根据本款规定，对有上述行为的，处十年以上有期徒刑或者无期徒刑，并处罚金或者没收财产。

针对互联网和现代信息技术传播特点，2000年12月28日全国人民代表大会常务委员会通过的《全国人民代表大会关于维护互联网安全的决定》明确规定，在互联网上建立淫秽网站、网页，提供淫秽站点链接服务，或者传播淫秽书刊、影片、音像、图片，构成犯罪的，依照有关规定追究刑事责任。应当根据其具体实施的行为，分别以制作、复制、出版、贩卖、传播淫秽物品牟利罪，传播淫秽物品罪，组织播放淫秽音像制品罪及刑法规定的其他有关罪名，依法追究刑事责任。《最高人民检察院、公安部关于公安机关管辖的刑事案件立案追诉标准的规定（一）》具体规定了立案追诉标准，以牟利为目的，利用互联网、移动通信终端制作、复制、出版、贩卖、传播淫秽电子信息，涉嫌下列情形之一的，应予立案追诉：① 制作、复制、出版、贩卖、传播淫秽电影、表演、动画等视频文件二十个以上的；② 制作、复制、出版、贩卖、传播淫秽音频文件一百个以上的；③ 制作、复制、出版、贩卖、传播淫秽电子刊物、图片、文章、短信息等二百件以上的；④ 制作、复制、出版、贩卖、传播的淫秽电子信息，实际被点击数达到一万次以上的；⑤ 以会员制方式出版、贩卖、传播淫秽电子信息，注册会员达二百人以上的；⑥ 利用淫秽电子信息收取广告费、会员注册费或者其他费用，违法所得一万元以上的；⑦ 数量或者数额虽未达到本款第①项至第⑥项规定标准，但分别达到其中两项以上标准的百分之五十以上的；⑧ 造成严重后果的。利用聊天室、论坛、即时通信软件、电子邮件等方式，实施以上规定行为的，应予立案追诉。以牟利为目的，通过声讯台传播淫秽语音信息，涉嫌下列情形之一的，应予立案追诉：① 向一百人次以上传播的；② 违法所得一万元以上的；③ 造成严重后果的。

淫秽物品是指具体描绘性行为或者露骨宣扬色情的淫秽性的书刊、影片、录像带、录音带、图片及其他淫秽物品。有关人体生理、医学知识的科学著作不是淫秽物品。其包含有色情内容的有艺术价值的文学、艺术作品不视为淫秽物品。

根据国家新闻出版总署（原新闻出版署）公布的《关于认定淫秽及色情出版物的暂行规定》，进一步明确了淫秽出版物及色情出版物的认定标准。淫秽出版物是指在整体上宣扬淫秽行为，具有下列内容之一，挑动人们的性欲，足以导致普通人腐化堕落，而又没有艺术价值或者科学价值的出版物：① 淫亵性地具体描写性行为、性交及其心理感受；② 公然宣扬色情淫荡形象；③ 淫亵性地描述或者传授性技巧；④ 具体描写乱伦、强奸或者其他性犯罪的手段、过程或者细节，足以诱发犯罪的；⑤ 具体描写少年儿童的性行为；⑥ 淫亵性具体描写同性恋的性行为或者其他性变态行为，或者具体描写与性变态有关的暴力、虐待、侮辱行为；⑦ 其他令人不能容忍的对性行为的淫亵性描写。色情出版物是指整体上不是淫秽的，但其中一部分有上述①至⑦项规定的内容，对普通人特别是未成年人身心健康有害，而缺乏艺术或者科学价值的出版物。夹杂淫秽、色情内容而具有艺术价值的文艺作品；表现人体美的美术作品；有关人体的解剖生理知识、生育知识、疾病防治和其他有关性知识、性道德、性社会学等自然科学和社会科学作品，不属于淫秽出版物、色情出版物的范围。

13. 传播淫秽物品罪；组织播放淫秽音像制品罪

根据《刑法》第三百六十四条规定，传播淫秽的书刊、影片、音像、图片或者其他淫秽物品，情节严重的，处二年以下有期徒刑、拘役或者管制。组织播放淫秽的电影、录像等音像制品的，处三年以下有期徒刑、拘役或者管制，并处罚金；情节严重的，处三年以上十年以下有期徒刑，并处罚金。制作、复制淫秽的电影、录像等音像制品组织播放的，依照第二款的规定从重处罚。向不满十八周岁的未成年人传播淫秽物品的，从重处罚。

单位犯本节规定的，对单位判处罚金，并对其直接负责的主管人员和其他直接责任人员，依照本罪的规定处罚。

传播淫秽物品罪是指不以牟利为目的，在社会上传播淫秽的书刊、影片、录像带、录音带、图片或者其他淫秽物品，情节严重的行为。

本罪侵犯的是社会管理秩序。在社会上传播淫秽物品对于大众特别是青少年的身心健康会造成危害，也极易诱发违法犯罪活动。依法打击在社会上传播淫秽物品的犯罪行为，对于维护社会治安，净化社会环境，保护人民的身心健康，促进精神文明，无疑具有重要意义。

针对利用计算机网络技术的传播行为，《计算机信息网络国际联网安全保护管理方法》规定，任何单位和个人不得利用国际互联网制作、复制、查阅和传播淫秽的信息。如果行为人有这种行为，情节较轻的给予行政处罚；构成犯罪的，依法追究刑事责任。《最高人民检察院、公安部关于公安机关管辖的刑事案件立案追诉标准的规定（一）》第八十四条规定，传播淫秽的书刊、影片、音像、图片或者其他淫秽物品，涉嫌下列情形之一的，应予立案追诉：① 向他人传播三百至六百人次以上的；② 造成恶劣社会影响的。不以牟利为目的，利用互联网、移动通信终端传播淫秽电子信息，涉嫌下列情形之一的，应予立案追诉：① 数量达到本规定第八十二条第二款第①项至第⑤项规定标准二倍以上的；② 数量分别达到本规定第八十二条第二款第①项至第⑤项两项以上标准的(详见《最高人民检察院、公安部关于公安机关管辖的刑事案件立案追诉标准的规定(一)》具体规定了制作、复制、出版、贩卖、传播淫秽物品牟利罪的立案追诉标准); ③ 造成严重后果的。利用聊天室、论坛、即时通信软件、电子邮件等方式,实施本条第二款规定行为的,应予立案追诉。

14. 组织淫秽表演罪

根据《刑法》第三百六十五条规定,组织进行淫秽表演的,处三年以下有期徒刑、拘役或者管制,并处罚金; 情节严重的,处三年以上十年以下有期徒刑,并处罚金。

单位犯本节规定的,对单位判处罚金,并对其直接负责的主管人员和其他直接责任人员,依照本罪的规定处罚。

本罪侵犯的是社会道德风尚和社会治安秩序。在社会上组织淫秽表演对于人民的身心健康会造成危害,也极易诱发违法犯罪活动,依法打击组织淫秽表演的犯罪行为,对于维护社会治安,净化社会环境,保护人民的身心健康,促进精神文明,具有重要意义。

《最高人民检察院、公安部关于公安机关管辖的刑事案件立案追诉标准的规定(一)》第八十六条规定,以策划、招募、强迫、雇佣、引诱、提供场地、提供资金等手段,组织进行淫秽表演,涉嫌下列情形之一的,应予立案追诉: ① 组织表演者进行裸体表演的; ② 组织表演者利用性器官进行诲淫性表演的; ③ 组织表演者半裸体或者变相裸体表演并通过语言、动作具体描绘性行为的; ④ 其他组织进行淫秽表演应予追究刑事责任的情形。

情节严重是指多次组织淫秽表演、造成恶劣影响; 虽然次数不多,但被传播的对象人数众多,造成的后果严重; 在未成年人中传播,造成严重后果的; 以暴力、胁迫的方式迫使他人进行淫秽表演以及犯罪集团首要分子等严重的情节。对情节严重的,按本条规定处三年以上十年以下有期徒刑,并处罚金。

15. 走私淫秽物品罪

根据《刑法》第一百五十二条第一款规定,以牟利或者传播为目的,走私淫秽的影片、录像带、录音带、图片、书刊或者其他淫秽物品的,处三年以上十年以下有期徒刑,并处罚金; 情节严重的,处十年以上有期徒刑或者无期徒刑,并处罚金或者没收财产; 情节较轻的,处三年以下有期徒刑、拘役或者管制,并处罚金。

单位犯上款罪的,对单位判处罚金,并对其直接负责的主管人员和其他直接责任人员,依照前款的规定处罚。

走私淫秽物品罪是指以牟利或者传播为目的,违反海关法规,逃避海关监管,非法运输、携带、邮寄淫秽的影片、录像带、录音带、图片、书刊或者其他淫秽物品进出国(边)境的行为。

走私淫秽物品的行为是否构成犯罪,要考虑走私的淫秽物品的数量。走私淫秽物品的数量的多少,既是衡量走私行为危害性轻重的重要方面,也是判定个人是否具有牟利或传播目的的重要参考依据。参照《最高人民法院 最高人民检察院关于办理走私刑事案件适用法律若干问题的解释》第十三条规定,以牟利或传播为目的,走私淫秽物品,达到下列数量之一的,可以认定为《刑法》第一百五十二条第一款规定的“情节较轻”: ① 走私淫秽录像带、影碟五十盘(张)以上不满一百盘(张)的; ② 走私录像带、音碟一百盘(张)以上不满二百盘(张)的; ③ 走私淫秽扑克、书刊、画册一百副(册)以上不满二百副(册)的; ④ 走私淫秽照片、画片五百张以上不满一千张的；⑤ 走私其他淫秽物品相当于上述数量的。走私淫秽物品在以上最高数量以上不满最高数量五倍的，处三年以上十年以下有期徒刑，并处罚金；最高数量五倍以上，或最高数量以上不满五倍的犯罪集团的首要分子，使用特种车辆从事走私活动等情形的，应认定为“情节严重”。

第四节　性罪错的预防与性防卫

一、性罪错的预防

性行为是人类最基本的、最常见的行为之一，既反映了人类的本能特征，又具有很强的社会属性。恰当的性行为能够对个人的身心健康和社会的文明进步产生积极的有益的作用。不恰当的性行为（性罪错）则会产生诸多消极的影响，它不仅可能侵害公民人身权利，对个人的身心健康造成损害，也可能妨碍正常的婚姻家庭生活；还可能破坏社会性风俗，损害社会性道德，妨害社会的正常秩序，对整个社会的稳定与发展起着极大的阻碍作用。因此，要研究性罪错行为，预防和控制不当性行为的发生。

性罪错行为的预防既有消极的预防，也有积极的预防。消极的预防是对性罪错者的防范和改造，达到改造个人、警示社会的作用；积极的预防主要是从性教育等入手，防患于未然，提高全民性素质，让更多的人成为文明守法的公民。

预防性罪错是一个庞大的系统工程，也是一个重大的社会课题，它需要个人、家庭、学校和社会共同努力，全方位参与，才能起到明显的效果。

（一）个体预防

首先，每个公民都应该做到学法、知法、懂法、守法。培养法律意识，自觉遵守国家法律法规，把自己的行为控制在法律的允许范围之内；同时运用法律武器来保护自己的合法权益。

其次，应养成健康的性心理，树立正确的性观念，提高个体对社会的适应能力。个体树立正确的人生观、爱情观，树立远大的理想，培养良好的品德、高尚的情操，增强自尊心和自爱心，自觉抵制各种有害环境因素的影响。学会控制自己的性欲，控制自己的行为，也要学会保护自己的行为。否则，就无法很好地把握自己，仅凭性欲的驱使和金钱的诱惑去尝试、去探索，往往会导致性罪错的发生。据调查，只有极少数人是因生活所迫而卖淫，绝大多数是贪恋金钱、追求享乐而出卖肉体的，导致违法犯罪。

再次，应该了解科学的性知识，破除性愚昧、性无知。应从正规渠道了解必要的性知识，消除对性的神秘感，这样就不会因好奇而为之，自觉抵制色情淫秽物品的侵袭和不良社会风气的影响。由于青少年性知识较为缺乏，性观念尚未完善，在无知的情况下，色情淫秽物品对他们具有特别的吸引力和诱惑力，他们往往无法区分善恶美丑，可能会全盘吸收，盲目效仿，导致最终走上违法犯罪道路。

（二）优化家庭影响

家庭是社会的基本组成单位，它是人们赖以生活的小环境。家庭环境对于青少年有着极大的影响。

家庭和睦是家庭影响的首要因素。在不和睦的家庭中，子女在感情上无法感受到父母的关心和家庭的温暖，他们就容易疏远家庭和父母，形成某种性格上的缺陷，以至步入歧途。因此，营造一个和睦、宽松的环境有利于青少年的成长。

家庭教育也是家庭影响的重要因素。由于我国传统教育中，把“性”排除在外，现在的成年人不具备必要的性知识，更不知如何对子女进行正确的性教育。他们对子女的性问题不知从何入手，往往只是简单压制或责备，导致青少年性知识匮乏，但“性”趣极浓。因此，开展家庭性教育将是我国今后性教育的重要组成部分。首先，父母必须以身作则，洁身自好。父母亲的性观念和性行为，对尚未独立的青少年起着潜移默化的榜样示范作用，有时甚至会起到决定性的作用。“律人先律己”，只有管好自己才有可能管好后代。其次，要讲究教育的方式、方法。父母与子女之间应平等相待，切忌居高临下的强制式训诫式的教育方式；应给予青少年耐心、细致的关心、帮助和必要的指导，出了问题，切忌激化矛盾。只有这样，他们才能在感情上感受到家庭的温暖和父母的关心，在思想上接纳父母并乐于与父母交流沟通，在行为上又能受到良好的熏陶和严格的规范，他们就能以积极的态度面对“性”，养成良好的性适应能力。

（三）学校开展性教育

学校是进行性教育的主战场。学校有优越的条件来进行性教育，应该在学校进行系统的性知识教育，消除性神秘感；进行性心理教育，形成健康的心理和健全的人格；进行性道德和性法制教育，掌握判断是非对错的准则，使青少年的行为严格控制在道德和法律允许的范围之内；同时提供一个男女正常交往的健康环境，促进青少年身心全面健康发展。

（四）营造良好社会环境

营造良好的社会环境是预防性罪错的重要保证。首先，应该加快相关立法、解释和法制宣传教育，完善法律法规，通过宣传来促进公民遵纪守法；其次，加强传播媒体的管理和监督力度，坚决、严厉打击“黄毒”，净化社会风气；另一方面，用科学、健康的活动和艺术作品充实人们的业余文化生活，给青少年创造一个道德的、文明的、健康的、向上的社会环境或氛围。

二、性防卫

性侵害是指违背他人意愿对他人进行与性有关的行为，并给受害人身体和心理造成伤害的行为。严格来讲它不是一个法律概念，是各种对受害人造成性损害行为的总称。广义上的性侵害包括情节较轻的性骚扰和情节较重的性犯罪。狭义上的性侵害专指情节较重的性侵害犯罪行为，即指加害者以威胁、权力、暴力、金钱或甜言蜜语，引诱胁迫他人与其发生性关系，并在性方面造成对受害人的伤害的行为。现在有些法律文件（如《中华人民共和国未成年人保护法》等）将性侵害与性骚扰并列，指称侵害自然人性自主权的违法和犯罪行为。按照最高人民法院、最高人民检察院、公安部、司法部的释义，性侵害犯罪包括强奸罪、强制猥亵罪、侮辱罪、猥亵儿童罪、组织卖淫罪、强迫卖淫罪，以及引诱、容留、介绍卖淫罪等性犯罪行为。

在多数情况下，妇女和儿童是性侵害中被害人的主要对象，但男性、老人、残障群体也都可能受到性侵害。

性侵害行为在不同时代、不同社会中均不同程度地存在着，它直接对被害人的身心造成伤害，因此，每个人都应该有自我保护意识，学会保护自己，防止性侵害。

性防卫又称性保护或性防范，是保护自己免受性侵害的行为。根据性防卫措施和行为的时间，可将性防卫分为三类：预防性性防卫、被害时性防卫和被害后性防卫。

（一）预防性性防卫

个人在遭受性侵害之前采取的性防卫措施称为预防性性防卫。犯罪学等学科的调查研究表明，性侵害行为的发生是有规律的，人们应当根据这些规律采取防范措施，预防自己成为性侵害行为的被害人。

在社会生活中，每个人都是潜在的被害人，每个人都有可能遭受他人的性侵害，特别是在商品经济大潮和西方“性自由”“性解放”思潮冲击下的今天，更应该提高自我保护意识，随时防范性侵害。俗语说，“害人之心不可有，防人之心不可无”，树立被害防范意识可以有效地预防或避免受到性侵害。具体说，应该注意以下几个方面。

1. 穿着打扮适当，言行举止得体

性侵害的产生，首先一定是侵权人本身的主观原因，他们理应受到相应的法律制裁，绝不能以各种理由为其辩解、开脱。但是，过分暴露的衣着、浓艳的妆容等有可能会激起一些道德品质低下的人的性冲动和错误联想，从而引发他们的性侵害行为。在现实生活中，此类性侵害案件占有相当的比例。因此，在防范性侵害方面，应该注意自己的穿着打扮和言行举止。在穿着打扮方面，不宜过于袒胸露乳或太透、太紧、太薄，打扮不宜过于妖艳；在言行举止方面，要自尊、自重、自爱，做到文雅端庄，避免轻佻放肆的语言、过分热情轻浮的举止。尤其是在单独约会或独自行走时，更应多加注意。

值得注意的是，我们在预防受到性侵害时，善意提醒注意穿着打扮和言行举止，并不是说被害人的这些行为有错，绝不能落入“被害人有罪论”的陷阱。正如警察提醒，为了防止失窃，应该保护好自己的财物，注意财不外露，但有财本身并没有错。“被害人有罪论”认为被害人之所以被害，是因为其自身存在问题而引发的。例如，有人被性侵害时，经常出现“谁让你穿这么暴露，活该被侵犯”“他怎么只欺负你不欺负别人”“苍蝇不叮无缝的蛋”“一个巴掌拍不响”“女孩子不应该在半夜一个人出门”等论调。这种错误思想不仅给被害人及其家人造成二次伤害，还会导致犯罪事实被模糊，在某种程度上是为侵权者辩解，甚至是纵容犯罪。

2. 不贪便宜，礼貌待人

俗语说“天上不会掉馅饼”，没有免费的午餐，不可过分贪财，贪图享乐，否则极易受到金钱或享乐的诱惑而带来不良后果。平时应礼貌待人,有理、有利、有节地处理人际关系,不可过于软弱无能,也不可得理不饶人,用刻薄、狠毒的言语挖苦、侮辱别人。遇到别人挑逗性的话语或行为时,应当恰如其分地引开话题或巧妙地离开对方,或明确表达自己的态度。否则别人会认为你软弱可欺,甚至会激起别人的报复心理。

3. 慎交朋友,情感含蓄

结交朋友时,应特别注意对方的品德作风。若发现对方作风不正派,追求的是低级享乐,则应及时果断地与其断绝来往。不宜与不太熟悉的人单独约会。在表达情感时,应区分对象、时间和场合,把握好分寸。不分对象、时间和场合,情感过于直露或感情用事,很容易被有不良动机的人利用而处于被动地位。此外,还应勇于正视自己的过失或缺点,以免授人以柄而违心就范。

4. 注意环境,告知同伴

不要一个人到河边、树林等僻静的地方,也不宜单独一人在偏僻、阴暗、狭窄的道路或小巷行走;夜晚行走时,要选择行人较多、路灯明亮的道路,不要与陌生人搭话;在生疏地方问路时,不要独自跟着别人走或单身搭乘陌生人的车;不宜一个人或少数几个女同学去各种歌舞厅或酒吧;女性单独在家中时,应锁好房门和窗户,挂好窗帘,避免外人看到屋内情况。外出时,告知好友自己的去向,联系方式和大概返回时间,以便随时联系或及时了解动向。

5. 提高警惕,提防熟人

近年来的调查发现,在性侵害案件中超过70%的是熟人作案,被害人的朋友、上司、亲人、邻居等都可能成为性侵害者。一方面,性侵害者往往利用熟人间的信任,被害人防范意识薄弱、分辨力差,通过"关心呵护"、诉说痛苦、威逼利诱等达到性侵目的;另一方面,被害人往往碍于面子、难以启齿、畏惧报复、羞于见人、害怕曝光而不敢声张,给性侵害者可乘之机。因此,要教育孩子提高防范意识,除了提防陌生人外,更要注意防范身边的熟人,不要随意跟他们单独在一起,接受他们的恩惠,只要他们对你做了奇怪的事,应立即告诉父母。

(二)被害时性防卫

被害时性防卫指在遭受性侵害的过程中采取的性防卫措施。防范和对付性侵害是维护自身权益和人格尊严的特殊斗争,它需要勇气、策略和智慧。当性侵害不幸降临到自己头上时,采取适当措施、策略和方法,就可能有效地保护自己的性权利和人身安全,使危害降到最低程度。

1. 保持情绪镇定

在遭受性侵害之际,保持情绪镇定是最重要的。只有设法使自己沉着、冷静,才能明白性侵害者的意图,随机应变,以智取胜,找出摆脱困境的办法。如果惊慌失措,进行本能的抵抗或逃避,就会助长性侵害者的攻击性和信心,导致性侵害行为的发生,或受到更严重的伤害。

2. 明确表达态度

一些性侵害行为是性侵害者受到被害人的"性暗示",错误地理解了被害人的意思后发生的:性侵害者以为被害人愿意甚至有意要与其发生性行为,因而在这种认识的基础上进行性侵害行为。所以,遇到别人要对自己进行性侵害行为时,应当恰当而坚定地表明自己的态度，阻止性侵害行为的发生。有研究表明，这种明确的表达，能够防止大量熟人之间的性侵害行为。同时，一些性侵害行为是在性侵害者认为被害人软弱可欺、不敢反抗的情况下发生的，坚定的态度能够使一些陌生的性侵害者放弃进行性侵害行为的企图。

3. 进行理智应对

在遭受性侵害时，被害人要注意了解性侵害者的弱点和周围环境中可以利用的积极因素，采取恰当的措施进行反抗。进行反抗行为时，应当尽可能利用社会中积累的经验和知识，采取非暴力的方法，把暴力反抗作为最后的、迫不得已的措施，因为暴力性反抗行为也可能会激起性侵害者的愤怒、紧张甚至绝望的情绪，引发他们更加严重的性侵害行为，导致严重后果。下面是一些行之有效的防范性侵害的方法。

(1) 无声反击法：当在社交场合遭到性侵害（如性骚扰）时，可以用锐利的目光和强烈的反击性动作制止对方，以达到遏止对方恶劣行径的目的。

(2) 厉声传扬法：在一般公共场合面对性侵害时，可以当众厉声揭露、斥责其丑行，把对方置于尴尬境地，以达到制止性侵害的目的。

(3) 先礼后兵法：对于来自关系较为亲近的异性，要分析原因，不能简单行事。有的可能是对你有感情，因爱而一时冲动；有的可能是下意识的亲昵动作，可能他本人并无恶意；还可能是一念之差的举动。此时，应采取温和但严肃的态度表明自己的观点，既维护自己的尊严，又照顾到对方的面子。如不能奏效，就应予以坚决的回击。这种方法有利于今后两人的正常交往。

(4) 恭维法：当遇到有地位、有身份的异性的性骚扰时，可以恭维的方式激发对方的自尊心和荣誉感，引发对方自律，从而自觉放弃不轨行为。

(5) 委婉暗示法：这种方法在制止比较熟悉的同事或上司的性侵害时较为有效。用委婉的语言，把自己的不悦和拒绝之意，以及不利于侵害者的因素暗示出来，让对方明白其中的利害关系，自觉中止性侵害行为。

(6) 借助外力法：在很多情况下，女性仅靠自己的力量是很难战胜性侵害者的，可借助周围其他人的力量，制服性侵害者，使自己免受侵害。

(7) 诺言欺骗法：可以编造一些谎言来欺骗性侵害者，达到逃脱的目的。例如，说自己有性传播疾病或正处于月经期，自己已约好的朋友马上过来等。

当然，在理智反击时，应当尽可能地就事论事，用言语和行动反抗性侵害行为本身，而不要过分诬蔑性侵害者的人格，否则，也会引发其残忍的、报复性的性侵害行为。

4. 使用暴力反抗

当发生严重的性侵害，其他方法已经失去作用时，暴力反抗就成了最后的、迫不得已的反抗手段。暴力反抗严重的性犯罪行为属于正当防卫行为。

根据我国《刑法》第二十条第一款规定："为了使国家、公共利益、本人或者他人的人身、财产和其他权利免受正在进行的不法侵害，而采取的制止不法侵害的行为，对不法侵害人造成损害的，属于正当防卫，不负刑事责任。"

正当防卫必须具备以下几个条件。

(1) 必须有危害社会或个人的不法侵害行为正在进行。不法侵害行为不是主观想象或推测出来的，必须是正在进行的行为。在侵害行为尚未开始或者已经结束，或者侵害人自动中止的情况下实施防卫属于防卫不适时。

(2) 必须是针对不法侵害者本人实行防卫。目的是迫使不法侵害者停止不法侵害行为或剥夺其继续实行不法侵害行为的能力。不能对没有实施侵害的第三者实行，包括不法侵害者的家属。

(3) 防卫行为不能明显超过必要限度且造成重大损害。所谓明显超过必要限度是指防卫行为明显地超过制止不法侵害行为所需要的界限范围，也称防卫过当。《刑法》第二十条第二款规定："正当防卫明显超过必要限度造成重大损害的，应当负刑事责任，但是应当减轻或者免除处罚。" 同时，第三款明确规定："对正在进行行凶、杀人、抢劫、强奸、绑架以及其他严重危及人身安全的暴力犯罪，采取防卫行为，造成不法侵害人伤亡的，不属于防卫过当，不负刑事责任。"

当然，即便是暴力反抗，也应注意策略，生命安全和身体健康是第一位的，应最大限度地保护自己。

(1) 出其不意，攻其要害：女性在遭到严重的性侵害时，首先应巧妙周旋，以求尽快脱身，但若已无法脱身时，则可反其道而行，佯装顺从大胆贴身，伺机自卫。自卫时要抓住对方的薄弱环节进行反击。犯罪者的薄弱部位主要有两处：一是脸部。可用手突然猛戳、抠对方的眼睛，或就地抓起泥沙攻其眼睛；可用拳头或头部猛撞击对方的鼻部，或猛咬对方的鼻子、嘴唇和舌头，使其失去攻击力。二是生殖器或小腹部。猛捏或猛击男性的睾丸或小腹，可使其产生剧烈疼痛而四肢无力，乃至休克，从而无法继续进行性侵害行为。

(2) 利用环境，就地取材：可以选择便于脱身或隐蔽的地形进行自卫；同时可以利用身边的一切可利用的物品，如泥沙、石头、棍棒等进行反击。

(3) 留下证据，以便识别：在反抗时，应当注意给性侵害者留下一些痕迹，留下侵害者的证据，如撕坏衣服、抓破皮肤等，或者注意记住性侵害者的某些特征，以便作为以后破案的线索和证据。

（三）被害后性防卫

被害后性防卫是指在遭受性侵害之后采取的性防卫措施。受到性侵害是不幸的，但遭到性侵害（特别是严重的性侵害）后，应及时采取一些补救措施，把危害后果降到最低限度。

1. 保留证据，主动协助破案

许多人在遭受性犯罪侵害后，姑息迁就，不敢作声、不敢张扬，更不敢向公安机关报案。这些会使犯罪者以为被害人怯懦可欺，他们的胆子就会越来越大，从而可能导致被害人再次遭到性侵害。因此，在遭受性犯罪侵害后，被害人要克服心理障碍，及时、主动地向公安机关报案，提供相关线索或证据，帮助公安机关尽快抓获犯罪分子，并绳之以法。

2. 寻求帮助，保证身心健康

及时到医院进行相关检查和必要的处理，确保身体健康安全。同时，应积极调适自己的情绪，抚平心理创伤。例如，可以通过热线咨询电话、性侵害救助组织等得到帮助，了解一些有助于恢复身心平静的方法；通过向好朋友倾诉、书写日记或其他形式来宣泄消极情绪。

3. 加强防范,防止再遭性侵害

在遭受性犯罪行为的侵害后,要采取“亡羊补牢”措施,防止自己再次遭受性侵害。这类措施包括加固门窗,改变衣着打扮,变换生活环境等。

4. 社会支撑,避免二次伤害

性侵对被害人的伤害影响是深远的。如果社会和家庭的处理不当,会给被害人带来更加严重的二次伤害。为了让被害人尽快走出阴影,还应该注意避免其遭受二次伤害。父母要重视和信任孩子反映的情况,并给予充分理解和陪伴;要让孩子感受到不管发生什么事,家人永远爱着你;要让孩子知道这不是自己的错,自己依然是完整的;引导孩子一起积极面对未来,全家依然能继续快乐生活着;社会家人也不必过度关注此事件,不要经常、重复提及创伤,有时甚至可以暂时离开所处的环境。

思考题

1. 性道德的基本原则有哪些?
2. 性道德的调控手段有哪些?
3. 异性间交往应遵循哪些道德准则?
4. 性法律调控有哪些特点?
5. 什么是性越轨行为?常见的性越轨行为有哪些?
6. 什么是性违法行为?常见的性违法行为有哪些?
7. 什么是性犯罪行为?常见的性犯罪行为有哪些?
8. 在遭受性侵害时,应该如何进行性防卫?
9. 青少年应该如何减少性罪错行为的发生?

第十二章

性 美 学

第一节 概 述

“爱美之心，人皆有之”，青年男子谁个不善钟情，妙龄女子谁个不善怀春。在人类历史上，围绕性、爱与美所引发的故事被形容为“永恒的主题”，众多的艺术经典因为描写了人类的性美而成为不朽的传世之作。可见，性与美在人类的现实生活中占有相当重要的地位。

一、性美学的概念

性美学是研究性美以及人对性美的感受和创造的一般规律的科学。它是一门性科学与美学相结合的新兴边缘性学科。它研究的内容主要包括性审美规律、性审美的标准、性美感的心理特征、性美的存在形态及性美的塑造等内容。

从性学角度看，传统的性学研究侧重于性生物学和性心理学方面的研究，而忽视了从美学角度进行研究。美学家席勒提出：“若是要把感性的人变成理性的人，唯一的路径是先使他成为审美的人。”“只有审美的趣味才能使社会和谐，因为它在个体身上奠定和谐……只有美的交流，才能使社会团结，因为它关系到一切人共同的东西。”(《西方美学家论美与美感》)。他的论述虽然具有时代的局限性，但强调了美的巨大作用。没有美的引导和升华，人沉湎于低级欲求的快感享乐，两性之间就只剩下了与动物相类似的性本能——赤裸裸的性关系。因此，没有性美学研究的性学是片面的、残缺的。

在这里，我们研究性美学的目的在于进行性美学教育，即进行性审美教育或性美感教育。通过性审美教育培养和提高人们感受性美、鉴赏性美和创造性美的能力，树立和发展人们正确的性审美观念，培养健康的性审美情趣和高尚的性审美理想。进而影响人的思想情感、聪明才智和精神面貌。使“感性的人”培养起理性，“理性的人”培养起情感，引导人们从自然状态迈向道德状态，培养起完善的人格和优美的心灵，从而提高整个社会的性文明水平，促进社会的良性循环和协调发展。

二、性审美主体与性审美客体之间的关系

审美主体是指具有审美情趣、审美能力而又处在一定审美关系中的人。美不是事物自

然的、固有的属性。在未有人类之前，自然界无所谓美，也无所谓丑。只有当人类通过社会性实践，对客观自然界进行改造，在对象上打下自己意志的印记，并在他所改造的自然中直观自身的时候，人与现实的审美关系才建立起来，客观世界才成为审美对象，客观世界才有了美。

审美客体又称为审美对象，是客观上能与人构成一定审美关系、能引起人的审美感受的人或事物。人类改造世界的同时，也改造着人类自身。人不但能与客观世界建立起审美关系，而且也能与人类自身建立起审美关系，成为审美的客体。也就是说，从美学角度看，人是审美的主体，又是审美中最重要的客体。

在一般审美活动中，审美的主体与客体的关系是相对固定的，主体处于积极主动的状态，而客体则处于被评价、被认识的地位。但是在性审美活动中，性审美的主体与性审美的客体往往都是人，伴随着复杂的心理变化，同时又都具有能动性，因此往往是互为主、客体的关系。

在性审美活动中，人成为性审美的客体，成为对方的审美对象。马克思说人也按照美的规律来建造。但即使被视为性审美的客体，他也不是消极地展示自身的美，而是积极主动地创造美。他可以通过审美主体的反馈来调整自己的美，创造自己的美，特别是性审美客体意识到自己不具备主体所希望的美时，就会努力去创造原来所没有的美。在日常生活中，特别是在与异性交往中，人对自身的容貌、言谈、服饰和风度等非常在意，就是这种性审美客体主动创造性美的表现。“女为悦己者容”也很形象地说明了这一点。同时，性审美客体所塑造的美也会对性审美的主体产生不同的影响，俗话说“情人眼里出西施”就是性审美客体积极能动作用的结果。

在性审美活动中，人又成为性审美的主体。没有性审美的主体，性美也就失去其存在的意义。作为性审美主体，必须丰富自己的审美经验，提高自己的审美意识和能力，才能充分调动自身的心理因素，去欣赏、认识、评价客体的性美，同时也能提高自身创造美的能力。另外，性审美主体的这种审美情趣、观念、审美理想投射到性审美客体上，对性审美客体也会产生或隐或现的影响。

总之，性审美的主体与性审美的客体是一个互动的关系，只有当两者形成完美的统一时，双方的相互欣赏、相互倾慕、相互审美才能达到更高的境界，产生共同的美感，促进整个社会性文明水平的提高。

第二节 性 审 美

一、性美感的特征

性美感是由性审美对象所引起的复杂的心理活动和心理过程，是一种愉悦的状态。性美感既不是心灵固有的东西，也不是纯粹的生理活动，它是人类社会实践的产物，是生理性快感和精神性愉悦的完美统一。因此，它具有其自身的特征。

（一）性美感的形象性

形象性是指客观对象能为人的感官直接觉察的性质，如形状、色彩、声音等。美感的产生首先来自对审美对象的直接感受，形象性是产生美感的前提和基础。没有具体形象的感觉，就不会产生美感。

在各种感觉器官中，视觉是感受性美形象性最主要的器官。正常人脑的信息中有90%以上来自视觉，人们往往首先通过视觉来感受并欣赏性美对象的人体美、服饰美、行为美等。进而结合其他的感觉器官感受其他方面的美。

除此之外，其他的各种感觉，如听觉、嗅觉和味觉等也在审美活动中起到不同的作用。正如马克思在《1844年经济哲学手稿》中所说："人不仅通过思维，而且以全部感觉在对象世界中肯定自己。"在性审美活动中，人的视觉、听觉、触觉、嗅觉和味觉等各种感觉相互作用、相互补充、相互渗透，从而更形象、完整地从不同角度认识性审美的客体，从而获得更深广的性美感受。

有人说，美感的产生不一定需要形象性，他们列举了一些语言、文字等文艺作品同样会给人以美的感觉。其实，这正是形象性的表现，人们通过这些语言、文字对原有的记忆表象进行加工、改造，形成含蕴丰富的意象，于是产生了美感。许多文艺作品都非常形象、逼真、细腻地刻画出两性间的美而成了传世之作。这种形象性的描述会给人以无限的美感。如果没有形象的描述，就无法在大脑中形成具体形象，也就不会有美感产生。

（二）性美感的直觉性

美感具有直觉性。当人们接触到美的事物时，往往不需要经过认真的思考、逻辑的推理或理论的论证，就能一下子直接感受到事物的美。美感之所以具有这种直觉性，一方面是因为审美对象总是具体可感的；另一方面是因为人们的审美经历总能在大脑中留下记忆，将审美经验储存起来，长期的审美习惯还可以形成条件反射，这样，美的信息一传入人的大脑，马上就能唤起审美记忆，加上审美条件反射，美感就产生了。在生活、思想、情趣等方面应该努力增长知识和能力，加强艺术修养，逐步提高欣赏美的能力，就能更真切、直接地感受到美，理解美的真正内涵。当然，美感的直觉性并非意味着美感中没有丝毫理性的东西，实际上，美感是以感性形式表现出来的感性认识与理性认识的统一。

（三）性美感的愉悦性

愉悦性是指客观对象唤起人们审美的愉快和喜悦的性质。车尔尼雪夫斯基曾说："美感的主要特征是一种赏心悦目的快感。"愉悦首先是生理上的快感，生理快感是人和动物共有的生理反应，是各种器官的舒适感。然而人的愉悦并不只停留在生理快感上，它会产生质的飞跃，产生心理层次的愉悦，即从感官快感升华到精神快感，使人产生心旷神怡的美感。这就是性美感的愉悦性，是人类所特有的一种高级的精神活动。例如，含蓄而深情的动作、高尚的情操、过人的才识、文雅的谈吐、端庄的举止，不但会给人以生理上的愉悦，还会使人体验到朦胧、神奇、令人陶醉的情感上的愉悦，使人更深刻地领悟到难以言表的无穷魅力的境界。

(四) 性美感的情感性

性美感具有情感性。在审美活动中,情感是审美心理中最为活跃的动力因素,它使整个审美过程浸染着情感色彩。性审美更是如此。性美感的情感性是由美具有感染作用的特点决定的。审美情感不仅把恋人理想化,还会以爱和美的心态认知外在世界,周围的一切,河流、树木、月亮……整个世界仿佛都变得美丽无比。性美感的情感性也并非脱离思想理智的孤立的情感,而是渗透着理性,经过了理智引导与规范的情感。沉醉于爱河中的人们,往往心意迷乱,沉湎于幻想之中,会为对方做出巨大的牺牲。有了理智,就不会把情感庸俗化、绝对化,人才能做情感的主人,能够自觉地遵循他所接受的道德规范和审美标准去行事。因此,只有理性和情感统一起来的美感,才是性审美健康的保证。

二、性审美标准

人类通过实践活动创造了美,也创造了自身的审美意识。审美意识一旦形成,人们就用已有的审美观念去衡量周围的人或事物,于是便产生了审美标准。审美活动是社会性活动,那么不同时代、不同民族、不同社会群体的人们,必然因物质和精神等诸因素的制约和影响而形成不同的审美标准。这种审美标准主要表现为审美的时代性、民族性和阶级性。

(一) 时代标准

审美意识受到时代的影响。不同时代具有不同政治面貌、经济状况和社会风尚,社会的审美意识也就带有时代特征。

1. 性崇拜时期

人类的审美活动是在生活实践中产生和逐渐形成的。在人类社会的早期,我们的祖先对生育繁殖还不了解,无法对生育做出正确的解释,于是寄托于“万物有灵,神灵主宰一切”,由此产生了性崇拜。性崇拜是我们祖先的一种性风俗,并成为人们审美的重要对象。性崇拜主要包括生殖器崇拜、生殖崇拜和性交崇拜。

2. 注重第二性征时期

在人类长期的性活动过程中,性敏感区逐步扩展开来,性审美的对象也逐渐聚焦于人的第二性征。女性美的魅力从女性的阴部转移到形体、面容、肌肤等处。中国先秦诗歌总集《诗经》就有对女性美的描述:“手如柔荑,肤如凝脂。领如蝤蛴,齿如瓠犀。螓首蛾眉,巧笑倩兮,美目盼兮。”亚历山大的大理石雕像《米罗岛的维纳斯》(藏于巴黎卢浮宫,高2.02 m)中的女神体态优美而婀娜,端庄典雅而妩媚,神情自若而矜持,形体美和精神美达到完美的统一,体现出青春健美和活力,给人以丰富的想象和含蓄的美感,其形象所体现的美征服了全世界。油画《泉》(1856年创作完成,藏于巴黎卢浮宫)是法国画家安格尔裸女形象中最负盛名的一幅,她是古典与自然相结合的典范,理想化的美的典范。安格尔笔下的这个少女纯洁、典雅、恬静、健康、美丽,充满生命的活力和青春的朝气。画面左下角那朵含苞待放的雏菊正是她的象征。从这幅画里,人们感到的是一个宁谧、幽静的抒情诗般的境界,心灵得到慰藉、感情得到升华的崇高境界。她不仅成为当时女性美的象征,至今仍为人们所推崇。

男性形体美体现在强健的肌肉、有力的四肢、刚毅的面容。米开朗基罗的著名雕像《大卫》(1501 ～ 1504年完成,藏于佛罗伦萨美术馆,高5.5 m)和古希腊米隆的雕像《掷铁饼者》便是这个时期对男性美具体形象刻画的杰作。《大卫》雕像充分体现出一种顽强、坚定、正义的精神面貌和气质;而《掷铁饼者》抓住掷铁饼的关键一瞬,让观赏者超越时空局限,从这一静止的瞬间想出运动的全过程,感受到力量、刚毅之美和对胜利的信心。

即使在同一个民族,不同时期其审美标准也有所不同。例如,就女性形体美而言,先秦时代以硕大健壮为美,“硕人其颀”(《卫风 · 硕人》)就是赞美女性的健壮之美。魏晋时期,瘦骨清相成了当时人体美的标准。而到了唐代,丰满微胖成了女性美的模式。如今,多数人把苗条修长的身材、婀娜多姿的体态、光泽的肌肤、精细柔和的面容当作女性美的条件,追求的是“整体的苗条和局部的丰满”。

3. 注重气质风度美时期

随着社会的发展,文化的日益繁荣,人类的精神世界不断拓展,性审美的情趣也日益扩大,人们不仅注意形体美,更注重人的风度气质美。在不同时代,这种气质风度美的标准是有所不同的。在封建社会里,“三从四德”是当时妇女的行为规范,符合这一规范就是美。“三从”出自《礼记 · 丧服 · 子夏传》,指“未嫁从父,出嫁从夫,夫死从子”。“四德”出自《周礼 · 天官 · 九嫔》,指“妇德、妇言、妇容、妇功”。“妇德”就是守节操,“从一而终”“一女不嫁二夫”“饿死事小,失节事大”,封建时期为女性立的贞节牌坊就是对女性守节的歌颂;“妇言”是要求妇女语言美,讲话讲究分寸得体;“妇容”是女性的容貌美,要以端庄娴雅的容貌取悦于丈夫;“妇功”是指妇女只能从事纺纱、织布、缝纫、刺绣等劳动来显示自己的聪明才智。在两性关系上,“男女授受不亲”在封建社会也被视为两性行为美的规范而大加颂扬。在现代社会中,“三从四德”的女性美标准早已被唾弃,女人能像男人一样参加各种社会活动,能够具有自己的理想和独立的人格,这才是当代女性气质风度美之所在。

在性审美的历史发展中,人们的审美意识随时代的变迁而发生逐渐演变过程,人们的审美意识从局限发展到全面,从外在美深入内在美,从感性升华到理性,从简单拓展到复杂。在文明社会中,人们对性审美的诉求不再局限于形体、容貌的美感,而是渴求精神上的相互慰藉,追求的是精神的内在美与形体的外在美的和谐统一。

(二)民族标准

在审美活动中,不同民族存在着不同的审美标准,就一个民族内部而言,又往往存在着共同的审美情趣。

以颜色为例,各民族的喜爱各不相同,反映了不同的民族审美观念。在中国,偏爱红色,红色象征热情、喜庆、快乐;在西方,新娘结婚时是穿白色的婚纱,白色代表纯洁;埃及、埃塞俄比亚、马来西亚等忌讳黄色。以人体美来说,西方民族总体上能够较为坦然地对待裸体。早在公元前720年古希腊时期就开始了裸体体育竞技,西方的裸体艺术从文艺复兴至今一直盛行;而在中国则是以裸体为耻。有些民族由于特定的时代和环境形成了特殊的人体审美观。非洲尼日利亚的伊博族妇女以胖为美,女子出嫁前,不从事任何劳动,吃饱睡足养得腰圆体胖，才能成为受欢迎的新娘。非洲埃塞俄比亚南部的史尔玛族妇女以大唇为美，女孩从四五岁开始就用陶碟撑在嘴里，久而久之，嘴唇失去弹性，变得宽大，在他们看来是再美不过的了。南太平洋马拉库勒岛的南巴人把缺少一颗牙齿的妇女看作是美，为了美观，妇女们只好忍痛拔掉门牙。印第安人看来，脸庞扁平宽阔、小眼睛、乳房大而下垂到腰的女人是最美的。在中国古代，小脚成为女性美的重要标志，并且美名曰“三寸金莲”，缠足在当时成为一种时尚。当然，以损害健康为前提的审美观念注定会随着社会的发展而被逐渐淘汰，大家不要去追求这种残缺的、不健康的美。

（三）阶级标准

各个阶级由于有各自的阶级利益、阶级意识、阶级政治思想，从而形成了各自阶级的共同审美意识。

俄国美学家车尔尼雪夫斯基关于性美的阶级性曾有过精辟的论述：“丰衣足食而又辛勤劳动，因此农家少女体格强壮，长得很结实——这也是乡下美人的必要条件。‘弱不禁风’的上流社会美人在乡下人看来是断然‘不漂亮的’，甚至给他不愉快的印象，因为他一向认为‘消瘦’不是疾病就是苦命的结果。”在劳动人们的心中，健壮的少女是美的，因为这样的体形是与劳动相适应的。“上流社会的美人就完全不同了：她的历代祖先都是不靠双手劳动而生活过来的……病态、柔弱、委顿、慵倦，在他们心目中也有美的价值，只要那是奢侈的无所事事的生活的结果。”上流社会崇尚妇女的纤弱美，由阶级偏见所致，是鄙视劳动的结果。

在情爱方面，也存在明显的阶级性。劳动人民对爱情的追求是真诚的、热烈的、忠贞的。例如，明代民歌《劈破玉·分离》唱道：“要分离，除非天做了地！要分离，除非东做了西！要分离，除非官做了吏！你要分时分不得我，我要离时离不得你，就死在黄泉，也做不得分离鬼！”这种对情爱的专一性誓言是劳动人民优秀品质的具体形象描绘。相反，在古代统治阶级里，性爱大都荒淫无度，贪婪的占有欲十分普遍，并以此为美。

不同阶级固然审美观有所不同，但由于不同阶级生活在同一社会之中，他们的思想观念不可避免地会相互渗透、相互影响。一方面，统治阶级的思想在每一时代都是占统治地位的思想。例如，缠足源于统治阶级，但到了宋代就已普及于民间。缠足显然限制了妇女的劳动能力，但统治阶级审美观念向被统治阶级渗透，导致劳动人民接受了缠足这种做法。另一方面，劳动人民的审美观念也会影响统治阶级。车尔尼雪夫斯基曾指出：“有产阶级尽管欣赏纤巧柔弱之美，但‘健康在人的心目中永远不会失去它的价值，因为如果不健康，就是大富大贵，穷奢极侈，也生活得不好受，所以红润的脸色和饱满的精神对于上流社会的人也仍旧是有魅力的’。”健康之美不但是劳动人民的追求，同样也是统治阶级所羡慕的。

当然，审美的阶级性是一种复杂的现象，有时审美的阶级性表现得隐晦、曲折、淡薄，甚至有时不同的阶级还有共同的审美意向。例如，对贾宝玉和林黛玉的纯真爱情，就能引起古代不同阶级人们的审美情感。又如，缠足始自宫廷，到宋代就已普及于民间，成为古代劳动人民可以接受的审美标准。

（四）性审美标准的普遍性

性审美标准一方面存在着阶级的、时代的、民族的差异，但另一方面又由于阶级思想的相互渗透、历史的继承性、民族文化交流的日益频繁，性审美标准又具有一定的普遍性。

不同时代的审美观具有一定的一致性是由历史继承性所造成的。马克思指出："人们自己创造自己的历史，但是他们并不是随心所欲地创造，并不是在他们自己选定的条件下创造，而是在直接碰到的、既定的、从过去继承下来的条件下创造的。"虽然不同时代对女性的审美标准有所不同，但女性以阴柔为美，与男性的阳刚之美形成对照，这一观念却贯穿整个人类历史。

不同民族性审美标准的普遍性源于民族之间的交流。由于在不同民族的政治、经济、科技、文化等方面的交流，性审美观念也相互渗透、相互影响。特别是在现代社会中，社会越发展，各民族间的交流就越频繁，相互影响的程度也就越大，审美标准的趋同性就越明显。

服饰美就是一个典型的例子。晚礼服、西装裙、短裙、连衣裙、牛仔裤、连体泳装等都是西方女性服装的流行款式，如今在中国女性身上也广泛穿用。西服、夹克衫等也从西方国家传入中国，成为中国男性服饰中的家"常便饭"。而中国的旗袍等在西方国家中也大受青睐和欢迎。

西方国家的性审美观念也潜移默化地影响着我们的性审美观念。西方国家的裸体画、裸体雕塑等艺术品开始时被我们看成有伤风气，后来逐渐被接受，并加以赞赏，甚至出现了一些具有自己特色的同类艺术品；影视中男女拥抱、接吻的镜头曾使中国观众瞠目结舌，如今，这些镜头在国产影视剧中也屡见不鲜，观众也习以为常；"羞胸"不再成为国人的心理压力，丰满而富有弹性的乳房已成为有些女性追求的目标；拥抱、接吻也成为恋人间必不可少的亲昵方式。

当然，我们必须保持清醒的头脑，特别要防范西方"性自由""性解放"思潮的侵袭，绝不能崇洋媚外，更不能全盘吸收、盲目效仿。我们应取其精华、去其糟粕，性审美应符合社会主义核心价值观，应有利于社会的和谐与稳定、进步与发展，也有利于社会文明的提升。

相反，中国的一些性审美观念也影响着西方人的审美观。例如，我们的贞操观、纯洁观，在西方国家性传播疾病、艾滋病横行的今天，逐渐成为他们追求的一种观念。

综上所述，一方面，性审美标准在不同时代、不同民族、不同阶级间存在差异，另一方面，由于历史继承性、民族间的文化交流和阶级间思想的相互渗透，性审美标准又具有一定的普遍性。随着社会的进一步发展，性审美标准的趋同性将越来越明显。

三、性审美的个体差异

在性审美活动中，审美观念要受到时代、民族、阶级条件的制约。但同时，性审美还存在着个体差异。尽管在同一时代、同一民族、同一阶级中，人们的性审美标准也不尽相同。这种审美的个体差异主要是由于每个人的出身、经历、社会地位、文化教养、性格、气质、喜好等因素所决定的。例如，对于《米罗岛的维纳斯》或《泉》等作品，不同的人有不同的审美情趣，产生不同的感受。有的人用艺术健康的眼光去欣赏，于是产生美的感觉；有的人则带着荒淫好色的念头去观察，于是便产生了淫欲和占有欲；有的人带着封建伦理的虚伪眼光去审视，便会产生厌恶感或罪恶感。

第三节　性　　美

一、性美的领域

人是“万物之灵”，人的美是世界上最动人的美，也是人类自身所追求的一种美，人的美由外在美和内在美构成。外在美包括人体美、服饰美等，内在美则主要体现在气质风度上。

（一）人体美

人体美即形体美，它是自然美的最高表现形态。人体美是人类在长期劳动实践中不断进化和演变的结果，它包括身高、体形、容貌、肌肤等内容。

1. 身高

从科学角度上讲，男子1.7 m左右是最理想的身高，有利于体内各器官系统的协调。但从审美角度上看，这一高度显然不够。在西方国家，男子在1.80 ～ 1.85 m较为理想；在当代中国人看来，男子在1.75 ～ 1.80 m、女子在1.65 ～ 1.70 m是较为适中的高度。在身高方面，中西方国家的男女审美观念较为一致，即男性要比女性高。

2. 体形

体形是指人体的各部位及整体的形态。从整体上看，男性胖瘦适中是较理想的体形，显得潇洒、健美、风度翩翩，太胖显得笨重臃肿，太瘦则显得弱不禁风；女性既要苗条，又要丰满且有曲线，显得轻盈、飘逸、性感，多一分显得多余，少一分显得瘦弱。从人体各部比例上看，应有适当的比例才显得和谐匀称，正如古希腊著名医学家盖伦所说的“身体的美确实在于各部分之间的比例对称”。身高与头的比例一般为8∶1，肩宽与身高的比例约为1∶4，手臂平伸的长度等于身高，腰围为颈周长的两倍；人们还发现人体中的黄金分割比例关系：肚脐为全身的黄金点；以肚脐为界，上半身的黄金点在咽喉，下半身的黄金点在膝盖等。从局部上看，也有不同的审美标志，如女性喜欢肩膀、胸部宽阔厚实的男性，认为这是健壮的标志，是“安全的港湾”；就胸部、腰部和臀部而言，男性喜欢“丰乳、细腰、肥臀”，这三者相互协调形成美学上所称的“维纳斯曲线”。

3. 容貌

容貌主要由五官和头发构成。容貌美在性美中占有十分重要的位置，因为脸庞是人际交往中最易被人注视的部位，也是最易留下主观印象的部位。正如叔本华所说的：“任何对象都不能像最美的人面和体态这样迅速地把我们带入纯粹的审美观中，一见就使我们立刻充满了一种不可言喻的快感，使我们超脱了自己和一切烦恼的事情。”就头发而言，白种人多以棕色弯曲头发为美，黄种人多以亮丽乌黑的长发为美，黑种人则以黑色卷发为荣。就面容而言，尽管不同国家对男女的要求有所差异，但对女性的五官要求普遍高于男性。由于不同民族、不同时期、不同个体对容貌的审美有所差异，对容貌美很难做出判断。例如，我国古代对女性的容貌美的要求是相当严格的，即螓首、杏唇、犀齿、蛾眉、秋波、芙蓉脸、云鬓等。当今社会，一般认为男性面容刚毅整洁、棱角较明显、浓眉、直鼻是为美，女性脸部清新亮丽、端庄秀气、细腻柔和、柳叶弯眉、目光如水、秀发亮丽乌黑是为美。

4. 肌肤

马雅可夫斯基赞颂道："世界上没有任何一件衣衫能比健康的皮肤和发达的肌肉更美丽。"说明肌肤美在人体美中起着相当重要的作用。在皮肤方面，男性毛孔发达，皮肤显得较粗糙，颜色较深；女子皮肤则较为细腻、白皙，富有光泽。就肌肉而言，男性肌肉发达（占体重的42%左右）、脂肪较少（占体重的18%左右），显得刚劲健美、潇洒稳重；女性肌肉所占比重较少（约占体重的30%）、脂肪丰富（约占体重的28%）显得丰满富有弹性、柔和又透着几分飘逸。

瓦西列夫在《情爱论》中对男女的人体美做了形象描述，"女性美是肌肤圆润光泽，面孔鲜嫩，隆起而富有弹性的乳房，身体灵活匀称，以及作为生命之母的形体的恰当和谐……古代理想的美女身体是柔软白皙、苗条滋润、比例匀称""男性的审美化对象往往是面孔轮廓分明、体格和谐匀称、肌肉结实、胸廓宽阔厚实、步伐矫健稳定"；等等。这些人体美的审美标准与现今人们的审美标准几乎无多大差异。

（二）服饰美

人的外在美除了自然因素——人体美外，还包括修饰因素——服饰美。俗话说"佛要金装，人要衣装""三分人样，七分打扮"，可见，在日常生活中，服饰打扮是人们普遍关心的一个审美话题。从某种意义上讲，服饰美比人体美显得更为重要。因为古希腊那种裸体风尚一去不复返，当今的人们总是被"包装"着，甚至人们欣赏一个人的形体时，也是在服饰的映衬下的人体。一览无余似乎引不起惊奇，产生不了美感，而"犹抱琵琶半遮面"的人体则会引起人们的遐想，产生强烈的震撼力。

人们一般认为，服饰是人类爱美之心的表现，是爱美天性所驱。但殊不知，在人类服饰艺术中，渗透着性动机、性心理。服饰是性心理所化解出来的艺术表现，与性文化交织在一起，构成一种复杂的以人体为表现主体的艺术创造，它融凝着人类性心理的文化代偿作用。人们的服饰打扮主要有以下两种心理：一是引起关注。服饰打扮是给别人看的，服饰打扮者在同性中竞赛，给同性以一种青春永驻的证明；同时希望自己的外在美得到异性关注认可与肯定。这个异性有时是固定的，有时是不固定的。例如，恋爱中的人们的装饰打扮的目的十分明确，他们通过装饰打扮想方设法在对方心目中留下美好的形象；即使成婚后，人们也希望以化妆来保持自己的青春魅力。二是强化性感。我们必须承认，一个人妆饰打扮与否，其性感程度是不同的。装饰打扮是创造性审美价值的过程，它调动了许多手段，增添和展示性感，将朴素升华为赏心悦目，所以，一个人略加修饰立刻就会提高其性感程度。平平淡淡的、普普通通的女子，只要一化妆，就会陡然增色不少，别人也会刮目相看。

1. 服装美

服装美包括面料美、色彩美和款式美三要素。

面料美是服饰美的基础要素。面料的选择主要取决于穿衣者的经济实力、消费观念和审美情趣，它常常暗示穿着者的身份和社会地位。面料种类繁多，可以从材料、厚度、光泽、纺织经纬等多个角度来划分。面料本身具有一定的审美意义。例如，丝类等轻薄面料显得活泼、性感；绸缎面料显得高贵、端庄、气派。女性在面料选择上较为自由。

色彩最易引起人们的注意，所以在服饰美中，从审美角度上看，首先注意的应是色彩的选择和搭配。各种色彩有其独特的审美属性。例如，黑色庄严，白色素雅，黄色明朗，红色艳丽，紫色典雅。此外，不同的服装配色也会给人以不同的审美感受，通常应根据个人的年龄、身材、体形、皮肤、性格及所处场合等综合因素来选择不同色彩及其不同搭配。

女性在服装色彩的选择及搭配上有极大的余地，既可以一体单色（如套装）以显示平淡素雅、清新精干，也可以多色搭配以展示艳丽多彩、活泼开朗。而男性服装的色彩往往就显得单调得多，色彩搭配也简单得多，色彩太多或搭配过杂显得眼花缭乱，有失庄重大方。

在款式方面，可谓千姿百态。例如，男性西服充分显示出男性的潇洒、挺拔和稳重；运动服则充分展示出青春活力；夹克衫则反映出休闲与轻松。女性套装显示出素雅精神；连衣裙能充分展示女性的曲线美，又有活泼、灵巧之感；长裙显得修长、稳重；短裙富有活力、朝气；百褶裙透着柔和、美丽。旗袍是具有中华民族特色的女士服装，能充分显示出女性的曲线美，既显得雅致、端庄，又有轻盈、飘逸之感，很受国内外女性青睐。

女装款式的变化翻新相当迅速，可谓推陈出新、层出不穷，但流行周期较短；男装款式则较为单一，变化也较少，但流行周期较长。

2. 化妆美

化妆者希望自己的外在美得到别人的认同与肯定，俗语说“女为悦己者容”。化妆一方面可在同性中进行“竞赛”，在竞赛中证明自己的魅力；另一方面，有些人化妆是给异性看的，通过化妆来增强自己的吸引力，以引起对方注意。

女性化妆的自由度比男性大得多。根据自己在不同的场合、不同时间、不同服饰等可以进行不同的妆饰。如果化妆得当，就会使自己“浓妆淡抹总相宜”。

3. 饰物美

饰物往往是女性的世界。男性除了戒指、手表外，往往“一无所有”。而女性的饰物则可“从头到脚”全副“武装”。头上有发卡、发带、耳饰等；颈上有项链；胸前有胸针；手上有手镯、戒指；肩上有挎包；腰际可系各式的腰带；脚上可穿着千姿百态的鞋子和形形色色的袜子……从审美角度讲，适合、适当的小饰物会起到“画龙点睛”的作用，但不当的装饰则会“画蛇添足”。

（三）风度美

在现实生活中，天生丽质毕竟是少数，“国色天香”“倾国倾城”的美女更是凤毛麟角，人们在形体、容貌等方面难免有或多或少的缺憾。如果进行恰如其分的美化，如健美锻炼、服饰搭配、美容化妆等有可能弥补这种缺憾，平庸、普通的形体、容貌就会增色不少。但是，体貌美在很大程度上是由先天遗传因素决定的，具有较大的局限性，而且人不可能永葆青春，随着时间的流逝，形体和容貌总会留下岁月的痕迹。而精神美是后天努力的结果，具有较大的可塑性。人类性审美发展的趋势是从体貌美的欣赏到精神美的欣赏。人体美和服饰美是外在美，是一种初级感官美，在审美活动中，往往是人们首先注意并感受到的美，也就是说外在美经常是性审美的起点，但它绝不是性审美的终结。性审美绝不只是停留在外在美水平，而应该深入心灵深处。

风度美是人的形体美与精神美的统一，是由表情、姿态、语言、行为举止等动作特征显示出来的动态美。风度体现出一个人的气质性格、文化修养、审美情趣。风度美受后天的生活环境、文化修养等的影响甚大，与人的经历、职业也有密切关系。一对气质类型相似的孪生子在不同社会环境中长大成人，其风度可能大相径庭。

风度美是每个文明人具有较高修养的重要标志。形成多彩多姿的风度美也是一个国家、一个民族文明程度的重要体现。风度美一方面以人们的形体美等外在美为基础，另一方面又以人们的心灵美等内在美为动力，通过仪态、言行举止等表现出来。

风度美主要由以下几个要素组成。

1. 心灵美

心灵美是人的美的核心和灵魂，它可以给人留下难以磨灭的印象，能引起人内心深处的震撼。心灵美是判别一个人美与不美的关键指标。早在先秦时期，荀子就说过："形相虽恶而心术善，无害为君子也；形相虽美而心术恶，无害为小人也。"古希腊柏拉图也说过："应该学会把心灵的美看得比形体的美更加珍贵，如果遇见一个美的心灵，纵然他在形体上不甚美观，也应该对他爱慕。"外在美的缺陷可以用内心美来弥补，而心灵的卑污却无法用外在美来抚平。例如，拿破仑、列宁、鲁迅、邓小平等身高虽较矮，但其精神的伟大足以弥补身体上的不足。

一个人心灵美不美，关键在于他的思想品质是否符合社会的需要，是否有利于社会实践活动。在我们看来，只有符合社会进步和历史发展要求的、有利于人民利益的心灵才是美；反之，则为丑。

2. 气质与性格美

气质是人们在心理活动中所表现出来的独特、稳定的动力特征。在心理学中，气质被分成胆汁质型（急躁型）、多血质型（活泼型）、黏液质型（稳重型）和抑郁质型（忧郁型）4种类型。就男女两性总体情况来看，男性身上的胆汁质型气质占优势，他们对外界反应强烈，感情易于激动，既体现为有较强的攻击倾向，又有顽强的精神承受力。而女性在总体上多血质型气质占优势，她们思维灵活但表现含蓄，易于感动但不外露，情感细腻但显得脆弱。当然，纯粹属于某一类型气质的人不多，往往是一种气质类型占优势，同时又兼有另一种或几种类型的气质。每种气质并无美丑之分，它们都有积极方面和消极方面。不同气质往往通过互补而产生吸引力，从而具有审美价值。

性格美是指男女两性在对人对事的态度和行为方式上所展示的美。处事原则、对事态度和活动方式是构成性格的三要素。处事原则是人生观的体现，是性格的核心；对事态度反映一个人对待事业、对待别人和对待自己的态度及表现，是性格的实体；活动方式是一个人基本的心理表达方式，是性格的特征。如果说气质受人的生理神经类型的影响较大，那么性格除了有气质的作用外，更在程度上受人生经历、环境和教育的影响。人的性格虽千差万别，但就两性总体而言，由于气质的差异、社会对两性角色期望不同和由此而来的环境与教育的影响，两性总体性格特征有不小的差异。一般说来，男性的性格特征表现为理智和刚毅，女性的性格特征表现为感性和适应。男性在关心自身的同时，更关心环境乃至世界的变化，视野开阔，胸襟豁达；女性更关心自身和身边与自己关系密切的事物及人际关系。男性沉稳而又潇洒，女性文雅而又热情；男性粗疏，女性细致；男性豪爽，女性温柔。正因为两性性格上的差异和互补趋势，男性的性格常使女性产生依恋之情，女性的性格常使男性产生爱慕之心。对性格的评价常蕴含着人生价值取向和道德评价。一般说，具有真与善因素的性格给人以美感，具有假与恶因素的性格常使人憎恶。有的人性格中包含了崇高的道德与美好的情操，就容易形成个人性格魅力，受到异性的青睐。就性爱的审美与接纳来说，双方的性格最好既有相似性又有互补性，这样男女相处容易和谐；完全相同或完全相反有时双方难以适应。当然，有些情侣性格本有抵牾之处，但在长期共同生活中能互相尊重，相互适应，越来越发现对方性格的美，加深了爱，这也是常有的事。

3. 仪态美

仪态美是指人体在一定空间的活动、形态变化所展现出来的美，是风度美最基本表现形式。它是一种动态美，是伴随人的各种活动和动作而产生的。仪态美以形体美为基础，但它又不完全取决于形体。蒙娜丽莎画像就能充分体现这一点。

人在日常生活中所表现出来的仪态是千变万化的，其中主要是坐、立、行走。在坐姿上要求端正、舒适。男性可两腿交叉或自然分开，上身要挺拔舒展，两臂弯曲放于椅子扶手上或搁在膝盖上，尽量避免斜肩塌背、半躺半坐的姿势；女性则应小腿交叉，身体略微侧倾，上体挺立，两肩放松，保持平衡。在站姿上，要求挺拔、稳重。男性不宜过分放松，否则显得毫无精神；女性则应两脚成丁字步，两手自然下垂，略抬起下巴，表现出高雅、挺拔的身姿。在行姿上，要求平衡、轻盈。男性应昂首、挺胸，两眼平视，双肩不摇，步态稳健，显示出雄健、豪迈的男性风度美；女性走路以碎步为佳，上身挺直、收腹，目视前方，步伐轻盈、飘逸、含蓄，显示出阴柔之美。此外，人的仪态随着不同的活动、时间、场合而有不同的衡量标准。人们应该了解和遵守特定文化环境中的社交礼仪规范，才能塑造出良好的公众形象，表现出风度美。

4. 语言美

语言美是指人们交流时语言的形式和内容所展示出来的美。语言美是心灵美的表现形式之一。“言为心声”，人们的思想感情、品德修养、文化学识、个性气质等都会在一定的语言中反映出来。古人说:“心之所感有邪正，故言之所云有是非。”在人们的相互交往过程中，语言是传达思想感情的基本工具，也是辨别心灵美与丑的重要标志。

语言美包括声音美和语言内容美。男女两性由于声带和共鸣腔的差异，声音有明显的区别。女性自然声音特点是中音和高音，显示出温柔、圆润、委婉；男性的声音通常较为洪亮、低沉，显得粗犷、有力。此外，声音的大小、音调的变化也会使人产生不同的情绪变化。至于语言的内容就显得更为重要了。语言既是人的精神境界的反映，又是人的文化修养的流露。语言交流讲究文明、礼貌、艺术、尊重，讲究文雅含蓄、机智幽默，营造出轻松和谐的氛围，就能产生美感。在两性间进行语言交流更应如此。男性富有哲理、幽默风趣、果断机智的语言会受到女性的爱慕；女性委婉含蓄、温柔谦和、恬淡清雅、甜美圆润的语言会使男性倾心。

5. 行为美

行为美也是风度美的表现形式之一。行为是指人和客观世界发生关系时，作用于对象的活动。简单说就是人的行为举止。行为美也就是行为举止的美。

人的行为首先受到思想意识的支配和伦理道德的规范。凡有益于人民、有利于社会发展的行为就是美的行为；反之就是丑的行为。人的社会行为十分复杂，大致可分为重大的行为和平凡的行为两种。重大行为是指对社会、国家、民族的行为，这些行为大多与性无关。性审美行为主要集中在平凡行为上，即日常生活中的行为。

在行为的表现形式上，男女各有特点。一般说，在力量和速度上，男性超过女性；在灵活程度上，女性优于男性；在全身协调上，女性显示出一定的长处；在造型上，男性多呈直线、折线，而女性则多呈曲线。总之，男性的动作姿态偏于刚、速、直，显示出刚劲、潇洒之气；女性偏于柔、缓、曲，展现出婀娜、含蓄之美。

在行为的内在本质上，男女也是各不相同。从两性之间的行为（抚摸、拥抱、接吻等）上看，男性表现得主动、开放；女性则大多是被动、含蓄。性行为虽然是一种性感活动，但它受到个人思想道德水平和社会伦理规范的制约。在不同社会、不同时期，对于不同个体、不同交往程度的两性之间的性行为的规范是有所不同的。男女之间只有无损于他人和社会文明基础上的性行为才有审美意义可言。

二、性美的塑造

（一）性美塑造的原则

1. 健康美原则

健康是人体美的基础，也是性美塑造的前提。虽然健康的人不一定有美的性形象，但有美的性形象的人则是健康的。在各民族发展史上，为了追求怪异的美而不惜摧残身体的事例屡见不鲜。中国古代女子为了追求“三寸金莲”而缠足，饱受痛苦；非洲某些部落女性以长颈为美，于是在颈部戴上铜圈；有些部落以大嘴为美，小女孩从小就得忍受痛苦，用陶碟撑开嘴唇……审美观念虽然具有民族性和地域性的差异，但这种摧残肢体，损害健康的残缺审美观却是不值得效仿和鼓励的。当今社会有些女子为了追求形体美，盲目地节食或滥用减肥药物以求苗条，而另一方面却盲目乱用丰乳药物或通过隆胸术以求丰满。她们虽然身体显得苗条丰满，但会因缺乏营养或用药不安全而使身体健康受损。一个弱不禁风、面带病容、发育不良的女性难以获得男性的欣赏，得到的只能是可怜同情的目光。

健美的身体要靠劳动和锻炼来塑造。古希腊就有关于运动锻炼促进健美的主张，当时刻在埃拉多斯山岩上的格言是：“如果你想强壮，跑步吧；如果你想健美，跑步吧；如果你想聪明，跑步吧！”在现代社会里，人们越来越开始注意通过健身运动来达到“健、力、美”的统一。风靡全球的健身运动就是人们追求创造和欣赏健康的人体美的有力证明。

2. 自然美原则

“自然即是美”，自然是性美塑造的准则。在日常生活中的妆饰打扮要以自然为要旨。衣着自然就是要穿着得体大方。服饰不在于贵重，重要的是在于通过服饰来展示自身纯真的自然魅力。大学生应保持“天然去雕饰”的自然美和朴素美。美容化妆更要讲究自然美。美容化妆，并不是将本来面目全部掩盖，而是突出其天然形状，并赋予它一定的个性突出的审美趋向。大自然赋予了我们健康、红润的天然美色，美容的目的是突出自然美，而不是破坏它。唐代杨贵妃的妹妹虢国夫人朝见唐玄宗时，“却嫌脂粉污颜色，淡扫蛾眉朝至尊”她十分通晓美容化妆的内蕴，以自然美为主，修饰美为辅。可以说，最高明的化妆就是不着痕迹地化妆。颜面化妆前，是天然未琢的璞玉，化妆的作用就是顺着天然趋向，使之臻于完美。任何反自然的化妆，都是欲盖弥彰。

3. 和谐美原则

和谐就是美，美就是和谐。和谐美是性美塑造的标准。法国哲学家笛卡尔说，“美不是某一特殊部分的闪烁，而是整体的一种恰到好处的协调与适中。”

在形体上，需要整体和谐。人体形体是一对称性的结构，各部分又有适度的比例，使之达到匀称、统一、和谐。古希腊著名医学家盖伦说：“身体的美确定在于各部分之间的比例对称。”《米罗岛的维纳斯》和《大卫》雕像是公认的人体美的典范，他们的形体也是公认的美人模式。如果刻意追求某一部分的美，而忽略了其他部位的协调统一，就难以给人以美的感受。

在服饰上也讲究和谐美。服装是为人体美服务的。人体不应该只成为服装的“衣架”。服装要求得体、色彩搭配协调，也要讲究不同环境、场合和时令，更要讲究与个人性格气质的协调。没有个性、盲目追求时髦、赶潮流，不但不能给人以美的感觉，有时反而会成为别人的笑柄。在化妆上更是如此。美的化妆就是和谐的化妆，和谐的化妆十分讲究整体协调效果。在化妆时应充分考察整个脸型和五官各部分的形态，无论是基面化妆还是其中各项点化妆，都要服从于统一的要求，互相配合，左右均衡，风格情调一致。各项点化妆是淡妆还是艳抹，是强调还是抑制，要有统一安排，不能各行其是。什么都强调，结果是事与愿违，适得其反。在饰物上要求与整体协调，不能过多过繁，而应少而精。一件理想的饰物对于美应该起到画龙点睛、突出个性美的作用。

4. 外在美与内在美统一原则

外在美和内在美的统一是性美塑造的核心。奥斯特洛夫斯基曾说：“人的美，并不在于外貌、衣着和发式，而在于他本身，在于他的心，要是没有内心的美，我们都会厌恶他漂亮的外表。”古希腊著名哲学家德谟克利特也曾说：“身体的美，若不和聪明才智相结合，是某种动物的东西。”外在美与内在美的和谐统一才是真正的美。任何片面强调“外在美”，不惜一切代价试图美化自己的外在美，而忽略了内在美的观念都是有害的。有些人表面上文质彬彬，但在与人交往中却举止粗鲁，让别人对其有“金玉其外，败絮其中”之感。培根在《美学论》一书中说：“仔细考究起来，形体之美要胜于颜面之美，而优雅行为之美又胜于形体之美。美犹如盛夏的水果，是容易腐烂而难以保持的。世上有许多美人，她们有过放荡的青春，却迎受着愧悔的晚年。”形体等外在美会随着时间的流逝而被消磨，但优雅行为之美却能终身相伴。优雅行为是心灵美等内在美的外部表现形式，内在美才是美的本质。内在美需要用思想品德来维持，需要用知识来丰富。我们主张在塑造美时，要坚持外在美和内在美的和谐统一。在心灵美的前提下，适当追求和创造外在美，做到“表里如一”，把美的形貌与美的德行结合起来,塑造现代人的性美形象。只有这样,美才会永放光辉。

(二) 性美形象的塑造

1. 男性性美形象的塑造

(1) 刚劲健美的形体: 在现代社会人们的审美心理中,首先引起女性注意的往往是男性的形体,女性往往欣赏男性魁伟、雄壮、健美的身材。具体说就是肩宽、胸阔、胯窄、腹平、身体匀称、五官轮廓分明、肌肉发达、体形呈上宽下窄的"V"形的男性最具魅力。因此,男性应注意自身形体方面的塑造,如要多参加一些体育锻炼和文娱活动,努力锻炼出自己发达的肌肉、匀称的身材,构筑伟岸的身躯。

(2) 整洁大方的服饰: 男性如要在女性面前展现自己成熟的魅力,就必须时刻注意自己的服饰打扮。整洁大方的装束是男性性美的第一要素。在面容上,男性一般无须涂脂抹粉(当然必要的保健是必需的),要求干净利落、整洁有神、充满活力; 在服装上,不应过分追求品牌效应,而应根据自己的经济条件和自身身体条件选择适合自己的服装,做到得体、整洁、大方; 在装饰物上,不必过分强求,一般是越简单越好。在现实生活中,往往有一些男性过分注意自己的外在美,反而会起到相反的效果。如有些男性盲目效仿明星或盲目追求个性美,留长发、蓄长胡、穿奇装异服,这不是个性美,而是盲从的体现; 也有些人为追求服饰美而不惜超出自己的经济承受力,结果是"豪华"的外表,"羞涩"的行囊,满足了"虚荣心理",却增添了"空虚"的灵魂。

(3) 潇洒得体的风度: 虽然形体美和服饰美很容易吸引女性,引起女性注意,但它不是女性审美的终极,而只是审美的开始,潇洒得体的风度才是最让女性心动的魅力。风度是人们的思想文化修养的外在表现。而思想文化修养的高低体现在心灵上,心灵的高尚与否在很大程度上决定着一个人的风度。没有内心的美,即使他有健美的身材、潇洒的衣着,人们也会厌恶他漂亮的外表。心灵美不是先天的,也不是短时间内就可以获得的,它需要长期的培养学习才能获得。作为当代青年,应该努力学习科学文化知识,树立正确的世界观和价值观,不断提高自身的修养,做一个有益于社会的人。

风度美必须通过言行举止等形式表现出来。在言谈上,要机智、风趣、幽默,让女性在与你的交谈中,感到毫不拘谨、毫无压抑感,感到轻松、愉快。初次与女性单独交谈时,要注意热情但不要过分。平时不可言语猥亵,哪怕是在与男性间的打闹、玩笑中,也不要脏话连篇、取笑女性、拿女性寻开心。否则,一旦粗俗成性,在女性面前失去大雅,就很难获得优秀女孩的芳心。在举止上,要严格束缚自己,规范自己的行为。潇洒的举止表现在无论是对集体、学校、宿舍,还是同学之间的事,都要积极主动、热情大方。男性在女性面前失去主动,是一种缺乏信心的表现。在姿态上,走姿是两眼平视前方、挺胸收腹、上身不动、步伐有力,具刚强豪迈的男性美; 站姿不可松弛、懈怠,上身保持正直; 坐姿是两腿自然并拢,两脚并放。此外,"女士优先"的原则也会使你的风度大增。

2. 女性性美形象的塑造

(1) 健康婀娜的形体: 匀称健康是人体美的基础。通过科学锻炼和合理营养,使自己变得健康丰满、婀娜匀称、充满朝气和青春活力的女性最让男性倾心。为了追求美而不惜牺牲健康的行为是不值得提倡的。

在许多人看来，苗条丰满的身材是女性美的第一要素，于是，有许多女性一方面不惜一切代价进行盲目节食减肥，另一方面又使用药品或手术进行丰乳。这虽然在一定程度上可以给人以视觉享受，但是这是建立在损害身体健康基础之上的。盲目节食减肥，使身体内脂肪过少，体重过低，会影响到女性的一些生理功能。例如，会导致内分泌失调、月经不调、闭经等病理变化，还可能影响到以后的生育。

随着人们生活水平的提高，审美观念的变化，高跟鞋也越来越受到女性的青睐。从人体美角度看，高跟鞋可以使人挺胸直腰，给人以挺拔、修长、青春之美感，并能充分显示出女性的特有的曲线美。对于偏矮的女性来说，还可弥补其身高不足的缺陷。但一些人走向另外一个极端，追求的是越来越高的鞋跟，有的鞋跟竟高达10 cm，这对于女性的身体健康是极为不利的。鞋跟过高，会使身体重心前移，移至前脚掌和脚趾，而脚趾等处又被鞋尖的狭窄处紧紧限制住，这不仅会导致囊肿、血循环受阻，还会导致足部骨头变形。穿高跟鞋时，腿部肌肉和韧带长期处于紧张收缩状态，膝盖僵直，很容易导致疲劳，稍不注意还可能引起扭伤。对于尚处于发育时期的青春少女而言，她们骨骼还未完全骨化，长时间穿跟过高的鞋，还会出现腰酸背痛、腰肌劳损、脊柱变形、骨盆变形等病症。因此，女性不适合长时间穿鞋跟过高的鞋。专家认为，鞋跟高度以3 cm为最佳，它既符合人体的生理需要，又能烘托出女性的曲线美。

有些女性为了不让别人看到自己的腋毛，便用手拔掉腋毛、用刀刮掉腋毛或用药物除去腋毛，认为看不到腋毛才能显示出女性的美。其实这是不科学的、有损健康的做法。腋毛有排汗、调节体温、防止皮肤摩擦等功能，去除腋毛必然会影响皮肤的新陈代谢；而新长出的短而硬的腋毛则会刺激腋部皮肤；手或器械拔除腋毛，会伤及毛囊，很容易引起感染，轻则发生毛囊炎等皮肤病，重则可能导致败血症；药物除毛也可能损害皮肤。腋毛是人的一种自然性征物，是自然健康美的内容之一，不要为了所谓的“美”而盲目去毛。

（2）清新靓丽的外表：在服装方面，女性的服装一般突出明亮、优美特点。服装的款式、搭配、色彩等均有很大的自由度。对于女大学生来说，淡雅脱俗、纯真得体的服装能充分体现出女性的自然美和朴素美，也很容易引起男性的注意。过于繁杂艳丽的服装反而会引起别人的反感。在面容方面，一般也要求整洁大方。自然美是当代女性追求的一种时尚，也是女性充满自信的表现。秀发常梳理，面容常清洁，不要让头屑、灰尘、过度的脂粉遮掩了你的魅力。当然，女性可以进行适当美容化妆与护肤，以突出自身的优点，弥补自身的一些欠缺，或保护肌肤的健康。但化妆、美容和护肤应以自然和谐为原则。面容的修饰应与个性特点、服装、场合、时令、环境相协调，否则就会弄巧成拙。

（3）高雅纯真的气质：气质是人们在心理活动中所表现出来的独特稳定的动力特征。它是由自身素质修养决定的，通过精神、言行举止表现出来。高雅纯真的气质是自信而又善解人意，自强又不失温顺，自尊又不盛气凌人。

言谈文雅婉约，举止大方含蓄是女性自信、自强、自尊的表现。言谈文雅是指语言内容要文明，不粗俗低级；表达要清晰准确，不含糊不清、模棱两可；言谈婉约是语音柔美，不粗脖大嗓；证据婉转，不盛气凌人、尖锐刻薄。举止大方是指行为干净利索，而不过分扭捏或优柔寡断。例如，女性在行走时，目光直视前方，收腹挺胸，两手自然摆动，两脚靠近迈步，直线行走，以轻盈自如为美；站立时，下巴微抬，双腿并拢，两脚呈丁字步，重心略靠前，双臂自然下垂，这样显得身材修长高雅、亭亭玉立，又能充分展示女性的曲线美；端坐时，上身舒展挺直，稍稍前倾，双肩平衡放松，双腿并拢，略偏向一侧，小腿交叉，双手自然放在大腿上，这样显得端庄、大方，又充满活力。举止含蓄是指在行为上掌握适度的尺度，特别是与男性交往时，应保持适当的距离。过于开放的动作、富有挑逗的行为是轻佻、不检点的表现，不会给人以美感。俗语说："距离产生美"，与异性交往保持一定的审美距离，而不过于亲昵，是女性产生魅力的重要因素。

高雅纯洁的气质不是一蹴而就的，它是由自身素质修养所决定的。而素质修养则必须通过长期的学习和实践获得。因此，女性在注重自己外表美的同时，更要注重心灵美的塑造，通过不断学习科学文化知识来丰富自己的头脑，充实自己的灵魂，把形体美等外在美和聪明才智等内在美有机地融合在一起，高雅纯洁的气质就会随之显现出来。

思考题

1. 开展性审美教育有什么意义？
2. 性美感有哪些特征？
3. 你认为性美的塑造应该遵循哪些基本原则？
4. 你认为应该如何塑造自己的美？

参考文献

艾洪滨，2015. 人体解剖生理学（第二版）. 北京：科学出版社.

戴金妹，方立滢，江剑平，2018. 大学生生育意愿调查分析. 福建师范大学（自然科学版），34（06）：104–110.

方刚，2018. 家庭性教育16讲. 北京：中国社会科学出版社.

方刚，2021. 男孩的青春期性教育. 北京：东方出版社.

方刚，2021. 女孩的青春期性教育. 北京：东方出版社.

方刚，杨志红，2015. 肯定性咨询法. 北京：中国社会科学出版社.

方强，方海韵，2001. 树立和倡导科学进步健康有益的性观念. 中国性科学，（01）：4–5.

方强，海韵，2002. 从性科学研究的基本思路看性法学研究的未来课题. 中国性科学，（01）：1–4.

皋清，郭炳冉，段相林，2006. 人体组织学与解剖学. 4版. 北京：高等教育出版社.

国务院，2021. 中国儿童发展纲要（2021—2030年）.

国务院，2021. 中国妇女发展纲要（2021—2030年）.

胡佩城，2001. 瑞典性教育的经验与启迪. 中国性科学，10（02）：2–6.

胡佩城，2001. 中国青春期性教育的历史、现状与未来. 中国性科学，10（01）：12–15.

胡珍，门从国，2002. 大学生性文明与性健康. 成都：四川民族出版社.

黄宁，吕嘉敏，江剑平，等，2015. 网络不良性信息下大学生性观念的实证研究. 中国性科学，24（07）：102–107.

黄艺娜，张铭清，江剑平，2012. 大学生婚前性行为和性态度调查分析. 中国性科学，21（01）：19–21.

江剑平，2003. 论大学生性健康教育. 中国性科学，12（04）：20–22.

江剑平，2016. 学校性教育是提升社会性文明的根本保证. 中国性科学，25（11）：3.

江剑平，邓倩仪，李宇晴，等，2022. 基于OBE理念的"性健康教育"课程思政建设与实践. 福建师范大学学报（自然科学版），38（06）：101–108.

江剑平，方华，2005. 教育干预对女大学生性知识的影响. 中国性科学，14（10）：3–5.

江剑平，方华，2006. 两高校女大学生交际中性别偏爱及干预研究. 中国性科学，15（01）：10–12.

江剑平，方华，2007. 福建高校女大学生婚育观念及教育干预研究. 中国性科学，16（09）：7–10，15.

江剑平，方华，2008. 女大学生恋爱观变化及干预效果研究. 保健医学研究与实践，5（04）：58–61，64.

江剑平，江方璐，杨晓薇，等，2018. 不同性别和性经历大学生对一夜情认知和态度的差异. 保健医学研究与实践，15（01）：10–17.

李兰娟，王宇明，2015. 感染病学. 3版. 北京：人民卫生出版社.

联合国教育、科学及文化组织，2018. 国际性教育指导技术纲要（修订版）. 刘文利，周珺，王舜，等，译. 巴黎：联合国科教文组织出版社.

联合国开发计划署，2016. 中国性少数群体生存状况——基于性倾向、性别认同及性别表达的社会态度调查报告.

林超，黄敏，郑晶璋，等，2015. 大学生对一夜情认知和态度的性别差异分析. 中国性科学，24（05）：121–124.

林荔，张铭清，黄艺，等，2011. 大学生对同性恋的态度与认知分析. 中国性科学，20（05）：38–41.

刘文利，2013. 大学生性健康教育读本. 北京：清华大学出版社.

马保华，2013. 大学生性健康修养. 北京：高等教育出版社.

缪金玲，江剑平，2019. 性教育的慕课课程与线下课程教学效果对比. 中国性科学，28（08）：149–152.

彭万林，2018. 民法学. 北京：中国政法大学出版社.

彭晓辉，2021. 性科学概论. 北京：科学出版社.

全国人民代表大会，2018. 中华人民共和国宪法.

全国人民代表大会，2020. 中华人民共和国民法典.

全国人民代表大会，2020. 中华人民共和国刑法修正案（十一）.

全国人民代表大会，2021. 中华人民共和国行政处罚法.

全国人民代表大会，2022. 中华人民共和国妇女权益保障法.

全国人民代表大会常务委员会，2009. 全国人民代表大会常务委员会关于惩治走私、制作、贩卖、传播淫秽物品的犯罪分子的决定.

全国人民代表大会常务委员会，2009. 全国人民代表大会常务委员会关于严禁卖淫嫖娼的决定.

全国人民代表大会常务委员会，2012. 中华人民共和国治安管理处罚法.

全国人民代表大会常务委员会，2013. 中华人民共和国传染病防治法.

全国人民代表大会常务委员会，2020. 中华人民共和国未成年人保护法.

全国人民代表大会常务委员会，2021. 中华人民共和国家庭教育促进法.

全国人民代表大会常务委员会，2021. 中华人民共和国人口与计划生育法.

任海涛，孙冠豪，2018. "校园性骚扰" 的概念界定及其立法意义. 华东师范大学学报(教育科学版)，36(04)：150-157，168.

世界卫生组织，2022. 国际疾病分类第十一次修订本.

苏昭仪，程利南，任芳明，2000. 常用避孕节育方法指导. 上海：上海医科大学出版社.

王滨有，李枫，2009. 大学生性健康教育. 北京：人民卫生出版社.

王进鑫，程静，2014. 谈性说爱——大学生性健康教育. 重庆：西南师范大学出版社.

王若叶，2002. 周建人和家庭性教育(后附周建人原文). 中国性科学，11(02)：27-30.

吴东红，2021. 大学生性健康教育融媒体教程. 杭州：浙江大学出版社.

吴宗辉，徐晓阳，戴丽，2022. 性健康教育(大学版). 重庆：西南大学出版社.

吴宗辉，徐晓阳，赵立，2019. 大学生性健康教育. 重庆：西南师范大学出版社.

武俊青，李玉艳，赵瑞，2021. 青少年性与生殖健康教育：现状和干预效果评价. 北京：社会科学文献出版社.

肖月华，2018. 人口与性健康教育. 长沙：湖南大学出版社.

徐蕾诗媛，江剑平，2021. 未成年人非法代孕的成因分析及预防对策. 保健医学研究与实践，18(06)：169-175.

杨海味，江剑平，2020. 通过儿童性侵害电影浅探儿童性侵害预防措施. 保健医学研究与实践，17(02)：88-92.

杨梅琴，江方璐，杨晓薇，等，2017. MOOC 教学实践与探索——以 "走进性科学" 课程为例. 工业和信息化教育，(01)：64-68，85.

杨梅琴，叶慧，江剑平，2016. 大学生的人工流产现状、认知与态度调查分析. 中国性科学，25(12)：127-131.

姚锦仙，程红，2015. 健康的性. 北京：高等教育出版社.

叶慧，杨梅琴，江剑平，2017. 不同人群商业性行为现状及态度调查分析. 中国性科学，26(01)：139-144.

叶佳惠，李梦玲，江剑平，2018. 网络性骚扰现状调查与分析. 保健医学研究与实验，15(01)：18-25，36.

张春江，陈如婷，江剑平，2020. 中学生家长对家庭性教育的态度和行为调查分析. 保健医学研究与实践，17(06)：12-17.

张春江，林育青，江剑平，2021. 中学生性羞耻感与性健康教育措施. 福建基础教育研究，(02)：141-143.

张君炎，2000. 我国性病流行现状、流行因素与控制策略. 旅行医学科学，6(03)：10-12.

张君炎，2002. 艾滋病的流行形势和预防控制. 中国性科学，11(01)：12-15，44.

张铭清，林荔，黄艺娜，等，2011. 当代大学生对同性恋现象的认知和归因探究. 保健医学研究与实践，8(03)：8-11.

中国计划生育协会，2020. 2019-2020 年全国大学生性与生殖健康调查报告发布.

中华医学会感染病学分会艾滋病丙型肝炎学组，中国疾病预防控制中心，2018. 中国艾滋病诊疗指南(2018年版). 中华内科杂志，57(12)：867-884.

朱坚，苗林，2002. 性健康教育教程. 北京：中国医药科技出版社.

朱琪，2001. 我国性健康教育导向. 中国性科学，10(01)：10-12.

左明雪，2015. 人体及动物生理学. 4版. 北京：高等教育出版社.

后　记

读毕书稿校样，往事历历如梦。

1996年，一个偶然的机会，我参加了由北京性健康教育研究会和首都师范大学共同主持的《全国大学生性健康状况调查研究》，第一次较深入地了解当代大学生的性现状，他们对性如此困惑和矛盾，对性知识如此渴望。我下决心应该为他们做点什么。在这以后的两年时间里，我跑图书馆、逛书店、上网等，收集了大量与性教育相关的资料信息，并得到中国性学会的大力支持，于1999年终于完成了开设性健康教育课程的前期准备。我踌躇满志地开设了全校性公共选修课——性健康教育学。

可接下来并非想象得那么顺利。第一次开课时，当时全校近万名的学生只有区区5人选修，无奈无法开班——“流产”了。难道他们不需要性教育吗？我困惑着。好不容易等到第二学期，可是再次无情地“流产”了。我非常失望，寻找问题所在。原来，学生并不是不想选修这门课，而是不好意思选。当初学生选修是要填写申请表的，交各院系审批，学生谁都不想当“第一个吃螃蟹的人”，都不愿意别人知道自己选修的是“性健康教育学”。于是，我寻找突破口，在外语学院杨芳青老师热心帮助下，她动员其学生报名，终于有了2001年春第一次成功的授课，学生反映相当好，这也开创了福建高校性健康教育的先河。此后，性健康教育似乎一夜之间成了全校最受欢迎、最热门的选修课，每年都有几倍于限选人数的人报名，选修性健康教育成了学生的一种渴望。

然而，问题又来了，学生没有适合的教材，如何用科学的性知识占领他们的思想阵地呢？编写适合的教材显得十分必要。于是，在教案的基础上，我参阅了大量的书籍，于2002年9月编写出了校内讲义——《性健康教育学》，在这以后的近十轮的授课中我不断地对讲义内容加以修改、补充和丰富。此时，我萌发了将其出版成书的冲动。

由于是有关“性”这个敏感话题，多次与多家出版社联系均未能成行，我有些灰心，出书的冲动在我的内心渐渐平息下来。但我院院长张彦定教授非常关心此事，他帮我联系上了科学出版社的老师。2006年2月，经过一系列的审查程序此书被正式批准出版。

为顺应社会发展和时代变化，本书分别于2011年7月和2018年5月进行了第二次和第三次改版。在此之后的五年间，社会发生了很大变化，人们的观念也不断更新，特别是近年来性教育环境、国际标准、国家政策和法律法规均发生了改变，如计划生育政策的改变、《中华人民共和国民法典》的颁布实施、《中华人民共和国刑法》的修订等。同时，在教学实践中不断探索教学改革与实践，取得了一定的成效，如“走进性科学”获得国家级线上一流课程的称号，“性健康教育学”获得国家级线上线下一流课程的称号，“人口与青春健康教育”获得国家级课程思政示范课程的称号，也积累和总结了一些经验与教训。因此，有必要对本书内容进行适当修订，以适应社会发展和教学改革的需要，决定进行第四次改版。

在此书即将出版之际，首先要感谢福建师范大学各级领导的大力支持和帮助！是他们提供了良好的工作环境。

感谢科学出版社老师的辛勤工作！

感谢所有对本书提出修改意见的专家、学者和读者！

感谢被引用资料的各位作者，是他们为我提供了编写此书的原始素材。在此，向他们致以最诚挚的谢忱！

感谢教育部产学合作协同育人项目（202101099013，201802136084）、全国教育信息技术课题（176130050）、国家级线上一流课程项目、国家级线上线下混合式一流课程项目、国家级课程思政示范课程项目、福建省慕课应用型本科教学团队项目、福建省本科高校教育教学改革研究项目（FBJG20170028）、福建师范大学课程思政示范课程项目（K202001004）、福建师范大学本科教改项目（I202201068，I202002017）、福建师范大学首批虚拟教研室建设试点项目、福建师范大学数字课程立项项目等的大力支持，是这些项目提供了改版教材的经费来源。

最后，还要特别感谢我的家人，他们在生活上无微不至的关怀，对工作全心全意的支持，在思想上的鞭策和精神上的鼓励是我完成编写工作的动力。

然而，任何完成都意味着遗憾，这部书亦是如此，它的不足甚至谬误，既可证明作者的浅陋，还必将让我在读者朋友们的批评指正中获得回报。任何结束也都意味着新的开始，自信往往来自下一个目标，在学术跋涉中，努力是一种解脱，也是一种境界，我期望未来能走进这种境界。

于2023年春节